船舶工匠系列教材
国家级重点技工学校推荐教材

U0822862

船舶检修技术

主编　郑永佳

HEUP 哈尔滨工程大学出版社

内容简介

本书是中等职业教育船舶工程技术类专业教材之一，按照“船舶检修技术”教学大纲的要求而编写。全书共分七章，主要内容包括船舶质量检验与现代维修技术、船舶零件的失效分析、船用金属材料检验、船体建造检验、船体舾装检验、船体修理工艺、柴油机主机安装检验等。

本书可用作中等职业院校船舶类专业教材，也可供船舶企业管理人员、操作人员、船舶安全人员与研究人员使用。

图书在版编目(CIP)数据

船舶检修技术 / 郑永佳主编. —哈尔滨 ：哈尔滨工程大学出版社，2017.12

ISBN 978 - 7 - 5661 - 1762 - 5

Ⅰ. ①船…　Ⅱ. ①郑…　Ⅲ. ①船舶修理 Ⅳ. ①U672

中国版本图书馆 CIP 数据核字(2017)第 306587 号

选题策划　史大伟
责任编辑　张淑娜
封面设计　博鑫设计

出版发行　哈尔滨工程大学出版社
社　　址　哈尔滨市南岗区南通大街 145 号
邮政编码　150001
发行电话　0451 - 82519328
传　　真　0451 - 82519699
经　　销　新华书店
印　　刷　哈尔滨市石桥印务有限公司
开　　本　787 mm × 1 092 mm　1/16
印　　张　15.25
字　　数　399 千字
版　　次　2017 年 12 月第 1 版
印　　次　2017 年 12 月第 1 次印刷
定　　价　41.00 元
http://www.hrbeupress.com
E - mail:heupress@hrbeu.edu.cn

教材编写委员会

总　　编　殷先海
副 总 编　郑永佳
编委会成员　殷先海　冉凯峰　李康宁　吴周杰
郑永佳　赵汝荣　丁训康　朱继东
张　铭　李　斌

教材审定行业专家委员会

刘新华　龚利华　王力争　陈昌友　陈凤双
李骁峯　陈景毅　杜逸明　赵汝荣　丁巧银
董三国　朱伯华　刘汉军　朱明华

前　　言

为深入贯彻《国务院关于大力发展职业教育的决定》，积极推进课程改革和教材建设，为职业教育教学和培训提供更加丰富、多样和实用的教材，更好地满足我国造船工业快速发展的需要，江南造船集团职业技术学校联合江南造船（集团）有限责任公司，与国内其他开办有船舶技术类专业的职业院校及其骨干教师，编写了中等职业教育建设项目船舶制造专业改革发展特色示范校建设规划教材。

本系列教材注重以就业为导向，以能力为本位，面向市场，面向社会，体现了职业教育的特色，满足了高素质的实用型、技能型船舶制造类专业中等职业技能人才培养的需要。本系列教材在组织编写过程中，形成了如下特色：

1. 认真总结了全国开办有船舶技术类专业的职业学校多年来的专业教学经验，并采纳了部分企业专家的意见，代表性强，适用性广。

2. 以职业岗位的需求为出发点，适当精简了教学内容，减少了理论描述，具有较强的针对性。

3. 本系列教材是针对三年制中等职业教育编写的，二年制的也可参考使用。同时，本系列教材还适用于船厂职工的自学以及其他形式的职业教育。

《船舶检修技术》是中等职业教育船舶工程技术类专业教材之一，按照“船舶检修技术”教学大纲的要求而编写。本书共分七章，主要内容包括船舶质量检验与现代维修技术、船舶零件的失效分析、船用金属材料检验、船体建造检验、船体舾装检验、船体修理工艺、柴油机主机安装检验等。

本书可用作中等职业院校船舶类专业教材，也可供船舶企业管理人员、操作人员、船舶安全人员与研究人员使用。本书由江南造船集团职业技术学校改革发展特色示范校建设教材编写组以及江南造船（集团）有限责任公司等企业共同完成，在此表示感谢！

限于编者经历和水平，教材内容难以覆盖全国各地的实际情况，希望各教学单位在积极选用和推广本系列教材的同时，注重总结经验，及时提出修改意见和建议，以便再版修订时改正。

江南造船集团职业技术学校专业建设指导委员会

2017 年 1 月

前言

目　录

第一章　船舶质量检验与现代维修技术

学习目标

知识目标

1. 能叙述船舶的入级、法定和监督检验基本概念。
2. 能够了解船舶质量检验的历史。
3. 能够掌握可靠性和系统可靠性的基本概念。
4. 能够了解现代维修性的基本概念以及现代维修方式。
5. 了解现代维修方式的选择和现代维修的发展趋势。

能力目标

1. 能够掌握船舶初次入级检验的内容。
2. 掌握船舶检验方面的基本术语。
3. 能够对一些系统可靠性进行正确分析。
4. 能够针对不同的船舶系统选择适当的维修方式。

随着船舶建造以及航运技术的发展,为了在船舶制造过程和设备设定的运行期间内可靠运行且无危险存在,研究人员开始考虑在船舶技术发展水平及合理的加工方法情况下进行船舶系统及其部件或元件的设计和加工。而且,在船舶设计阶段就已考虑到以后运行时起决定作用的各种参数和条件。研究船舶设备老化的规律,研究对船舶机械设备造成有害作用的根源及相应对策也是船舶机械维修的重要内容及理论基础。

现代船舶维修工程是以船舶维修理论为基础的系统工程,是建立在船舶故障理论、可靠性和可维修性理论基础之上的综合性科学。在现代船舶维修理论中,通过对船舶故障的研究,寻找船舶故障机理,探求减少发生船舶故障的方法,提高船舶机械设备的可靠程度和有效利用率,获得最佳维修方案以实现单位时间成本最低的维修优化目标。

第一节　船舶质量检验概述

船舶质量检验就是对船舶产品的一项或多项质量特性进行观察、测量、试验,并将结果与规定的船舶质量要求进行比较,以判断每项质量特性合格与否的一种活动。船舶质量检验作为一项管理手段,它是随着船舶生产力和科学技术水平的提高而产生、发展起来的。

根据船舶生产技术标准,船舶产品图样、作业(工艺)规程或订货合同、技术协议的规定,采用相应的检测、检查方法观察、试验、测量产品的质量特性,判定产品质量是否符合规定的要求,这是船舶质量检验的鉴别功能。通过鉴别才能判断船舶产品质量是否合格。因此鉴别功能是质量检验各项功能的基础。

一、船舶质量检验的历史

1. 质量检验的产生和发展

早在一万年以前的石器时代,人类已经对所制作的器物的质量有所意识,开始对石器进行极为简陋的检查。

在古代,制造工场的规模都很小,通常由工场主主持所有的生产活动,包括监视和检验产品的质量。那时,基本上没有专职检验员。

随着生产力的发展,工场规模的扩大,产量的提高,工场主亲自承担全部管理事务显得力不从心。于是,由工场主的助手,各生产领班来分管检验。检验是一项费时较多的工作。随着工人人数的增加,检验工作量超过了领班所能支配的时间限度,就产生了专门从事质量检验工作的专职检验员这一岗位。

20 世纪以前,产品的质量检验主要依靠手工操作者的手艺和经验,对产品的质量进行鉴别、把关。在这一阶段,人们对质量管理的理解还只限于质量的检验。就是说通过严格检验来控制和保证转入下道工序和出厂的产品质量。也就是操作者的质量管理。

1918 年,美国出现了以泰勒(E. W. Taylor)为代表的“科学管理运动”,强调工长在保证质量方面的作用。于是执行质量管理的责任就由操作者转移到工长。也就是工长质量管理。

1940 年,由于企业生产规模的不断扩大,这一职能由工长转移到专职检验员。大多数企业都设置了专职的检验部门,配备有专职的检验人员。用一定的检测手段负责全厂的产品检验工作。也就是检验员的质量管理。

专职检验的特点就是“三权分立”,即有人专职制定标准;有人负责制造;有人专职检验产品质量。这种做法的实质是在产品中挑废品、划等级。这样做虽然对保证出厂产品质量方面有一定的成效,但也有不可克服的缺点:

其一,出现质量问题容易扯皮、推诿,缺乏系统的观念;

其二,只能事后把关,而不能在生产过程中起到预防、控制作用,待发现废品时已经成为事实,无法补救;

其三,对产品的全数检验,有时在技术上是不可能做到的(如破坏性检验),有时在经济上是不合理、不合算的(如检验工时太长、检验费用太高等)。

随着生产规模的不断扩大和生产效率不断提高,这些缺点也就越来越显得突出。

最早出现的检验员,是在埃及的塞培斯(Thebes)城发现的公元前 1450 年建造的墓上的浮雕,描绘了检验人员在检查加工后的石块的平面度。我国是世界四大文明古国之一,早在公元前四百多年的春秋战国时代,文献上已有了有关质量检验的记载。例如,在《周礼·考工记》一书中就有“命百工审查五库器材,审曲面势,以饰五材和以辨民器”的记述 。

工业革命促使了大型公司的产生和发展。随着生产的发展和检验员人数的增加,这种趋势促使工厂的管理发生变化。在 20 世纪初,泰勒(E. W. Taylor)提出了科学管理的理论和方法。他认为,“策划”(相当于科室职能)与“执行”两者要分开。改变的根据是,在那个时代,工长和工人缺乏制订计划应具备的知识。泰勒提出将制订计划的工作交给工程师和经理,而工长和工人的工作就限于执行计划。泰勒制在提高生产率上获得极大成功,被美国各公司广泛采用。但是,也产生了副作用,打乱了原来的质量与生产率间的平衡,质量的优先地位被削弱,不合格品上升。于是,高层管理者把检验员从生产部门抽调出来。这样,作为一个过程而存在于生产过程各环节、各工序的质量检验也就开始划分出来,以验证“执行”的结果是否偏离标准。在泰勒制的推动下，企业中作为一个职能部门的质量检验部门相继出现。

我国是一个造船古国。早在明朝永乐年间，郑和曾七次下西洋，远达非洲东海岸，开创了国际航行的新纪元。在船舶检验方面，也有辉煌的历史，但是作为近代的企业质量检验体制，还是出现在20世纪50年代。在50年代初期，我国的大、中型造船企业都纷纷设立了质量检验部门，并相应地建立了计量体系和配置了理化和无损检验手段。通过几十年来的发展，现在各大、中型船厂都建立了较完善的质量检验体系，成为质量体系的一个组成部分。

2. 船舶检验的产生和发展

由于船舶是大型的高价值的且有较高安全性要求的和活动范围很大的产品，其质量水平直接影响到船东、托运的顾客、保险商、航行区域和社会各方的利益，因此各方都十分关注船舶的质量和质量检验的有效性。

因而，在早期的第一方检验的基础上，逐步产生了由船东代表实施的第二方检验和由合同双方之外的第三方实施的检验。第三方的检验包括由船旗国政府规定进行的检验和由公正机构进行的检验。

在18世纪，英国的海运事业发展很快，但是船舶海损事故连续不断，由此，促进了船舶保险业的兴起。这样，为船舶投保做公正签证的船舶检验业也随之诞生。世界上第一个民间的船级社在英国伦敦的一个劳埃德咖啡馆里成立了。在1834年，它与另一个为船东服务的检验组织合并，建立了劳氏船级社（Lloyd's Register of Shipping）。船级社建立一套入级规范、标准和船级符号，经对申请入级的船舶的检验，对符合要求的船舶授予船级符号，签发证书和登入船名录。我国在1956年成立了中华人民共和国船舶检验局。在80年代，随着国际检验业务的发展，将船舶检验局的入级检验职能分出，建立了中国船级社。

如上所述，由于海上船舶海损事故的不断发生，也引起很多国家政府的关注，相继制定了有关保护海上人命、财产和航行安全以及保护所辖海域、港口不受污染的国际公约和法规，并决定按这些法规对船舶进行检验，即所谓法定检验。检验合格后，按规定签发证书。这些证书是船舶进出港口的依据，受港口监督机构的检查。我国的法定检验的主管机构为中华人民共和国船舶检验局。中国船级社为被授权对挂我国国旗的入级船舶执行法定检验的机构。

上述的国际公约是指由国际海事组织（International Maritime Organization，IMO）通过生效的有关安全和防污染等方面的公约和规则。

这个组织成立于1948年。当时，正值第二次世界大战结束后各国的经济恢复期，海运事业发展很快，国际间海事纠纷甚多，为了协调海上安全事宜和制定统一的海上航行安全准则，建立了这个组织。这个组织也沿用了历史上的国际公约，如最早于1914年在伦敦召开的国际海事会议上通过的《国际海上人命安全公约》。在1973年，恢复了我国在该组织的合法席位。

二、船舶的入级、法定和监督检验

（一）入级检验

船舶的入级一般由船东选择，但也有政府规定的。例如，我国规定，挂中国旗的船应入CCS级；美国规定，挂美国旗的船应入ABS级。船舶入级，表征其船体及设备、机械符合船级社规范的要求，并可使它进入运河和港口便利，保险费较少，且有较多的经营机会。船厂新建船舶的初次入级检验的内容包括：

1. 申请

由船东或承建的船厂向船级社提出书面申请。

2. 技术鉴定（审图）

按规定范围，将图样和文件送船级社审查，经批准后，才可投产。

3. 开工前检验

必须符合规定的条件，船舶才能开工投产。这些条件包括对生产设备、技术力量、焊工、无损检测人员、重要的工艺、控制设备、材质控制、检验项目和船用产品等方面的认可。

4. 建造中检验

按检验项目表的规定，由验船师对船体和舾装质量进行检验。包括检查装船产品是否已获得验船部门的认可。

5. 发证

在验船师完成建造检验并收到船厂的质量合格证明书后，签发入级证书。

（二）法定检验

法定检验是指按照某国政府的法规以及该国政府接受的国际公约的要求，由政府的主管机构或政府授权的船级社或个人执行的检验。法定检验的内容包括：吨位丈量、载重线、构造、救生、消防、航行信号、无线电话与电报等安全方面的和防污染方面的检验。这些检验，政府一般均授权给船级社执行，与入级检验一起实施。法定检验也需申请，包括技术鉴定和建造中检验的申请。检验合格后，按规定发给相应的证书。

中国船级社受中国政府的授权，对国际航行船舶所发的法定证书主要有：

（1）国际船舶吨位证书；

（2）国际船舶载重线证书；

（3）货船设备安全证书；

（4）货船构造安全证书；

（5）货船无线电报安全证书；

（6）货船无线电话安全证书；

（7）客船安全证书；

（8）国际防止油污证书；

（9）船舶起重和起货设备检验簿及其检验和试验证书。

一些国家的法定检验的主管机构如下：

（1）英国贸易部（DOT）；

（2）美国海岸警备队（USCG）；

（3）法国海运局安全委员会（CCS）；

（4）德国海上同业会（SBG）；

（5）日本运输省船舶局（JG）；

（6）挪威海事管理局检验机构（NSC）。

（三）监督检验

船舶监督检验包括船东的监督检验和行政的监督检验。

1. 船东的监督检验

由船东对船舶进行的监督检验是按合同的规定实施的。检验的依据是合同及其技术协议书,包括对图样和技术文件的审查和确认。检验工作由船东派驻船厂的代表按双方商定的检验项目表实施。船东的检验内容,除了包括上述的入级检验和法定检验的内容之外,还包括合同要求的船舶的经济性、适航性、舒适性、可操作性和可维修性,以及涂装的表面质量,供应品、油、水、生活用品和属具的质量,等等。

2. 行政的监督检验

行政的监督检验,这里主要是指由政府的技术监督部门和中国船舶工业总公司实施的监督检验。我国船舶检验局对船舶的建造、修理及营运实施政府的技术监督职能(为便于叙述,本书将其归为验船部门)。除此之外,其他的监督检验是按照计划的安排,采用抽查的方法,对船舶的某些项目的质量进行的检验。例如:对主船体焊缝内在质量的监督检验,每年实施一次,对焊缝进行 X 光摄片抽查。

三、质量检验方面的术语

1. 质量方面的术语

(1)质量的概念

质量的定义:反映实体满足明确和隐含需要的能力的特性总和。

船舶产品质量(Quality)指的是在船舶经济范畴,企业依据特定的标准,对船舶产品进行规划、设计、制造、检测、计量、运输、储存、销售、售后服务、生态回收等全程的必要的信息披露。

下面对质量的定义加以说明:

①在合同环境或法规环境中,诸如核安全领域,需要是给定的;而在其他环境中,隐含的需要应予以识别和确定。

②在许多情况下,需要可以随时间而变化,这意味着要定期评审质量要求。

③需要通常转化成有规定指标的特性。例如:需要可以包括性能、实用性、可信性(可用性、可靠性、维修性)、安全性、环境(见社会要求)、经济性和美学特性等。

④“质量”这个术语是既不用来表示相对的优良程度,也不用作技术评定中定量含义的单词。为表达这些含义,应加上修饰性的形容词。例如,可以组成下列术语:

a. 在“优良程度”或“比较”的意义上,按有关基准对实体进行排列时使用“相对质量”(不要与“级别”相混同)。

b. “质量水平”在“定量的意义”上使用(如用于验收抽样时),而“质量度量”用于精确技术评价的场合。

c. 总的说来,令人满意的质量成效是通过质量环各个阶段的活动所取得的。质量环中各个阶段对质量的作用,有时是为了强调才单独加以区别的。例如,归因于确定需要的质量,归因于产品设计的质量,归因于符合性质量,归因于寿命周期产品保障的质量等。

⑤在某些参考资料中,质量被定义为“适用性”,或“适应意图”,或“顾客满意”,或“符合要求”。与上述定义比较,它们仅表示质量的某些方面。

定义中的实体是指能被单独描述和考虑的事物。它包括船舶产品、生产组织、运行体系、生产活动或过程等。从定义中可知,质量是一组特性的总和。这些特性可称为质量特性,它包括:船舶产品的实用性、可用性、安全性、可靠性、可维修性、相容性、互换性、维修保障性和经济性。质量特性都可以用质量指标来度量。例如,可用 MTBF(平均无故障工作时间)来度量可靠性,可用 GM(稳性高度)来度量安全性,等等。这些特性又都是满足明确的或隐含的需要的特性,这里的需要是指顾客的需要。明确的需要是指由法令、法规、规范、规则、公约和强制性标准,以及合同规定的需要。隐含的需要,则要由设计人员通过调查和研究予以识别和确定。

对产品质量做出主要贡献的有四个方面。一是与确定需要有关的质量;二是与产品设计有关的质量;三是与符合产品设计有关的质量;四是与产品保障有关的质量。企业的质量检验主要涉及上述的第三方面,为确保所生产的产品符合设计特性做出贡献。

(2)质量要求的概念

质量要求的定义:对需要的表述或将需要转化为一组对某实体特性的定量或定性的规定要求,以使其实现和对其检查。

重要的是,质量要求必须能充分反映顾客的明确的和隐含的需要;"要求"这个术语包括市场和合同以及一个组织内部的要求。这些要求应在各个策划阶段加以展开、细化和修改;用定量方式表述的对特性的要求,包括公称值、额定值、极限偏差和公差等;质量要求应用功能词汇来表达并成文。

质量要求通常通过合同、图样、标准、规范和其他技术文件,以及其他的标样、图片等来表示。质量要求应对各质量特性及指标予以定义,并尽可能地予以定量。质量要求是质量检验的依据。

(3)社会要求的概念

社会要求的定义:法律、法规、规章、准则、法令中规定的义务以及其他方面的考虑。

"其他方面的考虑"包括环境保护、健康、安全、防护、能源和自然资源的保护;规定质量要求时,应考虑所有的社会要求;社会要求包括司法和规则的要求。这些要求可随法规的变更而变化。

船舶法定检验的各项要求属社会要求。这些要求是质量要求的一部分。在船舶设计和制造中都必须符合社会要求,并用适当的方式表达。

2. 检验方面的术语

(1)检验的概念

检验是为确定某一物质的性质、特征、组成等而进行的试验,或根据一定的要求和标准来检查试验对象品质的优良程度。

检验的定义:对实体的一个或多个特性进行诸如测量、检查、试验、度量,并将结果与规定的要求进行比较,以确定各个特性是否合格的活动。

该定义表明,检验的对象是产品和其他实体。它是判定产品和其他实体的符合性质量的活动。活动的形式包括:测量、检查、试验和度量等。判定的依据是所规定的质量要求。判定的过程是将检测的结果和质量要求比较的过程。由此可知,产品检验活动有如下的程序:

①明确要求。即要明确质量要求,包括社会要求,并要把这些要求具体规定为可检查的定量或定性的接受准则。

②检测。对产品的各项特性进行检测,并记录检测结果。

③比较。将检测结果与规定的要求比较。

④判定。根据比较的结果,对产品的符合性质量做出结论。

⑤处理。合格的接受,不合格的拒收。

检验按其性质可分为入级、法定和监督检验;按其实施的阶段可分为进货检验、工序检验和最终检验;按其实施者可分为第一方、第二方和第三方的检验,第一方检验中又可分为自检、互检和专检(专职检验员实施的检验);按实施的方式可分为巡回检验和按项目的检验;按实施的特点可分为首件检验、过程中抽检和末件检验;按检验的数量可分为全数检验和抽样检验。

(2)不合格和缺陷的概念

不合格的定义:不满足其规定的要求。

此定义是指一个或多个质量特性(包括可信性)或质量体系要素偏离了规定的要求或缺少上述特性或要求。

反之,合格就是指满足规定的要求。合格又称符合。

缺陷的定义:不满足预期的使用要求或合理的期望,包括与安全性有关的要求。

不合格和缺陷是两个有区别的概念。其区别在于它们各自的比较基准不同,不合格是就规定要求而言,而缺陷是按使用要求或期望来度量的。

质量检验的任务是按规定要求检出不合格的产品。

不满足规定要求的产品称为不合格品。这里指的产品包括购入的原材料或设备、制造的零部件、某个工序的施工项目和成品等。

(3)返工和返修的概念

①返工的定义。对不合格产品采取的措施,使其能满足规定的要求。返工是对不合格产品处置的一种类型。

②返修的定义。对不合格产品采取的措施,其虽然可能不符合原规定的要求,但能满足预期的使用要求。

返修是对不合格产品处置的一种类型,返修包括为了使曾经合格,现在不合格的产品恢复到能够使用,而对其进行修复的补救措施,如做部分维修。返工和返修两个概念的相同点在于,它们都是对不合格品采取措施,即进行重复加工,以期再使用这些不合格品。其区别在于,经采取措施能使不合格品成为合格品的活动,称为返工;能使不合格品满足原定用途的活动,称为返修。

(4)偏差许可和超差特许的概念

偏差许可的定义:产品生产前,允许其偏离原规定要求的书面认可。偏差许可只适用于受限的数量或期限,并限定用途。

超差特许,又称让步,其定义如下:

对使用或放行不符合规定要求的产品的书面认可;

它限用于在特定偏差内的特定的不合格特性的产品的交货中,并受限于一定的时间或数量。

必须注意上述两个概念的区别。尽管它们都是对产品与规定要求的不一致性的书面认可,但是,前者是在产品投产前的认可,例如对材料代用的认可;而后者是指对被判定为不合格的产品,经适用性评审后,同意使用或放行的认可。

第二节　船舶设备的可靠性

一、可靠性理论概念

进入 21 世纪后,提高产品的可靠性和系统可靠性,已成为保障船舶系统安全性和产品质量的有效途径,同时系统可靠性理论已经在航空航天、船舶机械、电子信息等领域得到了广泛应用。

一种船舶产品(包括船体、机械、部件、元器件等)质量的好坏,一般都应有三个标准。一是技术性能指标,即功能符合预期的要求;二是设备的可靠性,即船舶设备的故障率尽量低;三是设备的维修性,即船舶设备出故障后容易修复。对于一个使用中的产品而言,可靠性和维修性是研究产品故障情况的两个很重要的概念。从根本上讲,可靠性是主要的;从广义上讲,可靠性中包含有维修性。

可靠性是评价系统和机械设备好坏的主要指标之一。它是研究系统和机械设备的质量指标随时间变化的一门学科。

可靠性是对产品投入使用时无故障工作能力的度量,是产品的一种时间质量指标。不可靠的机械不可能有效地工作和充分发挥潜在能力。在船舶机械化程度越来越高的现代船舶生产管理过程中,主要船舶机械的不可靠造成停机停航而带来的损失将是巨大的。

可靠性理论是研究设备故障规律,提高设备可靠性的学科,是现代维修科学的重要基础理论。可靠性理论指导设备的设计,使设备不易发生或较少发生故障。机械设备的可靠寿命为确定维修中的最佳间隔期、备件数量等提供可靠的依据。

(1)可靠性的定义

船舶设备的可靠性是指“船舶产品在规定条件下和规定时间内,完成规定功能的能力”。

定义中规定条件是指设备的环境条件、使用工况、使用方法及维修条件等;

规定时间是指设备的工作期限,它可用时间的累积值表示,也可用距离、次数表示;

规定功能是指设备设计时赋予的工作性能,在工作参数处于规定范围内完成的给定工作。

设备处于不同条件,其可靠性是不同的。设备对上述各种条件的适应性愈强,其可靠性愈高。

可靠性是反映船舶设备或系统耐用和可靠程度的一种性能。船舶设备的可靠性,又分为固有可靠性、使用可靠性和环境可靠性三方面。固有可靠性指船舶设备在设计、制造后所具有的可靠性。使用可靠性是船舶设备在使用和维修过程中表现出来的可靠性。环境可靠性是船舶设备在周围环境的影响下所具有的可靠性。固有可靠性是机械设备所能达到的可靠性的最高水平。由于各种因素的影响,船舶设备的使用可靠性与其固有可靠性会有很大的差别。可靠性是船舶设备或系统固有的特性之一,是设备的功能随时间的延长保持稳定的程度。

(2)可靠性研究的意义

可靠性问题的研究涉及面很广、内容也很多,它包括了从科研、设计、制造、储存、包装、运输、使用、维护的整个过程,涉及数学、基础自然科学、环境科学、环境工程、系统工程、机械工程、故障物理学、计划管理、质量管理等多学科的基础理论和研究成果。船舶设备可靠性内容主要归纳在可靠性理论、可靠性技术、可靠性管理三个方面。

船舶可靠性研究不仅能减少船舶设备故障和维修工作量,延长设备的使用寿命,而且可以很好地解决对设备可靠性要求高与现代化复杂设备的可靠性下降之间的矛盾。任何机械、设备越先进,其结构越复杂,所需的组成零部件也越多,这就必然导致机械、设备的可靠性下降。为了确保机械设备的可靠性,就要求提高组成零部件的可靠性。通过研究可靠性可以使人们很好地掌握故障机理和故障规律,全寿命地提高设备的可靠性和经济效益,解决好设备的可靠性和经济性之间的矛盾。研究可靠性对于船舶的意义尤其重要,因为船舶营运的特点和海洋运输的条件决定船舶可靠性,可靠性越高,越能保证船舶安全可靠地营运。

(3)可靠性指标

对可靠性各个方面的特征进行定量计算,以便了解设备的可靠性,预测设备的故障。衡量设备可靠性的指标主要有:可靠度、故障密度、故障率、平均寿命等。任何一个量度指标都能表示可靠性的某一个特征方面,对不同的机械设备要使用不同的量度指标,它同时也标志可靠性理论已进入了工程实用阶段。

①可靠度

可靠性用概率表示时称为可靠度。由于船舶设备或零件的各种性能都要随时间发生变化,所以可靠度是一个随时间变化的函数,用 $R(t)$ 表示,$0 \leqslant R(t) \leqslant 1$。可靠度最大为 1,即 100% 地可靠;最小值为 0,即完全不可靠。

设备的可靠度总是随时间的增加而降低。可靠度也可理解为设备在规定条件下和规定时间内,不发生任何一个故障的概率。

②故障密度和故障率

故障密度是设备在工作期间某时刻故障的变化速率。

故障率是工作到某时刻尚未发生故障的产品,在该时刻后单位时间内发生故障的概率。故障率是时间的函数,用 $\lambda(t)$ 表示。

③平均寿命

设备的寿命通常是指其使用寿命,即从设备投入使用时的完好状态开始,一直使用至发生故障或失效为止所使用的时间。平均寿命是指设备工作到发生故障的时间的平均值。对于可以修复的设备或整机的平均寿命是指相邻两次故障之间的平均运转时间,用 MTBF(Mean Time Between Failure)表示。对于不可修复的设备(如电子元件等)的平均寿命是指从开始工作到发生故障的平均工作时间,用 MTTF(Mean Time To Failure)表示。船舶设备大多数都是可维修的,其平均寿命也称平均无故障工作时间。

二、系统可靠性

我们把由各种不同性质的若干个独立部件为完成某种功能结合起来而构成的一个整体称为系统。系统是一个能够完成规定功能的综合体,它是由若干独立的单元组成,每个独立单元不仅要完成各自的规定功能,而且还要在系统中与其他单元发生联系。系统可靠性是建立在系统中各个单元间的作用关系和这些单元所具有的可靠性基础之上的。根据单元在系统中的连接方式不同,可分为串联、并联、混联组合三类。下面就几种常用的连接系统的可靠性进行分析。

1. 串联系统

若组成系统的各个单元中,只要有一个发生故障,系统就不能完成规定的功能,这种系统称串联系统。也就是说,系统中没有专门为提高可靠性而多设置部件。当串联系统的某一个部件发生故障时,会影响到整个系统功能的正常发挥。图 1－1 给出了串联系统可靠性方框图。

值得注意的是可靠性方框图和系统的原理结构图不同,前者是从可靠性角度描述部件之间可靠性逻辑关系图。同一个动力系统,它的结构原理图是不随使用条件变化而变化的,而它的可靠性方框图却随条件变化可能不同。

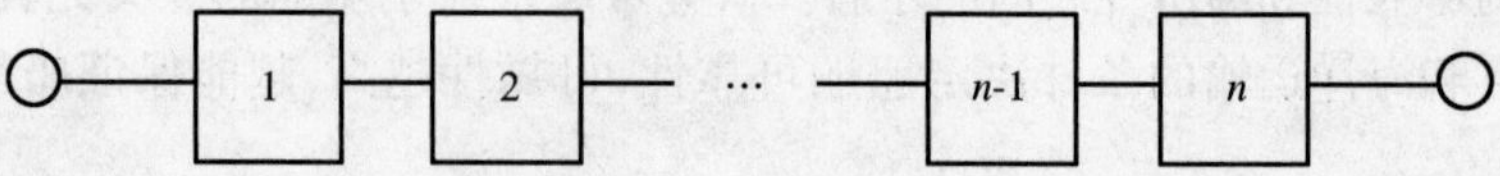

图 1-1　串联系统

例如：假设某船的中央冷却系统中设有三台循环冷却水泵，若航行在热带时必须同时运行才能满足冷却的要求，从可靠性角度看，这三台水泵就是串联系统。而在寒带时，只需一台水泵工作就可以满足冷却需要，则这三台水泵的可靠性方框图就成了并联关系。当航行在温带时若只需要两台工作就可以满足冷却要求，此时从可靠性角度看就成了表决系统。

2. 并联系统

若组成系统的各个单元中，只要其中还有一个单元在起作用，就能维持整个系统继续工作，称为并联系统，又称冗余系统。

若 n 个单元同时投入运转，有一个出现故障，其他单元还能维持的称工作储备并联系统，如图 1-2(a)所示。

如果 n 个单元中只有一个投入运转，当该单元损坏之后，可换成另一个单元运转，系统不受影响，叫作非工作储备并联系统，如图 1-2(b)所示。例如船舶上的压载水泵出现故障后可以用船舶通用水泵或船舶消防泵替代。

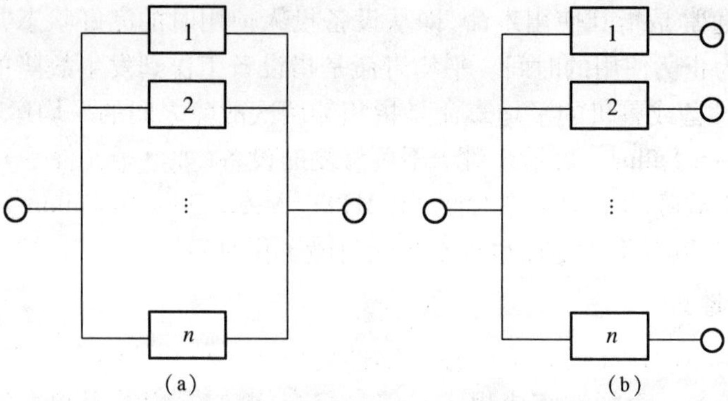

图 1-2　并联系统

(a)工作储备并联系统；(b)非工作储备并联系统

在并联系统中，系统的不可靠度是组成系统全部部件同时发生故障的概率。

并联连接备用通常采用下面几种方式：

一种是备用部件和基本部件都预先连入系统，也不分哪个是备用部件，哪个是基本部件，它们都同时投入工作，一起为完成系统功能服务。这种方式称为固定式连接热态(在负荷下)备用。例如，在航行时为保证船舶安全需增开一部发电机就是采用了这种方式。

另一种备用部件虽预先连入系统，但仅在基本部件出现故障时才投入使用，这种方式称为固定式连接冷态(在无负荷下)备用。例如，主机水泵出现故障后备用水泵能自动启动投入运行。冷态备用时，部件的运行时间短，可进一步提高系统可靠性，但转换环节要求可靠耐用。

如果在基本部件发生故障后才将备用部件连入系统，这种方式称为不固定式备用。

3. 表决系统

表决系统实质上也是一种并联系统，其定义是在由 n 个部件组成的并联冗余系统中，若有 r 个部件同时工作，就认为系统为正常工作。也就是说这 r 个部件能使表决系统可靠地作用，所以也称为“n 个部件中取 r”表决系统。

表决系统中备用部件数与工作部件数之比称备用比，备用比越大，可靠性越高。

4. 混联系统（串并联组合系统）

混联系统是由串联子系统和并联子系统组合而成。它分两种，一是并串联系统，见图 1－3；另一是串并联系统，见图 1－4。

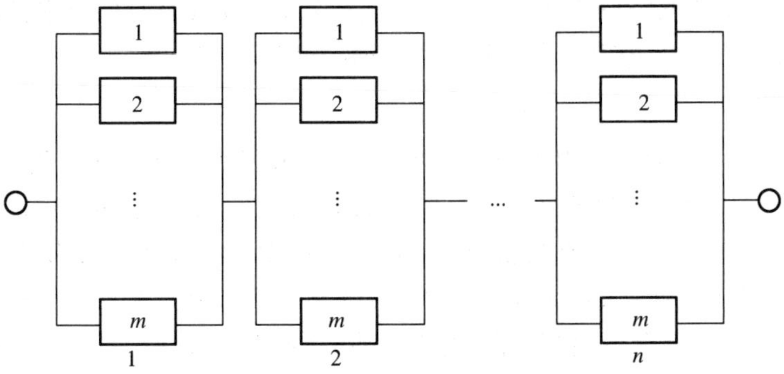

图 1－3　并串联系统

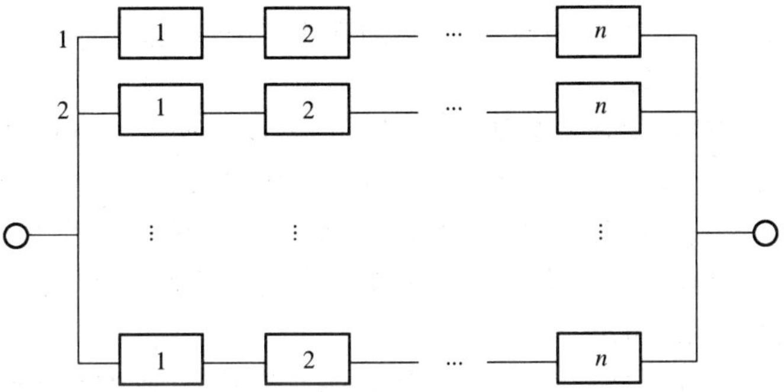

图 1－4　串并联系统

混联系统可靠性的计算没有一成不变的公式，需具体情况具体分析。

通常，串并联系统的可靠度计算是先将并联单元系统转化成一个等效的系统，然后再按串联系统计算。并串联系统的可靠度则先分别计算串联系统的可靠度，然后再按并联系统计算。

通过以上系统可靠性分析可知，要提高系统的可靠性，除选用优质价廉的部件外，还要使系统所有部件种类和数量尽量少，部件之间的相互关系尽量简单。对可靠度低的部件要采用“储备”来提高其可靠性，但这种方法也有一定的缺陷。除提高设备造价外，在产品尺寸、质量等需要严格限制的场合，如果将储备件勉强装入某一个固定容积空间中，与原单个产品相比，可能会使散热面积减小，而导致温度大幅度上升，亦可能会使可靠性反而下降，再加上振动、冲击等周围环境因素同时作用于具有“储备的部分”,使其失去了故障独立性,有可能诱发出现新的故障。

第三节　船舶设备的维修性

船舶维修是对船舶机械和设备维护与修理的统称。船舶维护也称为技术保养,是为了保持船舶机械和设备的技术性能正常发挥所采取的技术措施;船舶修理或称修船,是当船舶机械和设备受到内部因素如设计、材料、制造和安装工艺等或外部环境的影响,使其技术性能下降、状态不良或发生故障而失效时,为了保持或恢复其原有的技术性能所采取的技术措施。所以,船舶维修是船舶正常航行重要的技术保障工作。

一、维修科学

维修科学始于 20 世纪 40 年代,经过初期的创建和发展,直到 70 年代才形成一套完整的学科体系。长期以来,船舶维修一直从属于船舶制造业,是一个相对落后的行业。传统的维修工作理念一直停留在只有当船舶设备使用阶段发生损坏才进行修补,采用制造—使用—维修—再使用—再维修,直到淘汰的对策。船舶上的维修只是对船舶机械设备的日常维护、定期检修和排除故障的自修,船厂修理乃是对那些危及安全航行的机械设备或船舶检验机构要求的项目。

随着科学技术的发展,船舶机械设备日趋先进、复杂,船舶电气化、自动化程度日益提高,对维修技术和维修质量要求也相应提高。落后的维修思想和修修补补的维修方式已不适应现代船舶的维修要求,需要用新的、科学的现代维修理论以及先进的维修思想和维修方式来满足现代的船舶维修。

维修科学是以现代科学技术为基础,由多门学科综合而成的维修理论,适用于各行业机械设备维修的通用科学。现代维修是对机械设备或零部件进行全寿命维修。机械设备和零件的全寿命包括:论证、设计、制造、使用和淘汰五个阶段。现代维修贯穿于全寿命的各个阶段。所以,现代维修是由维修论证、可靠性与可维修性设计、可维修性检验、维护与修理、淘汰处理等部分组成的。

维修与故障是矛盾的两个方面。故障使船舶丧失功能,而维修使船舶保持或恢复功能。对于故障与维修的研究形成了维修科学。可靠性理论和维修性理论是维修科学的重要理论基础。可靠性理论是研究故障规律的理论;维修性理论是研究如何易于发现和排除故障的理论。这两种理论分别从不同的侧面研究维修。

要做好设备维修工作,需要三个条件,又称为维修三要素,即:机械设备的维修性;维修人员的素质和技术;维修的保障系统,包括人力、技术、测试装置、工具、各种材料供应等。

所以维修科学是一门独立的综合性的通用科学,它具有独立性、综合性和通用性。维修科学应用于船舶维修,并结合船舶机械和设备的专业知识和维修特征而形成了船舶维修科学。

二、维修性的概念

1. 维修性概念

维修性理论是研究维修的宏观和微观规律,为设计出容易维修保养的机械和设备提供科学依据，是现代维修科学的重要理论基础。

（1）维修性定义

维修性是指已发生故障的机械和设备，在规定的条件下，在规定的时间内，按规定的程序和方法进行维修时，保持或恢复到规定的使用条件下完成规定功能的能力。维修性是船舶机械和设备的一种固有特性，是由设计、制造等决定的。

定义中规定的条件，是指选定了合理的维修方式，准备了维修用的测试仪器及装备和相应的备件、标准、技术资料，由一定技术水平和良好劳动情绪的维修人员进行操作。

定义中规定的时间，是指限定的维修时间，即从寻找、识别机械设备故障开始，直至检查、拆卸、清洗、修理或更换、安装、调试、验收，最后达到完全恢复正常功能为止的全部时间。

定义中规定功能，是指设备原有的技术性能。

维修与维修性是两个不同的概念。维修是指维护或修理进行的一切活动，包括保养、修理、改装、翻修、检查等。而维修性是指机械设备在维修方面具有的特性或能力；反映发生故障后进行维修的难易程度；是维修需要付出的工作量大小、人员多少、费用高低以及维修设施先进或落后的综合体现；是设计、制造等因素决定的一种固有属性，直接关系到机械设备的可靠性、经济性、安全性和有效性，它和使用性一样重要。

良好的维修性可使船舶机械和设备便于维修、容易维修，对维修工艺和维修人员的技术水平要求不高，且所需的维修时间短，维修费用低。

船舶机械和设备的维修性在日常检修和维护保养工作中便可判断。例如，损坏的零件是否容易拆卸和更换；是否便于检测和调整；日常的维护保养工作是否容易进行等。所以，良好的维修性可以获得高的维修质量和维修效果。否则，不仅会增加维修时间和维修费用，而且还会影响船舶机械和设备的使用寿命。

（2）研究维修性的意义

船舶维修的目的是迅速而又经济地保持和恢复船舶机械和设备的可靠性。也就是说在机械和设备发生故障之后，要求以最佳的维修质量、最低的维修费用和最短的维修时间来恢复其规定的功能。

研究船舶维修性还具有以下的意义：

①船舶具有良好的维修性是船舶海上安全航行的重要保障，在海上设备发生故障后，船员能够及时修复，保证船舶继续航行。

②船舶维修性还是船舶可靠性的必要补充，随着船舶设备科技水平的提高，其可靠性也有所提高，但机械和设备的可靠性的提高是有限的，况且随着机械和设备更加复杂，其可靠性有下降的趋势，在航行中使设备发生故障后能及时有效地修复，将大大地弥补设备可靠性的不足。

③船舶机械和设备具有较高的维修性是实现工业化修船的必要条件。由于修船通常是单件、小批量生产，造成生产率低、修船周期长、成本高和维修质量差等缺点。工业化修船实现机械化和自动化，取消单件、小批量生产和手工操作。船舶设备的定型化、标准化、通用化和可维修性设计，是实现维修生产工业化的条件。

船舶良好的维修性可由下列几点来衡量：

①所需的维修机械和设备数量少，维修的次数少；

②因维修造成的停航时间少；

③机械和设备的保养、维修时间间隔长,即维修周期长;

④保养和维修工时少;

⑤对船员的维修技能要求不高;

⑥维修工具简单和通用化程度高;

⑦备件数量少;

⑧便于检查、调整和拆换。

2. 维修性指标

衡量船舶维修性的定量指标有:维修度、修复率、平均修复时间和有效度等。

(1)维修度 $M(t)$

它是定量地评定维修性的尺度。可修复设备在规定条件下进行维修,在规定的时间内完成维修工作使设备保持或恢复能完成规定功能的概率称为维修度,用 $M(t)$ 表示。维修度与不可靠度形态相似,是随时间的增加而增加的。

由于维修时间有很大的随机性,它随故障发生的原因、部位和程度的不同而不同,因此维修的定量化只能用概率表示。

(2)修复率 $\mu(t)$

当修理时间已到达某时刻但尚未修复的设备,在该时刻后的单位时间内完成修理工作的概率称为修复率,用 $\mu(t)$ 表示。由于修复率具有前提条件,所以修复率是一个条件概率。

(3)延续时间指标

该指标主要包括:

①平均事后维修时间。故障发生后,整个修理过程所需要的时间即为事后维修时间。平均事后维修时间则是多次事后维修时间的平均值,用 MTTR(Mean Time To Repair)表示。

②平均预防维修时间。是完成预防维修项目所用的平均时间,即预防维修总时间与预防维修次数的比值。

③平均维修时间。包括事后维修和预防维修所需要的平均延续时间,即维修总时间与维修次数的比值。

④后勤保障延误时间。是因等待备件、材料、运输等所延误的时间。

⑤行政管理延误时间。是由于行政管理性质的原因使维修工作不能按时进行而延误的时间。

⑥维修停机时间。是发生故障所需要的停机修复时间,包括平均维修时间、后勤保障延误时间和行政管理延误时间。

(4)有效度 $A(t)$

设备在规定使用条件下和规定时间内保持正常使用状态的概率称为有效度。可靠性是要求设备不发生或少发生故障,维修性是要求设备发生故障后迅速修复。对于可修复的设备的可靠性和维修性的评价是用设备在全部使用过程中能有效工作的程度来衡量,即有效性用概率表示为有效度或称利用率。

$$\text{有效度}=\frac{\text{正常工作的时间}}{\text{正常工作的时间}+\text{维修停机时间}}$$

从上式可知,设备尽管可靠性很高,故障十分稀少,但是维修性不好,其有效度还是不高。要缩短停机维修时间,必须重视设备的可靠性、维修性设计。同时还要采取各种提高维修性的措施,如利用状态监测装置,设置检查点定期检测,收集维修信息,研究维修方案,编制维修技术资料，健全维修服务系统，加强维修人员的培训，搞好备件管理等，以提高有效度。

三、现代维修方式

从维修的发展过程来看，维修方式经历了从事后维修逐步走向定时维修的预防性维修；再从定时的预防性维修走向有计划的定期检查，以及按检查发现问题而安排近期的预防性维修计划；最近的趋势是随着状态监测技术的发展走向，在设备的状态的基础上进行维修，即按状态维修。但是，即使是最新的维修方式或是最先进的方式，在各种不同的情况下并不总是最经济、最高效的。只有结合自身的情况，选择最适用的方式才能达到最经济和效益最高的效果。

1.维修思想

维修思想是指导维修实践的理论，又称维修理论、维修原理、维修观念、维修哲学等。维修思想是人们对维修的客观规律的正确反映，是对维修工作总体认识，其正确与否直接影响维修工作的全局。维修思想的确立取决于当时的生产水平、维修对象、维修人员的素质、维修手段和条件等客观基础。

维修思想的建立是维修管理的首要问题。有了正确的维修思想指导，才能确立正确的维修方针、政策和进行维修的方法，以及建立高效率的维修体制和维修保障体系。在 20 世纪 30 年代之前，对设备维修没有明确的维修指导思想，而是采取坏了就修，不坏不修，听其自然的态度。维修工作缺乏科学预见，往往导致严重的停机事故，不仅影响使用，还危及安全和造成较大的经济损失。为了防患于未然，产生了“定期预防维修”的指导思想并建立了一整套预防维修制度。近年来由于对可靠性和可维修性理论的深入研究，又形成了“以可靠性为中心”的现代预防维修思想。

（1）“事后维修为主”的维修思想

事后维修属于非计划性维修，它以机械设备出现功能性故障为基础，有了故障才去维修，往往处于被动地位，准备工作不可能充分，难以取得完善的维修效果。产业革命初期维修都是以此为指导思想。

（2）“以预防为主”的维修思想

这是一种以定期全面检修为主的维修思想。从 20 世纪 30 年代开始人们注意到设备的安全使用，设备经过一段时间的使用后就会有磨耗，而耗损到一定程度就会发生故障或事故，危及安全生产。于是产生了预防维修的思想，提出了预防为主的方针。它是以机件的磨损规律为基础，以磨损曲线中的第三阶段起点作为维修的时间界限，其实质是根据量变到质变的发展规律，在设备耗损到出现故障之前对设备进行预防性维修。由于当时缺乏先进的检测手段，又认为设备的耗损只是时间的函数，就规定按期限进行拆卸检修，从而形成了所谓“定期预防维修”的方式。在这种维修思想下，定期维修成为预防维修的基本方式，拆卸分解成为预防性维修的主要方法。

船舶采用定期预防维修的特点：

①按船舶的实际航行情况，有计划、定期地对船舶及设备进行轮流修理、检查；

②每次进行计划修理的项目应保证设备工作到下一个计划修理期；

③根据各类统一安排的修理间隔期，在间隔期内又安排各种维护保养工作作为预防性维护措施。

因此，定期预防维修对防止设备事故、恢复设备功能、保证设备安全运转等方面有积极的促进作用。

定期预防维修的出发点是:认为故障只是时间的函数,故障的发生和发展均与时间有关,而任何故障的发生又都可能直接影响安全使用。于是通过定期检修来预防故障,以确保安全使用。显然,这种维修思想对与时间有关的故障是行之有效的。如船体、管系的腐蚀,机械磨损,电缆老化等。

事实上,影响设备故障的因素很多,有许多随机因素,而且许多故障并不是时间所造成的。并且船舶设备复杂,很难统一在一个规定的间隔期内来进行维修。因此,按规定的时间统一进行维修,不仅浪费人力、备件和一部分设备使用寿命,而且在修理中的拆解、测量和安装又会给设备增加人为耗损和误差,增加了设备的早期故障,甚至缩短了设备寿命。

(3)“以可靠性为中心”的维修(RCM)思想

RCM 策略是建立在“以预防为主”的实践基础上,但又改变了传统的维修思想观念。它通过故障的严重程度(即故障后果)和维修的可行性,在定期维修、状态预防维修、事后维修和定期报废等方式中进行抉择。选择设备维修策略的一般原则是:

①通过维修,恢复设备规定的功能,提高设备的可靠性或者消除设备修前存在的缺陷,并充分利用零、部件的有效寿命;

②力求维修费用与设备停修对生产的经济损失两者之和为最小。

以可靠性为中心进行维修就是从设备的实际可靠情况出发,以可靠性和维修性理论作指导,研究和解决维修中的各种问题。也就是说在进行维修决策和开展维修工作时必须以设备的实际可靠性状况作为出发点。

从可靠性的研究知道,耗损性故障是与时间因素有关的,而随机故障则与时间无关。因此,并不是所有设备的可靠性都能用定期预防维修的时间来限定,复杂设备和电子设备出现故障的时间是不固定的,从实际维修看,早期故障、随机故障以及一些具有隐蔽特征的机件故障,凭借定期预防维修也不能完全排除。

综上所述,既然故障的产生并不与时间有必然的联系,设备的故障大多是偶然的,有些故障又不能通过定期预防维修完全消除,因此定期维修就不是最恰当的唯一维修方式。只有采用状态监控的手段来预防故障的发生,用视情维修作为预防性维修方式则可克服定期预防维修的缺欠。所以,以可靠性为中心的维修思想仍然是“预防为主”,但将定期预防改为“有针对性”的预防。整个维修过程以设备的可靠性分析为基础,以维持设备固有可靠性为目标,按设备的实际可靠性指标来控制维修时机,通过逻辑分析决判来控制维修内容,选择视情维修方式以控制设备的使用可靠性。

上述维修思想的主要区别决定了采取何种维修方式。对于船舶维修而言,预防为主仍然是维修的指导思想。由于船舶的经常性损耗占有相当比例(如船舶设备腐蚀和磨损等),因此定期维修方式仍然普遍使用。另一方面,视情维修是一种较为科学的维修方式,它应当结合维修理论的研究进行设备可靠性和可维修性的论证、设计、控制和分析,逐步变定期维修为视情维修,使船舶维修采取定期维修和视情维修相结合。

2. 维修方式

现代船舶维修基本都是以预防性维修为主。预防性维修是指为了防止机械设备发生故障,在故障发生前有计划地进行一系列维修,确保设备正常运行;故障维修是在故障发生后进行的维修。

结合船舶营运特点和航行安全的要求，现代船舶维修有以下几种方式：

(1)定时维修方式

定时维修又称定期维修。其形式较多，但各种形式基本上都是以使用时间为维修期限，只要达到预先规定的使用时间，不管技术状态如何，都要按照规定的时限(或期限)对机械、设备进行拆卸、检验和维修，以防止故障的发生。这是一种带有强制性的预防维修方式，它通常以磨损作为维修的依据，取平均的管理水平，从大部分机件能坚持工作而不发生故障为出发点，将意外损坏的概率限制在一个较小的范围内。以时间为衡量标准的定时维修，掌握维修时机较明确，便于组织和计划管理。但针对性和准确性不高，维修工作量大，费用高。这是由于预先规定的检修时间不一定符合设备的实际情况，在机械设备运转尚良好，距离出现耗损故障期甚远时进行定时维修，有可能破坏了设备的良好技术状态，有时还会因为检修过失而导致设备的精度及可靠性反而低于检修前的情况。

定时维修方式主要适用于：故障机制带有明显的时间相关性，故障特征随时间变化，主要故障模式是磨损且有一定规律；在使用期内，机件出现预期耗损故障，根据磨损规律，能测出即将发生故障时间；对一些重要的机件很难检查和判断其技术状况时，定期维修是有效的方式。

定时维修的优点：是能够在使用运转时间的基础上方便地建立起一套预防性修理系统，达到以预防为主的目的，防止和减少紧急故障产生，使生产和修理工作均能有计划地进行，有较好的预防故障作用，简便易行，可进行长周期的计划安排。

定时维修的缺点：是对磨损以外的其他故障模式，如疲劳、锈蚀未能考虑在内。同时为了达到预防的目的，尽量避免故障的发生，保险系数取值趋于偏大，修理频率高，间隔短，机械设备的利用率低，经济效益不好。

另一方面，由于维修时间间隔是对同种机械设备而言的，而每台机械设备的具体情况是不相同的，其修理内容、工作量、间隔周期也应有区别，这种维修方式不能针对实际情况进行维修。此外，修理时都是采用大拆大卸方法，使拆卸次数增多，不利于充分发挥机件的固有可靠性，甚至导致故障的增加。

强制维修实质上也是定时维修方式的一种。对一些关键性的零部件，由于其损坏将会造成巨大的停机停航损失，或由于某些零部件所处的位置难以拆卸，只能在其他部件分解后才能拆卸，如单独进行这类零件的更换也将带来巨大的停航损失。在这种情况下，宜采用强制性的维修方式。利用生产中的间隙或计划的停航期，强制性地修理或更换这些零件，以使停产损失降到最低。这样虽然维修费用多一些，但这多一点的费用与专门停航修理所造成的损失相比只占很小比例。这种方式对一些营运效率很高，航行中难以拿出时间停航检修的船舶设备较为有效。

(2)视情维修方式

视情维修又称状态维修，它是指不确定机械、设备的维修期，而是通过不断地监控设备的运转状况和定量分析其状态，按照实际情况来确定维修时间，从而避免故障的发生。视情维修克服了定期维修的维修过剩与维修不足的弊端，调整了维修间隔期，可使维修工作量和维修费用大幅度降低。

采用视情维修应具备的条件是：必须进行视情设计，为开展视情维修提供先决条件；有能够反映设备技术状态的参数，标准图谱、临界参数、检查孔等；以现代监控手段，配置各种先进的无损检测仪器及与电子计算机相连的终端显示装置等，以进行保护和预警，防止故障发生。

视情维修对设备不确定维修期,而是根据实际情况确定最佳维修时间,因此,维修工作的针对性强。同时该种维修方式由于在设备功能性故障发生前采取措施,因而可有效地预防故障和充分地利用设备的工作寿命。此外,维修工作量和费用均少。所以视情维修是理想的预防维修方式。

视情维修是以机械设备的实际技术状态为基础的,通常有三种类型:

①定期检测视情维修

按照预定的时间,通过检查来了解机械当前的状态,发现存在的缺陷和隐患。据此有针对性地安排修理计划,以排除这些缺陷和隐患,减少修理费用。这种方式的关键在于检测。

定期有计划地进行检测并按检测所安排的修理计划进行修复,这时的检测与按需维修是相互配合的一个整体。没有修理安排,检测就没有实际意义。没有检测的信息,修理计划就没有了编制的依据。

这种修理方式和定时维修方式相比,其共同点都是预防性的,而不同点是:计划维修是根据磨损、概率或其他的经验,按一定的模式有规则地进行的,由于计划准确性及机械实际状况的差异等因素的影响,可能造成维修过度或维修不足;而定期检测视情维修是根据摩擦学原理及周期检查的结果来诊断机械的实际状况而进行接近机械实际需要的修理。所以相比来看,定期检测视情维修效率较高,费用少。但这种维修方式不能安排长期修理计划,因而不能早期进行资源平衡,给维修工作带来一定困难。另外,受检查手段和维修人员经验的制约,可能使检测及计划不准确,造成维修不足。

②状态监测视情维修

按机械设备的状态进行维修,是人们期望和努力实现的一种较理想的维修方式。这种维修方式目前国内尚有不同的翻译名词,如“状态监测维修”“视情维修”“项修”和外国文字直译过来的“预知维修”等。

以往各种维修方式的不足之处均在于,虽然希望维修工作在最合适的时间,即在机械将要发生故障前及时进行,但由于不能掌握机械的实际状况而总是不能及时维修而造成事后维修,或因预防性措施过多产生过剩维修。实行定期检测就是要通过有计划的检测达到这一目的,但由于检测手段的技术水平及检测频度的合理程度等所限亦不能完全掌握机械设备的实际状态。

状态监测视情维修不是根据故障特征而是由机械设备定期检测或在线监测和诊断装置预报的实际情况来确定维修时机和内容。检测包括状态检查、状态校核、趋向监测等项目。一般以在线监测的方式进行。状态监测视情维修适用于:属于耗损故障的机件,且有如磨损那样缓慢发展的特点,能估计出量变到质变的时间;难以依靠人的感官和经验去发现故障,又不允许对机械设备任意解体检查;对那些机件故障直接危及安全,且有极限参数可监测;除本身有测试装置外,必须有适当的监控或诊断手段,能评价机件的技术状态,指出是否正常,以便决定是否立刻维修。

这种状态监测视情维修的方式是按机械设备的实际状况和需要,及时地进行修理的方式。采用这种方式必须有如下重要的先决条件:

a. 机械故障的发生不具有非常明确的规律性;

b. 有准确且有效的检测方法和技术,可以测试到缺陷及故障的存在;

c. 从发现故障的征兆开始到故障出现之间的故障潜在时间足够长,使修理和排除故障的措施能够实现;

d. 对被监测的机械能够进行分解,有排除故障的可能性;

e. 机械设备在生产中的地位,使其有可能在故障被发现时采取措施排除故障。

状态监测视情维修的优点是可以充分发挥机件的潜力,提高机件预防维修的有效性,减少维修工作量及人为差错;缺点则是费用高,要求有一定的诊断条件。

③冗余设计,视情维修

对于大型、贵重、关键机械的某些随机性的突发故障,在故障发生之前对征兆无法预报时,采用冗余设计,使故障发生时不会带来不良后果,可以在故障发生后对相应部件进行修理。

(3)事后维修方式

事后维修又称故障维修或损坏维修,它不控制维修时期,只是在设备发生故障或损坏后才进行的维修,以恢复原来的功能为目的。某些复杂设备虽有故障,但其许多零部件仍保持良好的基本功能以致无法预测故障的发生;某些复杂设备缺乏适用的检测手段、参数和临界参数;某些设备不具备实施检测的条件,所以只能在故障发生后再进行维修。

这种维修方式的缺点主要有:停机时间长;停机造成的损失大;须充分准备人力、工具备件等维修资源;修理无计划,修理内容、时间长短及安排等问题都带有很大的随机性。但是修理费用较低;对修理管理的要求也低;可缩小维修组织。

事后维修也绝非等待故障的发生,而是在设备故障发生前后均连续不断地进行状态监控。事后维修是一种非预防性的维修方式,但仍进行经常性的检查和保养工作。

事后维修适用于故障不直接危害使用安全且仍保持基本功能的设备,或采用预防维修不经济的耗损性设备。在现代管理设备要求下,事后维修仅用于对生产影响极小的非重点设备、有冗余配置的设备或采用其他检修方式不经济的设备。

(4)定期报废

定期报废意味着按固定的时间间隔用新产品或部件更换旧产品或部件,恢复产品或部件的可靠性。要求产品在规定的工龄极限内或在此之前报废产品或部件,而不管其当时的状况。定期报废的频率由产品或部件的故障条件概率增加时的工龄来确定,因为 RCM (以可靠性为中心的维修管理)特别注意安全性影响。在处理定期报废工作时,RCM 认可两种不同类型的寿命极限。第一种适用于避免具有安全性后果的故障,称为安全寿命极限,如图 1-5 所示。第二种用于预防没有安全性后果的故障,称为经济寿命极限,如图 1-6 所示。

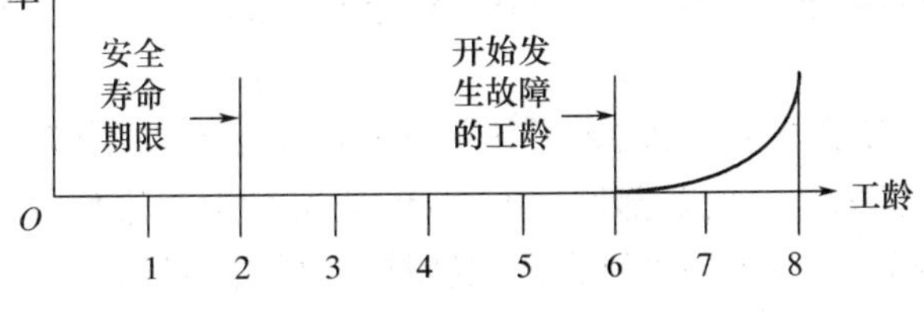

图 1-5 安全寿命极限

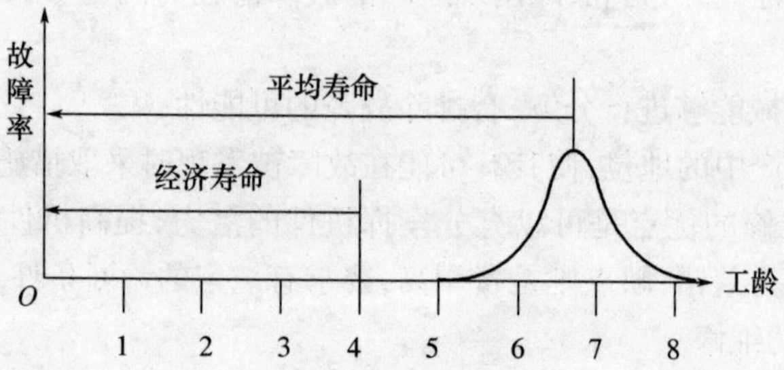

图 1-6　经济寿命极限

在实际应用中,可按需要选择其中一种,或者选取两者的最佳结合点,兼顾安全性和经济性。

对船舶中的重要机械和设备一般应选用视情维修或定时维修方式,对故障不危及使用安全的设备或只发生偶然性故障的设备采用事后维修方式。

对于一些经过精确计算有规定使用寿命的零部件或设备仍采用定时维修方式,而大多数设备和零部件逐步采用视情维修和定时维修相结合的方式来预防故障。一个复杂设备中的不同项目,可依具体情况分别选用不同的维修方式;同一项目也可以采用一种或多种维修方式。

3. 维修方式的选择

维修的目的在于保证机械设备运转的可靠性,即保证使用价值的可靠性;另外要使维修费用最省。因此维修决策的基本要求是:可靠度不得低于允许的最小值;维修费用为最少或不得大于某个预定的维修费限额。维修方式的选择应从故障发生后的安全性、经济性考虑。由于机械设备一般都是断续运行,安全性不突出,所以选定维修方式一般侧重于经济性。

上述四种维修方式各有一定的适用范围。然而应用是否恰当,则有优劣之分。

维修方式的发展趋势是从维修方式本身的技术经济效果来分析的,而没有考虑到机械本身在生产中的地位及其对维修方式产生的影响等因素。各国不同的维修体系或维修制度都是根据本国的特点,在总的发展趋势下选择了某一种方式或将几种方式进行组合,或配合其他的管理方法而形成。

我们要从维修方式的一般趋势来研究和分析各种不同维修方式的具体内容、特点、由来,以及各种不同维修方式的优缺点、适用范围,结合自己的实际情况和生产需要,来找出优化的维修方式,取得较好的经济效益。

选择维修方式一定要结合具体情况对不同的机械选用不同的维修方式,求得综合效率最好,防止盲目性和单纯的追求不切合实际的先进性。根据故障性质和故障后果选择维修方式,如图 1-7 所示。

再如,实行计划维修方式的项目,如果具有方便而又准确的不解体检测手段,就不该把有把握工作到下一次检修的总成及部件大拆大卸,应实行定时维修与定期检测视情维修相结合的维修方式。表 1-1 为主要维修方式的特征,可供选用时参考。

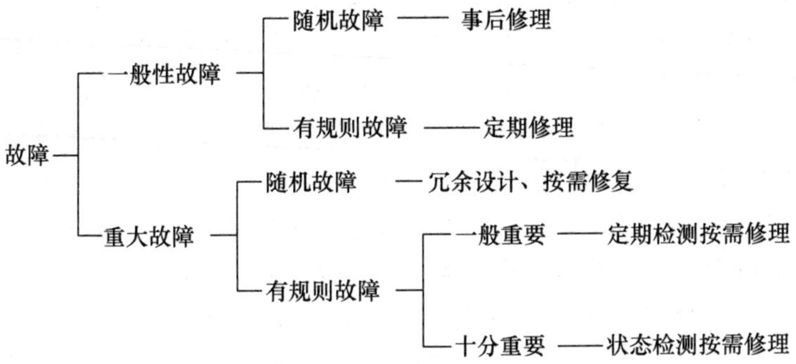

图 1－7　按故障性质和故障后果选择维修方式

表 1－1　不同维修方式的特征

序号	特征	定时维修	视情维修	事后维修
1	维修性质	预防性	预防性	非预防性
2	维修对象	一个项目	一个项目	一个或几个项目
3	维修判据	定期进行全面分解、检修或更换，有可能对不该检修的也进行维修	事先不断监控项目的状态，按状态更换或维修	事后不断监控项目的状态变化，按结果采取相应措施
4	基本条件	数据或经验	视情设计、资料、控制手段、检测参数、参数标准	数据或经验
5	检查方法	分解	不分解	分解
6	适用范围	影响严重、对安全有危害且发展迅速，无条件视情的耗损故障	影响严重、对安全有危害且发展缓慢，并有条件视情的耗损故障	对安全无直接危害的偶然故障、规律不清楚的故障、故障损失小于预防维修费用的耗损故障
7	维修费用	接近事后维修费用，备件量过多	需要高的投资和经常性费用	有充分准备的维修资源，需要一定费用

四. 现代维修的发展趋势

现代化船舶机械设备的大量使用，使生产率成倍增长。但其复杂的结构、昂贵的价格、自动化程度的逐步提高，要求加强机械的维修与检测，尽量避免因机械故障的出现打乱航运计划，减少因停航带来的经济损失。不断研究新的维修技术以最少的资源与能源的消耗获得最大的经济效益，是现代船舶维修发展的需要和追求。将现代船舶机械维修工作与系统工程、可靠性工程及现代化科学技术的其他学科联系起来，是科学技术发展的必然趋势。

机械设备维修科学近 30 年发展较快，并在某些方面有着较大的发展。

在维修方式、维修技术及维修管理三方面的发展趋势是：

1. 确立以状态监测和故障诊断为主的发展方向

随着状态检测及故障诊断技术的发展，按机械设备状态进行视情维修的方式已经被公认为是维修方式中最新的、效率最高的一种。这种维修方式目前仍是初步的,距实际要求的按状态进行维修尚有一定的距离,需要进一步研究、分析和积累经验,才能趋向成熟。

随着科学技术的发展,特别是微电子、计算机信息技术的迅速发展,光电机械一体化技术在船舶工程机械上的应用将日益广泛。实践表明,船舶越先进,结构就越复杂,其维修活动就越依赖于状态监测和故障诊断的技术。事后维修、预防维修、以可靠性为中心维修的理念,各有长短,都有一定的适用范围,机械地规定某个维修单位或某种机型只能采用某一种维修方式,既不符合实际又难以奏效。当前,发达国家的船舶工程机械维修主要是以状态监测为基础,可靠性维修为中心,以多种维修方式相结合,针对不同情况采取不同方式的视情维修。今后,随着状态监测和故障诊断技术的广泛应用,先进的船舶工程机械装备机电一体化的在线自动监测和故障诊断等仪器设备,以可靠性为中心的维修理念将成为船舶工程机械维修管理的主导理念。但在发展这种维修方式的同时,进行计划维修对于某些重要大型船舶机械设备也是必要的。

2. 发展现代维修技术及复合修复工艺

传统的恢复性修理,只能使有故障的船舶机械通过维修后其使用性能接近原有的性能,没有包含技术进步的因素。而现代改善性修理是采用新装置、新材料和新技术修理旧设备,能使修复后的旧设备接近新机性能。今后,随着电刷镀技术、热喷涂技术、维修焊接技术、纳米技术及其他的材料工程技术在船舶工程机械上的广泛应用,具有集成化、智能化的新型船舶工程机械的更新周期将进一步缩短,恢复性修理将更多地被改善性修理所取代。另外,采用两种或两种以上的修复工艺来修复船舶零件或设备的复合修理方法,如:焊接+胶粘、多种表面修复技术等。它们可使修复后零件的寿命有较大的延长、性能有较大的提高、经济性更好,具有最佳的经济效益,将成为修理工艺重点研究和发展的方向。同时,一些新技术又解决了一些机械设备的翻新问题,使其可以经过修复恢复其原有的性能。

这些新技术的发展主要是从零件修复开始的,由于它有着独特的优点,即经济性好,某些主要性能上可以优于母材。因而,这些技术很快会被应用于一些零件,包括基础件在内的磨损预防上,即采取这些技术对一些零件或基础件的易磨损部位实行预防性的保护或强化措施,来延长零件的寿命。这又是一种新的预防性维修措施。在这个基础上,今后将会出现某些维修技术推动制造技术发展的趋势,即逐步地把某些零件修复技术应用到制造上去,以提高产品的可靠性。

3. 建立智能网络维修服务系统

建立智能网络维修服务系统将成为21世纪船舶工程机械维修业的重点发展方向。运用网络技术,还可以超越国家、地区和时空界限,将船舶工程机械的科研机构、技术咨询、生产厂、维修厂、配件站和使用单位联系起来,实现远程、快速、优质和全方位的服务。生产厂以此作为售后服务的主要手段,通过与船舶工程机械配套的数据采集系统、运输管理系统、维修服务系统,直接或间接地从施工现场获得信息,按最佳效率采取措施完成售后服务。

在维修管理方法上,运用现代化的管理方法来建立和完善合理的人工管理系统,尤其是应用计算机的管理系统将普遍实现。应用计算机可对整个维修系统进行管理,包括机械设备状态的输入、修理工作命令的建立及下达、完成任务的反馈、备件、资料的查询及发放等。今后在管理上的发展趋势将是把状态检测技术、按机械设备的状态进行维修的方式和计算机管理系统结合在一起,建立现代监测采样系统,建立相应专家库,构成一套完整而先进的计算机管理体系。

4. 采用适合于经济发展状况的维修体系

在船舶维修体系上，采用适合于经济发展状况的维修体系。例如我国目前普遍采用的船舶维修保养体系 CWBT，它是以我国传统的船舶维修管理方式为基础，吸收国外先进的管理经验，并与国际上插卡式船舶设备管理相结合，形成集计划、管理、指导于一体的一种新颖、科学、实用的现代化船舶设备维修管理模式。此外，船舶机械有计划保养体系 PMS (Planned Maintenance System)，它也是通过制定科学的设备维修保养内容和要求使船舶机械保持良好技术状态的管理制度。

思考与练习

1. 什么是船舶质量检验，专职检验的特点有哪些？
2. 船厂新建船舶的初次入级检验包括哪些内容？
3. 中国船级社受中国政府的授权，对国际航行船舶所发的法定证书主要有哪些？
4. 船舶监督检验包括哪些内容？
5. 船舶产品质量的定义是什么？
6. 船舶检验有哪些分类方法？
7. 返工和返修的概念是什么？
8. 偏差许可和超差特许的概念是什么？
9. 什么是船机设备的可靠性？
10. 什么是设备的系统可靠性？什么是串联系统、并联系统、表决系统？
11. 要做好设备维修工作的三个基本条件是什么？
12. 什么是设备的维修性，如何衡量设备具有良好的维修性？
13. 什么是定时维修方式、视情维修方式和事后维修方式？
14. 如何根据故障性质正确选择维修方式？

第二章　船舶零件的失效分析

学习目标

知识目标

1. 能叙述故障的机理和故障基本模式。
2. 能够了解故障的分类方法和故障征兆，掌握一般的故障规律。
3. 能正确描述摩擦的基本类型、机理、摩擦的实质以及影响摩擦的因素。
4. 了解润滑的基本分类方法。
5. 掌握干摩擦和液体润滑的原理、润滑的方式和一般润滑系统。
6. 能正确描述磨损的概念以及船机零件的磨损规律。
7. 了解磨损的类型以及各种磨损的机理。
8. 了解化学腐蚀、电化学腐蚀和穴蚀的基本过程以及船机中出现的化学腐蚀、电化学腐蚀和穴蚀现象。
9. 了解断裂的分类以及其原因。

能力目标

1. 能够运用一些设备的外部信息对机械设备状态进行分析和判断。
2. 能够对一些简单船机设备进行故障规律分析。
3. 能够正确分析滑动轴承建立液体动压的过程。
4. 能够根据不同的设备状况，正确使用不同的润滑方式。
5. 能分析一般船舶零件的磨损规律。
6. 能正确对柴油机主要部件的磨损情况进行分析，并掌握减少磨损的相应措施。
7. 能正确掌握船舶部件防止腐蚀的具体措施。
8. 能根据零件的断口形状分析判断断裂的原因。

船舶及其机械设备在运营过程中，无论前期设计和制造得多么完美，都会在长期的使用、保管或闲置过程中，由于受到内部因素（如设计方案、材料选用、制造质量和安装工艺等）和外部工作条件（如工作负荷、维护管理、使用环境等）的影响，使船舶、设备或零件的尺寸精度、几何形状逐渐发生变化，或者产生腐蚀损耗、磨损或裂纹损伤等破坏，出现技术状态和使用性能下降、精度降低、价值贬低、可靠性降低等现象，这种现象通常称为船舶设备老化（或劣化）。

第一节　船舶故障概述

船舶故障（fault）是指船舶设备或系统在使用中出现不能符合规定性能或丧失执行预定功能的偶然事故状态。船舶故障通常是船舶产品本身失效后的状态，但也可能在失效前就存在。但船舶故障不包括由于船舶预防性维护、外部资源短缺或预先计划的工作中断。

一. 船舶故障模式

1. 船舶设备的失效形式

船舶设备故障通常是指船舶系统、设备、机械或零部件凡不能完成其规定的功能或其性能指标恶化至规定标准以外的一切现象。对一些不能修复的船舶产品则称作失效。

在船舶工程应用中,一般习惯用船舶机械设备的状态来定义故障。船舶机械设备的基本状态通常被认为有三种,即正常状态、异常状态和故障状态。可见,船舶故障也属于机械设备的一种状态。所谓船舶设备(机器或设备)正常,是指它在执行规定动作时没有缺陷,或者虽有缺陷但也是在允许的限度范围之内。

一个机件处于下列三种状态之一就认为是失效:①完全不能工作;②不能完成规定功能;③不能可靠和安全地继续使用。这三个条件可以作为机件失效与否的判断原则。

失效多指单个或多个零部件的失效,机械发生故障或事故中常含有失效。从广义上来讲,故障和失效是一致的。

机械零部件的失效与机械的使用是同步的,失效最终必将导致机械设备的故障。关键零部件的失效会带来灾难性的破坏,给生命财产造成巨大损失。

一般机械零件的失效形式是按失效件的外部形态特征来分类的。大体包括:磨损失效、断裂失效、变形失效和腐蚀与气蚀失效。在船舶设备中,最主要的失效形式是零件工作表面的磨损失效;而最危险的失效形式是瞬间出现裂纹和破断,统称为断裂失效。

失效分析是指分析研究机件的磨损、断裂、变形、腐蚀等现象的机理或过程的特征及规律,从中找出产生失效的主要原因,以便采用适当的控制方法。

船舶设备"规定的功能"只能在设备运行中才能显示出来,如果设备已经丧失规定的功能而设备未开动,则故障就不能显现。有时,设备尚未丧失功能,但我们根据某些物理状态、工作参数、仪器仪表检测等,可以判断即将发生故障。船舶设备异常则是指设备的缺陷开始产生或已有一定程度的扩展,使设备的状态信号(如温度、压力、振动等)发生变化,设备的工作性能逐步劣化但仍能维持工作。因此,必须在故障发生之前进行有效的维护和修理。这种根据某些物理状态、工作参数而事先鉴别出设备即将发生的故障(也称为潜在故障),通过有效手段诊断潜在故障并及时予以排除,是现代船舶维修技术中要解决的一个重要课题。故障是可靠性与可维修性的研究对象,是维修科学研究的内容。

当船舶或设备出现故障时,必定表现出一定的物质状况或特征,它们会反映出一些物理、化学的异常现象,这些物质状况或特征通常称为故障模式。船舶故障模式是指妨碍船舶或设备完成规定任务的某种可能方式,即产品的故障或失效的表现形式。

2. 故障模式

属于机械类零部件的故障模式通常包括磨损、腐蚀、疲劳、断裂、蠕变、变形、材质劣化等。对于不同设备,其故障发生的主要模式也不完全相同。通常,船舶设备的故障模式主要有磨损、腐蚀和疲劳断裂等;电器设备的故障模式有短路、漏电、断路等。

产品的故障模式可能是单一的,也可能是综合的。此外,产品的故障模式也不是一成不变的,它会随着工作环境、使用条件、运转时间以及产品的内在因素变化而异,并与产品的设计、材料、制造等因素密切相关。在船舶生产和营运过程中,通过对船舶设备故障模式的调查、统计和计算分析,便可以评价与鉴定船舶产品的可靠性。在维修管理工作中,可依船舶设备的各种故障模式发生时间来确定早期故障期和故障率的变化规律,从而可以采取预防措施,减少或防止船舶故障的发生。

二、船舶故障分类

船舶故障是复杂多样的,不同的故障对应着状态信号中的一系列特征(通常又称为症状),这是船舶设备状态或故障能被认识和诊断的客观基础。现代机械诊断学的重点虽然不在于研究故障本身,而是研究状态的监测、识别和诊断的方法。然而故障本身的类型与性质对诊断却是极为重要的,研究不同的故障往往决定了需要使用不同的诊断方法。

每个部件损伤事件至少有一个原因,也可能有多个原因。船舶部件损伤原因的识别对于部件损伤的持久排除是绝对必要的。通过成功确定船舶部件损伤原因,就能在工艺和或操作上采取应对措施,防止类似或原因相同的部件损伤再次发生。按故障的性质、原因、时期、影响和特点等情况将其分类,有助于分析、认识故障和排除故障,也便于进行故障统计,为改进船舶机械的设计、制造和维修提供可靠的信息资料。

设备故障的分类方法较多,这里主要介绍以下几种:

1. 按故障的性质分类

(1)人为故障(man-made fault)

人为故障是指由于操作人员管理不当或行为过失等人为失误情况而引起的故障。这种人为失误包括个人的、群体的和组织的失败,其主要表现在:未能完成必要的功能;实践了不应该完成的任务;对意外未做出及时的反应;未意识到危险情境;对复杂的认知反应做出了不正确的决策等。

据统计资料表明,人为失误在造成船舶生产事故的案例当中占 80% 以上,是船舶生产故障的主要原因,已经引起有关船舶建造、海上航运企业及管理部门的高度重视。

(2)自然故障

自然故障是指船舶机械设备运行时,由于设备自身的原因(结构和材料缺陷,制造和安装不良等)、工作环境变坏、使用条件恶劣等造成的故障。

2. 按故障的原因分类

(1)结构性故障

船舶设备因结构设计上的缺陷、计算上的错误或选材不合适等原因导致的故障。例如,柴油机汽缸套上部凸缘根部在设计上受力不当和制造工艺不良时,容易引起凸缘根部产生裂纹,甚至导致缸套断裂。

(2)工艺性故障

由于制造、安装工艺的问题或者质量的控制、检测不严等引起的故障。

例如,由于轴系的安装、校中质量不良而引起轴系振动、轴承发热和过度磨损等。

(3)磨损性故障

这是在正常工作条件下长期运转产生的故障。由于长期运转,船机零件磨损使其性能参数逐渐达到极限值,船机性能变坏而发生故障。例如,由于过度磨损使活塞与汽缸之间间隙过大而产生敲缸、窜气等故障。

(4)管理性故障

由于维护保养不良或违章操作等造成的故障。例如,由于滑油长期不化验、不分离和不更换,变质滑油引起轴瓦合金熔化的故障。

3. 按故障对船舶影响的程度分类

(1) 局部性故障

由于船舶设备产生局部故障导致设备的功能部分丧失,此类故障不需停航修理,可在航行中进行故障处理。例如,主机某缸喷油泵发生故障时,可进行单缸停油处理。

(2) 重大性故障

由于船舶设备的严重故障导致设备的功能完全丧失,必须停航,争取短时间内通过船员自修或采取更换备件等措施排除故障。例如,主机某缸发生严重的拉缸故障,停机检修或实施封缸措施,修理后继续航行。这种情况下的停航时间,货船不超过 6 h,客船不超过 2 h。

(3) 全局性故障

全局性故障是指船舶设备出现异常严重的故障导致设备的功能丧失,造成船舶丧失航行能力,不能维持可靠地航行,需要进厂进行长时间的修理。

对于船舶本身,全局性故障可能是船舶搁浅、船体破损、稳性降低、火灾或主机曲轴折断、尾轴或中间轴折断、螺旋桨损坏等。对于航行水域环境,作为影响的特征,可能涉及水域和空气的污染。当一艘船舶整体损失时,即使在船舶沉没了几年之后,这两方面的影响还能导致严重的环境污染,这主要是通过逸出的危险货物介质,例如燃料油、润滑油或液体货物所造成的水污染。不仅在环境污染的范围内,而且事故发生的地理位置也会对口岸的技术防范措施产生影响。

4. 按故障的发生和发展过程的特点分类

(1) 渐进性故障

渐进性故障是指船舶设备长时间运转中,由于磨损、腐蚀、疲劳和材料老化等因素的作用,使设备的初始参数逐渐劣化、衰减过程逐渐发展而引起的故障。这类故障的发生一般有明显的预兆,具有一定的规律性,一般可以通过连续的早期状态监测和故障预报来预防,如能采取一定的预防措施,可以控制或延缓故障的发生。例如,柴油机汽缸套与活塞环的磨损和曲轴与轴承的磨损以及管子腐蚀穿孔等故障。

(2) 突发性故障

突发性故障是由于各种不利因素和偶然的外界影响的共同作用超出了设备所能承受的限度而突然发生的故障。这类故障一般无明显征兆,是突然发生的,依靠事前检查或监视不能预知的故障。这类故障发生时间很短暂,发展极快,一般带有破坏性。例如,转子叶片断裂,误操作导致的设备损毁,因电压过高、电流过大而引起元器件损坏而造成的故障等。

(3) 波及性故障(或称二次故障)

由于船机设备的某种故障而引发出另一种更大的、更危险的故障。例如,发电柴油机连杆螺栓的断裂或脱落而引起的连杆、活塞、汽缸套和汽缸盖甚至机体的破坏。

(4) 断续性故障

断续性故障是指船舶设备在某一段时间呈现故障状态,而在另一段时间又自行恢复功能的故障。例如,设备的仪表指示灯时亮时灭等故障。

5. 按故障发生的时期分类

(1) 早期故障

早期故障的产生可能是由于设计、加工或材料上的缺陷,在设备投入运行初期的暴露表现。

(2)使用期故障(随机故障)

这类故障是在设备有效寿命内发生的,通常是由于载荷(外因、运行事件等)和系统特性(内因、零部件故障、结构损伤)等无法预知的偶然因素而引起的。

(3)后期故障(老化期)

这类故障是由于长期使用,甚至超过设备规定的使用寿命后,因零部件逐渐磨损、疲劳或老化等原因使系统功能退化,最后导致系统发生突发性、危险性和全局性故障。

此外,按故障的是否容忍损伤程度还可以分为允许故障和不允许故障;按故障的易见性还可分为明显安全性故障和隐蔽安全性故障等。

三、船舶故障征兆

故障征兆就是故障在发生前会以不同形式的信息显示该故障即将发生,即故障先兆。一般来讲,船舶设备在故障发生前都会有一些征兆,它是故障的初期表现形式。除突发故障以外,任何一种故障发生前通常都会有一定先兆。船舶故障的先兆主要有下列表现:

1. 船舶性能方面

(1)功能异常

表现为设备启动困难,功率不足,转速不稳,自动停车,剧烈振动等。

(2)温度异常

表现为油、水温度过高或过低,柴油机排烟温度过高,轴承发热等。

(3)压力异常

表现为燃油、滑油、冷却水压力失常,扫气压力、压缩压力和爆发压力不正常等。

(4)示功图异常

柴油机做功不正常,测试出的示功图图形异常,计算出的汽缸功率不符合要求。

2. 船舶外观显示方面

(1)外观反常

船机运转中油、水、气等有跑、冒、滴、漏等现象。排烟异常,如冒黑烟、蓝烟和白烟等。

(2)消耗反常

运转中燃油、滑油和冷却水的消耗量过多,或不但不消耗反而增加。例如,曲柄箱油位增高。

(3)气味反常

在机舱内嗅到橡胶、绝缘材料的“烧焦味”,变质滑油的刺激性气味等。

(4)声音异常

在机舱听到异常的敲击声。如柴油机的敲缸声、拉缸声,增压器的喘振声。此外还有螺旋桨鸣音及各种工作不正常的声音等。

四、船舶故障规律

以可靠性为中心的维修管理(Reliability Centered Maintenance,RCM)属于第三代维修管理的具有代表性的模式。随着现代维修技术的发展,这种设备管理模式强调以设备的可靠性、设备故障后果作为制订维修策略的主要依据。

故障理论揭示了机械设备在使用过程中的运动规律,它包括故障统计分析(故障宏观理论)和故障物理分析(故障微观理论)。它是维修技术的基础理论,对维修技术的应用和发展有重要的影响。

船舶设备及零部件自投入使用到损坏不能运转的全部使用过程中,在不同时期的故障概率也不同。使用经验与试验表明,一般船舶机械设备的故障率与时间呈“浴盆曲线”关系,即故障率规律曲线,如图 2 - 1 所示。

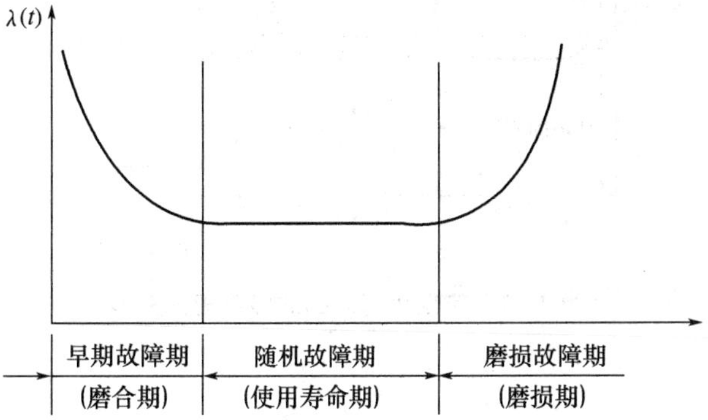

图 2 - 1　故障率规律曲线(浴盆曲线)

图中横坐标表示时间 t,纵坐标表示故障率 $\lambda(t)$。故障率 $\lambda(t)$ 是指某完好设备在某时刻 t 后的单位时间内发生故障的概率。故障率规律曲线按故障发生的时间分为三个阶段:

1. 早期故障期

又称“磨合期”,是船机投入使用的初期。这个时期故障的特点是故障率较高,但随着使用时间的延长而迅速下降。此段时间的长短随产品、系统的设计与制造质量而异。早期故障主要是由于设计、制造和安装上的缺陷,或者是使用环境不合适等造成的。通过调试、磨合、修理和更换有缺陷的零件等措施使故障率很快降低,运转趋于稳定。在设备进行大修或改造后,再次使用也会出现这种情况。

2. 随机故障期

又称偶然故障期,是在早期故障期之后磨损故障期之前的一段时间,是设备的有效寿命期。其特点是:

(1)运转稳定,故障率低。

(2)出现的故障为偶然因素引起的随机故障,是难以预料的。主要是由于设计、制造中的潜在缺陷,操作不当,维护不当,以及环境因素等原因所引起。随机故障不能通过调试或延长磨合期来消除,也不能用定期更换零件来预防。但通过提高设计质量,改进使用管理,加强监视诊断与维护保养等工作,可使故障率降到较低水平。

(3)随机故障期较长,是船舶机械的主要使用期。

3. 磨损故障期

又称晚期故障期,在船舶机械寿命的后期出现。特点是故障率随时间的延长而迅速升高,它是由于设备零件的磨损、腐蚀、疲劳和老化造成的。如果在磨损故障期开始前进行修理或更换零件,则可延长随机故障期,推迟磨损故障期。图 2 - 2 是定期大修后的故障率规律曲线。

但并非所有的机械、设备产品都具有以上三个故障期并呈现浴盆曲线规律。一些设备只有其中一个或两个,如有些无早期故障期,有些则达不到磨损故障期。统计分析表明,产品可以出现如图 2－3 所示的六种故障率曲线。

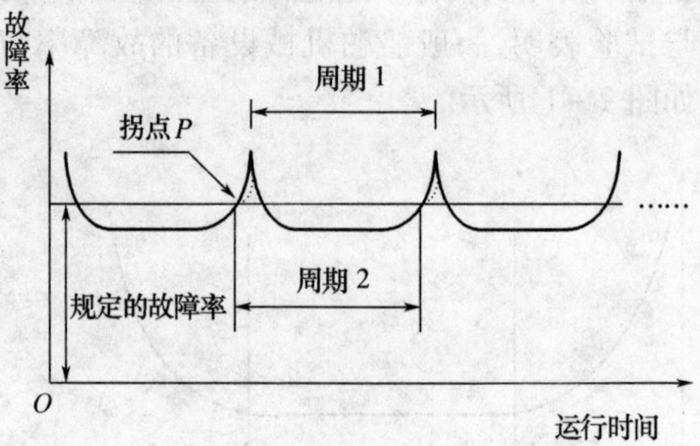

图 2－2　定期大修后的故障率规律曲线

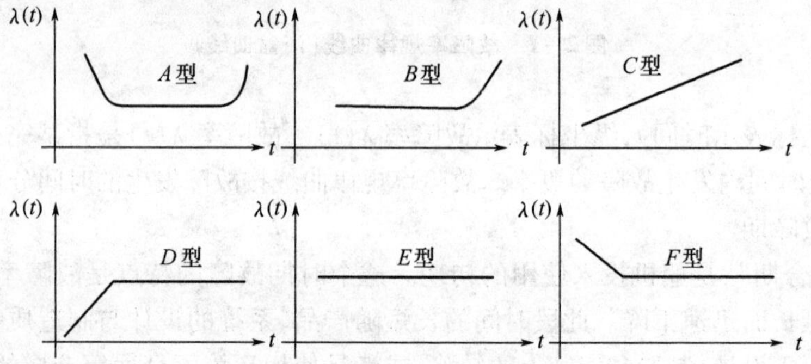

图 2－3　各种故障率曲线

曲线 A,B 有明显的磨损故障期,通常显示机械设备发生磨损、疲劳和材料老化等故障,可采用定时维修方式延长使用寿命期。往复式发动机的汽缸、轴承、齿轮等大量单体部件具有此种故障规律。

曲线 C 无明显的磨损故障期,故障率随时间延长而缓慢增加。飞机涡轮发动机等机械设备具有此种故障率规律,可依设备的技术状态确定检修时间。

曲线 D,E,F 显示产品在整个寿命期中故障率为常数,无须进行定时维修。复杂的电子设备等具有这类故障率规律。

五、船舶故障的影响因素

船舶机械在设计制造、使用及维修中,影响零部件参数值变化速率的因素有以下几个方面:

1. 设计

船舶机械设计过程中,应对机械未来的工作条件有准确估计,对可能出现的变化要有充分考虑。由于技术能力不足或科技发展水平而出现的设计方案不完善、设计图样和技术文件的审查不严是产生故障的重要原因。

2. 材料选择

在船舶机械设计、制造和维修中,都要根据零件工作的性质和特点正确选用材料。材料选用不当或材料不符合规定，或选用了不适当的代用品是产生磨损、腐蚀、变形、疲劳、破裂、老化等现象的主要原因。此外在制造和维修过程中，很多材料要经过铸、锻、焊和热处理等加工工艺，在加工过程中材料的金相组织、力学物理性能等发生变化，其中加热和冷却后的变化尤为明显。

3. 制造质量

制造工艺的每道工序都会存在误差，其工艺条件和材质的离散性必然使在铸、锻、焊、热处理和切削加工过程中产生了应力集中、局部和微观的金相组织缺陷、微纹等，这些缺陷是造成机械寿命不长的重要原因。

4. 装配质量

机械零部件间有恰当的配合要求。配合间隙的极限值，包括装配后经过磨合的初始间隙过大或过小，都可造成有效寿命期缩短。装配中各零部件之间的相互位置精度也很重要，若达不到要求，会引起附加应力、偏磨等后果，加速失效。

5. 合理维修

根据工艺合理、经济合算、生产可行的原则，合理进行维修，保证维修质量。这里最重要、最关键的是要合理选择和运用修复工艺，注意修复前的准备，修复过程中按规程进行操作，修复后正确处理。

6. 正确使用

在正常使用条件下，机械设备有其自身的故障规律，若使用条件变化，故障规律也随之变化。船舶是机械设备和船员一体化的典型人机系统，人机功能的充分发挥和彼此良好的配合将会使船舶安全可靠地航行，使船舶营运获得更大的经济效益和延长船舶的使用寿命。因此，船舶的综合可靠度取决于船体、船机固有的可靠度和船员的工作可靠度。目前，船舶设备先进，自动化程度高，出现了无人机舱等现代化的先进船舶，船舶动力装置的可靠度大大提高，但船舶设备故障仍是不断，每年都会因海损和机损事故而造成重大损失。

（1）载荷

机械设备发生耗损故障的主要原因是零件的磨损与疲劳破坏。在规定的使用条件下，零件的磨损在单位时间内是与载荷的大小呈直线关系。而零件的疲劳损坏只是在一定的高速载荷下发生，并随其增大而加剧。因此，磨损和疲劳都是载荷的函数，当船舶设备超负荷或超速工作时，会引起剧烈的破坏。

（2）环境

它包括气候、腐蚀介质和其他有害介质影响，以及工作对象的状况等。例如，温度升高，会造成磨损和腐蚀加剧；过高的温度和空气中的腐蚀介质存在，造成腐蚀和腐蚀磨损；空气中含尘量过多，工作条件恶劣都会提高机械故障率，减少机械寿命。必须指出，环境是一客观因素，在一定情况下可人为地采取措施，减少环境对机械的影响。

（3）保养和操作

统计表明，在造成全损的各种原因中，由于船员素质低，不具备适任资格或操作错误等致使机械和设备维护、保养不良而发生故障，大约 80% 是人为因素造成的。建立合理的维护保养制度，严格执行技术保养和使用操作规程，是保证机械设备工作的可靠性和提高使用寿命的重要条件。

第二节　船舶零件的摩擦与磨损

摩擦学是研究材料(零件)的摩擦、磨损与润滑及其应用的一门学科。机器运转时,机器中具有相对运动的运动副发生配合表面的摩擦是一种不可避免的自然现象。磨损是摩擦的必然结果。润滑则是改善摩擦、减缓磨损的有效方法。

因摩擦引起的磨损是材料主要失效形式之一,它造成的损失是巨大的。根据统计,大约有 80% 的零件都是因磨损而报废的。它也是影响船舶机械正常运转和船舶安全航行的主要因素。同时,机械零件之间的相互摩擦也消耗着能源,造成巨大的能源损失。根据资料,世界能源的 1/3 ~ 1/2 是以不同的形式消耗在克服机械零件表面相互作用的摩擦上。所以,研究船舶机械摩擦磨损失效的规律,寻求减少磨损的措施,达到节省能源、提高船舶使用寿命的目的,是一项非常有意义的工作。

一、摩擦

1. 摩擦的定义

两个物体相互接触,在外力的作用下,发生相对运动或具有相对运动趋势时,接触面之间就会产生切向的运动阻力和阻力矩,这种现象叫作摩擦。这种阻止两物体相对运动或相对运动趋势的作用力和力矩分别称为摩擦力和摩擦力矩。摩擦消耗大量的有用功,产生大量的热使物体温度升高并产生磨损。

摩擦力的方向与物体的运动的方向相反,而出现或发生摩擦现象的三个充分和必要条件是:有两个物体或物体的两个部分;要相互接触既相互作用又相互约束;有相对运动或运动的趋势。由于摩擦的存在,使配合表面产生磨损,配合间隙过大,影响机械的正常工作,摩擦热会引起配合零件膨胀,发生咬死而使机械不能正常运转,这是摩擦有害的一面;另一方面,机械在运转条件下要实现各种不同的功能,如变速、传递动力及停车等,就需要有各种各样的传动和制动装置,如摩擦传动、制动和锁紧机构就是利用了摩擦有益的一面。

2. 摩擦类型

摩擦可根据摩擦副的运动状态、运动形式和表面润滑状态进行分类。

(1)按摩擦副的运动状态分为静摩擦和动摩擦。

(2)按摩擦副的运动形式分为滚动摩擦和滑动摩擦。

(3)按摩擦副的表面润滑状态分为干摩擦、边界摩擦、液体摩擦和混合摩擦。

干摩擦是摩擦表面间没有任何润滑剂时的摩擦,摩擦系数较大,为 0.1 ~ 0.5 之间或更高。

边界摩擦是在边界润滑条件下,摩擦表面间有一层极薄的润滑油膜时的摩擦。边界油膜的厚度仅为 0.1 μm,摩擦系数为 0.05 ~ 0.5。

液体摩擦是摩擦表面间有一层边界膜和流体膜的润滑剂时,摩擦表面不能直接接触,摩擦发生在润滑剂分子之间的摩擦。摩擦系数最小,仅为 0.001 ~ 0.01。

混合摩擦是摩擦表面间同时存在边界摩擦和干摩擦的半干摩擦或同时存在边界摩擦和流体摩擦的半液体摩擦,均称为混合摩擦。

3. 摩擦的实质

在机械中互相接触并有相对运动的两个构件表面直接接触时,由于各自表面实际上只

有凸峰相互接触,实际接触面积很小。当在正压力作用下做相对切向运动时,将出现下列情况:

(1)在正压力作用下,各凸峰的接触点处产生很大的接触应力,对塑性材料来说即引起塑性变形,造成表面膜破坏。同时,在塑性变形后的再结晶中有可能由两表面的金属共同形成新生晶格。在此情况下,这些接触点处便产生黏着结合,当它们做相对运动时,将这些黏着撕脱或剪断,这时所需要的作用力即是摩擦力。

(2)当两物体的材料硬度相差很大时,硬质材料的凸峰就会嵌入到较软的材料中。它们在做相对运动时,硬的凸峰就会在软的材料上切削沟槽,因而摩擦力以切削阻力的形式出现。

(3)两物体的实际接触表面由于紧密相连接,会产生分子引力。相对运动时还必须克服此分子的作用。

(4)产生发光、辐射、振动、噪声及化学反应等能量消耗现象。

对不同的摩擦副,由于固体表面的状态和性质不同,以及摩擦表面的工作条件不同,因此产生摩擦力的四因素各自所起的作用大小也不相同。

上述四种因素构成了摩擦力产生的基础,是干摩擦现象的本质。

4. 摩擦的机理

(1)干摩擦机理

运动副零件在相对运动时,两个摩擦表面不可能形成面接触,只在少数微凸起的峰处形成点接触,其实际接触面积很小,仅为名义接触面积的千分之几至万分之几,但要承受摩擦面上的全部载荷。因此,接触点上的应力很大,产生弹性变形。随着载荷增加,当接触点上的应力达到材料的屈服极限 σ_s 时,接触点处产生塑性变形,如图 2－4(a)所示。接触点的塑性变形又使实际接触面积增大,并将接触点上的氧化膜压碎,接触点处两种金属分子之间因吸引力和相互扩散而溶合在一起,即在接触点处两种金属黏着,称为冷焊或固相焊合。在未接触部分摩擦表面的峰谷则形成犬牙交错,相互嵌入的状况。

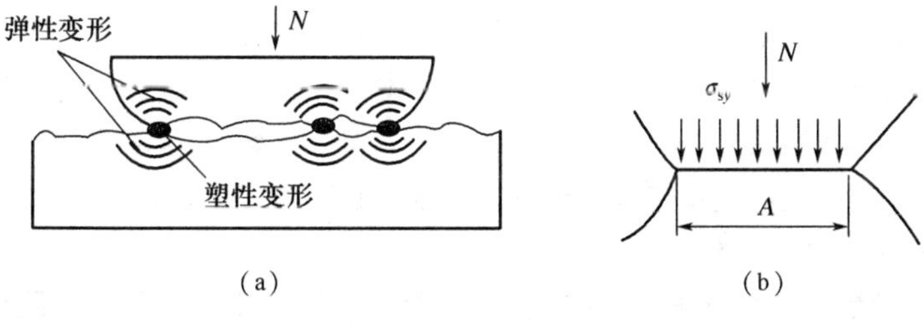

图 2－4　干摩擦表面的接触情况

(a)实际接触情况;(b)单个微凸体接触情况

当配合件继续相互运动时,即在切向力作用下滑动时,冷焊点被剪断,犬牙交错的微突体被剪断。随后又在新的接触点黏着,产生的新的冷焊点又被剪断,直至实际接触面增大到足以承受所加载荷为止。摩擦的过程就是黏着与滑动交替的过程,其结果是造成配合件表面的磨损。

干摩擦后,摩擦表面的金属性质发生很大变化。首先由于摩擦表面的塑性变形引起表面层加工硬化和释放出的热量使表面温度升高,甚至超过基体温度。当温度升高超过金属的再结晶温度时,表面的加工硬化消失且发生再结晶;当温度继续升高时,表面金属能被软化发生黏结和相变;当摩擦表面继续运动时,接触部分脱开,相变的组织因冷却而被淬火,摩擦表面强度和硬度进一步提高。最后,由于摩擦过程中摩擦表面与周围介质的作用,又会造成表面更大的磨损。例如,空气中的氧会使氧化膜破碎后的裸露金属表面氧化;空气中的水,润滑油中的酸、硫分会使表面腐蚀等。

(2)边界摩擦(边界润滑)机理

当摩擦表面间只有少量的润滑剂时,依靠润滑剂和加入到润滑剂中添加剂的物理、化学性能,在摩擦表面上形成牢固的边界膜,以隔开摩擦表面,减少摩擦。

矿物润滑剂中常含有一些极性物质,其分子的一端是带有强电荷的极性团,与金属表面亲和力强,具有吸附的特性,能在金属表面上形成单层分子或多层分子的吸附膜。

由于分子间的引力作用,当单层极性分子吸附膜达到饱和,极性分子紧密排列并与金属表面吸附得更紧,分子间的内聚力使吸附膜具有足够的强度而具有一定的承载能力,摩擦发生在远离金属表面的极性分子的非极性端,从而有效地防止摩擦表面的直接接触,减少了磨损。图 2-5 所示为边界润滑模型。

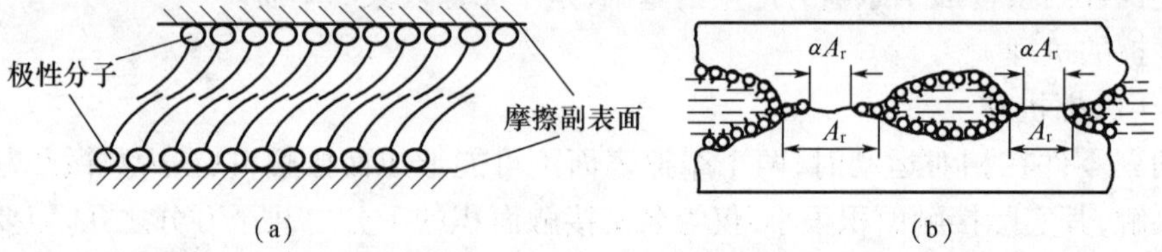

图 2-5　边界润滑模型

(a)摩擦发生在边界膜内;(b)边界润滑中的黏结点

当摩擦表面相对运动时,摩擦表面间的边界油膜的极性分子定向排列在金属表面上,摩擦发生在极性分子的非极性端之间,因而取代了摩擦表面的直接接触,起到了润滑作用,降低了摩擦系数,如图 2-5(a)所示。而当表面粗糙不平时,较大微凸体的凸峰刺破边界膜使金属表面直接接触,接触点的局部压力很大,温度很高而发生黏着。此时要使摩擦副运动就必须克服金属黏着点处的剪切力和边界膜中极性分子间的剪切力。因此,当表面接触面积内没有金属直接接触,表面间充满润滑剂时,边界膜润滑作用好,摩擦系数小;而当摩擦表面黏结点多,边界油膜润滑效果差,摩擦系数大,如图 2-5(b)所示。

(3)液体摩擦(液体润滑)机理

液体摩擦是在摩擦表面间形成足够厚度和强度的润滑油膜,这层润滑膜将摩擦表面凹凸不平的峰谷完全淹没,相对运动的摩擦表面被完全分隔开来,使原来两摩擦表面之间的“外摩擦”转变为润滑膜内部液体分子之间的“内摩擦”,而完全改变了摩擦的性质,这种润滑被称为液体润滑。这样的润滑油膜厚度一般在工程上是 1.5 μm ~ 1 mm。

从理论上讲,液体润滑时没有磨损,是理想的润滑状态。但在设备启动、制动以及在载荷和速度变化等情况下,润滑条件会遭到破坏,仍然存在着磨损。实现液体润滑的方法主要有两类,一类称液体动压润滑,另一类称液体静压润滑。

①液体动压润滑

液体动压润滑是利用摩擦表面的有利几何形状和表面间的相对运动使润滑剂流体产生楔形油膜或挤压油膜,来承受外部载荷并隔开摩擦表面,这种润滑称为流体动压润滑。

为此，相对运动零件或者在结构上自然形成楔形油膜，如轴与轴承、推力块与推力环等均能在运转时形成楔形油膜，或者在零件表面上设计成一定的形状，以便运转时产生楔形效应，建立楔形油膜。

图 2-6 所示为径向滑动轴承摩擦副建立流体动压润滑的过程。图 2-6(a)为轴承静止状态时轴与轴承的接触状况。在轴的下部正中轴与轴承接触，轴的两侧形成楔形间隙。启动时，轴滚向一侧(图 2-6(b))，具有一定黏度的润滑油黏附在轴颈表面，随着轴的转动，油被带入楔形间隙。油在楔形间隙中，只能沿轴向溢出，但轴颈有一定长度，而油的黏度使其沿轴向溢出受阻而流动不畅。这样，油就聚集在楔形间隙的尖端互相挤压而使油压升高。随着轴的转速升高，楔中油压也升高，形成一个压力油楔逐渐把轴抬起(图 2-6(c))。但此时轴尚处于不稳定状态，轴心位置随着轴被抬起的过程而逐渐向轴承中心的另一侧移动，当达到一定转速后，轴就趋于稳定状态(图 2-6(d))。此时，油楔作用于轴上的压力总和与轴的负载相平衡，轴与轴承表面完全被一层油膜隔开，便把轴在轴承中"浮起"，两个摩擦物体的固体表面在液体摩擦时不再接触，实现了液体润滑。

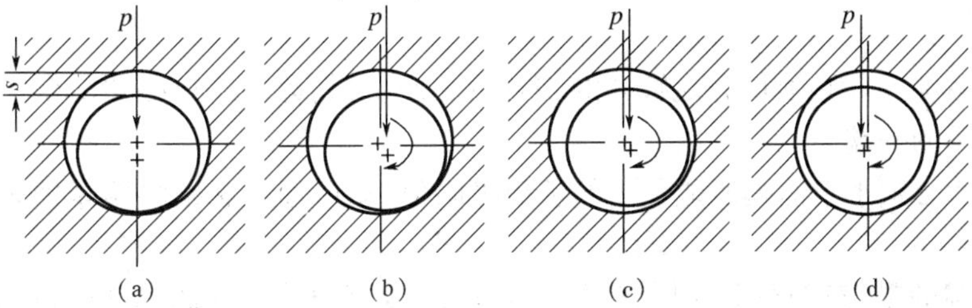

图 2-6　径向滑动轴承动压润滑油膜建立过程

(a)静止状态；(b)开始状态；(c)不稳定状态；(d)平衡状态

如图 2-7 滑动轴承摩擦模型曲线所示，滑动轴承随着轴转速的变化，摩擦力会经历以下过程：

在启动状态轴须克服最大的摩擦力，轴表面和轴承金属相互接触。随着转速增加，摩擦力不断减小，摩擦副从固体摩擦范围向混合摩擦范围过渡。随着转速继续增加，进入两表面之间的润滑剂不断增多，轴"上浮"。当表面的黏着点不再相互接触时，两构件彼此完全分离并且摩擦副向液体摩擦范围过渡(n_v)。在这一转速下，摩擦力达到了最低值。随着转速继续增加，由于润滑剂的内部阻力，致使要克服的摩擦力又不断增大。为使摩擦副在运行期间保持在液体摩擦的无磨损范围内，选择的最小运行转速(n_{Bmin})必须远远大于过渡转速(n_v)。只有在启动和停车运行时摩擦副才经历混合摩擦和固体摩擦的密集磨损阶段。这也是船舶柴油机等许多机械设备不宜频繁启停的一个主要原因。

轴与轴承摩擦面间的油层厚度是由轴上所承受的载荷和油层的内摩擦力的大小决定的。油层内摩擦力的大小取决于润滑油的黏度和轴与轴承的相对运动速度。

实现液体动压润滑的条件是：

a. 摩擦表面应具有较高的加工精度和表面粗糙度等级；

b. 摩擦表面间具有一定的配合间隙，并沿着运动方向上有一个倾角，即能形成收敛的"楔形"间隙；

c. 保证连续而又充分地供给一定温度下黏度合适的润滑油；

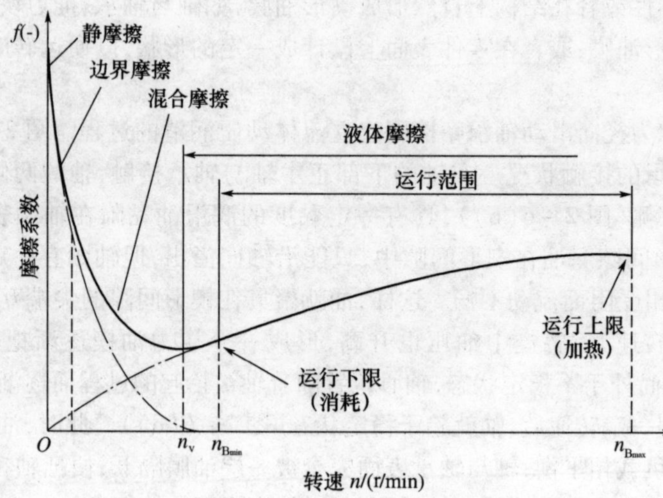

图 2-7　滑动轴承摩擦模型曲线

d. 相对运动零件必须具有足够高的相对滑动速度，其运动方向必须从楔形间隙较大的一端向着较小的一端；

e. 外载荷必须小于油膜所能承受的负荷极限值，动压油膜必须将两摩擦表面可靠地分隔开。

必须强调的是：船舶机器实际运转中，在启动、停车或者不稳定工况运转时，摩擦副难以实现或保持流体动压润滑而容易产生较大的磨损。

②液体静压润滑

液体静压润滑是通过压力供油系统把具有一定压力的高压油供到摩擦表面的间隙中，将两相对运动的摩擦表面分隔开，从而保证运动副在承受一定载荷的情况下处于液体润滑状态的润滑方式，这种润滑称为液体静压润滑。

船舶十字头式柴油机的十字头轴承在工作时，轴瓦与十字头轴承销之间的相对运动规律是呈周期性摆动的。活塞在上、下止点时摆动角速度最大，曲柄销在接近左右水平位置时摆角速度为零，无法保证良好的液体动压润滑。所以，通常都设专用十字头滑油泵提高油压，采用液体静压润滑方式。

(4)半液体摩擦和半干摩擦(半液体润滑和半干润滑)机理

液体润滑的油膜部分遭到破坏时，油膜破坏的部位就会出现摩擦表面的直接接触，处于干摩擦或边界润滑状态。如果这时液体润滑仍占主要地位，则称为半液体润滑；如果油膜大部分遭到破坏，则称为半干润滑。半液体润滑和半干润滑时，液体润滑的油膜是不连续的，摩擦表面之间可能同时存在液体润滑、边界润滑和干摩擦三种情况，其摩擦系数和磨损的大小在很大范围内变化。摩擦系数和磨损的大小取决于液体润滑油膜遭到破坏的程度，液体润滑油膜遭到破坏的部位是处于边界的润滑状态还是处于干摩擦状态，以及遭到破坏的油膜恢复的能力等。

5. 影响摩擦的因素

摩擦系数是表示摩擦材料特性的主要参数之一。研究摩擦的影响因素，实际上是研究摩擦系数的影响因素，它对船舶机械维修工作有着重要意义。

影响摩擦系数的因素十分复杂,主要有以下方面。

(1)润滑条件

现代工程机械设备具有大型、高速、连续、自动化的特点。润滑系统被称为机械的血脉。润滑不仅影响到机械设备的寿命,而且关系到机械设备的安全连续运转。为了实现有效的润滑,就必须根据摩擦副的工作条件,正确地选用润滑材料、润滑方式和润滑装置。

润滑是利用润滑剂使摩擦副的接触面隔开,以减少相对运动物体摩擦表面的摩擦力、磨损或其他形式的破坏。在不同的润滑条件下,摩擦系数差异很大,如洁净无润滑表面摩擦系数为 0.1 ~0.5;而在液体动压润滑的表面上摩擦系数为 0.001 ~0.01。

润滑的作用一般可归结为:控制摩擦、减少磨损、降温冷却、防止锈蚀,还具有清洗、密封、减振作用等。

润滑的主要任务就是减少摩擦和磨损。良好的润滑能够保证:

①维持机械设备的正常运转,防止事故的发生,降低维修费用,节省资源;

②降低摩擦阻力,改善摩擦条件,提高传动效率,节约能源;

③减少机件的磨损,延长机械设备的使用寿命;

④减少腐蚀、减轻振动、降低温度、防止拉伤和咬合、提高可靠性。

合理润滑的基本要求是:

①根据摩擦副的工作条件和作用性质,选用适当的润滑剂;

②确定正确的润滑方式和润滑方法,设计合理的润滑装置和系统;

③严格保持润滑剂和润滑部位的清洁;

④保证供给适量的润滑剂,防止缺油和漏油;

⑤适时清洗换油,既保证润滑又要节省润滑剂。

(2)表面氧化膜

具有表面氧化膜的摩擦副,其摩擦主要发生在膜层内。在一般情况下,由于表面氧化膜的塑性和机械强度比金属材料差,在摩擦过程中,膜先被破坏,金属表面不易发生黏着,使摩擦系数降低,磨损减少。纯净金属材料的摩擦副因不存在表面氧化膜,摩擦系数都较高。在摩擦表面上涂覆铟、镉、铅等软金属,能有效地降低摩擦系数。

(3)材料性质

金属摩擦副的摩擦系数,随配对材料的性质不同而变化。相同金属或互溶性较大的金属摩擦副易发生黏着,摩擦系数增高;不同金属的摩擦副,由于互溶性差,不易发生黏着,摩擦系数一般较低。

(4)载荷

在弹性接触的情况下,由于实际接触面积与载荷有关,摩擦系数将随载荷的增加而越过一极大值。当载荷足够大时,真实接触面积变化很小,因而使摩擦系数趋于稳定。在弹塑性接触情况下,材料的摩擦系数随载荷的增大而越过一极大值,然后随载荷的增加而逐渐减小。

(5)滑动速度

滑动速度对摩擦系数的影响很大,有的结论甚至互相矛盾。在一般情况下,摩擦系数随滑动速度的增加而升高,越过一极大值后,又随滑动速度的增加而降低。有时摩擦系数随滑动速度的减小而增大,并不是由于速度的直接影响,而是速度减小时摩擦表面粗糙凸峰相互作用的时间长了,使它们发生塑性变形和实际接触面积增大。

(6)静止接触的持续时间

物体表面间相对静止的接触持续时间愈长,摩擦系数愈大,这是由于表面间接触点的变形使实际接触面积和表面分子吸引力增大的结果。

(7)温度

摩擦副相对滑动时,温度的变化使表面材料的性质发生改变,从而影响摩擦系数,并随摩擦副工作条件的不同而变化。

(8)表面粗糙度

在塑性接触的情况下,由于表面粗糙度对实际接触面积的影响不大,可认为摩擦系数不受影响,保持为一定值。对弹性或弹塑性接触的干摩擦,当表面粗糙度使表面分子吸引力有效地发挥作用时,机械啮合理论不能适用,表面粗糙度愈小,实际接触面积愈大,摩擦系数也愈大。

三、零件的磨损

机器运转过程中,相对运动的摩擦表面的物质逐渐损耗,使零件尺寸、形状、位置精度及表面质量发生变化的现象称为磨损。材料损耗包括两个方面:一是材料组织结构及性能的损坏;二是尺寸、形状及表面质量(粗糙度)的变化。为了准确地描述零件磨损后其尺寸、形状和位置精度发生的变化情况,通常又可用磨损指标(磨损量、磨损率)、几何形状指标(圆度误差、圆柱度误差、平面度误差)等进行定量的测量、分析,并与机器说明书或相关标准、规范的数值比较,以判断零件的磨损程度。

如果零件的磨损超过了某一限度,就会丧失其规定的功能,引起机械性能下降或不能工作,这种情形即称为磨损失效。据统计,机械设备故障约有 1/3 是由零件磨损失效结果引起的。

磨损涉及固体力学、流体力学、表面物理、表面化学、冶金学、材料学、机械学等学科,而影响因素则包括载荷、速度、温度、润滑剂类型及特性、环境介质、结构设计、接触面粗糙度、所用材料类型、组织结构及性能,等等。

1. 磨损规律

零件磨损的外在表现形态是表层材料的磨耗。在一般情况下,总是用磨损量来度量磨损程度。不论摩擦系统有多复杂,零件磨擦表面的磨损量总是随摩擦时间延续而逐渐增长。不同的零件由于磨损类型和工作条件不同,磨损情况也不一样,磨损规律也不尽相同。图 2-8 为一正常运转的运动副的运转时间与其磨损量的关系曲线,即磨损曲线。

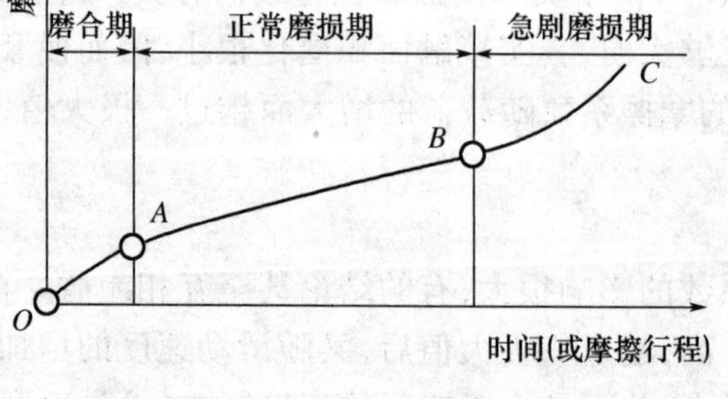

图 2-8　磨损曲线

图 2-8 中,纵坐标表示零件的磨损量,横坐标表示运动副的运转时间。其磨损过程可以用三个不同的工作阶段来表示。

(1)磨合期

磨合期又称跑合期,即曲线 *OA* 所对应的工作时间,是机器或运动副初次投入运行时,最初改变摩擦表面几何形状和表面层理化性能的阶段。由于新造零件工作表面的初始粗糙度使运动副配合表面的实际接触面积小、应力大,工作表面将很快磨损。同时由于运转初期摩擦表面间的油膜难于建立,即使形成油膜,也往往会被表面上的凸峰和摩擦热所破坏。所以磨合期的特点是时间短而磨损量较大,可使表面粗糙度减小 65% ~70%。磨合期使摩擦表面的形貌和性质从初始状态过渡到正常使用状态,这个过程称为磨合或跑合。磨合期越短,机器或运动副越早进入正常运转期。所以磨合是机器或运动副能否进入正常运转阶段的前提。

达到良好磨合的要求是:消除摩擦表面的初始粗糙度,使接触面积增大,可达到 80% 以上。运动副工作表面形成彼此适应、服贴的形貌。建立工作条件下耐久的润滑油膜,使运动副获得稳定、有效的润滑。

(2)正常磨损期

正常磨损期是曲线 *AB* 所对应的工作时间,是机器或运动副磨合后进入正常运转的阶段。由于磨合期使摩擦表面形成适应运转工况的形貌,冷硬层也已形成,表面硬度提高,磨损显著下降,所以该阶段的特点是磨损速度降低,磨损量小而稳定。由图可知,*AB* 线段的斜率越小,磨损也越缓慢,正常运转期将越长。

(3)急剧磨损期

曲线上 *B* 点以后的线段所对应的工作时间为急剧磨损期。运动副长期运转后,零件的磨损量和几何形状误差均较大,运动副的配合间隙也增大,配合性质变坏,导致运转中产生振动、冲击、温度升高、磨损加剧等,运动副进入急剧磨损期。此时,应立即停机检修,否则将可能导致事故发生。

2. 磨损类型

摩擦的后果是造成运动副工作表面的磨损,在摩擦过程中,摩擦时的环境因素,如温度、介质、应力、润滑条件等也是影响摩擦表面磨损的重要因素。根据磨损的机理和特征,磨损可分为磨粒磨损、黏着磨损、疲劳磨损、腐蚀磨损、微动磨损等。

(1)磨粒磨损

运动副相对运动时,在摩擦表面间存在固体磨粒或硬的凸起物,它对摩擦表面产生的微切削和刮擦作用引起的机械磨损称为磨粒磨损。磨粒磨损是常见的一种磨损,是工业领域中最主要的磨损形式。据估计,在各类机械磨损中,磨粒磨损占 59% 左右。同时,磨粒磨损又是危害最严重的一类磨损,其磨损速率或磨损强度都很大,致使机械设备的使用寿命大大降低,能源和材料耗费巨大。

磨粒磨损是由硬颗粒或硬突出物引起材料破坏,分离出磨屑的磨损。磨料的硬度与磨损有很大关系,磨料硬度小,将会被压碎,磨料硬度高,磨损率会很大。

磨粒磨损的显著特点是:磨损表面具有与相对运动方向平行的细小沟槽;磨损产物中有螺旋状、环状或弯曲状细小切屑及部分粉末。磨料磨损的机理是属于磨料磨粒的机械作用。它在很大程度上与磨粒的硬度、形状、大小、固定程度以及载荷作用下磨粒与被磨材料表面的力学性能有关。磨料磨损的影响因素主要有以下几个方面:

①金属摩擦面材料的性质

一般情况下,金属材料的硬度越高,耐磨性越好。

材料的硬度反映抵抗磨料压入的能力,断裂韧性反映抵抗裂纹产生和扩散的能力。材料的硬度和断裂韧性发挥最佳的配合作用,耐磨性才最佳。若表面材料能以弹性变形的方式去适应磨料,允许磨料通过而不发生塑性变形或切削作用,则表面材料的破坏可减轻或避免。

②磨料性质

磨料的硬度越大,磨损率越高。几何形状呈棱角状的磨料其挤切磨损能力比呈圆滑状磨料强。

③其他因素

影响磨料磨损还有许多其他因素,例如摩擦表面相对运动的方式,磨损过程的工况条件,等等。

减少磨料磨损的具体措施为:对空气、油料过滤;注意关键部位的密封;经常维护、清洗、换油;提高摩擦副表面的制造精度;进行适当的表面处理;两接触表面采用一软一硬的材料;在润滑系统、液压系统中装入磁铁、集屑房和滤清器堵塞报警装置;及时清洗各种滤清器及更换滤芯等。

(2)黏着磨损

黏着磨损是在润滑条件下产生的一种常见磨损。它是摩擦副在相对运动时,在法向载荷的作用下,摩擦表面上某些微小凸峰接触点的金属直接接触形成黏着点(冷焊点),而后黏着又被剪断,摩擦表面金属发生转移的现象。因船舶柴油机运行中出现的“拉缸现象”主要是由黏着磨损所导致,所以这类磨损也是船舶检修中重点研究的一类磨损现象。

①黏着磨损的机理

由于摩擦表面粗糙不平,两摩擦表面实际上只是在一些微观点上接触。在重载或润滑不良时由于法向载荷的作用,接触点的压力很大,使金属表面膜破裂,两表面的裸露金属直接接触,引起塑性变形和表面局部温度急剧升高,接触表面金属因此熔化且又迅速冷却,在接触点上发生焊合,即黏着。当两表面进一步相对滑动时,黏着点便发生剪切及材料转移现象。在邻近区域,凸出的材料又可能发生新的黏着。直至最后在表面上脱落下来,形成磨屑。这一过程可用图 2-9 表示。

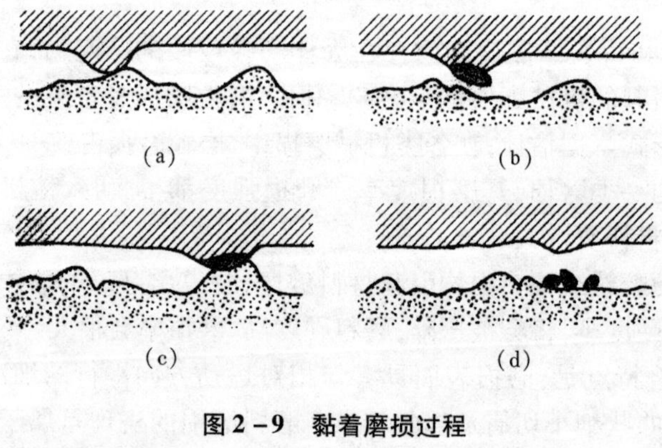

图 2-9　黏着磨损过程

(a)微凸体黏着;(b)黏着点剪断材料转移;(c)再次黏着;(d)再次剪断,材料脱落黏着磨损的过程可描述为：摩擦表面相对滑动时，黏着点被剪切，随后再黏着、再剪切，最后使摩擦表面破坏并形成磨屑。黏着磨损的大小与黏着点的剪切位置有关。

②黏着磨损的类别

根据黏着点与摩擦副材料强度、载荷工况及摩擦表面的破坏的程度，黏着磨损可分为轻微磨损、涂抹、擦伤、撕脱和咬死等类型。

a. 轻微磨损　剪切发生在黏着结合面上，摩擦表面金属有轻微转移。此时，黏着点的结合强度低于摩擦副的两种基体金属的强度。这种磨损是机器中允许的。

b. 涂抹　剪切发生在距黏着面不远的较软金属表面浅层处，金属被剪切脱落并涂抹黏附在较硬金属表面上。此时，黏着点的强度高于较软金属基体。

c. 擦伤　剪切发生在较软金属的近表层处，在较软金属表面上产生沿运动方向的细小拉痕（拉毛）或较重拉痕（划痕），这是转移到硬金属表面的金属黏着物对软金属表面的犁削作用。黏着点的强度高于两种基体金属。

d. 撕脱　或称粘焊，其剪切发生在运动副一方或双方表面的较深处，黏着点的强度高于两种基体。是一种比擦伤更严重的黏着磨损。肉眼可以观察到金属表面的撕裂、粗糙和明显的塑性变形。

e. 咬死　运动副工作表面黏着面积大，而且黏结强度很高，致使运动副相对运动受阻而咬死。

黏着磨损存在三条规律：材料的磨损量与法向载荷成正比；与滑动距离成正比；与较软材料的屈服点或硬度成反比。

③影响黏着磨损的因素

影响黏着磨损的因素有很多，主要因素如下：

a. 摩擦表面的状态　摩擦表面愈洁净，摩擦接触区分子引力的作用增强，愈可能发生表面的黏着。因此，应尽可能使摩擦表面有吸附物、氧化层和润滑剂。

b. 摩擦表面的成分和金相组织　一般规律是互溶性越好，黏着倾向越大。同种材料互溶性好，异种材料互溶性差，故同种材料间的磨损比异种材料的磨损大得多。具有密排六方晶格的金属黏着倾向小，而具有体心和面心立方晶格的金属黏着倾向大。材料的硬度增加时，黏着的倾向减少。

c. 载荷与速度的影响　当载荷较轻时，金属表面有氧化膜保护，不会发生黏着。当载荷或速度增大，微观接触点上的温度升高，氧化膜遭到破坏，就会发生严重黏着磨损现象。然而，当载荷较大或速度极高、摩擦表面温度很高时，磨损率反而显著下降，因为裸露出的金属会在高温下迅速生成新的保护膜。

④减少黏着磨损的措施

a. 合理润滑　合理选用润滑剂，保证摩擦面间形成液体润滑状态，隔离互相摩擦的金属表面是最有效、最经济的措施。

b. 选择互溶性小的材料配对　铅、锡、银、铟等在铁中的溶解度小，用这些金属的合金作轴瓦材料，抗黏着性能极好（如巴氏合金、铝青铜、高锡铝合金等），钢与铸铁配对抗黏性能也不错。多相金属的黏着倾向小，脆性材料比塑性材料的抗黏着性能好。

c. 金属与非金属配对　钢与石墨、塑料等非金属摩擦时，黏着倾向小，用优质工程塑料作耐磨层是很有效的。

d. 适当的表面处理　表面淬火、表面化学处理、磷化处理、硫化处理、渗氮处理、Fe_3O_4

处理,以及适当的喷涂处理、提高零件表面的储油性,都能提高金属抗黏着磨损的能力。

e. 控制摩擦副零件的工作条件　如使柴油机在正常的水温和油温下工作,避免长时间超负荷、超转速、低工作温度运转。

(3)疲劳磨损

两个接触表面相对滚动或滑动时,在接触区形成的循环交变应力超过材料的疲劳强度,使接触表面产生塑性变形和微裂纹,进而扩展、剥落,这种由于材料表面疲劳而产生的物质损失的现象,称为疲劳磨损。

疲劳裂纹一般在固体有缺陷的地方出现,这些缺陷可能是机械加工时造成的,也可能是材料在冶金过程中造成的,还可能在金属相之间和晶界之间形成。在摩擦磨损过程中,表面层发生塑性变形和发热,润滑油的作用等条件对疲劳磨损都会产生重要影响。

疲劳磨损主要发生在齿轮副、凸轮副、摩擦轮传动副及滚动轴承的滚动体与内外座圈之间。其表现为摩擦表面出现大小、深浅不同的麻点状、痘斑状凹坑。结果是使零件在工作中噪声增加、振动增大、温度升高、磨损加剧,严重时失去工作能力。

根据摩擦表层发生的现象,可以认为疲劳磨损过程是由三个发展阶段组成:表面的相互作用;在摩擦力影响下,接触材料表层性质的变化;表面的破坏和磨损微粒的脱离。具体过程如图 2－10 所示。

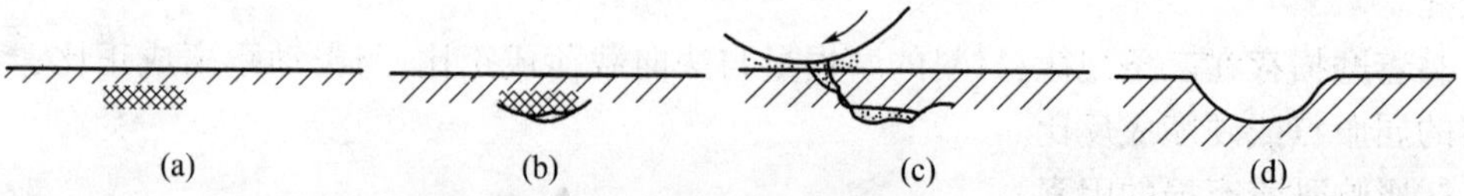

图 2－10　疲劳磨损过程示意图

由图 2－10 可知,当一个表面在另一个表面做纯滚动或滚动加滑动时,最大切应力发生在亚表层。在它的作用下,亚表层的材料将产生错位运动,错位在非金属夹杂物及晶界等障碍处形成堆积。由于错位的相互切割产生空穴,空穴集中形成空洞,进而变成原始裂纹。裂纹在载荷作用下逐步扩展,最后折向表面。由于裂纹在扩展过程中互相交错,加上润滑油在接触点处被压入裂纹产生楔裂作用,使表层产生点蚀或剥落。当原始裂纹较浅时,表面为点蚀(麻点状),若原始裂纹在表层以下大于 200 μm 时,表层材料呈片状剥落(麻坑状)。

能防止疲劳裂纹形成与扩展的措施都能减少疲劳磨损。具体可以考虑以下几条主要途径:

①减少材料中的脆性夹杂物。脆性夹杂物边缘极易产生微裂纹,降低材料的疲劳寿命。硅酸盐类夹杂物对疲劳寿命危害最大。

②适当的硬度。在一定的硬度范围内,材料抗疲劳磨损的性能随硬度升高而增大,对于轴承钢,抗疲劳的最佳峰值硬度为 HRC62 左右,钢制齿轮的最佳表面硬度为 HRC58 ~ 62。此外,摩擦副适当的硬度匹配也是减少疲劳磨损的正确途径。

③提高表面加工质量。降低摩擦表面粗糙度和形状误差,可以减少凸体,均衡接触应力,提高抗疲劳磨损的能力。接触应力越大,对加工质量的要求也越高。

④表面处理。对表面进行渗碳、淬火、表面喷丸、滚压处理等,可使表层产生残余压应力,提高接触疲劳抗力。

⑤润滑。润滑油可使接触区压应力的集中载荷分散。润滑油黏度越高,接触区压应力越接近平均分布。润滑油黏度过低,则容易渗入裂纹,产生楔裂作用,加速裂纹的扩展和材料的剥落。在润滑油中加入适量的固体润滑剂(如二硫化钼)能提高抗疲劳磨损的性能。

⑥装配质量。对齿轮和滚动轴承的装配应有严格的要求,保证装配精度,避免局部压力过大或变形。

⑦清洁。要防止灰尘进入摩擦表面之间。对磨损磨粒要及时清除,避免硬磨粒对摩擦表面的磨损和局部应力过大产生压痕。

(4)腐蚀磨损

摩擦副相对运动时,由于摩擦表面金属与周围介质发生化学、电化学反应,生成腐蚀物,在随后的机械摩擦作用下使摩擦表面腐蚀物磨损掉,以此不断腐蚀、磨损,使金属摩擦表面损失的现象,称为腐蚀磨损。

腐蚀磨损是腐蚀现象与磨损相互促进共同作用的结果。其重要特点是磨损过程中兼有腐蚀和磨损,并且其中以腐蚀为主导。在腐蚀磨损过程中,摩擦表面金属与周围介质发生化学、电化学作用,产生腐蚀产物,摩擦时腐蚀产物的脱落又形成磨粒,构成二次磨粒磨损,新表面又会继续和介质作用而被腐蚀。不断地腐蚀、磨损致使运动副工作表面受到破坏。

①腐蚀磨损的类型

腐蚀磨损受到环境、温度、介质、润滑条件、滑动速度和载荷的影响,根据介质的性质、介质与表面的作用及运动副材料性能等的不同,主要有氧化磨损和特殊介质中的腐蚀磨损形式。

a. 氧化磨损

摩擦表面与空气或润滑油中的氧或氧化性介质发生化学反应,形成氧化膜,摩擦过程中氧化膜脱落,随后又会生成一层新的氧化膜,氧化物不断脱落,使运动副零件金属损失的现象,称为氧化磨损。

发生氧化磨损必须同时具备以下条件:摩擦表面要能够发生氧化,而且氧化膜生成速度大于其磨损速度。氧化膜与摩擦表面的结合强度大于摩擦表面承受的剪切应力。氧化膜厚度大于摩擦表面破坏的深度。除金、铂等极少数金属外,大多数金属表面均能生成氧化膜。摩擦副材料成分、氧化膜的结构、性质及与基体的结合强度等决定氧化磨损的程度。氧化膜韧性好、结构致密且与基体结合牢固,不仅不易脱落,还对摩擦表面起保护作用。

b. 特殊介质中的腐蚀磨损

摩擦表面与周围的酸、碱、盐等特殊介质作用生成各种腐蚀产物,并在摩擦过程中脱落构成的腐蚀磨损,称为特殊介质的腐蚀磨损。特殊介质下的腐蚀磨损类似于氧化磨损,但比氧化磨损速度快,且与介质的腐蚀性质、作用温度、相互摩擦的两金属形成电化学腐蚀的电位差等有关。介质腐蚀性越强、作用温度越高,腐蚀磨损速率越大。假如摩擦表面受腐蚀时能生成一层结构致密且与金属基体结合牢固、阻碍腐蚀继续发生或使腐蚀减缓速度的保护膜,则腐蚀磨损速率将减小。

腐蚀介质来源有:工作介质;工作过程中产生的腐蚀性介质作用;极压齿轮油中的极压添加剂(在一定温度和压力下,油中的添加剂能放出活性元素硫、氯、磷等,它们与金属表面作用生成化学反应膜,防止金属表面产生黏着磨损,而代之以缓慢的腐蚀磨损);润滑油在工作中受氧化形成有机酸等。

特殊介质作用下的腐蚀磨损，可通过控制腐蚀介质的形成条件，以及选择合适的材料等来提高抗腐蚀磨损的能力，降低腐蚀磨损过程的速率。

②防止腐蚀磨损的方法和途径

防止氧化磨损可通过以下几条主要途径：

a. 当接触载荷一定时，应控制其滑动速度，反之则就应控制接触载荷；

b. 合理匹配氧化膜硬度和基本金属硬度，保证氧化膜不受破坏；

c. 合理选用润滑油黏度，并适量加入中性极压添加剂。

防止特殊介质中的腐蚀磨损可通过以下几条主要途径：

a. 利用某些特殊元素与特殊介质作用，形成化学结合力较高、结构致密的钝化膜；

b. 合理选用摩擦润滑剂；

c. 正确选择摩擦副材料。

(5)微动磨损

微动磨损是在两个紧密接触的表面之间，发生小振幅的相对振动所引起的机械化学磨损。微动磨损主要发生在宏观相对静止的零件结合面上，例如紧配合的轴与齿轮、键连接表面、过盈或过渡配合表面、机体上用螺栓连接的表面等。

微动磨损的主要危害是使配合精度下降，紧配合的零件变松，更严重的是引起应力集中，导致零件疲劳断裂。图 2－11 表示的是车轴与轮毂的紧配合情况。图 2－11(a)表示接触区的应力分布，在边缘处应力最大。图 2－11(b)表示在运行过程中，由于负荷作用，轴发生弯曲，在两端出现微动。微动磨损会成为疲劳裂纹的核心，并可能引起接合件断裂。

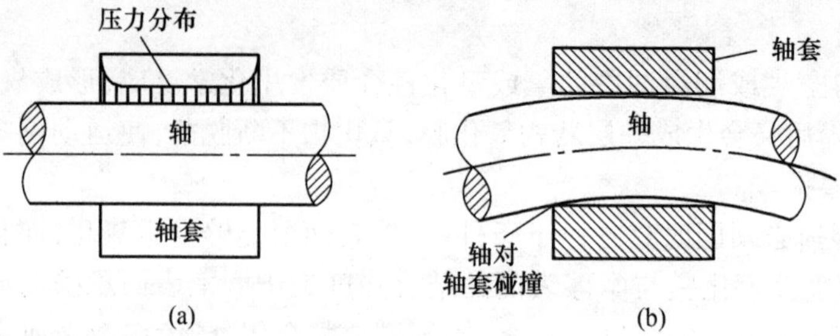

图 2－11　压配合的压力分布和负荷引起的微动

①微动磨损的过程

当两接触表面具有一定压力并产生小振幅相对振动（振幅一般为 2～20 μm，最大不超过 100 μm）时，接触面上的微凸体在振动冲击力作用下产生强烈的塑性变形和高温，发生相互黏着现象。在以后的振动中，黏着点又会被剪断，黏着物在冲击力作用下脱落，脱落的黏着物与被剪断的表面因露出光洁表面会迅速氧化。这一过程如图 2－12(a)所示。对钢铁零件，氧化物以 Fe_2O_3 为主，磨屑呈红褐色。

由于两接触表面之间没有宏观相对运动，配合较紧，故磨屑不易排出，留在接合面上起磨料的作用，磨料磨损取代了黏着磨损。这一过程如图 2－12(b)所示。

随着表面进一步磨损和磨料的氧化，磨屑体积膨胀，磨损区间扩大，磨屑向微凸体四周溢出，如图 2－12(c)所示。

随着振动过程的持续，邻近区域也发生微凸体转化成麻点坑的过程，使麻点坑连成一片，形成大而深的麻坑，如图 2－12(d)所示。

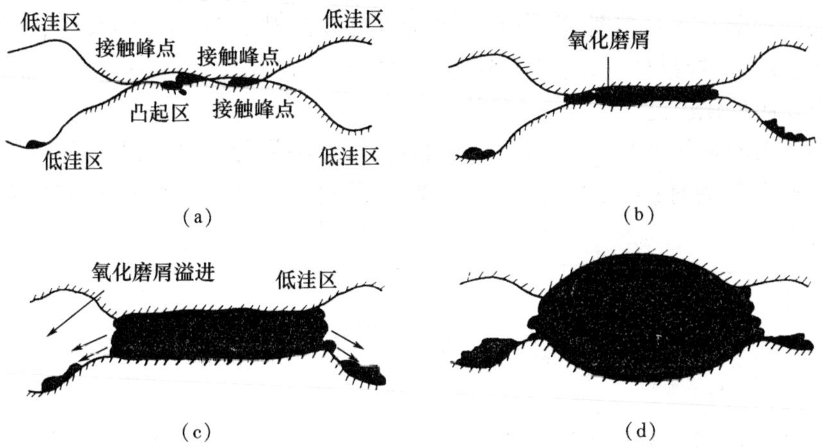

图 2－12　微动磨损的过程

(a)凸起区黏着氧化；(b)氧化物成为磨料；(c)磨损物转移；(d)形成磨坑

微动磨损实质上是一种疲劳磨损、黏着磨损、磨料磨损与腐蚀磨损兼而有之的综合型的磨损。影响微动磨损的因素很多，并且各种因素不是简单的叠加，而是相互影响。这是微动磨损比其他磨损形式更为复杂和难以认识的主要原因。

②减小微动磨损的措施

完全消除微动磨损是不现实的，但将其控制在一定限度内则是完全可能的。减小微动磨损的方法主要是：

a. 改进设计

避免微动的根本办法是尽可能减少接触面，如用单一元件代替多元件的组合，或将配合面焊成一体，用焊接代替铆接。对于相对静止而不经常拆卸的配合面可用环氧树脂或其他黏接剂粘在一起等。

在无法消除微动的情况下，尽量避免在微动界面上的应力集中。图 2－13 表示压配合轴防止微动磨损的改进设计。图 2－13(a)为一般性设计方式。图 2－13(b)表示可在配合面上将轴加粗，并用圆弧过渡到正常直径处。图 2－13(c)表示可在配合面边沿附近加一弧形槽改变压力集中部位。

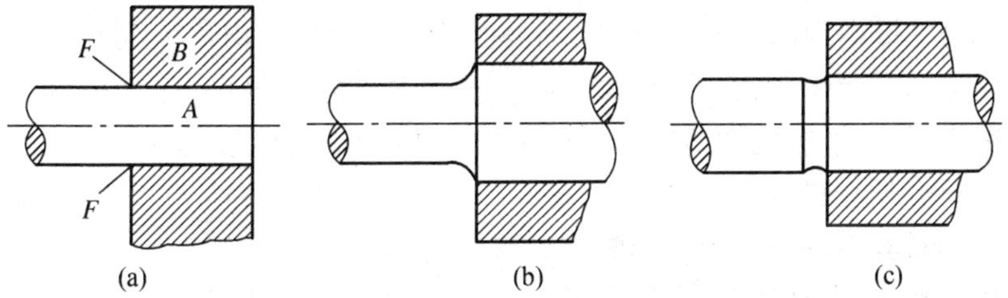

图 2－13　压配合轴防微动磨损的改进设计

b. 材料的选择

微动磨损常常从黏着磨损开始,因此凡是能抵抗黏着磨损的材料,都对防止微动磨损有利。由同一种金属或晶格类型、电化学性能和化学组成相近的金属及合金组成的摩擦副,易发生黏着。选择材料时,应尽量避免使用性质相同或相近的材料。

c. 采用表面强化工艺

采用各种表面强化工艺,可不改变设计和材料,经济易行。表面强化工艺种类繁多,防微动磨损比较有效的有:喷丸及滚压强化、渗硫、磷化、渗金属、电镀和化学镀、热喷涂以及离子束强化等。

第三节　船舶零件的腐蚀

船舶及其设备部件在某些特定的环境中,会与周围所接触的介质发生化学反应、电化学反应或物理溶解,造成表面材料损耗,内部晶体结构损伤,最终导致部件失效。这种失效形式称为腐蚀失效。

腐蚀是现代工业中一个极为有害的破坏因素,它可使一个零件、一台机器、一艘轮船腐蚀破坏乃至报废。此外,即便是其他形式的损坏,如磨损、裂纹和断裂等也往往包含着腐蚀破坏的因素。腐蚀破坏大大地缩短了机器的使用寿命,有时还会造成严重的事故,危及人身安全。据统计资料显示,全世界每年因腐蚀报废的钢铁大约相当于当年钢铁产量的30%。而由于腐蚀造成的船舶修理费用和停止营运所带来的损失就更大了。金属遭受腐蚀以后,会使组织变脆,容易断裂,在船舶运输、化工、航天等工业设备设施及工程机械上,一旦发生腐蚀断裂事故,往往会造成灾难性后果。

金属腐蚀是在外部介质的作用下发生在金属与介质的相邻界面上的破坏。因此,金属腐蚀破坏总是从零件表面开始,然后向零件内部扩展或同时向四周蔓延,出现不规则形状的凹洞、斑点等破坏区域。破坏的金属变为氧化物或氢氧化物,形成腐蚀产物并部分地附着在表面上。金属腐蚀按其机理可分为化学腐蚀和电化学腐蚀两种。

一、化学腐蚀

1. 化学腐蚀概述

金属零件表面材料与周围介质(非电解质)直接发生化学作用,形成腐蚀层,这种腐蚀称为化学腐蚀。

化学腐蚀分为两种形式,一种是气体腐蚀,另一种是有机介质腐蚀。气体腐蚀是指在干燥气体或高温气体中的腐蚀。如金属在干燥气体中与 O_2,H_2S,SO_2 等发生的腐蚀。金属与介质中的氧化剂直接作用,在金属的表面生成一层氧化物薄膜,这就是腐蚀产物。金属能否继续被氧化,取决于氧化物薄膜的结构和与基体的结合强度。

金属在有机介质中的腐蚀是指金属在不导电的非电解质介质中发生的破坏,例如,金属在有机液体(酒精、石油等)中的腐蚀。

但实际生产中,纯化学腐蚀的现象较少,大多数的介质中因含有少量水分而使有机介质不纯,使化学腐蚀变为电化学腐蚀。油船的油舱内壁遭受石油的腐蚀就属于这一种。

化学腐蚀的特点是金属在腐蚀过程中没有电流产生,腐蚀产物直接在金属表面生成。腐蚀产物的结构和性质决定了金属在不同介质中的耐化学腐蚀的能力。如果腐蚀产物是一种致密而完整的稳定膜，虽然最初因为膜太薄，不能起到隔离介质与金属的作用，但是，金属原子和介质还可通过膜相互扩散而继续发生腐蚀，生成腐蚀产物使膜加厚，以致使原子不能扩散而使腐蚀停止，起到保护金属的作用。不同的金属所形成的膜的保护作用不同；同一种金属所形成的膜的保护作用也不完全一样。膜的保护作用完全取决于膜的结构和性质。当腐蚀产物不能以完整而致密的稳定膜形式留在金属表面时，介质就可与金属表面接触，发生作用而使金属腐蚀。例如，碳钢零件在 560 ℃以下被氧化，生成具有结构致密、与基体接合牢固的 Fe_2O_3或 Fe_3O_4的稳定膜，可阻止原子的进一步扩散，从而保护金属不再继续被氧化。而在 560 ℃以上时，氧化生成产物是结构疏松、与基体结合不牢的 FeO 膜，原子容易穿过膜使金属继续被氧化，达到一定的厚度后则脱落。

2. 柴油机零件的化学腐蚀

(1)柴油机高温“钒”腐蚀

柴油机运转时，燃烧室中高温高压的燃气直接与燃烧室的零件如汽缸盖、汽缸套、活塞组件和各种阀件接触，燃油中的钒、钠燃烧后生成低熔点的化合物熔化后附着在零件表面上并在高温下与金属发生化学作用，使零件表面受到破坏的化学腐蚀，称为高温腐蚀或“钒”腐蚀。船用柴油机普遍使用劣质重油，重油中的钒、钠、硫的化合物含量较多，燃烧后生成这些元素的氧化物或硫酸盐，如：V_2O_4，V_2O_5，Na_2O 和 Na_2SO_4 等以及低熔点的混合物，它们的熔点见表 2－1。

表 2－1　灰分中一些物质的熔点或软化点

物质	熔点/℃	物质	熔点或软化点/℃
$CaSO_4$	1 450	$Na_2O \cdot V_2O_5$	640
Fe_2O_3	1 565	$Na_2O \cdot V_2O_4 \cdot V_2O_5$	625
NiO	2 090	$2Na_2O \cdot V_2O_5$	600
SiO_2	1 720	$V_2O_5 \cdot Na_2SO_4$	550～580
Na_2SO_4	880	$5Na_2O \cdot V_2O_4 \cdot 11V_2O_5$	535
V_2O_4	1970	$60\% Na_2SO_4 + 40\% V_2O_5$	330
V_2O_5	675	$Na_2O \cdot V_2O_4$	630

当汽缸壁和排气阀表面的温度过高，超过它们的熔点时，这些固体粒子就会熔化并附着在金属表面上，由于 V_2O_5酸性氧化物，会使金属表面氧化膜溶解，并使裸露的基体金属不断被氧化而形成腐蚀麻点或凹坑。如：排气阀盘面烧成孔洞。金属零件温度越高，腐蚀速度越快，后果越严重。所以一般将排气阀表面的温度控制在 550 ℃以下（对应的柴油机排气温度大约是 385 ℃以下）。

柴油机燃用重油会产生高温腐蚀，发生高温腐蚀还必须具备以下条件：

a. 零件温度在 550 ℃以上，使钒、钠的化合物处于熔化状态并附着于零件的表面。

b. 灰分成分影响腐蚀的速度。当灰分中的 $V_2O_5/Na_2O \approx 3$ 时，软化温度由 600 ℃下降到 400 ℃，灰分非常容易熔化，所以腐蚀速度急剧增加；当 V_2O_5/Na_2O 在 1 左右时，腐蚀速度最小，因为软化温度高，而零件温度低，不会发生高温腐蚀。

(2)柴油机低温“硫”腐蚀

含硫的燃油在燃烧时,燃油中所含的硫分将生成二氧化硫,燃油中的氢燃烧后生成水蒸气。此外,燃油中存在的钒、铁、钠、镍等微量元素也各自生成自己的氧化物。五氧化二钒和氧化铁是二氧化硫再氧化成三氧化硫的活泼的催化剂。根据实验,在废气中有1% ~ 15%的二氧化硫经进一步氧化变成三氧化硫。二氧化硫、三氧化硫和水蒸气在温度降到各自的露点(在缸内条件下露点约为160 ~ 180 ℃)以下,就会分别凝结成亚硫酸和硫酸。硫酸比亚硫酸对铁和铁合金腐蚀性强,危害性大。因此,在柴油机工作中,由于燃油中的硫所产生的酸性燃烧产物的凝结,会使汽缸套严重腐蚀,这便造成腐蚀磨损。使缸壁上布满疏松的细小孔穴,这是腐蚀磨损的显著特征。缸壁的腐蚀磨损在缸套上部最严重,这是因为缸套上部的油膜较薄,隔离和中和硫酸的能力低。虽然直接在此处凝结的酸少,但活塞上行时把下部生成的酸刮到了上部。

由硫酸引起的腐蚀称低温“硫”腐蚀或“冷”腐蚀。

在汽缸套中除由硫酸引起的腐蚀外,当进入汽缸中的燃油、空气和汽缸润滑油中含有海水或盐时,会使汽缸套遭到盐酸腐蚀。

腐蚀磨损和所用燃油的硫分含量有很大关系。近些年来,由于含硫量较大的燃油(有时达5%)的使用,低航速航行(此时柴油机的负荷低,汽缸套表面温度也低),节约能源措施的实施等,使腐蚀磨损问题变得更为突出。

3. 防止化学腐蚀的措施

根据化学腐蚀的机理,可以在零件表面上覆盖一层保护膜,来防止零件被腐蚀。常用的方法有在零件表面覆盖金属保护层、非金属保护层等。

如镀锡、镀锌、镀铬以及涂油漆、涂树脂等。

采用化学处理方法,在被保护零件的表面上生成一种致密的薄膜,以防止腐蚀,如铜、铁零件的氧化处理,即发蓝处理。

防止排气阀等的高温腐蚀,可选用钒、钠含量少的燃油,控制其成分;加强排气阀等零件的冷却,使零件温度控制在550 ℃以下等。

防止汽缸套的低温腐蚀,可适当提高缸套的冷却水温度,采用适当碱度和数量的汽缸润滑油,将汽缸润滑油孔设在汽缸套的较高位置,使汽缸润滑油注入汽缸时能沿汽缸套内表面圆周均匀分布,这些措施都能使腐蚀磨损减轻。

此外,还应注意零件材料的选择,对在腐蚀环境下工作的零件,应选用耐腐蚀性能强的材料。

二、电化学腐蚀

金属表面与离子导电的电解质溶液发生电化学作用产生的破坏称为电化学腐蚀。它与化学腐蚀不同之点在于腐蚀过程中有电流产生。金属在电解质溶液中,如海水、酸、碱、盐的溶液中,以及在大气、土壤中均能发生电化学腐蚀。金属发生电化学腐蚀需要几个基本条件:一是有电解质溶液存在;二是腐蚀区有电位差;三是腐蚀区电荷可以自由流动。

1. 电化学腐蚀的机理

电池作用原理可以充分说明金属在电解质溶液中的腐蚀过程。如图2-14所示,将铁板和铜板分别作为阳极和阴极,一同装于有电解质溶液(稀硫酸溶液)的容器中,并用导线连接,此时导线中有电流通过。电池中所发生的反应是:

阳极:反应结果是铁被溶解。　　　$Fe \longrightarrow Fe^{2+} + 2e$

阴极:反应结果是释放出氢气。　　$2H^{+} + 2e \longrightarrow H_2 \uparrow$

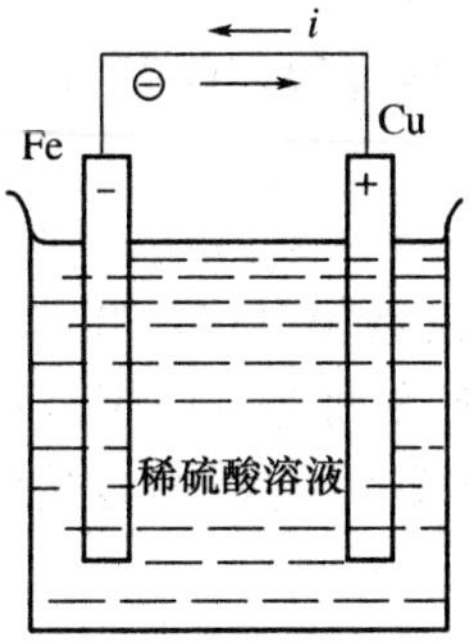

图 2-14　Fe-Cu 电池示意图

电池作用使阳极发生氧化反应。阳极的铁板不断遭到腐蚀;阴极发生还原反应。氢离子不断从阴极获得电子而还原成氢气。

在电化学腐蚀中,腐蚀电池起着重要作用。根据构成腐蚀电池的电极大小,可将腐蚀电池分为宏观腐蚀电池和微观腐蚀电池两种。

(1)宏观腐蚀电池

宏观腐蚀电池是肉眼能看见电极构成的宏观大电池,它引起金属零件或构件的局部宏观腐蚀破坏。

①异金属接触电池

两种具有不同电位的金属或合金相互接触(直接接触或用导线连接),并处于同一电解质溶液中时,便会使电位较低的金属不断遭到腐蚀,这种电池称为异金属接触电池或腐蚀电偶,引起电偶腐蚀。两种金属的电极电位差越大,电偶腐蚀越严重。如:螺旋桨与艉轴构成异金属接触电池。

②浓差电池

同一金属的不同部位与浓度(含氧量或含盐量)或温度不同的介质接触,构成腐蚀电池。最常见的有氧浓差电池、盐浓差电池和温差电池等。

金属与含氧量不同的介质接触,在氧浓度较低处金属的电位较低,氧浓度较高处金属的电位较高,从而构成氧浓差电池。金属的电极电位较低为阳极,阳极区的金属遭到腐蚀。例如:铁棒埋在土壤里,因土壤深度不同而使含氧量不同,在铁棒埋得最深的部位,金属腐蚀最严重。

一根长铜棒的两端分别插入稀、浓硫酸铜溶液中,稀硫酸铜溶液中的棒端电极电位低,为阳极;浓硫酸铜溶液中的棒端电极电位高,为阴极,构成盐浓差电池,阳极棒端遭到腐蚀。

浸于电解质溶液中的金属,其不同部位处于不同温度时,构成的电池被称为温差电池。高温端为阳极区,遭到腐蚀。例如换热器的高温端比低温端腐蚀严重。

(2)微观电池

微观电池是指零件金属表面由于电化学不均匀性构成许多微小电极的电池,又称为微电池。零件金属表面电化学不均匀是由于金属的微观不均匀性引起的,主要有:

①化学成分的不均匀性。工业上使用的金属材料存在不同程度的杂质、非金属夹杂物

或存在偏析，造成金属化学成分不均匀。金属、杂质、非金属夹杂物的电极电位不同，当与电解质溶液接触时，就构成许多微小电池。

②金属组织的不均匀性。同一金属或合金中，存在不同的组织结构和晶体缺陷，如：位错、空位、畸变等，因而形成不同的电极电位。晶粒内部与晶界处的电位不同，在有电解溶液时，晶界处被腐蚀。

③物理性质或状态的不均匀性。金属材料进行冷、热加工后，使金属材料各部分的受力和变形不同，应力较高和变形较大的部位电位较低，成为阳极容易被腐蚀。

④金属表面膜的不完整性。金属表面都有一层氧化膜，当表面膜破裂、有孔而不完整时，破裂处和有孔处的金属电位较低成为阳极，容易被腐蚀。如船体钢板上的铁锈与锈脱落后裸露的钢板构成微电池。

2. 船上常见的电化学腐蚀

船上的电化学腐蚀一般为局部腐蚀。常见的电化学腐蚀主要有：

(1)电偶腐蚀

船上零件只要能构成异金属接触电池，就会发生电偶腐蚀。这种腐蚀较为普遍。例如离心泵的叶轮与泵轴、冷凝器的碳钢壳体与黄铜管子等构成的腐蚀。

(2)氧浓差腐蚀

金属零件与含氧量不同的溶液接触，就会形成氧浓差电池。溶液含氧浓度越高，电极的电位就越高成为阴极，与含氧浓度低的溶液接触的电极成为阳极，阳极被腐蚀。例如柴油机汽缸套与汽缸体下部密封圈处的缝隙，因冷却水停滞而使氧浓度降低，此处的金属成为阳极与附近氧浓度高的金属(作为阴极)，形成氧浓差电池，发生氧浓差腐蚀。

(3)选择性腐蚀

黄铜制件的脱锌，灰口铸铁零件表面的石墨化腐蚀(铁素体被腐蚀，仅剩下石墨)，都是选择性腐蚀。

(4)应力腐蚀

金属零件在一定的拉应力和特定的腐蚀介质的共同作用下所引起的破裂称为应力腐蚀。汽缸套和汽缸体连接的肩部，以及那些应力集中的部位，如加强筋的圆角等处，往往会发生应力腐蚀，应力腐蚀的同时还伴随着裂纹产生。

(5)海水腐蚀

海水中含有较高浓度的盐分，是一种容易导电的电解质溶液，是腐蚀性最强的天然腐蚀剂之一。船舶常年航行在海上，船体外板、螺旋桨和艉轴均与海水接触，受到严重的腐蚀。此外，柴油机的空冷器、冷却器、空气压缩机的机体、各种海水管等都要与海水接触，均会受海水的腐蚀。

海水由于含盐量高而成为腐蚀性介质。海水中的盐类主要是氯化物($NaCl$，$MgCl_2$)，其次是硫酸盐($MgSO_4$，$CaSO_4$)。由于海水能离解盐类，所以它是一种导电性很强的电解质溶液，海水中大量的氯离子，能使零件金属表面的氧化膜遭到破坏，因此，海水对大多数金属都有很强的腐蚀作用。在腐蚀过程中，可能是宏观电池起作用，也可能是微观电池起作用。钢铁在海水中的腐蚀速度为0.13 mm/a。如果海水流速增加、温度升高会加快海水腐蚀。

此外，海水中的含氧量、pH值、海洋生物等物理、化学因素都会影响海水腐蚀的速度。

3. 防止电化学腐蚀的措施

根据电化学腐蚀的原理可知，只要破坏产生电化学腐蚀的条件之一，就能有效地阻止电化学腐蚀的发生,这是防止电化学腐蚀的基本原则。生产中防止电化学腐蚀的措施主要有以下几种。

(1)正确选材

在设计时应根据零件使用的条件和周围介质情况,选择合适的耐蚀材料。如尽量选用相同的材料或电位相同的材料,以避免电偶腐蚀。

(2)阴极保护

根据电化学腐蚀的原理,将被保护的金属施以外加阴极,以减小或防止金属腐蚀的方法叫阴极保护法。一种方法是:将被保护金属与外加直流电源的负极相连,用外加阴极电流使阴极电位向负的方向变化,从而阻碍阴极和阳极反应的进行,达到减小腐蚀的目的,这种方法也叫外加阴极电流保护法。另一种方法是牺牲阳极保护法,即在被保护的金属零件上安装电位更低的金属,使之成为阳极,被保护的零件成为阴极而不被腐蚀。如在船体钢板上、冷却器端盖上安装锌块等都是使阳极变为阴极而得到保护。

(3)介质处理

除去介质中促进腐蚀的有害成分。例如锅炉给水的除氧;调节介质的 pH 值和改变介质的湿度;在介质中添加少量能阻止或减缓腐蚀的物质,如在柴油机冷却水中添加铬酸盐、亚硝酸盐等无机缓蚀剂,使零件金属表面上形成钝化膜,抑制腐蚀。

(4)表面覆盖保护膜

在零件表面覆盖耐蚀性较强的金属或非金属保护膜,使零件与腐蚀性介质隔开以防止腐蚀。如采用电镀、喷镀、喷涂或磷化、氧化(发蓝)处理等工艺,在零件表面上形成金属或非金属保护膜。

(5)加强日常维护管理

对船上容易发生腐蚀的零部件加强维护管理,以防止或减少腐蚀。如船舶动力装置中与海水、淡水和湿空气接触的零件、构件和管系均有发生电化学腐蚀的可能,应加强管理。

①定期进行柴油机冷却水、锅炉水等介质的处理。

②适当提高汽缸冷却水温度及采用高碱值汽缸油,以减少汽缸套的低温腐蚀。

③加强润滑油的检验,控制酸值以防止轴承特别是铜铅合金轴承的腐蚀。

④选用低硫燃油,若燃用含硫高的燃油时,采用与之匹配的碱性汽缸油。

⑤适时更换船体或者板上和缸套冷却侧的防腐锌板。

三、船舶零件的穴蚀

穴蚀又称空泡腐蚀,或称气蚀,是水力机械或机件与液体做相对高速运动时,液流中的气泡对机件表面上产生的一种破坏现象。

穴蚀是一种局部腐蚀,其特征是机件金属表面在局部区域出现麻点或小孔群,呈蜂窝状或呈分散状的孔穴分布。孔穴表面清洁,没有腐蚀产物沉积,孔穴直径一般在 1 ~ 5 mm,最大可达 30 mm,孔深可达 2 ~ 3 mm,随着机器运转时间的延长,这些孔洞逐渐扩大、变深,甚至穿透金属壁面。

1. 穴蚀机理

关于气蚀产生的机理,还没有公认的科学解释,需进一步深入研究。机件发生穴蚀的先决条件是机件浸于某种液态介质中。一般认为机件与液体之间有某种形式的相对运动,或者机件在液体中受到某种能量的传递作用时,会形成液体中的局部瞬时高压或瞬时高真空,在瞬时高真空区,该局部区域内的液体就会汽化,形成气泡,或溶于水中的空气以空泡形式从液体中分离出来；而在瞬时高压状态时，气泡、空泡被压缩，泡内的气体迅速被液化而使气泡破灭，这时，气泡周围的液体迅速冲向溃灭处，产生极强的冲击波（最大压力可达数百兆帕），作用在机件金属表面上，使之受到损伤。由于冲击波的频繁作用，结果使机件表面金属逐渐剥落。与此同时，机件金属表面还会产生微观电化学腐蚀，这样多种腐蚀交替进行，共同作用，致使机件腐蚀破坏。因此，气泡被压溃瞬时产生的局部高压和微射流冲击金属是发生气蚀的力学原因和根本原因，液体的化学或电化学腐蚀作用将加剧这种破坏过程。

2. 船上常见的穴蚀与防护

（1）螺旋桨的穴蚀

螺旋桨桨叶的穴蚀破坏是一种较为严重的损坏形式。穴蚀的部位主要在螺旋桨桨叶的叶背边缘处，桨叶的 $0.9R$ 至叶尖位置较为严重。穴蚀呈蜂窝状孔穴，成片分布，严重时会使桨叶烂穿。

螺旋桨桨叶穴蚀亦是空泡作用的结果。当螺旋桨在水中旋转时，水流从叶背流过，水流速度增大而压力下降，叶面的水流速度减小而压力增大。螺旋桨转速越高，叶背处的水流速度越快，压力下降越多。当压力降低到该处水温所对应的汽化压力时，水汽化生成气泡。随后，气泡移至高压区就会破裂。气泡破裂时水压冲击叶背，使桨叶边缘遭到破坏。

通常在螺旋桨桨叶上涂环氧树脂对防止穴蚀效果较好。但环氧树脂涂层在螺旋桨高速运转时容易脱落。此外，改进桨叶叶型、降低螺旋桨的设计转速等方法，也可以减轻或防止螺旋桨桨叶的穴蚀破坏。

（2）汽缸套的穴蚀

船用中速和高速筒形活塞式柴油机，特别是高速、轻型大功率柴油机，不论是开式或闭式冷却，汽缸套都有不同程度的穴蚀。有的柴油机投入运转不久，在汽缸套外圆表面就会出现穴蚀小孔，甚至柴油机运转不足千小时，就因缸套穴蚀穿孔而报废，此时缸套内表面尚未磨损。而二冲程十字头式低速柴油机汽缸套基本不发生穴蚀破坏。

①汽缸套穴蚀的部位

柴油机缸套穴蚀发生在湿式汽缸套外圆表面上，一般集中在柴油机左右侧方向，特别是承受侧推力最大一侧的偏上方；冷却水进口、水流转向处和水腔狭窄处对应的缸壁上；缸套下部密封圈附近缸壁。缸套冷却水腔除了发生缸套穴蚀外，汽缸套和汽缸体材料的差异及材料内部的各种电化学不均匀性导致宏观和微观电化学腐蚀。这两种腐蚀同时存在交替作用均会加重缸套腐蚀。此外，冷却水（海水或淡水）的水质、含气量、流速等均对穴蚀有影响。

②汽缸套穴蚀的机理

柴油机汽缸套外圆表面与汽缸体（或机体）构成冷却水空间，在狭小的环形通道中流动着海水或淡水。柴油机运转时，由于缸套产生高频振动和缸壁的弹性变形使冷却水空间的容积交替地增大和减小，冷却水相应地交替膨胀和压缩，从而使缸套外壁局部水域产生瞬时高压和高真空。瞬时高真空时产生空泡，瞬时高压时空泡溃灭使缸套外壁表面频繁地受到冲击和微观电化学腐蚀而破坏。

③影响缸套穴蚀的因素

实践中并非所有的筒形活塞式柴油机缸套都会发生穴蚀，即使发生穴蚀也有轻重之分。汽缸套穴蚀与柴油机的机型、结构、爆发压力、冷却水腔和冷却介质、柴油机的工况参数等有关。

缸套发生穴蚀的根本原因是柴油机运转中缸套的高频振动，而影响缸套振动的主要因素是缸套与活塞之间的配合间隙、缸套的刚度及侧推力等。此外，冷却水腔结构及冷却水的温度与压力等也是影响穴蚀的因素。实验证明，钢铁和铝等金属材料，在冷却水温为50～60 ℃时穴蚀最严重，随着水温升高，穴蚀破坏减轻。从发挥柴油机的效能和降低腐蚀和穴蚀出发，冷却水腔淡水的温度在 80～90 ℃为好。

④防止缸套穴蚀的措施

目前，主要从降低缸套振动和提高缸套抗穴蚀能力两方面着手。通常可以采用以下措施：

a. 选用抗穴蚀能力强的缸套材料。如球墨铸铁的抗穴蚀能力优于普通铸铁等。

b. 在缸套的外圆表面覆盖保护层或强化层。如采用镀铬、渗氮、喷陶瓷、涂环氧树脂或涂尼龙等工艺，均可使金属表面与冷却水隔开，或使缸套外圆表面得到强化，可有效防止电化学腐蚀和穴蚀。

c. 缸套外表面的粗糙度对穴蚀的发生也有重要影响。缸套外表面越粗糙，越有利于空泡的形成，越容易发生气蚀。

d. 在冷却水中加入缓蚀剂，如乳化油缓蚀剂，使在缸套外表面上形成一层较薄的连续保护膜，不仅可以防止电化学腐蚀，而且可以减弱空泡破裂时的冲击波对缸套表面的冲击作用，达到减轻穴蚀的目的。

(3)燃油系统零件的穴蚀

柴油机燃油系统的高压油泵柱塞、出油阀、喷油器针阀和高压油管均有穴蚀破坏发生。燃油系统中因喷油会产生瞬时高压和瞬时低压。喷油终了时，系统中的油压骤然降低，当该压力低于该处温度所对应的燃油蒸发压力时，燃油蒸发形成气泡。由于周围燃油压力高或遇到下一个高的燃油压力波时，气泡迅速破裂产生巨大的冲击波，从而使系统中的零件受到破坏。此外，随着柴油机强化程度的不断提高，燃油系统的喷射压力和喷油率也相应提高，高的喷射压力容易引起二次喷射，使柴油机性能下降，并造成系统穴蚀。柴油机系统中的穴蚀可分为以下两类：

①波动穴蚀

燃油系统中有高压燃油流动时，会产生并传播压力波，特别是在喷射终了时会使某些部位的压力发生很大变化，甚至产生负压而导致气泡产生，高压力时，气泡破裂发生穴蚀。这种穴蚀称为波动穴蚀。波动穴蚀主要发生在燃油系统的高压油管上，并且柴油机低负荷运转时，波动穴蚀较为严重。

②流动穴蚀

流动穴蚀主要发生在高压油泵柱塞螺旋槽附近和喷油器针阀截面变化处。在燃油系统中，高压燃油流经通道截面变化处，会产生强烈的节流作用，导致压力下降并形成气泡，随后的压力升高又使气泡破裂而发生穴蚀。这种穴蚀称为流动穴蚀。当柴油机高负荷运转时，节流作用的增大使穴蚀更加严重。

燃油系统中不适当的压力波动是引起穴蚀的原因。而压力波动主要是由于卸载不当而引起的。因此，减小波动常采用缓冲型出油阀、等压出油阀、双锥形针阀、控制节流和采用阶梯型螺旋槽柱塞等方法。此外，对容易发生穴蚀的部位还可采用保护性措施。

(4)轴瓦的穴蚀

高速大功率柴油机的铜铅合金薄壁轴瓦上，穴蚀破坏频繁出现。其主要发生在主轴瓦和曲柄销轴瓦的油槽和油孔周围，呈条状或树叶状的小孔群状。

轴瓦穴蚀是在特定条件下流动的润滑油产生气泡和气泡破裂所致。

在液体动压润滑条件下，轴颈在轴承中不断运转，在转过了轴颈与轴承的最接近点之后，轴颈与轴承两个表面逐渐分离，油膜中的压力下降且可能低于大气压力。此时，溶解在滑油中的空气就会逸出，形成气泡。在正常稳定负荷下，这些气泡会夹带在油膜里进入高压区而重新溶解到润滑油中。但是，当轴承承受交变负荷，特别是冲击负荷时，气泡将被吸引到金属表面上并迅速破裂造成冲击，使轴瓦表面产生穴蚀破坏。

防止轴瓦穴蚀的措施主要是从轴瓦材料的选择、轴瓦上油槽和油孔的位置及保证润滑油品质等方面着手。

(5)离心泵叶轮的穴蚀

离心泵叶轮的穴蚀是叶轮严重的破坏形式，穴蚀发生的部位通常在叶轮出口处叶片和前后盖板上。穴蚀呈麻点和蜂窝状孔穴，严重时导致离心泵叶轮烂穿而完全损坏。

离心泵叶轮的穴蚀也是空泡作用的结果。当液体从泵吸入口进入叶轮进口端时，发生急剧的加速和转向致使压力下降。当压力低于该温度下水的饱和压力时，水就会汽化，产生气泡。同时，溶解在水中的空气也会逸出，产生空泡，气泡、空泡随液体流过叶轮流道至叶轮外周高压区时破裂，从而使叶轮外周出口处遭到破坏。

要防止叶轮的穴蚀，可采用的措施有：开足吸入管管路上的阀门；及时清洗滤器；减少吸入高度或增大流注高度；控制液体温度等。此外，采用强度和硬度高、韧性和化学稳定性好的抗穴蚀材料来制造叶轮，以及提高通流部分表面粗糙度，也是提高离心泵抗穴蚀性能的有效措施。

第四节　船舶零件的断裂

所谓断裂，是物体在机械力、热、磁、声响、腐蚀等因素单独作用或联合作用下，其本身连续性遭到破坏，发生局部开裂或分裂成几部分的现象。前者称为局部断裂，后者叫作完全断裂。

零件的断裂在船上是屡见不鲜的，如柴油机的汽缸盖、汽缸套和活塞组件上的裂纹，曲轴的裂纹和折断等。船机零件产生裂纹和断裂，不仅危及船舶的正常营运，还可能会造成重大的机械事故产生严重的后果，具有更大的危险性。因此，对零件的这种破坏形式，应予以特别重视。

一、断裂的分类

按研究断口的具体需要，对断裂有不同的分类方法。

1. 按零件断裂后的自然表面即断口的宏观形态特征分类

(1)韧性断裂

韧性断裂也叫延性断裂，是金属材料在断裂前产生明显塑性变形，并且经常有缩颈现象的断裂。在发生塑性变形过程中，首先使某些晶体局部破断，裂缝割断晶粒而穿过，最终导致金属的完全破断。韧性断裂一般是在切应力作用下发生，故又称切变断裂。它断口的宏观状态呈杯锥体或鹅毛绒状，暗灰色，边缘有剪切唇，断口附近有明显的塑性变形。

(2)脆性断裂

金属材料在断裂前无明显的塑性变形（变形量 $<5\%$），多沿着晶界扩展而突然发生的一类断裂叫作脆性断裂，也称晶界断裂。它的断口呈结晶状，常有人字纹或放射花样，平滑

而光亮，且与正应力垂直（这种断口面称为解理面），又称这种断裂为解理断裂。由于这种断裂通常在没有预示信号的情况下以极快速度发展而突然发生，因此是金属件的一种危害性很大的断裂失效模式。

2. 按断口微观形态分类

在显微镜下观察断口微观组织，可将断裂分为穿晶断裂和晶间断裂，见图 2－15。裂纹穿过晶粒内部而发生的断裂为穿晶断裂，多数穿晶断裂为延性断裂，但也可以是脆性断裂。当裂纹沿结晶平面扩散，断面上的晶粒大多保持完整的，则称为晶间断裂（或解理断裂）。大多晶间断裂时，塑性变形量很小，故称为脆性断裂，韧性的晶间断裂只有在高温蠕变中才能发生。

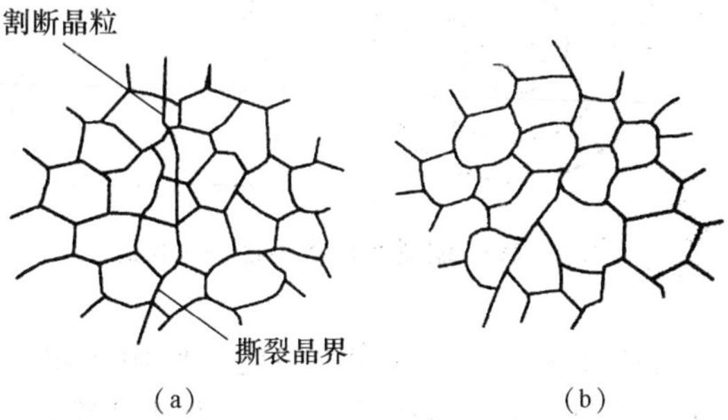

图 2－15　穿晶断裂与晶间断裂示意图

(a)穿晶断裂；(b)晶间断裂

3. 按断裂的原因分类

按零件断裂的原因分类是常用的分类方法。它将断裂分为过载断裂、疲劳断裂、氢脆断裂、腐蚀断裂、低应力脆性断裂、蠕变断裂等。

(1)过载断裂

过载断裂是指零件在一次静拉伸、静压缩、静扭转、静弯曲、静剪切或一次冲击能量作用下的断裂，也称一次加载断裂。一次加载的概念不是第一次加载。一般断裂发生在应力循环周次 $N_f < 10^3$ 均认为其是一次加载。

(2)疲劳断裂

经历反复多次的应力作用或能量负荷循环后才发生断裂的现象叫作疲劳断裂。疲劳断裂占整个断裂的 80%～90%，它的类型很多，包括拉压疲劳、弯曲疲劳、接触疲劳、扭转疲劳、振动疲劳等。疲劳又根据循环次数的多少分高周疲劳（应力循环周次 $N_f > 10^4 \sim 10^5$）和低周疲劳（$N_f < 10^4 \sim 10^5$）。广义的疲劳断裂还包括腐蚀疲劳、热疲劳等。

(3)其他断裂

腐蚀断裂是在腐蚀介质环境中，零件材料承受拉压力时发生的断裂；低应力脆性断裂是零件在制造过程中工艺不正确或使用环境温度低时材料变脆、在低应力下发生的断裂；由于氢的作用，零件在低于材料屈服强度时发生的断裂是氢脆断裂；零件在高于一定的温度下，缓慢发生塑性变形最后导致零件发生的断裂是蠕变断裂。

二、过载断裂

当零件外加载荷超过其危险截面所能承受的极限应力时，零件将发生断裂，这种断裂称为过载断裂。零件强度设计不合理,结构上应力过度集中,操作失误,机械设备超负荷运行,使某些零件承受过大载荷,都可能导致过载断裂。

1. 过载断裂的主要特征

过载断裂的断口宏观特征与材料拉伸断口形貌雷同。当材料塑性较好的,宏观断口显示出较大的塑性变形,而材料较脆时,零件断口显示出脆性。

过载断裂的断口通常分为三个区域。当断口处无应力集中时,三个区域的分布如图2-16所示,分别称为纤维区 F、放射区 R 和剪切唇区 S。

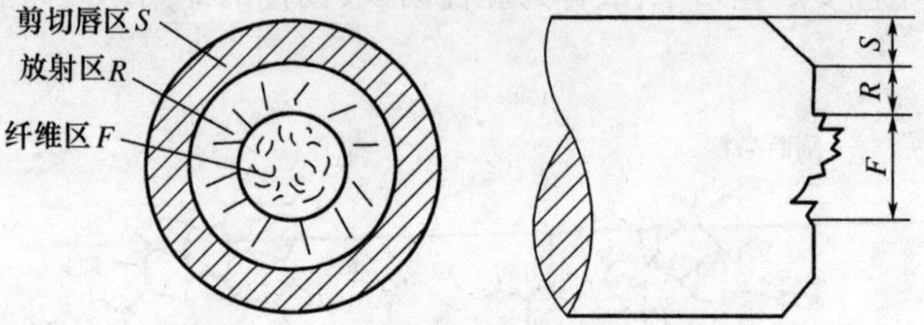

图 2-16 过载断口示意图(杯锥状)

纤维区 F 凹凸起伏,呈纤维状。纤维区受三向应力作用出现微小空穴,空穴不断扩大、聚集,形成所谓韧窝,留下纤维状特征。截面的断裂首先从纤维区中心开始,当纤维断裂区面积达到一定极限时,断裂裂纹便会迅速扩展。

放射区只是由纤维区裂纹迅速扩散而形成的区域,主要特征是有放射状花纹。材料塑性越大,放射状花纹也就越粗大。

剪切唇区 S 是由断裂最后阶段而形成的区域。这一区域的表面比较光滑,且与拉伸应力成 45°交角,是由最大切应力形成的切断型断裂。

2. 特殊情况下过载断裂特征

(1)带应力集中槽的过载断裂

当裂口出现在应力集中槽部位时,则 F,R,S 三区完全颠倒,如图 2-17 所示。纤维区 S 分布在周围,即周围首先破断,然后裂纹向中央扩展,产生收敛形放射花纹区 R,最后在中央部位出现剪切唇区 S。值得指出的是,如果零件的切槽为光滑圆弧,则断口形貌仍如图 2-17 所示。

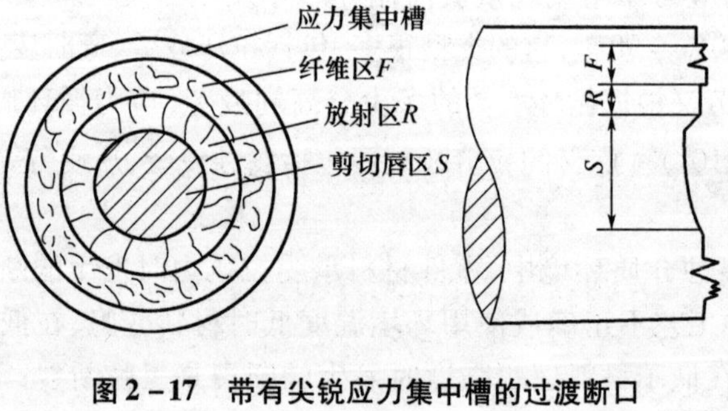

图 2-17 带有尖锐应力集中槽的过渡断口

(2)纯塑性金属断裂

纯塑性金属过载断裂时,也可能出现一种全纤维状断口,没有放射区与剪切区,两对偶的断面均为内凹的杯状，即双杯状断口。

(3)在冲击弯曲载荷作用下的断裂

这种过载断裂断口的显著特点是剪切唇不完整、宏观的塑性变形(缩颈)减小。

(4)在扭转载荷作用下的过载断裂

扭转载荷过程断口分两种情况：当断口与扭转角成45°方向时，为拉断，断口形貌类似于图2－21；当断口与扭转轴线垂直时，为剪断，周向剪应力较大，形成扭转状纤维区 F，中心部位为最后破断区，故其形貌类似于图2－22。

3. 过载断裂的过程

金属零件过载断裂的过程，其实质是裂纹的产生和发展的过程。金属零件的裂纹是指金属材料内部出现金属的原子与原子之间原有原子结合键被破坏而导致原子与原子彼此分离的现象。裂纹通常按其长度大致分为裂纹核、微观裂纹和宏观裂纹。过载断裂从裂纹的产生和成长过程来讲，它明显地分为三个阶段。

(1)裂纹核的产生阶段

当对金属零件施加大于其材料的屈服极限的外载后，金属零件便会在材料中有缺陷、应力集中、孔洞、有夹杂物等地方首先发生位错的滑移而产生塑性变形。当滑移面上有障碍物(如晶界、杂质及第二相等)就会阻止位错运动。这样位错就会在这些障碍物前堆积而产生应力集中区，作用于障碍物上的力可达到外加应力的数倍。当位错堆积所形成的应变足以破坏原子结合键时，便产生了裂纹核。

(2)微观裂纹的形成阶段

当第一个裂纹核产生后，致使晶体的一部分相对另一部分的滑移更加迅速，大量的位错就会在裂纹核周围产生运动和增殖，并且金属零件出现外应力不变而应变迅速增加的蠕变现象。由于金属材料蠕变部分的塑性变形较大，因此，这部分金属材料内部会产生许许多多的裂纹核。在外加载荷继续增加的情况下，这些裂纹核逐渐长大，并产生相互间的连接和贯通，进而形成微观裂纹。

(3)瞬时断裂阶段

瞬时断裂过程在断裂力学中又称之为裂纹的临界扩展过程。工程断裂力学认为各微观裂纹尖端的应力强度因子超过了金属材料的断裂韧性时，微观裂纹便会迅速扩展，致使零件出现瞬时断裂的过程称之为裂纹的临界扩展过程。

在一个微观裂纹形成后，金属的蠕变现象更加严重，大量的微观裂纹更不断产生，同时微观裂纹迅速地向材料的纵深方向发展，使许多裂纹迅速沟通，当局部破断(裂纹)发展到临界裂纹尺寸时，剩余载面承受的载荷超过其强度极限而导致完全破断。

三、疲劳断裂

疲劳破坏是指零件材料在交变载荷的长时间作用下产生裂纹和断裂的现象。大小和方向随时间发生周期性变化的载荷称为交变载荷，所引起的应力称为交变应力。由疲劳而引起的裂纹和断裂是工程结构和船舶机械零件普遍而严重的失效形式，在实际失效件中，它占了较大的比重。据数据统计，疲劳断裂的零件占断裂零件总数的80%～90%。

1. 疲劳破坏的机理

疲劳断裂是材料经过长时间反复作用后，在零件表面有应力集中(缺陷)处产生裂纹，裂纹逐渐扩展而最终断裂。断裂的宏观形貌分为三个区域：疲劳源、裂纹扩展区和最后断裂区域。即疲劳断裂有一个裂纹形成、扩展直至断裂的过程。

(1)疲劳裂纹的形成

疲劳源就是疲劳裂纹的开始点,通常疲劳源位于零件表面的应力最大处(有应力集中的部位)或零件近表面处。只有当金属内部有较严重的冶金缺陷时,疲劳源才产生于零件内部或表层下。

零件表面上的裂纹源多是由于零件表面上有油孔、过渡圆角、台阶、粗大的加工痕迹等应力集中的缺口,或是由于零件材料表面晶粒容易发生滑移和容易受到腐蚀。

零件近表面的材料内部产生的微裂纹,是由以下几方面形成的:

①零件缺陷产生裂纹　零件材料在冶炼、冷热加工过程中产生的气孔、夹杂物、缩孔等冶金缺陷,导致缺陷与基体之间沿界面分离或缺陷本身开裂形成疲劳微裂纹。

②晶体滑移产生裂纹　在交变应力作用下金属表面滑移不均匀,滑移局部集中,在金属表面形成"挤出"和"挤入",此处有应力集中,经过交变应力的多次作用后在该处形成疲劳裂纹。如图2－18所示为受疲劳应力作用和静应力作用,金属表面发生的滑移图。

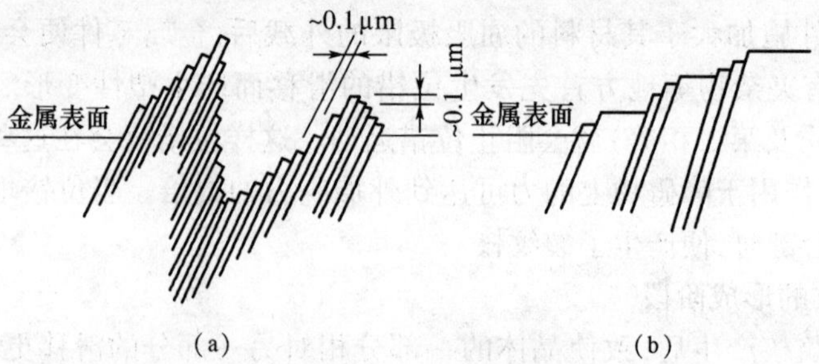

图2－18　金属表面滑移

(a)疲劳负荷作用;(b)静负荷作用

③相界面处产生裂纹　在切向应力作用下,材料内粗大的夹杂物与基体的界面处位错堆积达到一定程度后,界面强度降低,形成分离,从而产生裂纹。

④晶界面处产生裂纹　当滑移带穿过晶界或位错运动遇到晶界时,均会产生微裂纹。

(2)疲劳裂纹的扩展

零件表面或近表面一旦发生疲劳微裂纹,就会在交变应力作用下进一步扩展。疲劳裂纹的扩展可分为两个阶段,如图2－19所示。

第一阶段:是疲劳微裂纹沿与正应力成大约45°角的最大切向应力的方向向金属内部扩展。扩展的深度较浅,大约只有零点几毫米厚,扩展的速率也很小。

第二阶段:疲劳裂纹在经过第一阶段(在零件内部扩展至一定距离)后,将改变方向,改沿与正应力成直角的方向扩展。此时正应力对裂纹的扩展起着重要作用,它使裂纹扩展的深度与速率均远远超过第一阶段。

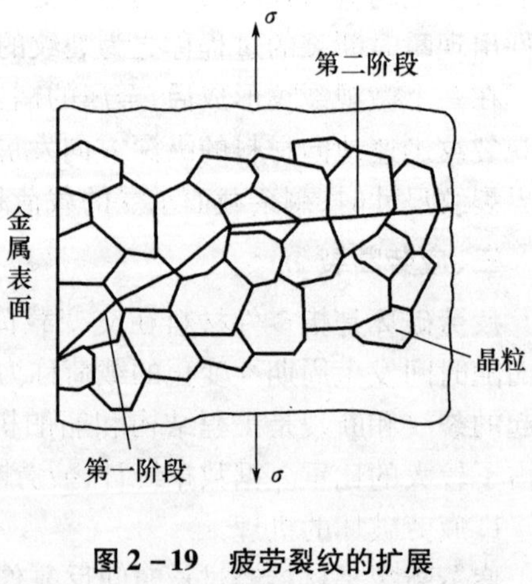

图2－19　疲劳裂纹的扩展

在交变正应力的作用下,裂纹时而扩展,时而停滞。零件裂开处的两个面时而闭合,时而分开，以致在断口的两个断面上形成“贝纹”。在裂纹源附近，因裂纹扩展慢，两个断裂面长时间相互摩擦与研磨，使断面光滑并有稀疏的贝纹；较远处，裂纹扩展较快，两个断面相互摩擦、研磨的时间短，使断裂面粗糙、贝纹细密。当零件材料具有足够的断裂韧性时，能较好地阻止裂纹的迅速扩展，使贝纹区域较大。

(3)疲劳断裂

疲劳裂纹迅速扩展后，实际承载面积减小，以致剩余截面承受不了所受载荷的作用而发生突然断裂，在断面上就出现最后断裂区。最后断裂区的大小和位置可以定性地说明零件所受的载荷情况。一般说来，最后断裂区面积越大，越接近断面中心，表明零件过载越严重；最后断裂区面积越小，位置越靠近断面边缘，则表示过载越少。

船机零件断裂破坏反映在断口上，共有三个组成部分，如图 2－20 所示。

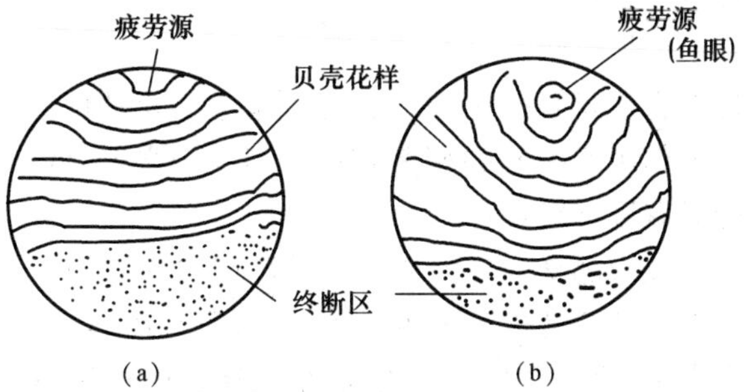

图 2－20　疲劳断裂宏观断口

(a)疲劳源在表面；(b)疲劳源在表面下

①疲劳源大多分布在零件表面或近表面处，一般有 1～2 个；

②疲劳裂纹扩展区有光滑状和贝纹状两种，光滑状是由于两个断面长期研磨的结果，而贝壳状是一道道疲劳条纹；

③最后断裂区又称脆断区，零件瞬间突然断裂，断口金属颗粒比较粗大，有时断面的脆断区呈银白色。

2. 疲劳断裂的特征

零件发生疲劳断裂时具有以下特征：

(1)零件是在交变载荷作用下，经过较长时间的使用。

(2)断裂应力小于材料的抗拉强度 σ_b，甚至小于屈服强度 σ_s。

(3)断裂是突然的，无任何先兆。

(4)断口形貌特殊，断口上有明显不同的区域。

(5)零件的几何形状、尺寸、表面质量和表面受力状态等均直接影响零件的疲劳断裂。

3. 疲劳断裂的种类

(1)按零件所受应力大小和循环周数分类

①高周疲劳。为低应力、高寿命的疲劳破坏。应力较低，小于屈服极限 σ_s，应力循环周数高，一般超过 $10^6 \sim 10^7$，是常见的一种疲劳损坏。如曲轴、弹簧等零件的断裂。

②低周疲劳。为高应力、低寿命的疲劳破坏。应力接近或等于屈服极限 σ_s，应力循环周数小于 $10^4 \sim 10^5$。如压力容器、高压管道等零件的裂纹和断裂。

(2)按零件工作环境和接触情况分类

分为热疲劳、腐蚀疲劳、接触疲劳等。其情况为:

①热疲劳。由于零件受热温度变化引起热应力的反复作用造成的疲劳破坏,称为热疲劳。如汽缸盖、汽缸套等受热面的裂纹。

②腐蚀疲劳。零件或材料在腐蚀性介质中受到腐蚀,并在交变载荷作用下产生的疲劳破坏称为腐蚀疲劳。

③接触疲劳。是指零件接触表面在接触应力反复作用下产生麻点和金属剥落或表层压碎而剥落使零件失效。例如,轴承、齿轮等零件的表面破坏。

(3)按应力状态分类

分为弯曲疲劳、扭转疲劳、轴向拉压疲劳和复合疲劳等。

4. 高温疲劳和热疲劳

(1)高温疲劳

高温疲劳是指零件在高于材料的$0.5T_m$(用绝对温度表示的熔点)或高于材料的再结晶温度时受到循环交变应力作用所引起的疲劳破坏。而高于常温、低于$0.5T_m$的疲劳破坏称为中温疲劳。高温疲劳具有以下特点:

①高温下材料的疲劳极限随交变应力作用的循环周次的增加而不断降低。因此,其疲劳极限是用规定循环周次下的疲劳极限来表示,一般取5×10^7或10^8次。

②高温疲劳总伴随发生蠕变,并且温度越高,蠕变所占的比例越大,疲劳和蠕变的交互作用也越强烈。

不同材料发生显著蠕变的温度也不同。一般当材料的温度高于$0.3T_m$(用绝对温度表示的熔点)时,蠕变显著发生,使材料的疲劳强度急剧降低。

③高温疲劳对加载频率有较高的敏感性。随着加载频率的降低,材料的疲劳寿命和疲劳极限都会降低。因为加载频率的降低相当于延长了载荷作用的时间,有利于蠕变损伤的扩大,使裂纹扩展速度加快。

(2)热疲劳

①热应力

零件各部分受热温度不同,产生的变形不同。受热后,材料内部一部分金属对另一部分金属变形的约束或牵制而产生由温差引起的应力,即热应力。因此,零件内外表面的温度不同,就会产生热应力。例如柴油机汽缸盖底面,其触火面的温度高达400~500 ℃,而冷却面温度仅为60~80 ℃,触火面的金属膨胀,并受到低温冷却面金属的约束,不能自由膨胀而产生压应力;低温面金属受高温面金属的牵制而产生拉应力。温差越大,高温面的压应力越大,汽缸盖内外表面的热应力也越大。同样,零件的同一截面上的温度不均,也将产生热应力。如汽缸盖触火面的中心与边缘,中心部分的温度高,产生压应力,边缘部分温度低,产生拉应力。

根据热应力随时间的变化关系,可分为定常热应力和不定常热应力。定常热应力是指热应力不随时间而变化。如柴油机处于稳定运转时,燃烧室组成零件上的温度可视为不变,处于热稳定状态,燃烧室零件上产生的热应力为定常热应力。不定常热应力是指热应力随时间而变化。根据热应力变化的频率,不定常热应力又分为高频热应力和低频热应力两种。柴油机运转时,周期变化的高温燃气作用引起燃烧室零件触火面高温也是周期变化,频率较高,故产生高频热应力。柴油机启动、停车或变工况运转时,燃烧室零部件产生不定常热应力，其变化周期与启动、停车或变工况的周期相同，频率较低，故为低频热应力。

②热疲劳

热疲劳是指零件在循环热应力反复作用下产生的疲劳破坏。循环热应力是零件受到循环变化的温度作用而引起的热应力。因此，产生热疲劳必须满足两个条件：一是温度循环变化；二是零件的热变形受到约束。热疲劳是由于热循环温度差 ΔT 引起的。如果该变形完全被约束，就会引起热应力，当热应力超过材料在高温下的屈服极限时，产生局部塑性变形，经过一定循环次数或当 ΔT 较大时经过较少的循环次数就会产生疲劳裂纹。所以，热疲劳破坏实际上是由塑性应变引起的，并且是塑性应变损伤累积的结果，是一种高温高应变疲劳。

在热疲劳过程中，由于高温引起材料内部的组织结构变化，降低了材料的热疲劳抗力；高温也促使表面和裂纹尖端氧化，甚至局部熔化，加速热疲劳破坏；零件截面上存在温度梯度，特别是厚壁零件，其温度梯度更大，在温度梯度最大处造成塑性应变集中，促进热疲劳破坏的发生。

热疲劳裂纹是在受热表面的热应变最大区域形成，一般有几个疲劳裂纹源，裂纹沿垂直受热表面方向扩展，并向表面内纵深方向发展。所以零件的热疲劳是以受热表面上产生特有的龟裂裂纹为特征。热疲劳裂纹与循环温差、零件表面缺口状态和材料有关。循环温差越大，表面缺口越尖锐，就越容易发生热疲劳。

金属材料对热疲劳的抗力不但与材料的导热性、比热等热力学性质有关，而且与弹性模量、屈服极限等力学性能有关。所以导热性差的脆性材料，如灰口铸铁，容易发生热疲劳破坏。

提高材料热疲劳的途径主要有：

a. 尽可能地减少，甚至消除零件上的应力集中和应变集中。

b. 提高材料的高温强度。

c. 提高材料的塑性。

d. 降低材料的热膨胀系数。

5. 曲轴的疲劳断裂

曲轴在回转过程中，受到各缸交变的气体力、往复惯性力、离心力以及由它们引起的弯矩、扭矩的作用。这些力不仅随曲柄转角变化，也随负荷变化。因此曲轴在这些力的作用下发生弯曲和扭转变形，产生复杂的交变应力并引起曲轴的弯曲振动和扭转振动。同时，主轴承的磨损又会引起很大的附加弯曲应力。在这些应力的作用下，再加上曲轴本身形状复杂，刚性很差，存在严重的应力集中等，使曲轴容易产生疲劳破坏。

曲轴裂纹和断裂是属于高周低应力疲劳破坏。其断裂应力甚至仅为 1/3 的屈服极限，但循环周次高于 $10^6 \sim 10^7$。曲轴的疲劳裂纹主要有以下三种。

(1)弯曲疲劳裂纹

曲轴的弯曲疲劳裂纹一般发生在主轴颈(或曲柄销)与曲柄臂连接的过渡圆角处，并逐渐发展成横断曲柄臂的裂纹，如图 2－21 所示。疲劳试验还表明，曲轴弯曲疲劳裂纹发生在曲轴中间曲柄或两端曲柄上的情况较多。这是因为曲轴沿长度方向的应力分布在中间曲柄和端部曲柄上的弯曲应力有较大的峰值。

柴油机长时间运转后，各道主轴承磨损不均匀，会使曲轴轴线弯曲变形，曲轴回转时产生过大的附加交变弯曲应力，因而曲轴的弯曲疲劳破坏通常是发生在柴油机经过较长时间运转之后。此外，曲轴的曲柄臂、曲轴箱或轴承支座(机座)等刚性不足，柴油机短时间运转后,曲轴也会产生弯曲疲劳破坏。

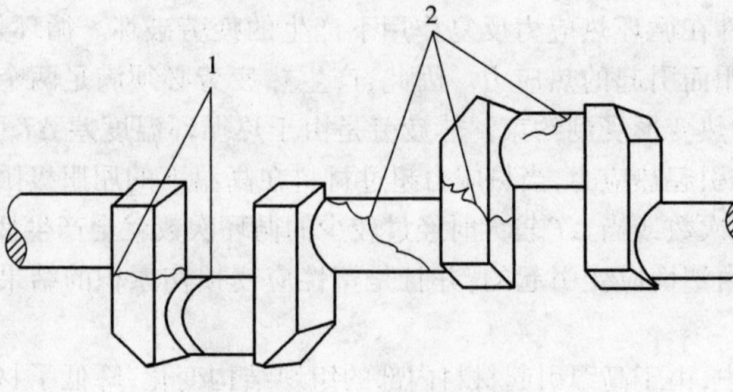

图 2-21　曲轴的疲劳断裂

1—弯曲疲劳断裂;2—扭转疲劳断裂

(2)扭转疲劳裂纹

曲轴在扭转力矩作用下产生交变的扭转应力,存在扭转振动时还会产生附加交变扭转应力,严重时就会产生扭转疲劳裂纹和断裂。

扭转疲劳裂纹发生的部位一般在曲轴上应力集中严重的油孔或过渡圆角处,并在轴颈上沿着与轴线成45°角的两个方向扩展,这是因为轴颈的抗扭截面模数较曲柄臂的小,所以扭转疲劳裂纹多自过渡圆角向轴颈扩展,而很少向曲柄臂发展。但如果扭转应力与较强的弯曲应力同时存在,则裂纹也可自圆角向曲柄臂发展,造成曲柄臂弯曲断裂。

扭转疲劳裂纹通常发生在曲轴扭振节点附近的曲柄上。发生扭转疲劳裂纹的时间一般是在柴油机的运转初期和曲轴的临界转速位于工作转速范围内时。

(3)弯曲-扭转疲劳裂纹

曲轴的疲劳破坏也可能是由于弯曲与扭转应力共同作用造成的。这是因为主轴承通常的不均匀磨损会造成曲轴出现附加弯曲应力,继而产生弯曲疲劳裂纹,弯曲疲劳裂纹在弯曲与扭转的共同作用下扩展、断裂,最后断裂面与轴线成45°角。断面上自疲劳源起,大约2/3的断面为“贝纹”区,呈暗褐色;剩余的1/3面积为最后断裂区,其上凹凸不平,晶粒明亮。圆形波纹状纹理是由弯曲疲劳造成的,放射状纹理是由扭转疲劳造成的,两种纹理交织成蜘蛛网状,如图2-22所示。在弯曲-扭转疲劳裂纹中有时会有主、次之分,具体情况应根据端面上的纹理、裂纹方向和最后断裂区进行分析判断。

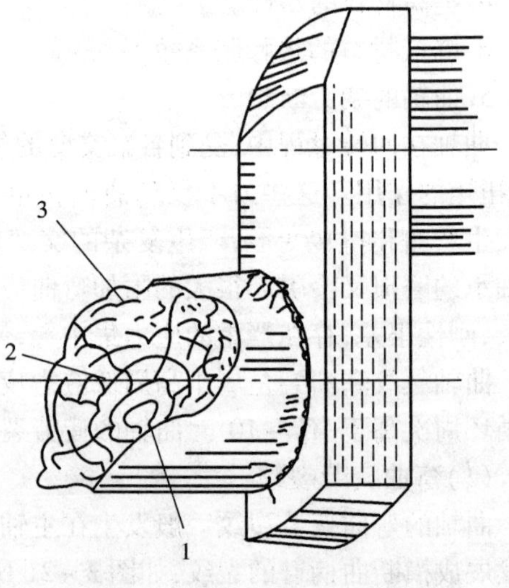

图 2-22　弯曲-扭转疲劳断裂

1—裂纹源;2—裂纹扩展区;3—最后断裂区

在生产中,曲轴的弯曲疲劳破坏还是远远多于扭转疲劳破坏,或者说弯曲应力是弯曲-扭转中的主要因素。这是由于扭转应力通常可通过转矩、扭矩振动计算准确获得,并采取有效的措施予以平衡。如柴油机在运转时,应避免在临界转速范围内运转和扭转过载。而曲轴的弯曲应力则难以精确计算和控制,由它引起的曲轴弯曲变形和产生的附加弯曲应力也就难以控制。

6. 防止疲劳破坏的有效途径

(1)影响零件疲劳强度的因素

零件疲劳强度的大小受诸多因素的影响,但主要的因素可分为两大类:其一是外部因素,主要包括零件的形状、尺寸、表面粗糙度和使用条件等;其二是内部因素,主要包括材料的成分、组织、夹杂物和表面应力状态等。

①应力集中

机械零件在外表面上存在台阶、键槽、油孔或螺纹等截面变化部分;在零件的内部存在着冶炼、毛坯加工等带来的缺陷,如夹杂物、杂质、微小裂纹、气孔等,这些缺陷部位都会引起应力集中。当应力最大值超过材料的许用应力时,就会形成疲劳破坏的发源地,最终导致疲劳破坏。应力集中是引起疲劳破坏的首位因素。试验表明,零件上缺口引起的应力集中使疲劳强度降低,缺口越尖锐,降低得越厉害。

②表面状态和尺寸因素

表面状态是指零件加工表面的粗糙度、表面成分和性能、表面残余应力等。

零件加工表面粗糙度等级越低、表面越粗糙,疲劳强度越低。相同的材料,机械加工的方法不同,表面的粗糙度也不同,其疲劳强度也不一样。如钢、铝合金粗车后的疲劳强度比抛光后低 10% ~20% 。

表面强化处理能使零件表面的化学成分和组织发生变化,从而使表面的机械性能变化。如渗碳、氧化等表面化学热处理,不仅提高表面硬度和耐磨性,而且提高疲劳强度。

表面变形强化处理使表面塑性变形抗力增加,在表面层内形成残余压应力,有效地提高疲劳强度。如滚压、喷丸等工艺广泛用来提高零件的疲劳强度。

材料的疲劳强度随尺寸增大而降低,材料强度越高,疲劳强度下降越快。这种现象称为疲劳强度的尺寸效应。疲劳破坏源自零件表面,随着零件尺寸的增加,零件的表面积增加,也相应地增大了表面疲劳破坏的概率。

③使用条件

a. 控制载荷防止超载　载荷对断裂有直接影响,过载将造成过载损伤,降低材料的疲劳强度。

b. 防止过高的工作温度　工作温度升高,材料的疲劳强度降低。因为材料温度升高后其变形抗力下降,容易产生疲劳裂纹。

c. 注意环境介质影响　零件在腐蚀介质中工作时,零件表面被腐蚀形成缺口,产生应力集中而使零件材料的疲劳强度下降。如酸溶液、海水、潮湿的空气等都对零件有腐蚀作用。

④零件材料的成分、组织和夹杂物

材料的成分变化可使其疲劳强度提高。如钢中的含碳量增加,疲劳强度也随之增加。热处理工艺不同,同一种材料的金相组织不同,疲劳强度有很大的不同。钢中的非金属夹杂物是产生疲劳裂纹的发源地。钢中夹杂物越少,其疲劳强度越高。

(2)防止疲劳破坏的有效措施

影响疲劳破坏的因素很多,防止或减少船机零件的疲劳破坏,从根本上就要消除或降低零件上的应力集中和附加应力,即消除或减少疲劳裂纹源和降低交变应力。因此,要从零件的结构设计和制造方面着手,对于船员来说则要从使用管理方面来减少船机零件的疲劳破坏。

①结构设计方面

a. 减少局部应力集中　大多数零件都有孔、键槽、螺纹、过渡圆角等截面突变处,应注意截面的变化不能突变;孔的边缘、过渡圆角处应圆滑;断面的过渡圆角要大,以减少应力集中。

b. 改进不合理的设计,以减少因设计引起的附加应力　如62VT2BF型柴油机汽缸套,因结构设计不合理,安装后缸套外表面上部凸缘根部产生裂纹,改进设计后就不再出现裂纹。其改进方案如图2-23所示。

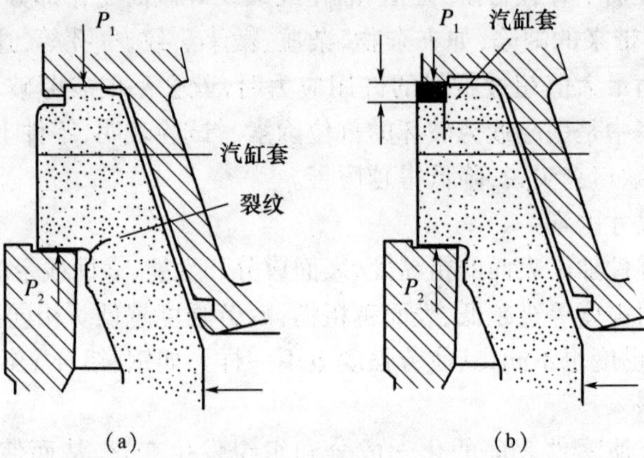

图2-23　柴油机汽缸套外部凸缘根部裂纹

(a)原设计结构;(b)改进后设计结构

P_1—紧固力;P_2—支反力

②制造方面

a. 提高毛坯质量　毛坯制造中一般都存在着缺陷,如铸件、锻件、焊接件中的气孔、缩孔、夹渣、微裂纹等,这些缺陷将引起应力集中,尤其是当缺陷位于零件截面的变化处则更危险,容易形成裂纹源。因此要对重要的零件进行认真检查验收。

b. 提高零件的表面粗糙度等级　零件加工表面的粗糙度等级越低,表面加工越粗糙,应力集中越严重,零件越容易产生裂纹。

c. 提高零件表面的强度　在零件的工作表面层内形成压应力状态,可有效地提高零件表面的疲劳强度。实验表明,在室温条件下,零件表面层具有残余压应力时,将会使零件所受的拉应力减少或全部抵消,从而阻止疲劳裂纹的产生和扩展。

采用渗碳、渗氮、碳氮共渗等表面化学热处理方法,可有效地提高零件表面的疲劳强度,如球墨铸铁曲轴渗氮处理,可使曲轴的弯曲疲劳强度提高20%~29%。

采用喷丸、滚压等表面强化工艺也可显著提高零件表面的疲劳强度。喷丸、滚压等工艺,使零件表面塑性变形产生冷加工硬化,从而产生很大的压应力。喷丸强化就是将金属球高速喷到零件表面上。比如,零件表面粗糙度为 Ra 12.5 μm ~ Ra 3.2 μm,经滚压后可提高为 Ra 0.4 μm ~ Ra 0.2 μm,大大提高了疲劳强度。曲轴过渡圆角处经滚压后,可使钢曲轴的弯曲疲劳强度提高20%~70%,球墨铸铁曲轴可提高50%~90%。

③管理方面

强化对柴油机的管理。加强曲轴的维护保养，对减少曲轴的疲劳破坏、延长其使用寿命十分重要。具体做法有：

a. 加强润滑，注意检查曲轴主轴颈与轴瓦的配合间隙，防止间隙过大产生过大的附加应力。

b. 定期检测曲轴臂距差，及时掌握曲轴轴线状态，监控主轴承下轴瓦的磨损情况，防止曲轴的弯曲疲劳破坏。

c. 柴油机运转时，避免在转速禁区内持续运转。

d. 加强扭振减振器的维护管理，保证其在运转中处于良好的工作状态。

四、脆性断裂

金属零件因制造工艺不正确，或因使用过程中遭有害介质的侵蚀，或因环境温度不适，都可能使材料变脆，从而使金属零件发生突然断裂。这种性质的断裂一般称为脆性断裂，也有称为环境断裂的。

引起金属脆化的原因很多，例如氢或氢化物渗入金属材料内部可导致“氢脆”；氯离子渗入奥氏体不锈钢中可导致“氯脆”；硝酸根离子渗入钢材可出现“硝脆”；与碱性接触的钢材可能出现“碱脆”；与氨接触的铜质零件可发生“氨脆”。此外，在 10 ~ 15 ℃以下的环境温度下，中低强度的碳钢易发生“冷脆”（钢中含磷所致）。含铝的合金，如果在热处理时温度控制不严，很容易因温度稍高而过烧，出现严重脆性。

思考与练习

1. 船舶零件的主要故障模式有哪些？
2. 如何按故障的发生和发展过程的特点对故障进行合理分类？
3. 什么是船舶零件的早期故障期？
4. 故障发生时的主要征兆有哪些？
5. 简述船舶故障的一般性故障规律和各个故障期的特点。
6. 影响船舶设备的故障因素主要有哪些方面？
7. 简述干摩擦的机理，影响摩擦的因素有哪些？
8. 润滑的作用有哪些？实现液体动压润滑的条件是什么？
9. 什么是液体静压润滑？通常液体动压润滑使用在什么场合？
10. 常见的润滑油润滑方式有哪些？
11. 磨损的概念是什么？分析船舶零件的磨损规律。
12. 磨损主要有哪几种形式，其基本机理如何？
13. 什么是黏着磨损，影响黏着磨损的因素有哪些？
14. 防止腐蚀磨损的方法和途径有哪些？
15. 什么是化学腐蚀和电化学腐蚀？
16. 什么是疲劳断裂，疲劳断裂是如何形成的？
17. 零件发生疲劳断裂有哪些具体特征？
18. 防止零件疲劳破坏的措施有哪些？

第三章　船用金属材料检验

学习目标

知识目标

1. 能够了解材料检验的基本要求。
2. 能够了解材料复验的程序和内容。
3. 能够了解钢板和型钢表面缺陷检验的要求。
4. 能够了解钢管质量证书核查的内容。
5. 了解铸钢件检验程序和方法。
6. 了解锻钢件检验程序和方法。

能力目标

1. 能够掌握船级社对造船材料检验的基本规定。
2. 能够掌握材料入库检验的程序。
3. 能够正确进行钢板和型钢的外观质量检验。
4. 能够正确进行钢管外观检验。
5. 能够正确进行铸钢件缺陷修补检验。
6. 能够正确进行锻钢件缺陷的修整。

第一节　船用金属材料检验概述

船用金属材料检验是通过观察、测量和试验确定船舶材料的质量是否符合使用要求的过程和方法,是保证船舶产品安全和寿命的必要手段。船舶工业中使用的材料品种繁多,既有各种金属材料、高聚合物、无机材料,又有复合材料和特种液体。某些具有特殊性质的重要材料还是其他工业部门所不使用的,因此船舶材料的检验工作十分复杂。

一、材料检验的基本要求

造船用材料主要用于制造船舶壳体、重要结构件和船舶管系等。在造船过程中首先体现造船质量的就是造船用材料本身的质量。现今,世界各国的船级社对入级船舶的材料均提出了严格的要求,这些质量要求的具体内容在各船级社的规范中都进行了详尽的说明。因此对入级船舶所用的材料来说,无论是材料制造厂,还是造船厂,都应遵循规范所提出的要求。各国船级社对材料的质量要求基本相似。本节将以中国船级社的规范为基础,对以钢材为主的材料的检验过程进行说明。

由于材料从制造厂到造船厂直至船上安装,往往要经过相当一段时间,材料的一些质量问题往往到装船时才暴露出来,因此造船厂在与材料制造厂签订订货合同时要充分注意到这一点,在签订订货合同和材料进入造船厂后的入库验收两个过程中严格控制好质量。

造船厂材料检验的方法与船舶制造过程中的工序检验的方法不一样，其内容有三个方面：一是核查材料的质量证书；二是外观质量检验和钢印、标志检验；三是内在质量的复验。

1. 船级社对造船材料检验的基本规定

（1）钢质海船船体、锅炉、压力容器和机械等所用材料的生产、试验和检验应符合船级社规范规定。船级社规范一般对材料规定了化学成分、力学性能指标、厚度公差、试验方法和缺陷的修整等。

（2）造船材料必须是船级社认可的工厂生产的。

（3）所有经船级社认可或检验合格的材料应具有船级社的印记。凡不具有船级社印记的材料，未经船级社同意，不得装船使用。

（4）船级社对造船材料的等级一般都做出了规定，并列举于规范中。例如中国船级社把一般强度船体结构钢分为 A，B，D，E 四个等级；对高强度船体结构钢按最小屈服强度划分强度等级，每一强度等级又按其缺口冲击韧性的不同分为 A，D，E 三个级别，船级社规定的高强度船体结构钢分为 A32，D32，E32，A36，D36，E36 六个等级。

对于规范中未列出的材料品种，其化学成分、力学性能和试验方法，可按有关的国家标准或经船级社认可的其他标准验收。

（5）凡经船级社认可或检验合格的船用材料，除了应具有船级社印记外，还要有船级社颁发的或由验船师（或验船师代理人）签署的材料生产的产品合格证书，以证明其材料符合规范要求。

（6）船用材料在造船厂的加工、切削或制作过程中，若发现并证实其不符合要求，则即使该材料事先持有合格证书，也应作为不合格处置。

（7）对于厚度为 50 ~ 100 mm 的 E24 和 E36 高强度船体结构钢及厚度不超过 70 mm 的可焊接高强度淬火回火钢的钢板和宽型扁钢的检验要求，见中国船级社的《钢质海船入级与建造规范》。

2. 造船厂对造船材料检验的基本规定

（1）船用材料进造船厂后，必须先经过质量检验部门的入库检查验收。

（2）材料入库检验前，物资供应部门及技术部门应将材料订货清单、订货合同、技术协议、质量标准以及入库单、发货明细表、材料质量检验证明书等提供给质量检验部门，作为材料入库检验的依据。

二、材料复验的程序和内容

1. 材料入库检验的程序

（1）物资供应部门填写材料入库检验申请单，向质量检验部门报验。

（2）质量检验部门按入库检验申请单注明的内容，检查材料的包装和标志，核查材料的编号、品种、规格、数量与材料质量证明书等有关证件、资料的一致性。

（3）查对材料质量证明书的内容是否填写齐全，核查化学成分和力学性能的原始记录是否符合有关规范的规定，核查是否具有船级社的认可证据。对完整的材料质量证明书，应归档备查。

（4）凡经船级社认可的造船材料，其化学成分和力学性能一般不再另行复验，下列情况应予复验：

①材料钢印标记不清楚、证书中数据不清楚或对材料质量有疑问时，应对材料进行部分项目或全部项目复验；

②按合同技术文件规定必须复验的项目；

③船东或验船师要求复验的项目。

(5)对所检验的材料做出合格与否的结论，在实物上及材质证书的相应位置处做出合格识别标记，并对这批材料给于检验合格编号，作为生产过程中质量追溯的依据。

(6)对检验不合格的材料做出明显标记，并通知物资供应部门进行处理。

2. 材料检验的内容

(1)外观质量检验

检查材料表面质量和尺度规格。材料上轻微的缺陷可以用机械方法去除，在适当条件下，也可允许采用焊接方法修正缺陷。

当发现材料有严重的外表缺陷或尺度规格严重超差时，即可判定材料不合格。经检查合格后方可进行下一步的化学分析和力学性能试验。

(2)化学分析检验

①材料复验的化学分析结果，应符合有关船级社的规范或经船级社认可的其他有关标准的规定。

②钢制材料的化学分析分两种：一是熔炼分析；二是成品分析。

熔炼分析是指在钢液浇注过程中采取样锭，然后制成试样并对其进行的化学分析。分析结果表示同一炉或同一罐钢液的平均化学成分。

成品分析是指在经过加工的成品钢材(包括钢坯)上采取试样，然后对其进行的化学分析。

造船厂对钢板、型钢、钢管的化学成分的复验属成品分析。

③成品化学分析取样原则：

a. 钢的成品化学分析试样必须在钢材上具有代表性的部位采取。试样应均匀一致，能充分代表每一熔炼号(或每一罐)或每批钢材的化学成分，并应具有足够的数量，以满足全部分析的要求。

b. 化学分析用的试样样屑，可以钻取或用其他工具加工取得。样屑应粉碎并混合均匀。制取样屑时不能用水、油或其他润滑剂，并去除氧化铁皮和脏物，成品钢材还应去除脱碳层、渗碳层、涂层、镀层金属或其他外来物质。

c. 对小断面钢材成品分析取样时，钻头直径不应小于 6 mm。对大断面钢材成品分析取样时，钻头直径不应小于 12 mm。

d. 对大断面的圆钢、方钢、锻钢件等材料取样时，样屑应从钢材的整个横断面或半个横断面上刨取，或从钢材横断面中心至边缘的中间部位(或对角线 1/4 处)平行于轴线钻取，或从钢材侧面垂直于轴中心线钻取，此时的钻孔深度应达钢材轴心处。

e. 对大断面的中空锻件或管件，样屑应从壁厚内外表面中间部位钻取，或在端头整个横断面上刨取。

f. 对小断面钢材，按上述 d 和 e 取样不适合时，样屑可从钢材的整个横断面上刨取(焊接钢管应避开焊缝)，或从钢材断面上沿轧制方向钻取(钻孔应对称均匀分布)，或从钢材外侧面的中间部位垂直于轧制方向用钻通的方法钻取。

g. 对钢带、钢丝，样屑应从弯折叠合或捆扎成束的样块横断面上刨取，或从不同根钢带、钢丝上截取。

h. 对钢管，样屑可围绕其外表面，在几个位置钻通管壁取得；对薄壁钢管，可压扁叠合后在横断面上刨取样屑。

i. 对薄钢板,可沿钢板宽度剪切一条 50 mm 宽,长约 500 mm 的试料,折叠 1 ~ 2 次或多次,并压紧弯折处,然后在其长度的中间,沿内边刨取样屑,或自表面用钻通的方法钻取。

④成品化学成分允许偏差:

钢材熔炼分析的化学成分数值应在标准规定的范围内。但由于钢液在结晶过程中产生元素的不均匀分布,即形成钢中元素的偏析,成品分析的数值可能超出标准规定的成分范围,对超出的范围规定一个允许的数值,就是成品化学成分允许偏差。

成品化学成分允许偏差值可按照船级社同意的标准执行。可参照我国国家标准 GB 222—84(钢的化学分析用试样取样法及成品化学成分允许偏差)执行。下列表均自 GB 222—84 中摘录。表 3 – 1 适用于普通碳素钢和合金钢,表 3 – 2 适用于优质碳素钢和合金钢。

在应用表 3 – 1 和表 3 – 2 时应注意:

a. 当钢制材料化学成分的允许偏差在规定的标准中已阐明,且要求高于表列规定时,应按照规定的标准中阐明的条款验收。

b. 成品分析所得的值,不能超过规定化学成分范围的上限加上偏差,或不能超过规定化学成分范围的下限减下偏差。同一熔炼号的成品分析,同一元素只允许有单向偏差,但不能同时出现上偏差和下偏差。

表 3 – 1　普通碳素钢和合金钢成品化学成分允许偏差表

元素	规定化学成分范围/%	允许偏差/%	
		上偏差	下偏差
C	—	0.03* 0.02*	0.02
Mn	≤0.80 >0.80	0.05 0.10	0.03 0.08
Si	≤0.35 >0.35	0.03 0.05	0.03 0.05
S	≤0.050	0.005	—
P	≤0.050 规定范围时:0.05 ~ 0.15	0.005 0.01	0.01
V	≤0.20	0.02	0.01
Ti	≤0.20	0.02	0.02
Nb	0.015 ~ 0.050	0.005	0.005
Cu	≤0.40	0.05	0.05
Pb	0.15 ~ 0.35	0.03	0.03

* 0.03 适用于普通碳素结构钢,0.02 适用于低合金钢。

表 3-2　优质碳素钢和合金钢成品化学成分允许偏差表

元素	规定化学成分范围/%	允许偏差/%	
		上偏差	下偏差
C	≤0.05	0.01*	0.01
	>0.05	0.02	0.02
Mn	≤1.00	0.03	0.03
	>1.00~≤2.00	0.04	0.04
	>2.00	0.05	0.05
Si	≤0.37	0.03	0.03
	>0.37~≤1.50	0.04	0.04
	>1.50	0.05	0.05
Ni	≤1.00	0.03	0.03
	>1.00~≤2.00	0.05	0.05
	>2.00~≤5.00	0.07	0.07
	>5.00	0.10	0.10
Cr	≤0.90	0.03	0.03
	>0.90~≤2.50	0.05	0.05
	>2.50~≤4.00	0.10	0.10
	>4.00	0.15	0.15
Mo	≤0.20	0.01	0.01
	>0.20~≤0.60	0.02	0.02
	>0.60	0.03	0.03
V	≤1.00	0.01	0.01
	>0.10~≤0.90	0.02	0.02
	>0.90	0.03	0.03
W	≤1.00	0.04	0.04
	>1.00~≤2.00	0.05	0.05
	>2.00~≤4.00	0.08	0.80
	>4.00	0.10	0.10
Ai	≤0.10	0.03	0.03
	>0.10~≤0.60	0.04	0.04
	>0.60	0.05	0.05
Cu	≤1.00	0.03	0.03
	>1.00	0.05	0.05
Ti	≤0.20	0.02	—
B	0.001~0.005	0.000 5	0.000 5
Nb	0.010~0.030	0.005	0.005
Pb	0.15~0.35	0.03	0.03

表 3 - 2(续)

元素	规定化学成分范围/%	允许偏差/%	
		上偏差	下偏差
S	规定范围时:0.08 ~ 0.35	0.005 0.02	0.01
P	规定范围时:0.05 ~ 0.15	0.005 0.01	0.01

*　08 和 10 号钢的碳含量允许上偏差可为 0.02,此时不允许有下偏差。

(3)力学性能试验

①力学性能试验试样的数量、尺寸及截取方向应符合有关船级规范和有关国家标准的规定。

②除冲击试验外,当材料的任一项力学性能试验结果不满足要求时,对不合格的项目,可再取双倍数量的试样进行复试,复试结果均合格者,则该批材料可以验收。

③材料的冲击试验,一组 3 个冲击试样的平均能量值应符合有关规定,其中一个单值可低于规定平均值,但不得低于该平均值的 70%。

冲击试验结果不符合规定时,只要低于规定平均值的单值不超过 2 个,且只有一个单值低于规定平均值的 70%,便可再取一组 3 个冲击试样进行附加试验,所得结果与原来的结果加在一起取平均值,当新的平均值不低于规定值时方可验收。在这 6 个参与平均的单值中,低于规定值的单值不得超过 2 个,最多只允许一个单值低于该平均值的 70%,否则仍不能验收。

④材料复验试样的取样方法可参照下述方法进行。附加试验取样时,应从接近原先取样部位处取得。

a. 对钢板和宽度大于或等于 400 mm 的扁钢,距一边大约 1/4 板宽处切取试样,如图 3 - 1 所示。

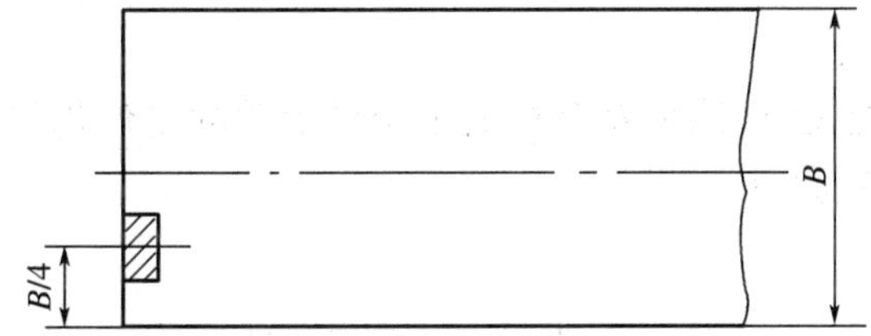

图 3 - 1　钢板取样位置图

试样从钢板和宽扁钢的样坯中切取加工时,应注意试样的主轴线与轧制方向的关系:

(a)拉力试样的主轴线应与轧制方向垂直。

(b)冲击试样取纵向试样时,试样主轴线与轴制方向平行;取横向试样时,试样主轴线与轧制方向垂直。

b. 对球扁钢、角钢等型钢及宽度小于 400 mm 的扁钢,应在距一边的 1/3 宽度处切取试样,如图 3 - 2 所示。对于槽钢,可在腹板上距边 1/4 宽度处切取试样,如图 3 - 2(c)所示。

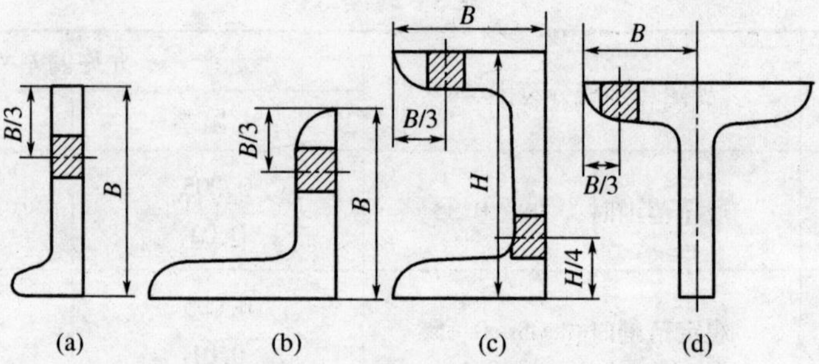

图 3-2　型钢取样位置图

从型钢的样坯中切取拉力试样加工时，试样的主轴线应与轧制方向平行。

c. 对钢管试样的切取按下列规定进行：

(a)钢管外径不大于 30 mm 时，取整个管段作为拉力试样；大于 30 mm 时，钢管取纵向或横向拉力样坯。如试验条件允许，大于 30 mm 的钢管亦可取整个管段作为拉力试样。

(b)钢管外径大于 30 mm，壁厚不小于 8 mm 时，根据壁厚加工成圆柱形试样。

(c)试样应沿钢管纵向截取，但对直径大于 200 mm 的钢管，也可垂直于钢管轴线截取横向试样。

(d)钢管的冲击，样坯应靠近管内壁切取，试样缺口轴线应垂直管内壁。

(e)钢管的弯曲、扩口、卷边试样可在任意部位切取。

d. 其他材料试样的切取：

(a)钢带样坯从每卷的外端或内端切取。

(b)盘条、钢丝样坯从每盘的两端切取。

(c)硬度样坯在切取拉力样坯相同的位置切取。

(d)对于铸件，从原来切取试样的材料上切取。当原来的试样没有多余的材料时，可在其他能代表该铸件的试料上制取。

⑤材料力学性能试验复试不合格，已做试验的单件不能验收。假如另选 2 个单件，并做全套试验得到满意结果后，该批材料的剩余部分可以验收。如果试验中仍有一个结果不合格，则该批材料不能验收。

⑥当一批材料被拒收时，该批剩余材料中未做试验的单件仍可逐件重新提交试验，试验结果合格者，仍可逐件验收。

第二节　钢材检验

一、钢板和型钢检验

钢板和型钢检验所述钢板和型钢是指适用于船体、锅炉、船用受压容器等结构用的钢板、扁钢和型钢，其厚度不超过 50 mm。

钢板和型钢进造船厂后的入库复验，属钢材的成品复验。所有船用钢板和型钢应经过船级社的检验，并签发质量证书(船厂对钢板和型钢的入库检验的内容在本章第一节中已述及)。其中，核查材料的质量证书、外观检验和核对钢印标志的检验，都是必须进行的。

1. 钢板和型钢质量证书的核查

检验员对钢板和型钢质量证书核查内容有：

(1)核对材料牌号、规格、数量及炉罐号与实物是否一致。

(2)材质证书上应有船级社的书面证明内容、船级社印记和验船师的签名。

(3)根据钢材的不同品种、级别，分别按船级社规范中所列的标准核对钢材的化学成分和力学性能。

当上述三个内容的检验工作结束后，如发现不符合要求时，检验员应做出不同意验收的结论，并通知物资供应部门进行处理。

2. 钢板和型钢的外观质量检验

(1)产品标记检查

对每件钢板或型钢的外观检查前应检查钢材上的标记是否齐全。这些标记包括：钢厂名称、钢级标记、炉罐号和船级社标记。

(2)钢板和型钢表面缺陷检验的要求

①钢板及型钢表面不允许有气泡、结疤、裂纹、拉裂、夹杂、压入氧化铁皮，以及分层等缺陷，但允许有不影响质量的表面缺陷存在，如薄层氧化铁皮、铁锈，不明显的粗糙、网纹、划痕等局部缺陷。

②船体结构钢和机械结构钢的表面缺陷可采用局部打磨方法予以消除，但修整后的任何部位的厚度不得减薄到公称厚度的 93% 以下，且减薄量不得大于 3 mm。打磨后表面应光洁平顺。

③不能按上述方法修磨处理的表面缺陷，在验船师认可的情况下，可用铲削或打磨后进行焊补的方法修整。焊补修整后，必要时应对焊补区域进行无损探伤。

(3)钢板表面缺陷的限定及修整

钢板表面缺陷的限定及修整要求见表 3－3。

表 3－3　钢板缺陷的限定及修整

项　目		要　求
麻点、剥落、结疤、刻痕、气孔	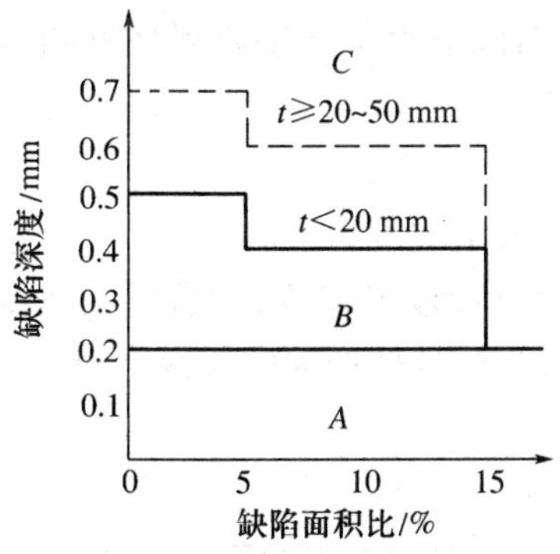	1. *A* 范围为优良区，只包含有 0.2 mm 以下极轻微的不必修整的表面缺陷 2. *B* 范围为合格区，包含有一数量允许存在的表面缺陷，不需修整。在实线内为 20 mm 厚度以下的板；点画线内含直线范围为 20 ~ 50 mm 厚度的板 3. *C* 范围为修整区，即存在某些不允许存在的表面缺陷，必须按规定修整 4. 缺陷修整方法：$d<0.07t$，磨平（但 $d \leqslant 3$ mm） $0.07t \leqslant d \leqslant 0.2t$，焊补后磨平 式中，$d$ 为缺陷深度，mm；t 为钢板厚度，mm 如果缺陷的深度大于板厚的 20%，面积超过板面的 2%，则这部分板需按规定进行更换

表 3－3(续)

项　目		要　求
局部夹层	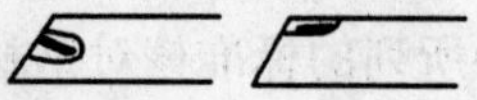 (a)　(b)	1. 夹层的范围比较小,可批除后再焊补,如(a)所示,夹层的范围比较小,且接近钢材表面,则进行焊补,如(b)所示。 2. 在夹层情况比较严重的情况下,必须仔细检验,采取相应的修整方法
严重夹层		1. 如果夹层范围相当广泛,则可更换一张钢板的一部分 2. 标准规格的钢板需要更换的最小宽度或长度: 外板和强力甲板: 在船中 0.6L 区域内为 1 600 mm 在船中 0.6L 区域内为 800 mm 其他结构为 300 mm 或板厚的 10 倍,取其大者,在个别情况下可减到 50 mm＋4t,t 为钢板厚度,mm 3. 如果夹层程度非常严重,且范围相当广泛,则整张钢板应更换

(4)钢板缺陷面积的计算

缺陷面积是指距离缺陷边缘 50 mm 范围内的影响区域的面积,如图 3－3 和图 3－4 所示。

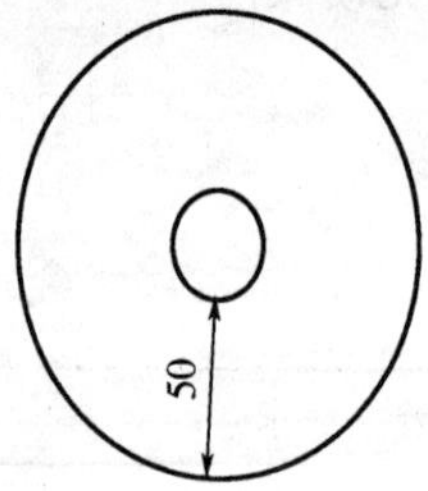

图 3－3　孤立点状缺陷

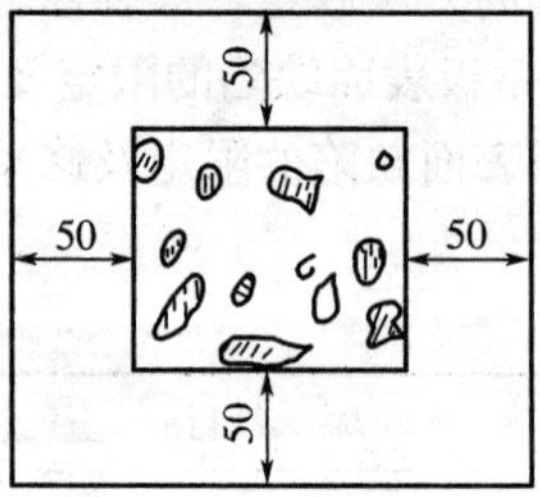

图 3－4　聚集状缺陷

孤立点状缺陷面积一般以近似圆形或长方形面积计算;聚集状缺陷可按其组成的图形近似为正方形、长方形、圆形、梯形等面积计算。

(5)缺陷深度的测量

①测量工具由百分表的测量针穿过特制的三角底架组成。

②测量缺陷深时,先在缺陷四周平面处把百分表指针校到零位,然后移动测量工具至缺陷处,使测量针伸达缺陷底部的最深部位,此时百分表的读数即为凹坑深度值。

3. 船用钢材厚度和平面度检查

(1)钢板的厚度偏差

①对船体结构用普通钢、高强度钢、宽扁钢以及机械结构用钢厚度的负偏差,应符合中国船级社规定,见表 3－4 所列。但国际上已普遍规定最大厚度负偏差为 0.3 mm,在钢板厚度检验时应予注意。型钢的负偏差应符合国家标准或船级社同意的标准。

表 3-4　钢板的厚度偏差

板厚 t/mm	允许的厚度偏差/mm
$t \leqslant 15$	$\leqslant 0.4$
$15 < t \leqslant 45$	$\leqslant 0.1 + 0.02t$
$t > 45$	$\leqslant 1.0$

②对锅炉和受压容器用钢、低温韧性钢、奥氏体不锈钢和复合钢板等材料，其厚度公差如在订货合同中没有规定将公称厚度作为最小厚度时，则板厚不大于 10 mm 者，其板厚负偏差不得大于 0.3 mm；板厚大于 10 mm 者，板厚负偏差不得大于 0.5 mm。

(2)钢板的测厚方法

钢板的厚度在距离钢板边缘不少于 25 mm 处测量，钢板的四角及两个横边的中间为必测部位。任何测点测得的钢板厚度负偏差均不得超过规定的偏差数。测量方法如图 3-5 所示，测量仪器一般采用超声波测厚仪。

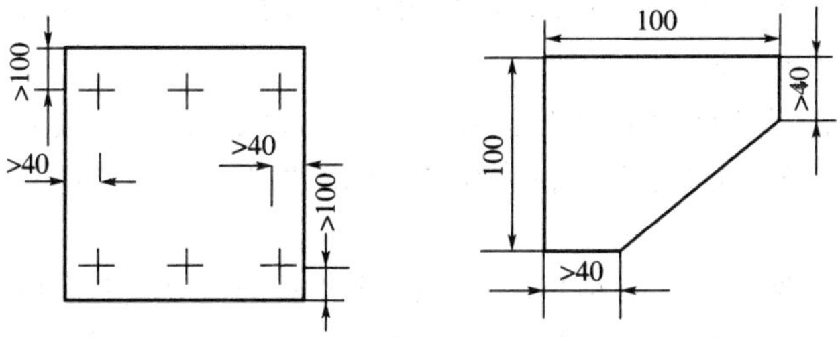

图 3-5　钢板厚度测量示意图

(3)型钢的厚度和宽度应在距型钢末端不小于 500 mm 的地方进行测量。其检验可参照 GB 9945—88 和 GB 9787—86 等国家标准进行。

(4)钢板平面度是指钢板表面突然隆起或凹下，且在造船零部件加工过程中无法消除的变形。钢板平面度的检验，可用 1 m 长的直尺测量。见表 3-5 所列。

表 3-5　钢板的平面度偏差

厚度/mm	允许的每米平面度偏差/mm
$t < 4$	12
4 ~ 15	10
$t < 15$	5

4. 钢板和型钢的理化检验

对钢板和型钢的内在质量进行检验，也就是对钢材的化学成分和力学性能进行取样检验。复验时可以仅做化学分析试验，也可以仅做力学性能试验，也可以两种试验都进行。究竟采取哪一种试验方式，由船厂检验员确定。关于复验的范围已在本章第一节中叙述过。钢板和型钢复验的程序如下：

(1)取样方法

钢板和型钢的化学成分和力学性能试验用的试样取样方法,详见本章第一节的内容。

(2)取样数量

试样的数量在各船级社的规范中均有规定,可参照执行。现将中国船级社的规定叙述如下:

①化学分析

按每一炉罐号取一个试样进行化学分析。

②力学性能试验

a. 对于所交付的每批钢材,若质量不大于 50 t,则应从单件钢材上切取 1 个拉力试样;当质量大于 50 t 时,应从每 50 t 或不足 50 t 的余额的不同单件钢材上各切取一个拉力试样;对于同一炉罐号的钢材,其厚度或直径每改变 10 mm,均应另做一批,而且切取一个拉力试样(对于型钢,厚度是指切取试验材料的部位的厚度;单件钢材是指由单个钢锭或方坯、扁坯轧制成的轧件)。

b. 对于 B 级和 D 级钢,如果钢材质量不大于 50 t,则应从所交付的每批钢材中最厚的单件上切取一组 3 个冲击试样。当质量大于 50 t,从每 50 t 或不足 50 t 的余额的不同单件上各切取一组 3 个冲击试样。

c. 对于 D 级钢,当采用认可的可控制轧制工艺代替正火时,应按上述两项规定切取冲击试样,但要求从每 25 t 或不足 25 t 的余额的不同单件上各切取一组 3 个冲击试样。

(3)复验标准

化学分析和力学性能试验的结果应按船级社的标准核对检验,并以此做出检验结论。由于船规中化学成分的标准通常仅指钢厂桶样化学成分,而船厂对钢材复验的化学分析是针对钢板和型钢的,也就是钢厂的成品。因此,船厂对钢材化学分析的结果,还应参照本章第一节中有关成品化学成分允许偏差的内容来评定。

化学分析和力学性能试验的结果不符合规定要求时,船厂检验部门应立即做不同意验收的结论。但如果产生少数的超标,而且超标的量值也很小,可以由物供部门提请设计部门研究考虑,在得到驻船厂验船师的同意后方可验收,应用到船舶产品上。

二、钢管检验

钢管检验的钢管是指适用于锅炉管、过热器管,以及建造锅炉、受压容器、船舶和机械用压力管系所用的钢管。船用钢管按制造方法的不同分为无缝钢管和焊接钢管。船用钢管常用无缝钢管。钢管原材料检验,必要时可按不同等级要求予以区别对待。不同用途的压力管系按其设计压力和设计温度分为三级,如表 3-6 所示。

表 3-6 船用管系等级

管系	Ⅰ级		Ⅱ级		Ⅲ级	
	设计压力/MPa	设计温度/℃	设计压力/MPa	设计温度/℃	设计压力/MPa	设计温度/℃
蒸汽	>1.6	或>300	≤1.6	和≤300	≤0.7	和≤170
燃油	>1.6	或>150	≤1.6	和≤150	≤0.7	和≤60

表 3-6(续)

管系	Ⅰ级		Ⅱ级		Ⅲ级	
	设计压力 /MPa	设计温度 /℃	设计压力 /MPa	设计温度 /℃	设计压力 /MPa	设计温度 /℃
其他介质	>4.0	或>300	≤4.0	和≤300	≤1.6	和≤200

注:①当管系的设计压力和设计温度其中一个参数达到表中Ⅰ级规定时,即定为Ⅰ级管系;当设计压力和设计温度两参数均达表中Ⅱ级或Ⅲ级规定时,即定为Ⅱ级管系或Ⅲ级管系。

②其他介质是指空气、水、滑油和液压油等。

③不受压的开式管路如泄水管、溢流管、透气管和锅炉放汽管等也为Ⅲ级管系。

船用钢管进造船厂后的入库检验,属钢管的成品复验。由于船用钢管在钢厂均经过船级社的检验,并签发了质量证书,因此船厂检验部门一般仅核查钢管材料的质量证书。只有在本章第一节所述情况下,才进行化学成分和力学性能复验。

1. 钢管质量证书核查的内容

(1)核对钢管端部的材质牌号、炉罐号,以及实际规格、数量与质量证书上的内容是否一致。

(2)材质证书上应有船级社的书面证明内容、船级社印记和验船师的签名。

(3)根据钢管的不同品种、级别,分别按船级社规范中所列的标准核对钢材的化学成分、力学性能和其他工艺性能是否达到要求。

当上述三个内容的检验工作结束后,如发现不符合要求时,检验员应做出不同意验收的结论,并通知物资供应部门进行处理。

2. 钢管外观检验

(1)表面质量检验

钢管内外表面应在充分照明条件下,用视觉检查。钢管的外观应平直,钢管末端的切口不得有毛刺并应与管轴线垂直。

无缝钢管内外表面不得有裂缝、裂纹、折叠、分层、结疤、轧折等缺陷存在。如有上述缺陷,则应完全清除,且被清除部位的钢管壁厚减薄量不得超过允许的最小壁厚值。钢管表面允许有个别辊印线,其深度规定为:冷拔钢管应不大于壁厚的4%,但不得大于0.20 mm;热轧钢管应不大于壁厚的5%,但不得大于0.50 mm。

焊接钢管的内、外表面不允许存在裂缝、结疤、错位、毛刺、烧伤、压痕和深的划道等缺陷,但深度不超过壁厚允许偏差范围的小压痕、轻微的错位、辊印线、薄的氧化铁皮以及打磨与清除外毛刺的痕迹等缺陷允许存在。

(2)钢管缺陷的修补规定

钢管表面的缺陷,若修磨后管壁厚度不小于所规定的最小厚度时,允许用机械方法进行打磨,然后光滑过渡至管子表面。

钢管表面的小缺陷拟用补焊修复时,应将补焊工艺规程,包括预热和焊后热处理等资料提交验船部门审核。

修补区域应以磁粉探伤做检查。对奥氏体钢管在完成焊补、热处理和打磨之后应进行着色探伤检查。

3. 钢管外形尺寸检验

(1)壁厚和外圆尺寸检验

耐压管系用的钢管外圆和壁厚尺寸,应符合订货合同中所述的技术标准,其外圆和壁厚尺寸的允许偏差亦应符合相应标准的规定。例如船用碳钢无缝钢管外圆和壁厚尺寸的允许偏差,应符合表 3 - 7 的规定。

表 3 - 7　船用碳钢无缝钢管外圆和壁厚尺寸的允许偏差

外圆 D						壁厚 S					
热轧管			冷拔管			热轧管			冷拔管		
外圆尺寸/mm	允许偏差/mm		外圆尺寸/mm	允许偏差/mm		壁厚尺寸/mm	允许偏差/mm		壁厚尺寸/mm	允许偏差/mm	
	普通级	高级		普通级	高级		普通级	高级		普通级	高级
≤159	+1.25 -1.0	±1.0	≤30	±0.40	±0.20	3 < S ≤20	+12.5 -15	+12.5 -10	1.5 ~30	+15 -10	+12 -10
>159	+1.25 -1.5	±1.25	>30 ~50	±0.45	±0.30	S > 20	±12.5	±10	>30	+12 -10	±10
			>50	±1%	±0.8%	D≥325的热轧管	+20 -15	—			

注:钢管的壁厚和外圆是在距管端 500 mm 处测量,若管端有丝口、加厚、加大和卷口等,应在距它们 300 mm 处测量。

(2)直线度检验

钢管的直线度不得大于以下规定:

壁厚小于等于 15 mm:1.5 mm/m;

壁厚大于 15 mm:2.0 mm/m;

外圆直径大于等于 325 mm:3.0 mm/m。

4. 钢管的理化检验

检验人员根据材质证书和钢管的外观质量等确定对钢管内在质量的复验内容。

(1)取样方法

钢管的化学成分、力学性能以及其他性能试验用的试样取样方法,详见本章第一节的内容。

(2)取样数量

①钢管可按批检查和试验,每批钢管应由同一钢种,同一规格,同一炉罐号和同一热处理的钢管组成。

②对于Ⅰ级压力管子用的钢管、锅炉管及过热器管,应以每批钢管中任选至少 2% 根数

的钢管制备所需的试样(每根按表 3－8 规定的试验项目制备所需的试样)。

表 3－8　钢管试验项目

钢管名称	试验项目
Ⅱ级和Ⅲ级压力管子用的钢管	化学分析 拉力试验 压扁试验或弯曲试验
Ⅰ级压力管系用的钢管,锅炉管及过热器管	化学分析 拉力试验 压扁试验或弯曲试验 金相检验 扩口或卷边试验(注) 无损探伤检查

注:扩口或卷边试验,仅对锅炉管及过热器有要求。

③对于Ⅱ级和Ⅲ级压力管子用的钢管,供选样的每批根数不应超过表 3－9 的规定。

试样数量应从每批或不足一批的钢管中任选至少 1 根管子制备所需的试样,按表 3－8 规定的试验项目制备所需的试样。

表 3－9　钢管选样根数

钢管外圆/mm	每批根数	备注
≤76	400	仅适用于Ⅲ级压力管子,壁厚不超过 3 mm 的钢管
>76～325	200	
>325	100	

(3)管材延性试验

管材的延性试验用来检验管子材质的工艺性能,船厂检验部门应根据船级社的规定进行试验。

①压扁试验

a. 试样的切取应使其端面垂直于管材的轴线,其长度应等于管材外圆的 1.5 倍,但不小于 10 mm,也不大于 100 mm。

b. 试验应在常温下进行,且应垂直于管材轴线方向压扁试样,在两个平坦而有刚性的平行板间进行加压,平板的尺寸应超过压扁后试样的长度和宽度。

压扁试验应进行到平板间距离(压载时测量)不大于下式规定值为止:

$$H = (1 + a)S/a + S/D$$

式中　H——平板间距离,mm;

S——管壁厚度,mm;

D——管材外径,mm;

a——变形系数,钢级 320 取 0.10,钢级 410 取 0.08。

压扁试验后，试样不应有破裂或裂纹，试样端部的细小裂纹可以不计。

c. 对于焊接管，焊缝应置于与压扁施力方向成90°的位置。

②卷边试验

a. 试样的切取应使其端面垂直于管材的轴线，试样长度至少等于管材外圆直径，试验端的边缘应锉成圆角。

b. 试验在常温下用坚硬的圆锥形钢轴锥头（如图3－6中（a）（b）两种形式）将管端卷边，试样管端部增大的比例按有关技术要求。试验后，管材的管筒体和卷边部分不应有破裂或裂纹。

③扩口试验

a. 试样的切取应使其端面垂直于管材的轴线，其长度应等于管材外径1.5倍，且不小于50 mm，试验端的边缘应锉成圆角。

b. 试验应在常温下用45°或60°的坚硬圆锥形钢轴锥头对准管材中心线（如图3－7所示）压入管材，迫使管材端部扩大至有关技术要求的外圆直径。试验时，钢轴锥头应加润滑剂，但钢轴锥头与管材在试验过程中不得转动。试验后，管材扩口部分不应有破裂或裂纹。

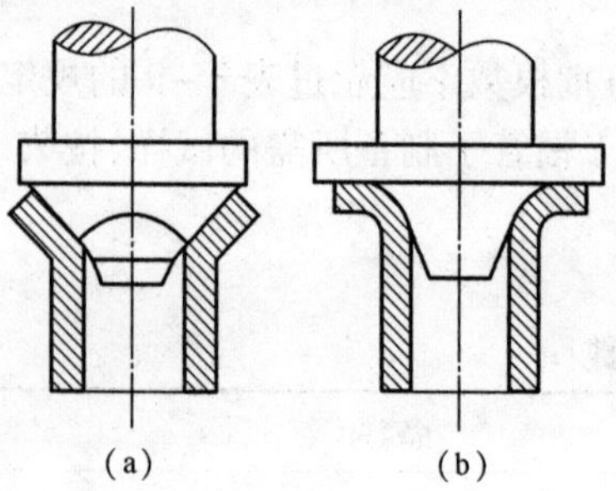

图3－6　管材卷边试验图

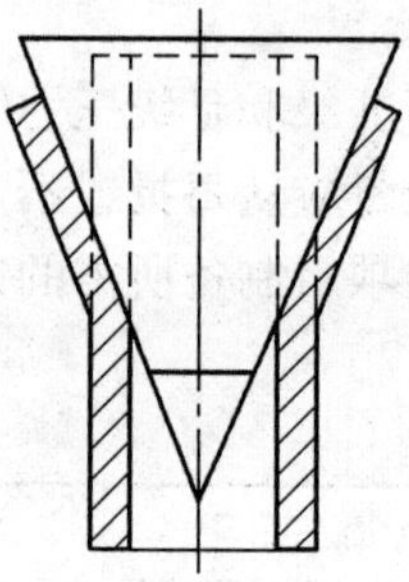

图3－7　管材扩口试验图

④弯曲试验

a. 应切取宽度不小于40 mm的全厚度圆周板条作为试样，对于管壁较厚的试样，其厚度可加工减薄至20 mm，试样的边缘可加工成半径为1.6 mm的圆角。

b. 试验应在常温中进行，试验时，按有关规定选取所需压头的直径。试样应在原来弯曲方向进行弯曲，弯曲角度180°，弯曲后试样应无裂缝或分层。

（4）复验结果的评定

化学分析，力学性能试验等复验的结果，应按船级社的相应标准核对，做出合格与否的结论。

5. 钢管液压试验

船和钢管的液压试验均在制造厂进行，并向船厂提供相应的质量证件。船厂检验部门在必要时可进行抽样试验。

液压试验应按下述规定进行：

当最大试验压力不超过14 N/mm^2 时，试验压力 P_s 按下式确定：

$$P_s = 2\delta\sigma/D \quad (N/mm^2)$$

式中　δ——钢管公称壁厚，mm；

σ——应力值，N/mm^2；（铁素体钢管，取屈服强度值的 80%，对奥氏体钢管，取其 1.0% 屈服强度值的 70%）

D——钢管的公称外径，mm。

试验压力要保持足够的时间，以便检查。当所用试验压力不同于上述规定的压力时，应取得船检部门同意。

第三节 铸钢件和锻钢件的检验

一、铸钢件检验

船用铸钢件是指用于制造船体结构、机械结构、锅炉、压力容器和管系用的铸钢件等。船用铸钢件一般较多地用来制作艉柱、艉轴管、挂舵臂、螺旋桨轴架、锚、阀件等。船用铸钢件应由船级社认可的铸造厂进行制造。所用铸件由船级社认可的制造厂提供，有的大型船厂设有船级社认可的铸造车间直接生产船用铸钢件。因此，船厂对铸钢件检验也有两种形式，对于前者需检查材质证件、船检证书、试验报告和实物标记，并进行外观质量检验；对于后者，实际是工厂能力及制造过程检验。下面将着重介绍船厂铸钢件检验的程序和方法。

1. 铸钢件检验程序和方法

(1)船用产品检验的申请

凡属船用产品的铸钢件，铸造厂和制造铸钢件前必须先向船级社申请船用产品检验，同时向船级社提供该铸钢件的图样。当申请得到核准后，铸钢件生产过程的检验工作由铸造厂检验部门和船级社两级进行。

(2)外观质量检验

①铸钢件表面质量处理。如经酸洗、局部打磨、喷丸、喷砂或钢丝刷清理等清整后，可借助小锤等工具或用视觉进行外观质量检验。铸钢件表面不得有气孔、裂缝、缩孔、夹杂、结疤，以及影响铸钢件实际使用的其他缺陷。

②铸钢件表面的粗糙度按国标或按标注图样的要求进行验收。

③铸钢件外形尺寸按国标或按图样的要求进行验收。

(3)化学成分分析检验

铸钢件应采用镇静钢制成。成品铸钢件的化学成分应按熔炼炉次取样进行检查。各种牌号的铸钢件均应按入级船舶的相应标准进行验收。在核查化学成分时，还应注意各种船用铸钢件在规范中的特殊要求，如船体结构用铸钢件的含锰量应不小于 3 倍实际含碳量，机械结构用铸钢件，当用两个或两个以上的铸钢件以焊接方式焊成整体时，其含碳量应不超过 0.23%，等等。

(4)铸钢件的热处理及力学性能试验

每个或每批铸钢件应能提供足够的试验材料，以符合规定的试验和可能进行的复试的需要。试件可与铸钢件一起整体浇铸或附带于铸钢件的本体上，也可从铸件的浇道中取出，试件厚度应不小于 30 mm。对簿壁淬火加回火铸钢件，试件厚度至少为 20 mm，并且与铸钢件的厚度相适应。试件在热处理炉完成后才能与铸件本体分离，并打上船级社的代号钢印等标记。制备试样进行力学试验时，一般均需通知验船师参加监督检验。铸钢件力学性能试验的规则及试验结果按入级船舶的相应标准进行验收。

(5)无损探伤检验

铸钢的无损探伤按船级社统一的标准进行检查。

①磁粉探伤和着色检查

铸钢件经精加工的表面可按规范或图样的规定进行磁粉探伤或着色检查,以检查铸钢件表面是否存在缺陷。这些检查部位一般指:

a. 所有填角和截面突变处;

b. 用气割或碳弧气刨加工过的部位;

c. 组装时焊接过的部位;

d. 在使用过程中有可能承受高应力的区域。

进行上述磁粉探伤和着色检查,一般应在验船师在场时进行。

②铸钢件的超声波检测

对铸钢件的下列部位应进行超声波检测。

a. 图纸上所指明的部位;

b. 组装时焊接过的部位;

c. 根据经验有可能出现严重内缺陷的部位。

超声波检测完毕,制造厂应提交报告,检测结果应符合船级社接受的有关标准要求。

③铸钢件的射线检测

铸钢件的射线检测,可按超声波检验的规定部位进行。射线检测工艺应经本社同意,检测结果应符合船级社接受的有关标准要求。

④压力试验

当船级社或其他技术条件有要求时,铸钢件还应在最后验收之前,在验船师在场的情况下进行压力试验。

(6)船用产品质量检验标记及证书

船用铸钢件经外观检验、热处理、理化试验及无损探伤试验合格后,船厂检验员应对铸钢件再进行一次表面质量和几何尺寸的复验,在确认所有结果均符合船级社规范后,提交验船师实物认可。实物标记。铸造厂对经船级社检验合格的每一铸钢件或每批铸钢件,应至少在一个位置清晰地标上船级社的标志和以下的标记:

①炉罐号或供查阅此铸钢件制造过程的识别标志;

②本社负责检验的单位及其钢印;

③负责检验的验船师的印章;

④试验压力(如有时);

⑤最后检验的日期。

认可时应备齐铸钢件的化学成分报告、热处理报告、力学性能报告和无损探伤报告,并将船级社的标记拓印后随整理好的质量证明文件一并交验船师,由船级社颁发船用产品检验证书。

2. 铸钢件缺陷修补检验

船用铸钢件的缺陷可能在外表检查时发现,也可能在热处理或机加工后发现,铸钢件如发现影响产品质量的缺陷,可以用机械加工、批凿、打磨、气割或碳弧气刨方法予以除去。

铸钢件缺陷修补后的检验规定如下:

(1)铸钢件缺陷剔除后,应进行无损检测以证实缺陷已被完全消除。如剔除缺陷所产生的浅槽或凹坑，对铸钢件的使用无不良影响，可将其打磨成光滑的圆弧表面，但应经验船师检查和验收。

(2)采用气割或碳弧气刨铲除重要的缺陷时，可视铸钢件的化学成分、缺陷的大小和性质，进行必要的预热。

(3)凡拟采用焊补方法对铸钢件的缺陷进行修补时，应将所探明缺陷的数量、大小和部位的草图以及焊补工艺规程，提交验船师认可。

(4)焊补应按照认可的工艺规程，由考试合格的焊工在平焊位置或能保证焊补质量的位置进行，并避免气候条件的不利影响。

(5)铸钢件缺陷的焊补应采用经认可的低氢型焊接材料，其焊缝的熔敷金属应具有不低于铸钢件母材的力学性能。焊补之前，应进行焊接工艺认可实验，以证明所采用的焊接工艺能保证预期的焊接性能。

(6)所有合金钢铸钢件在焊补前均应进行适当的预热，碳钢和碳锰钢铸钢件也可根据其化学成分、缺陷的大小和位置进行预热。如果拟焊补的是重大缺陷，则在焊补前铸钢件应进行细化晶粒处理。

(7)焊补完毕后，铸钢件应按有关要求，进行温度不低于 300 ℃的消除应力热处理。焊补面积小且机械加工又进行到最后阶段的铸钢件，可采用局部消除应力热处理。

(8)在焊后热处理以后，焊补处及其邻近的母材应打磨光滑，并根据原来缺陷的数量、大小和部位的草图，用适当的无损检测做进一步的复查，以确保缺陷全部消除。

二、锻钢件检验

船用锻钢件是指用于制造船体结构、轴系和机械、曲轴、锅炉、受压容器及管系用的锻钢件等。船用锻钢件一般较多地用来制作舵杆、舵轴、舵销、中间轴、螺旋桨轴、曲轴、联轴器及轴系连接螺栓等。

船用锻钢件应由船级社认可的锻造厂或经船级社认可的船厂车间进行制造，所用碳钢、碳锰钢或合金钢应符合船级社规定。若采用规定以外的碳钢、碳锰钢或合金钢时，应将其化学成分、力学性能和热处理工艺等资料提交船级社审核，经同意后使用。

造船厂对锻钢件的检验有两种形式：一是锻钢件由锻造厂提供，船厂检验时需核查材质证件、船级社证书、试验报告和实物标记，并进行外观质量检验；另一种是船厂设有锻造车间，也就是锻钢件制造过程的检验。

1. 锻钢件检验程序和方法

(1)检验申请

凡属船用产品的锻钢件，锻钢件制造前必须先向船级社申请船用产品检验，同时应向船级社提供该锻钢件的图样。锻钢件生产过程的检验由锻造厂检验部门和船级社两级进行。

(2)锻件检验的基本要求

①所有锻件应采用镇静钢制造。

②锻件是由铸锭直接锻制或由铸锭锻成的方坯锻成时，铸锭应在激冷锥型中铸成，其上端应具有较大的横截面和有效的冒口。

③锻件必须缓慢、均匀地加热，尽可能将锻件锻制成接近成品的尺寸和形状，并留有合理的加工余量。

④钢锭的顶部和底部应切去足够的弃料，以保证成品锻件中不致有缩孔和有害偏析。

⑤所有锻件的心部区域应能达到足够的塑性变形。对主要是呈纵向纤维变形的锻件

的锻造比应不小于表3-10的规定。

表3-10 锻件的锻造比

锻制方法	总锻造比
直接由钢锭锻制或由钢锭锻成的钢坯锻制	$L>D$ 时,3:1 $L\leqslant D$ 时,1.5:1
由轧制产品锻制	$L>D$ 时,4:1 $L\leqslant D$ 时,2:1

⑥环形锻件和其他类型的空心锻件,应由切自钢锭或钢坯的坯料锻制,而这些坯料在心轴扩拔之前,应经适当的冲孔、钻孔和套孔。

(3)外观质量检验

①锻件表面应光滑平整,其形状与尺寸应符合工艺要求。

②锻件不允许有白点存在。

③在锻件的非加工面上可允许有裂纹、夹层、结疤、折叠等缺陷。

(4)化学成分分析检验

锻钢件的化学成分分析,应从同一冶炼炉罐号的铸锭或料坯中进行全部或抽样试验。各种牌号的锻钢件均应按入级船舶的相应标准进行验收。在核查化学成分时,还须注意各种船用锻钢件在规范中的特殊要求。

(5)锻钢件的热处理和力学性能试验

各种锻钢件应按照规范和图样注明的要求进行热处理,热处理后应从锻件上截取试样,进行力学性能试验。其试验项目和试样数量的确定,船级社的规范都有明确规定。

批量试验时,可取其中一个锻钢件作为试件或采用在同样锻造和热处理规程下单独锻制的锻钢件作为试件,并标注批号标记。

(6)目测和无损探伤检验

在验收时,所有锻钢件应提交验船师做内、外表面的目检。制造厂应负责校核锻钢件的尺寸精度。

①钢坯或锻钢件应按船级社的有关要求做低倍组织检查,并应符合船级社接受的有关标准。

②锻钢件的表面应保持清洁。除锻钢件以粗加工状态交货外,可在必要时采用局部磨削、喷丸、喷砂或钢丝刷清理,以及酸洗或其他化学方法清理表面。

③锻钢件在完成机械加工后,应按船级社有关要求进行磁粉检测或着色检测,并符合船级社接受的检测方法与判定标准。当采用外加电流法磁化工件时,应避免磁化电流损伤电极处的工件表面。

④锻钢件在机械加工到适当阶段和最终热处理后,应在其表面做径向或轴向的超声波检测,并符合船级社接受的检测方法与判定标准。

⑤除验船师同意外,上述无损检测应有验船师在场时进行。

2. 铸钢件缺陷的修整

(1)锻钢件表面的轻微缺陷可用凿削或修磨的方法除去,凿削或修磨的宽度应不小于深度的 3 倍,且边缘处有足够大的过渡圆角。必要时可采用磁粉检测或渗透检测方法证实缺陷确已消除。

(2)锻钢件表面一般不允许用焊补方法修整缺陷。对低应力区域的细小的缺陷,经船级社同意,可以焊补,但应将焊补的详细资料及检查程序提交船级社认可。

3. 锻钢件标记与证明文件

锻钢件制造厂对经某船级社验收的每一锻钢件,应至少在一个位置清晰地标出该社的标志及下列标记,检验时必须核查以下标志:

(1)炉罐号及供查阅此锻钢件锻制过程的标记;

(2)船级社负责检验的单位及其钢印;

(3)负责检验的验船师的印章;

(4)试验压力(如有时);

(5)最后检验日期。

钢印应用油漆框出,明显易认。

制造厂应对每一锻钢件或成批锻钢件提供合格证书。合格证书应包括下列内容:订货方的名称和合同号;锻钢件的规格和用途;锻钢件钢材的炉罐号和牌号;热处理状态;化学成分和力学性能试验结果;低倍组织检查结果(如有时);锻造比;试验压力(如有时);无损检测的方法及结果。

思考与练习

1. 船用金属材料检验的基本要求有哪些?
2. 船级社对造船材料检验的基本规定有哪些?
3. 材料入库检验的程序有哪些?
4. 检验员对钢板和型钢质量证书核查内容有哪些?
5. 钢板和型钢的外观质量检验内容有哪些?
6. 钢板和型钢表面缺陷检验的要求有哪些?
7. 船用钢材厚度和平面度检查内容有哪些?
8. 简述钢板的测厚方法。
9. 如何进行钢板和型钢的理化检验?
10. 钢管质量证书核查的内容有哪些?
11. 钢管外形尺寸检验内容有哪些?
12. 简述铸钢件检验程序和方法。
13. 铸钢件缺陷修补后的检验规定有哪些?
14. 简述锻钢件检验程序和方法。
15. 锻钢件制造厂对经本社验收的每一锻钢件,检验时必须核查哪些标志?

第四章　船体建造检验

学习目标

知识目标

1. 能够了解船体放样的分类。
2. 能够了解船体零件号料的分类。
3. 能够了解零件边缘加工检验前应具备条件。
4. 能够了解船舶部件装配检验前应具备的条件。
5. 能够了解分段制造检验前应具备的条件。
6. 能够了解船台装配检验前应具备的条件。
7. 了解船体密性试验时船检规范的要求。
8. 了解船体主尺度和外形检验前的准备工作。

能力目标

1. 能够掌握船体放样检验程序、内容和方法。
2. 能够掌握号料检验内容、精度标准与检验方法。
3. 能够掌握零件边缘加工检验内容、精度标准与检验方法。
4. 能够掌握船舶部件检验内容、精度标准与检验方法。
5. 能够掌握分段制造检验内容、精度标准与检验方法。
6. 能够掌握船台装配检验内容、精度标准与检验方法。
7. 能够掌握船体密性试验方法和标准。
8. 能够掌握船体完工检验内容、精度标准与检验基准。

第一节　放样和号料检验

一、放样检验

船体放样是在船体建造过程中，根据设计图纸按一定比例进行船体型线和构件的放大工作。通过放样可以取得较光顺的船体型值及构件在船体上的正确位置、形状和尺寸，为号料、加工、装配等后续工序提供施工依据，并对放样过程中暴露出来的设计错误或不合理之处进行修正或改进。

1. 船体放样的分类

(1)按船体放样方法分类

①实尺放样。实尺放样是在放样间将设计型线及结构件放大到 1∶1 的实际尺寸的放样方法。该方法历史悠久，它的操作不需要设备，只要配备较大的放样间、样条及绘图器具即可。其放样方法易于掌握，但由于操作时工作效率低，且型线在船体建造期间保留时间

长，放样间占地利用率低，不适应造船业发展的需要而正在逐渐被数学放样所取代。

②比例放样。比例放样是在比例放样台上，将设计的型线及结构件按 1∶5 或 1∶10 等比例进行放样的方法。该方法绘图精度要求很高，需配备高精度的比例尺，由于操作时要在放大镜下工作，故劳动强度未见减轻。虽放样间面积可减少 3/4，又可节约实样样板，但用该方法号料必须配备投影号料设备或光电跟踪气割机，且气割得到的零件尺寸精度又较低，故在数控气割机未应用前，比例放样曾在个别船厂使用过，近年来已被淘汰。

③数学放样。数学放样是采用电子计算机技术，以数学计算方法，输出数据及绘图的放样方法。由于其计算速度快且绘图精度高，而被造船、验船及用船部门所接受，它是现代造船最先进的放样技术。

(2)按船体放样内容分类

①型线放样。型线放样是根据设计型线图、型值表及艏、艉柱图，将船体型线按较大比例或实际尺寸进行的放样。艏制船型线图的型线光顺工作，如采用数学放样方法进行光顺，通常必须先用手工作图方法将设计型线图以 1∶10 或 1∶20 的比例放大，以纠正设计图纸中的错误尺寸和贯彻设计者的意图进行型线光顺，从而获得可供电子计算机所接受的初光顺型值表。

②结构放样。结构放样是将船体构件、外板、甲板等展开成实际形状及根据需要制作结构样板、样条或样箱的放样。

结构放样工作的顺序按结构排列、外板缝排列、零件放样三道工序进行。

船体放样是经船体基本设计、详细设计、生产设计三个阶段后，船体开工投料前的关键工序。由于放样工序能首先发现设计图样中的错误及工艺不合理处，并妥善加以解决，故放样工序不仅是设计意图的体现，而且是对设计质量的检验、完整与提高。由于生产设计绘制的分段工作图及提供的数据表能供直接号料加工，故现代化的船体设计体制已把放样工序纳入生产设计工作的范围。由此可见，船体放样工序的工作质量，它所提供的作为施工依据的大量数控气割电算信息、号料样板及零件配套表，直接影响船体建造质量，是至关重要的。

由于数学放样的结果都储存在计算机磁盘内，除非通过绘图机绘图能看出图形的明显差错外，一般难以检验，故对数学放样的工作质量主要采用在计算机终端屏幕上显示图形，用人工校对的方法进行检查。本节主要介绍手工放样检验。对于数学放样检验，除上述计算机终端屏幕检查外，其他均按手工放样要求。

2. 船体放样检验前应具备的条件

船体放样检验员首先应了解船体图样中所标注的含义，见表 4－1。检验员还应从生产设计企业标准中了解船体零件编码的含义。

表 4－1　船体图样基本符号

符号	名称	符号	名称
L_{oa}	总长	*BL*	基线
L_{pp}	垂线间长	℄	船体中线

表 4-1(续)

符号	名称	符号	名称
FP	艏垂线		船中
AP	艉垂线		轴中心
L_W	水线长	*RL*	转圆线
B	型宽	#	肋位
D	型深		一般接缝
f	梁拱	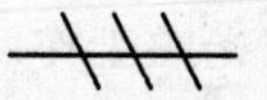 和 	分段接缝(板平面和剖面用)
h	舭部升高	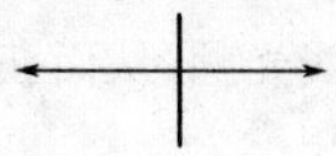	构件连续
S	肋距	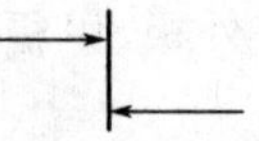	构件间断

船体放样检验员其次必须掌握放样工应知应会的全面知识,并熟知各种不同操作方法的完工精度与效益,还应了解加工设备的加工能力。最后要通阅所验船舶的型线图、基本结构图、外板展开图、肋骨型线图、横剖面图、艉柱图、构件理论线图、分段划分图及船体建造施工要领等。对每只分段的检验依据是分段工作图。检验员应准备好计算器、钢皮卷尺、直尺、三角板、量角器、圆规和粉线等。对采用激光经纬仪画基线完工后的直线度及外板展开后的图形正确性的检验,通常采取在放样工操作时加强现场监视的方法给予一次性认可。

3. 检验程序、内容和方法

放样检验程序、项目、内容、精度标准和方法,见表 4-2。

表 4-2 放样检验程序、项目、内容、精度标准和方法

程序号	检验项目	检验内容	精度标准(注) 标准	精度标准(注) 允许	检验方法
1	格子线(比例 1:1)	基线直线度	≤0.5	≤1.0	在用激光经纬仪画线时参与监视
		水线、站线、纵剖线组成的格子线的矩形度	±1.0	±2.0	每一格子用对角线等长法检验,测量其差值
2	站线型线图(1:10 或 1:20)初光顺	船体总长、垂线间长、型宽、型深	≤0.5	≤0.5	1:20 型线图上测量值应与型线图主尺度值相符

表 4－2(续)

程序号	检验项目	检验内容	精度标准(注)		检验方法
			标准	允许	
2	站线型线图(1:10 或 1:20)初光顺	型线各投影点的吻合	≤1.5	≤3.0	抽查部分点作三面投影
		型线光顺	光顺	和顺	目视光顺,不良处做斜切线检验
3	肋型线图(1:1)	型宽、型深偏差	≤1.0	≤1.5	用放样间的钢卷尺测量
		梁拱、脊弧偏差	±1.0	±2.0	由完工型线图肋位插值取得
		肋骨型线	光顺	和顺	目视光顺,不良处做斜切线检验
4	艏艉部型线	外形轮廓线	见右	见右	与型线图尺寸相符
		艏部型线(包括艏柱图)	光顺	和顺	按艏圆弧半径级差线、角点、切点线的顺序验三根线的光顺
		艉部型线	光顺	和顺	艉部型线应与艉柱外形光顺
		艏艉部水线	光顺	和顺	目视光顺
5	结构排列	结构位置线、结构尺寸偏差	≤1.0	≤1.5	按船体分段工作图检验
		理论线位置	正确	正确	按船体构件理论图检验
		起终点肋位、纵骨号、工艺符合	完整	完整	按船体分段工作图检验
		舭龙骨起终点位置偏差	≤1.5	≤2.5	按肋型线图和舭龙骨结构图
6	外板缝排列	排板宽度	<规格宽	<规格宽	按外板展开图、肋型线图,板宽尖满足龙骨底板、舷顶列板、加厚板要求,且考虑工艺余量,纵缝命名合理
		外板编码代号与纵缝命名	正确	正确	
7	零件放样	每块外板展开图	正确	正确	1. 是否加放工艺余量 2."菱形板"及"扫帚形板"展开方法的正确性
		纵横构件样板或草图尺寸偏差	≤1.0	≤2.0	注意纵横构件的连续与间断
		肋骨、横梁、纵骨、扶强材规格与长度及端头形状样板	正确	正确	注意弯曲形肋骨、纵骨要放加工余量
		甲板、内底板、平台板、舱壁等拼板草图,钢板自选号、厚度、尺寸、工艺符号等	正确	正确	拼板草图应按构架安装面绘图,注意与前后分段焊缝对齐、节约用材及按钢板规格用料

表 4－2(续)

程序号	检验项目	检验内容	精度标准(注)		检验方法
			标准	允许	
8	加工样板、样箱及铸件样板	三角样板、艏艉柱加工样板偏差	≤1.0	≤1.5	三角样板上要注明余量边缘位置
		肋骨、纵加工铁样或型值偏差	≤1.5	≤2.5	肋位号、纵骨号、断线位置正确
		外板加工样箱外形偏差	≤1.5	≤3.0	凡有折边、折角的内卡样板，折边折角处不能制成尖角
		其他加工样板及铸件样板偏差	≤1.0	≤2.0	
9	胎架放样	胎架模板草图尺寸偏差	≤1.5	≤2.5	草图拼板后能画出该肋位型线
		胎架画线样板、支点式胎架高度偏差	≤1.0	≤1.5	应按型线扣除板厚，且应包括工艺要求设反变形的数值
10	分段画线样条或画线草图	样条或草图上结构线完整，位置正确，尺寸偏差	≤1.5	≤2.5	按分段工作图检验
11	载重线标志、吃水标志样板	画线样板、载重线标志样板尺寸偏差	≤0.5	≤1.0	按载重线标志和水尺图与 1∶1 的肋骨型线图检验
12	舭龙骨、护舷材、舷墙、烟囱等	样板或草图。舭龙骨要增加定位画线样条及安装角度样板，尺寸偏差	≤2.0	≤3.0	按船体线型和相应图样检验

4. 船体放样检验注意事项

(1)检验员要认真检查分段工作图中的工艺(符号)要求的贯彻是否落实。

(2)船体建造施工要领中规定的各分段基准线应标注在放样所提供的零件号料信息资料内。

(3)型线图、型值表检验要点。

①船体垂线长、设计水线长、型宽、型深等主尺度不得修改。对于船体总长，由于型线图往往忽视艏艉柱伸出上甲板和舷墙外倾的影响，因此型线图的船体总长在放样完工后，常要做修正。

②中横剖面形状、中线面上艏艉柱外形不得修改。

③型值修改值通常不超过型线图缩小的倍数(如比例为 1∶50，则修改的数值通常不超过 50 mm)，且型值修改以加大体积为宜。

④检验载重水线的艏艉部进水角与出水角及其端部的圆弧线与该处水线的光顺性。

(4)站线型线图初光顺检验要点

①横剖面站线型线图中，在非平行中体处站线与上甲板边线不得相交于型宽处，致使

舷顶列板伸出上甲板造成船宽超出型宽，因此舷顶列板的上口线必须参加站线初光顺。

②艉轴出口处型线必须与艉柱（通常用铸钢件）外形光顺连接。

③对无平行中体的型线图，由于通常分前后两大段放样，必须注意中部前后型线的光顺。

④龙骨折角线在艏艉处与通常呈圆弧型的艏艉柱连接处的方与圆光顺过渡问题。

⑤对型线光顺有疑问区域应切取斜切线检验其和顺性。

⑥注意主船体、上层建筑、甲板室和全船舷墙等结构图中，涉及船体外形光顺部分的结构相互连接的合理性。

（5）结构排列检验要点

①由于有的船体结构节点采用搭接肘板且具体结构因船而异，因此船体构件理论线难以有统一的标准。检验员要依据所验船舶的“船体构件理论线图”检查其理论线绘制的正确性，尤其要注意每个肋位面及各纵向结构面理论线的一致性。

②对图样要求纵骨垂直外板的纵骨架式船体结构，应注意其纵横构件连接节点的合理性及舷侧纵桁与平台等结构连接的连续性。

（6）外板缝排列检验要点

①了解“船体材料订货明细表”中钢材规格，并落实供应部门已到货钢材规格情况。

②外板纵缝排板宽度应按“外板展开工作图”检验钢材规格宽度能否满足加放余量要求。

③为提高钢材利用率，外板排板宽度在满足数控气割与火工弯板宽度的要求下，尽可能用足钢板宽度或 1/2 宽度。

④船体平板龙骨、舷顶列板及艏、艉柱板的宽度不得小于外板展开工作图或艏、艉柱图要求，但其中艏、艉柱图的横向与纵向弯度又决定了它的宽度与分段长度不宜太长。

⑤外板纵缝应尽可能与相应的肋骨型线正交，以提高钢材利用率。

（7）分段零件放样检验要点

①样板与草图必须以构件安装面为正面制作与绘图，且应写清工程编号、分段号、构件名称、编码号、厚度、材料牌号、肋位号、纵骨号等。横向构件需再注明内外、上下、左右，纵向构件注明首尾、上下、左右等。

②上层建筑波形纵壁板，若波形间距取肋距尺寸，则其展开尺寸应预先备料试压，待测量试样的波形间距后确定。

③上层建筑、甲板室结构图上所注梁拱值是指船的中横剖面处甲板的横向拱度。

（8）载重线标志与吃水标志检验要点，参见本章第六节所述。

二、号料检验

1. 船体零件号料概述

船体零件号料是根据船体放样提供的样板、样棒或草图的形状和尺寸，在板材或型材上画出船体零件的实际形状与标记各种施工符号的过程。

号料方法有手工号料、数控号料、电印号料、投影号料、感光号料和电传真号料等。

手工号料是手工用画线工具与记号笔进行画线工作。数控号料是利用数控气割机在板材上进行号料的方法，号料时金属或塑料粉末在氧气的吹浮和裹夹下从割炬的喷嘴中喷出，同时被熔化和烧结在钢板上呈现出清晰的线条。电印号料是将光电粉末在投影室内撒在钢板上，进行投影曝光，利用粉末的光敏特性产生静电潜像，再经过显影、定影等处理，使投影图形和各种加工符号显印在钢板上的号料方法。电印号料、投影号料与上述的比例放样一样,近年来已被淘汰。

手工号料虽是最原始的方法,但对形状简单的零件,采用手工号料仍不失为较有效的方法,因此保留至今。数控号料通常借助于数控气割机兼有的号料功能完成。数控气割机是按数字程序控制自动气割板材且是成对气割,所以是目前兼号料与加工功能于一机的最先进的气割机械。国外造船气割的热源已改用氧－丙烷混合气体,气割的方法已由等离子切割(物理切割方法)代替混合气体气割(化学切割方法),以加快切割速度,减少切割变形,又能切割高熔点的金属和大厚度的板材。

号料作业属于放样工序范畴。手工号料是依样将尺寸与符号完整地标记到板材或型材上。数控号料喷线后的标记工作还需要手工配合,因此作业者需认真、负责地号料。号料差错不但造成钢材损失,而且影响分段完工的进度与质量。

船体结构的第一块钢板号料之日被认定为该产品开工的日期,亦是产品订合同、安排生产计划及船东分期付款协议的考核日期之一。

2. 检验前应具备的条件

号料检验工作通常由放样检验员兼任。号料检验员必须了解号料工艺符号的种类与定义。对此,虽然在《船体建造工艺符号》(CB3194)中有号料工艺符号的规定,但该标准中的某些符号在各造船厂未统一执行,因此检验员必须掌握所在船厂号料工艺符号的企业标准。

检验员还应掌握对于高强度钢号料的检验,其标记应采用彩色记号笔。通常对钢级为A32,D32,E32 钢材用黄色记号笔,对钢级为 A36,D36,E36 钢材用红色记号笔。

号料质量的优劣主要取决于号料者的工作质量,其次是采用何种方法号料也是影响质量的因素之一。采用实样号料方法一般不会出现形状差错,样棒号料次之。配套尺寸号料与草图号料在量取大量尺寸时容易造成质量问题,对此若要依靠检验员在零件号料后复验尺寸来把关,不但工作量大,而且号料物流进度又不允许。所以号料质量主要依靠号料者的自主质量管理,船体检验项目表中号料通常只规定巡视检验。

3. 检验内容、精度标准与检验方法

号料检验内容、精度标准与检验方法,见表 4－3。

表 4－3　号料检验内容、精度标准与检验方法

检验内容	精度标准/mm		检验方法
	标准范围	允许极限	
1. 长度偏差	±1.0	±2.0	用样板、样条与钢皮卷尺测量检验
2. 宽度偏差	±1.0	±1.5	
3. 曲线外形偏差　长度≤8 m	±1.0	±1.5	
4. 直线度 4 m　长度≤8 m	≤1.0	≤1.5	
长度>8 m	≤1.5	≤2.0	
5. 中心线、结构线、切口线等位置偏差	≤1.0	≤1.5	

4. 检验注意事项

(1)号料是船体开工建造的首道工序,为确保用料正确与质量可靠,必须注意如下三点:

①投料钢材表面质量或经钢材预处理后涂层表面的质量应符合建造规定的要求。

②钢材的牌号、规格必须符合号料样板、草图及零件号料表上的要求。钢板号料后的余料上须标明此钢材的牌号和厚度。

③按建造施工要领要求需记录钢材炉批号或检验编号的船体零件必须在号料时逐一记录在册备查。

(2)船体零件上应写清工程编号、零件编码、肋位号或纵骨号,各种线条含义表达应清晰,工艺符号正确。横向构件必要时要注明左右、上下、内外等,纵向构件必要时要注明左右、上下、首尾等。所有字体应按所号料零件在船上的位置正写,以利装配安装。

(3)狭长的T型材腹板号料应画出矫正用的检验直线,以供面板装焊后将该线矫直。

(4)号料线若为两相邻零件的共用气割线,要按表4-4留出割缝补偿量。

表4-4 气割缝补偿量

钢板厚度	4~6	7~12	14~18	20~30
等压式割嘴型号	0	1	2	3
气割缝补偿量	0.5	1.0	1.5~2.0	2.0~3.0

(5)对刨边钢板的号料检验,钢板平面度应达到表4-5的要求。尤其对板厚为4~5 mm的薄板应严格检查。

表4-5 刨边钢板平面度允许极限

钢板厚度	4~5	6~8	9~11	≥12
每平方米平面度	3.0	2.5	2.0	1.5

第二节 零件和部件检验

一、零件检验

1.零件边缘加工检验

零件边缘加工是对钢材进行剪切、冲切、滚剪、刨边、磨边、气割等各种作业的统称。

剪切作业对于中小型船舶所用的钢板厚度不大于12 mm的船体零件的边缘加工,其生产效率比气割高,厚度不小于14 mm的钢材虽可用重型剪板机加工,但操作工劳动强度大。零件的自由边缘经剪切加工后的剪边下口边缘常留有“毛刺”,需再经磨边处理。冲切与滚剪仅用于加工薄板作业。零件边缘加工采用数控气割机作业最有效。刨边作业是鉴于目前气割设备的气割直线度尚达不到双面埋弧自动焊对焊接边缘直线度的要求而采用的方法。零件边缘加工技术发展的趋向是“以割代剪”“以割代刨”,气割机的发展趋向是推广等离子切割机,以加快切割速度,提高切割面质量,又能用于切割高熔点、大厚度的多种金属。

零件边缘加工的质量将影响到零件的尺寸精度、涂层表面质量、船体外观及强度等。

(1)检验前应具备条件

由于零件边缘加工作业的基准是号料画出的线条(刨边作业的基准通常在钢板上标注宽度尺寸),且该线条经边缘加工后又消失,因此检验时靠肉眼目察有困难,查其尺寸精度需逐件测量又很费时,只有对极少数要确保尺寸精度的零件,可预先在号料时离边缘一定距离画出平行于边缘的检验线,才能待边缘加工后以此线为基准检测零件的曲线或直线边缘的精度,因此零件边缘加工的检验通常采取巡视检验。

检验员巡视检验应带好钢卷尺、粉线、角尺、焊缝量规(兼可测量接缝间隙和坡口角度)、气割面精度标准样板(1980 年 2 月 8 日上海市标准计量管理局审定的上海市企业标准气割样板)。检验员要做好零件边缘加工质量的巡回检查工作,还必须了解所验船舶的船体结构形式与主要构件规格。由于加工车间通常同时加工多种船舶的零件,故检验员更要掌握船体零件编码所表达的含义,以便根据不同零件,不同边缘的质量要求及时做出合格与否的判断。

(2)检验内容、精度标准与检验方法

检验内容、精度标准与检验方法,见表 4-6。

表 4-6 零件边缘加工检验表

工序	检验内容	精度标准		检验方法
		标准范围	允许极限	
剪切	1. 长度偏差	±2.0	±4.0	用卷尺测量
	2. 宽度或高度偏差	±1.5	±3.0	用卷尺测量
	3. 边缘直线度	≤1.0	≤1.5	拉粉线测量
刨边	1. 直线度	≤0.5	≤1.0	待拼接时用焊缝量规测量接缝空隙用卷尺测量两端板宽
	2. 坡口面角度偏差	±2°	±3°	
	3. 两条长边平等度	≤1.5	≤2.5	
气割	1. 主要构件尺寸偏差	±2.0	±3.0	用卷尺测量
	2. 次要构件尺寸偏差	±3.0	±4.0	用卷尺测量
	3. 面板宽度尺寸偏差	±2.0	±3.0	用卷尺测量
	4. 坡口尺寸			
	①坡口面角度 θ 偏差 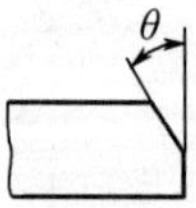	±2°	±3°	用焊缝量规测量
	②斜面长度 l 偏差 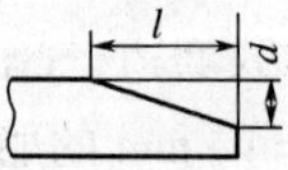	±0.5d	±1.0d	用卷尺测量
	③钝边 a 偏差 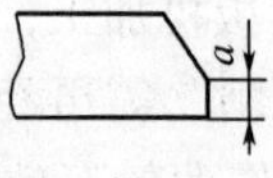	±1.0	±1.5	用卷尺测量
	5. 板边缘直线度			
	①自动焊缝	≤0.4	≤0.5	测量接缝空隙
	②收工焊缝	≤1.0	≤2.0	测量接缝空隙

表 4-6(续)

工序	位置	检验内容		精度标准		检验方法
		零件类型	设备	标准范围	允许极限	
气割表面粗糙度	零件自由边	主要构件	自动半自动气割	0.10	0.20	1. 型钢端头气割面按手工气割标准要求； 2. 用气割面精度标准样板中的表面粗糙度模板对照检测
			手工气割	0.15	0.30	
		次要构件	自动半自动气割	0.10	0.20	
			手工气割	0.50	1.00	
	零件焊接边	主要构件	自动半自动气割	0.10	0.20	
			手工气割	0.30	0.60	
		次要构件	自动半自动气割	0.10	0.20	
			手工气割	0.60	1.20	

(3)检验注意事项

①若零件边缘为船体结构的自由端，则不允许存在剪切毛刺或气割面下边缘挂渣，否则应于消除。

船体结构自由端分布在如下部位：

a. 船体纵桁、肋板、强肋骨、强横梁的面板边缘；

b. 肋板、纵桁、舱壁、甲板、平台板、内底板上的人孔及减轻孔；

c. 舱口、门、窗等开口边缘；

d. 相贯切口、流水孔、透气孔及通焊孔；

e. 纵桁腹板露出的非焊接端；

f. 扶强材、纵骨的非焊接端；

g. 肘板、防倾肘板的非焊接端；

h. 舷顶列板上端非焊接端边缘，尤其在船中部 0.6 倍船长范围内，不允许存在缺口，且最好将该边缘面两侧的棱角磨成小圆角，以减少应力集中。

②应注意零件边缘加工产生的变形问题，尤其是窄长形的零件经剪切、气割后会造成较大的弯曲变形，通常需再经钢板矫平机或型材矫直机矫平直。由于零件平面平整度容易目测检验，而其边缘直线度易被忽视而流入下道工序，应加强检查。

③零件经边缘加工也会暴露出钢材夹灰、分层等内在质量问题，应留意。

2. 零件形状加工检验

零件形状加工是为了将钢材弯曲成型而进行滚弯、压弯、顶弯、折角、折边、压筋、水火成型、大火成型等各种加工作业的统称。

滚弯是钢板通过弯板机的旋转辊轴而弯曲成型的加工方法，它用于单曲度外板的初加工及梁拱甲板的加工。

压弯是钢板经液压机用模具弯曲成型的加工方法，它用于单曲度外板的加工。

顶弯是型材经撑床(顶床)或冷弯机弯曲成型的加工方法。它用于横梁、纵骨、肋骨等的加工。

折角是钢板沿直线做小曲率半径弯曲的加工方法。它用于折角型的平板龙骨及甲板、舱壁、围壁等的折角加工。

折边是钢板经折边机或液压机将边缘弯成一定几何形状的加工方法。

它用于折边肋板、折边桁材、折边肘板、折边檐板等的加工。

压筋是钢板经液压机用模具压出长条形凹槽的加工方法。它用于上层建筑围壁与舱壁的加工。

水火成型是用火焰对钢板进行局部加热,并随即以冷水浇淋强迫冷却使其弯曲成型的加工方法。主要用于复杂曲度的箱子板的加工。

大火成型是将钢板大面积加热至一定温度,使其具有一定的热塑性后,再用压力机械或人力敲击使其成型的加工方法。主要用于复杂曲度的箱子板的加工。

零件形状加工质量关系到钢材材质的转化、分段装配质量及船体外形的美观。

零件形状加工技术的发展趋向是“以冷代热”“加工设备高效能化”与“辅助作业机械化”。

(1)检验前应具备的条件

零件形状加工作业的基准是加工样板。加工样板为利于制作通常均制成内卡式的,用于外板弯曲加工作业的加工样板通常称为三角样板。为节约木材,各大型船厂已采用铝质可调三角样板,该三角样板的调节形状一般现用现调,因此检验员应先检验可调三角样板调节形状的准确性,然后再检验外板弯曲加工的准确性。

检验员检验外板前应阅读“外板展开工作图”,了解哪些板列边缘加放有余量,以便检验时能将三角样板置于准确的位置。

检验员尚应阅读各分段胎架图,了解哪些外板在胎架上拼板,哪些外板在框架上安装,以便掌握在胎架上拼接的外板的形状必须加工准确,在框架上安装的外板的加工形状可略为平坦些,以利于分段上安装。

此外,检验员还应准备检验肋骨与纵骨的加工弯曲度及平面度。

(2)检验内容、精度标准与检验方法

检验内容、精度标准与检验方法见表4-7。

表4-7 零件形状加工检验表

工序	检验内容	精度标准		检验方法
		标准范围	允许极限	
矫直	1. 型材角度(h 为型材边宽)偏差	±1.5h/100	±2.0h/100	用角尺,卷尺
	2. 型材直线度	≤1.0/1 000	±1.5/1 000	测量拉线测量
滚弯	1. 船中部舭部圆角板形状偏差	±1.0	±1.5	用塞尺测量
	2. 单曲度板肋位处与三角样板间隙	±1.5	±3.0	用塞尺测量
	3. 圆筒体板厚≥8,且直径>500的圆度	±2.5	±3.5	用卷尺验两对角直径差值
	4. 半只圆筒体四角平面度	±0.5	±1.5	拉对角线验交驻处差
压弯	1. 平板龙骨			
	①中线偏差	≤1.0	≤1.5	用卷尺测量
	②板形与样板间隙	≤1.0	≤2.0	用塞尺测量
	2. 单曲度板			
	①板形与样板间隙	≤2.0	≤4.0	用塞尺测量
	②三角样板检验线直线度	≤2.0	≤3.0	拉线测量

表 4－7(续)

工序	检验内容		精度标准		检验方法
			标准范围	允许极限	
顶弯		肋骨、横梁、纵骨 1. 弯曲度 2. 全长平面度(L 为全长)	 ±2.0 ≤1.0L/1 000	 ±3.0 ≤1.5L/1 000	用铁样、卷尺测量
折角		折角与样板间隙 c 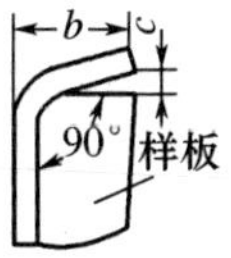	≤1.0c/100	≤2.0c/100	用卷尺测量
折边		1. 折边板腹板(主要构件)高度偏差 h 2. 折边板宽度偏差 b 3. 折边圆弧内半径 r 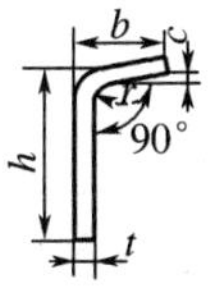 4. 折边角度偏差 c 5. 折边直线度	±2.0 ±3.0 $r>2t$ ≤ ±2.5b/100 ≤10/10 000	±3.0 ±5.0 $r>2t$ ≤ ±4.5b/100 ≤25/10 000	用卷尺、角尺、圆角样板及拉线测量
压筋	波形板	1. 波形间距 d 2. 波形高度 h 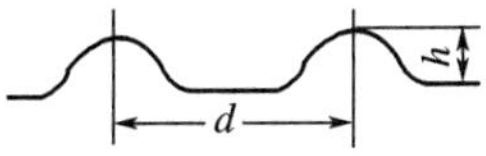	d ±2.0 d ±6.0 h ±2.5	d ±3.0 d ±9.0 h ±5.0	有配合时 无配合时
	槽形板	1. 槽形深度 h 2. 槽形宽度 b_1,b_2 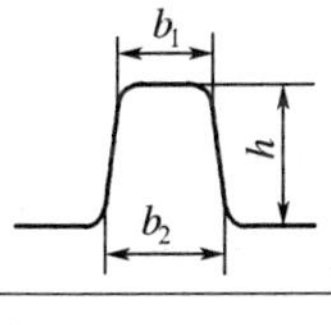	h ±3.0 b_1 ±3.0 b_2 ±3.0	h ±6.0 b_1 ±6.0 b_2 ±6.0	用卷尺、压筋样测量
水火成型	平板龙骨、艏艉柱	1. 中线偏差 2. 横向曲度间隙 3. 纵向曲度间隙 4. 艏艉柱皱边平面度	≤1.0 ≤3.0 ≤2.0 ≤0.5	≤2.0 ≤5.0 ≤4.0 ≤1.5	用卷尺测量 用塞尺测量 用塞尺测量 用短直尺测量
	双曲度度板	1. 横向曲度间隙 2. 三角样板检验线直线	≤2.5 ≤2.5	≤4.0 ≤4.0	用塞尺测量 拉线测量
大火成型		板形与样箱间隙	≤3.0	≤5.0	用塞尺测量

(3)检验注意事项

①板材经形状加工工序后,检验员在检验时已能看到板材画线面的反面,应注意检查该表面质量是否符合质量要求。

②经压弯与锤击的板材,检验时应注意板材表面有否压痕与锤印。

③检验折角型平板龙骨等船体主要结构件的折角处不允许出现裂缝。产生裂缝的原因有下述6条:

a. 压模的上模圆角尺寸太小,下模 V 形宽度亦太小。

b. 折角线或折边线的反面两端边缘处存留“缺口”。

c. 操作加工的速度太快。

d. 钢板中含有的 P(磷)及 S(硫)等元素造成延伸率的异向性。

e. 预处理钢丸喷射后造成冷作硬化。

f. 号料时安排折角线方向与钢板轧制方向相同。肘板等船体次要构件的折角处出现裂缝,允许焊补。

④对一般强度船体结构钢进行水火弯板作业时热加工温度控制在600~900 ℃,大火弯板最高温度不大于1 100 ℃,水火弯板对同一部位重复加热次数不得超过三次。完工板材表面不允许产生熔融、锤鳞、皱痕等加工缺陷。

⑤检验双曲度外板,用三角样板测量肋位线弯曲度和用拉线方法测量三角样板上平线直线度时应注意不允许将外板双曲度加工过量,致使装配困难,若允许外板曲度稍许平坦些,则有利于分段装配时用水火弯板方法进行收边作业。

⑥检验艏艉部外板,三角样板必须用斜撑撑对肋位面。

二、部件检验

1. 概述

船舶部件装配是将经过加工的两个或两个以上的船体零件,组合装配成有限范围的结构单元的工艺过程。部件检验内容包括部件装配检验、部件焊接质量检验和部件矫正检验。

船舶部件装配包括以下几个方面的内容:

(1)肋板、桁材上安装人孔加强圈及扶强材;

(2)强肋骨、强横梁、桁材及单底肋板的腹板上安装面板;

(3)纵、横舱壁上安装扶强材;

(4)肋骨框架装配;

(5)甲板、平台板、内底板、舱壁、平行中体傍板及船底板的板列拼板。

有些船厂也将纵、横舱壁上安装扶强材及肋骨框架装配等由两个以上船体零件组装的工艺过程归属于“组件装配”。

部件装配、组件装配的零件应在分段工作图中注明,以利于施工。有些船厂将其绘成部件、组件装焊图册,则更一目了然,有利于确保部件、组件施工质量。部件矫正检验要求每个部件、组件装焊后均经水火矫正后才能转入分段装配工序,以减少分段装焊后矫正的工作量,确保分段外形的准确。

部件完工质量是确保分段装配质量的关键。

2. 检验前应具备的条件

检验员首先应了解部件装配作业的一般工艺要求:

(1)定位焊要求

①定位焊焊条牌号应与正式焊接时规定的焊条牌号相同,焊条直径通常为 3.2 mm;

②在拼板十字接缝交叉处,定位焊离开交叉点距离不小于 10 倍板厚;

③对要求焊断续焊的焊缝,定位焊应施焊于已划妥的焊段尺寸内;

④定位焊应焊于焊接坡口的反面,角钢定位焊应焊于角边的内缘;

⑤定位焊规格,见表 4－8。

表 4－8　定位焊规格

板厚	定位焊长度	定位焊间距	定位焊高度
≤3	用点焊直径 6～8	20～40	大致与钢板平
4～8	25～35	150～250	不得超过正式焊缝高度
≥9	35～45	250～350	

注:高强度钢定位焊长度应不小于 50 mm。

(2)埋弧自动焊要求

①焊缝边缘距焊缝 15 mm 范围内应清洁、干燥、无锈、无屑、无氧化物和其他杂物。

②焊缝装配间隙及错边要求,见表 4－9。

③焊缝的始末两端应设置引弧板和引出板。其厚度与焊件相同,对于焊件厚度≤15 mm,取 100 mm×100 mm;对于焊件厚度≥16 mm,取 150 mm×150 mm。

④焊丝必须经过表面处理,除运河锈迹、油污及水分等,焊剂必须按该材料要求的温度和时间进行焙烘,焊剂当天用剩后,应放入干燥密封箱妥善保管。

检验员要详细阅读分段工作图或部件装焊图册,了解属于部件装配的两个或两个以上零件的相对位置、角度及焊接规格(要求焊断续焊的组合型材,通常应将焊段尺寸画于面板上才能装配腹板)。

检验员要带好卷尺、粉线、小角尺及角度样板。

3. 检验内容、精度标准与检验方法

检验内容、精度标准与检验方法,见表 4－9。

表 4－9　部件装配和焊后矫正检验表

项目	检验内容	精度标准		检验方法
		标准范围	允许极限	
埋弧自动焊缝	装配间隙 a 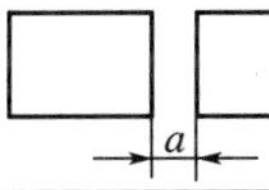	0～1.5	≤1.0	用塞尺测量
对接缝	装配错边 e 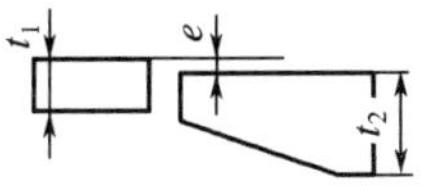 主要	≤$0.1t_1$ 且≤2.0 构件	≤$0.15t_1$ 且≤2.0	用短钢尺测量
	次要	≤$0.15t_1$ 且≤2.0 构件	≤$0.2t$ ≤2.0	

表 4-9(续)

项目	检验内容	精度标准		检验方法
		标准范围	允许极限	
手工对接缝	坡口根部间隙 a 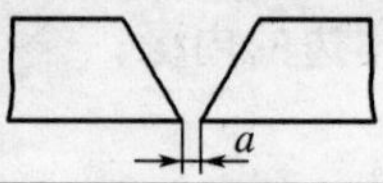	≤2.5	≤3.5	用塞尺测量
角接缝	装配间隙 a 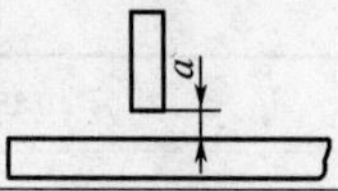	≤1.5	≤3.0	用塞尺测量
搭接缝	装配间隙 a 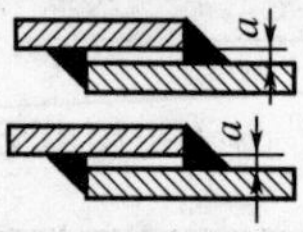	≤1.5	≤3.0	用塞尺测量
组合型材	1. 腹板安装偏差 2. 面板与腹板角度位置 c  3. 焊妥且矫正后面板位置偏差 a 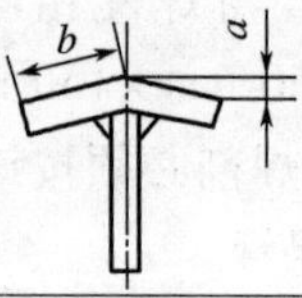	≤2.0 ≤2.0 ≤2 + b/100	≤3.0 ≤3.0 ≤4 + b/100	用钢直尺、角尺测量主机座面板不允许内倾直线形用拉线法,弯曲形拉腹板上检验直线
型材拼接	角钢、球扁钢接缝焊妥且矫正后直线 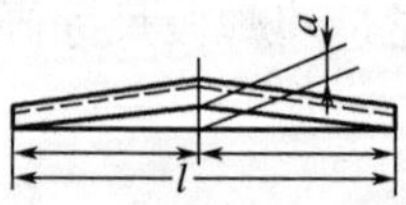	≤1.0L/1 000	≤2.0L/1 000	用卷尺、拉线测量
型材拼接	球扁钢接缝球头处错边 a 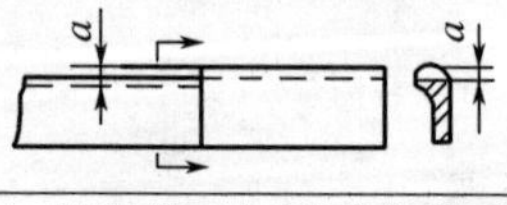	≤1.5	≤3.0	用钢直尺测量
框架	1. 框架线型与铁平台线型偏差 2. 框架上画各种线的位置偏差	+1.5 ±1.0	+3.0 ±2.0	用钢直尺测量
肋板、舱壁上安装扶强材	1. 扶强材安装位置偏差 2. 角钢、球扁钢垂直度。h 为型材高度 3. 组合型扶强材垂直度 4. 舱壁画线,角尺线垂直度 a 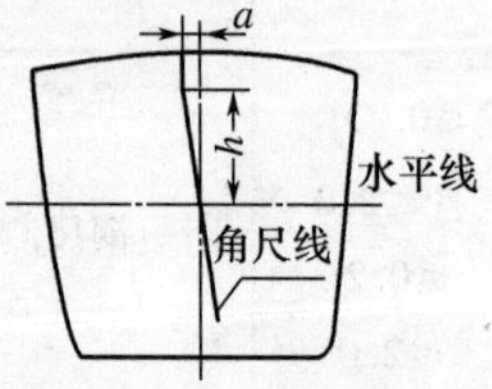	≤2.0 ≤1.0h/100 ≤3.0 ≤0.5h/2 000	≤3.0 ≤1.5h/100 ≤6.0 ≤1.0h/2 000	用钢直尺、角尺测量

4. 检验注意事项

(1)若肋板、桁材上设有人孔盖,应注意其安装相对于船体的艏、艉、内、外的位置。

(2)检验组合型材面板与腹板,应注意其中哪些面板应装成特定的角度,且左右对称构件是否装配成对称型。

(3)肋骨框架装配后应检查辅助加强材位置是否合理,主要考虑待分段装配竖立框架后,辅助加强材不得影响其他结构件的安装。

(4)薄板的板列拼板焊缝若采用手工焊接,则焊后通常用锤击焊缝方法将焊接产生的角变形矫平,然后画线安装构件。

(5)安装舱壁扶强材时应注意扶强材上下端离舱壁边缘尺寸的准确性,在扶强材焊妥且舱壁平面矫正后再安装吊运用的辅助加强材。

(6)部件检验除下列情况下,通常部件应达到矫正完工状态。

①工艺未加放焊接收缩补偿量的面积较大的薄板舱壁;

②面积较大的中、厚板舱壁。

第三节　分段制造检验

一、胎架检验

1. 胎架检验概述

胎架是根据船体分段有关部位的线型制造,用以承托建造船体分段并保证其外形准确性的专用工艺装备。船体用的胎架,是船体分段装配与焊接的一种专用工艺装备,它的工作面应与分段外形相贴合,其作用在于使分段的装配、焊接工作具有良好的条件。

(1)胎架的作用

胎架是船体分段装配和焊接必需的工艺装备。胎架的作用是使分段的装配和焊接工作具有良好的条件,但是,对于中小型船舶和大型船舶和大型船舶的分段建造,胎架的作用又具有不同的含义。对中小型船舶,船体线型变化大,船体结构钢板薄,要求胎架具有足够的强度和刚度来控制分段外形,以减少分段脱离胎架后的焊接变形。而对大型船舶,船体线型变化小,船体结构钢板厚,而焊接工作量与分段质量之比,比小船相对要小得多,因而胎架作为强制控制焊接变形的装备的作用明显减少,它的强度主要用于支承分段质量。于是建造大型船舶的船厂已广泛应用可调胎架建造分段,把由胎架保证线型的观念,改变为靠船体结构件来保证分段外形,通过合理的装焊工艺,应用高效焊接技术等措施,使分段变形控制在最小范围内。因此许多中小型船厂至今仍难以将固定胎架淘汰,为节约胎架用料,通常采用简易式固定胎架,至今对船体线型要求高的分段,可采取胎架放反变形工艺措施,使分段变形控制在建造精度范围内。总之,检验员应根据生产设计提供的不同的胎架结构形式及其支承的船型,对胎架检测精度的验收掌握不同的要求。

(2)胎架的分类

随着现代造船技术的发展,船体用的胎架形式也根据船厂的造船工艺技术水平有了很大差别。通常胎架的分类可参见表 4 – 10。

表4-10　胎架的分类

<table>
<tr><th>分类</th><th colspan="2">胎架名称</th><th>特　征</th><th>适用范围</th></tr>
<tr><td rowspan="5">胎架结构形式</td><td colspan="2">固定胎架</td><td>建造在较稳固基础上而不能随意移动,且与船体贴合部位的表面线型也不能变动的胎架</td><td>用于底部、舷侧、甲板分段及艏艉</td></tr>
<tr><td rowspan="3">活动胎架</td><td>回转胎架</td><td>整个结构可绕某一轴线作360°回转的胎架,由胎架本体及底座,用于固定分段的压紧装置和回转传动装置等组成</td><td>用于批量生产的小型船及同类型分段</td></tr>
<tr><td>摇摆胎架</td><td>能根据需要在一定范围内进行左右(前后)摇摆以使分段在装焊时能处于一个较为有利的工作位置的活动胎架</td><td>用于批量生产的小型舰艇艏、艉分段,由于制造成本高使用不广</td></tr>
<tr><td>可调胎架</td><td>可根据所建造分段表面线型要求进行调整的胎架</td><td>用于舷侧分段、甲板分段</td></tr>
<tr><td colspan="4"></td></tr>
<tr><td rowspan="6">胎架用途</td><td colspan="2">底部胎架</td><td>底部分段正造装焊用</td><td>用于底部分段</td></tr>
<tr><td colspan="2">甲板胎架</td><td>甲板为基准装焊用</td><td>用于艏艉反造的立体分段,甲板及上层建筑分段等</td></tr>
<tr><td colspan="2">舷侧胎架</td><td>舷侧外板为基准装焊用</td><td>用于底部分段</td></tr>
<tr><td colspan="2">艏柱胎架</td><td>钢板或铸钢艏柱装焊用</td><td>用于艏柱、艏部小托底分段</td></tr>
<tr><td colspan="2">艉柱胎架</td><td>钢板或铸钢艉柱装焊用</td><td>用于艉柱、艉部小托底分段</td></tr>
<tr><td colspan="2">平面胎架</td><td>底部分段、平甲板或平台结构分段反造装焊用</td><td>用于底部分段、平甲板及平台分段</td></tr>
<tr><td rowspan="4">胎架选择的基准面</td><td colspan="2">正切胎架</td><td>模板底线垂直或平行于基线,胎架基面垂直于肋骨平面</td><td>用于中间底部分段及平行中体部位的舷侧分段</td></tr>
<tr><td colspan="2">单斜切胎架</td><td>模板底线与基线呈一倾斜角度,胎架基面垂直于肋骨平面</td><td>用于同轴度变化不大且外表面与基线呈一倾斜角度的舷侧分段</td></tr>
<tr><td colspan="2">正斜切胎架</td><td>模板底线垂直或平行于基线,胎架基面与肋骨平面呈一倾斜角度</td><td>用于艏艉部升高较大的底部分段,半立体分段</td></tr>
<tr><td colspan="2">双斜切胎架</td><td>模板底线与基线呈一倾斜角度,胎架基面与肋骨平面成一倾斜角度</td><td>用于曲度变化较大的舷侧分段</td></tr>
</table>

2. 检验前应具备的条件

(1)检验员通过阅读船体建造施工要领,了解所验船舶船体建造计划安排各分段胎架结构形式的概况;

(2)检验员针对将验分段,查阅该分段工作图,详细了解分段胎架类型与结构;

(3)检验员应带好钢卷尺,其他检验工具借用现场作业者所使用的水准仪、激光经纬仪、水平软管、线锤及胎架画线样板等。

3. 检验内容、精度标准与检验方法

模板胎架检验内容、精度标准与检验方法,见表4-11。

表4-11　模板胎架检验内容、精度标准与检验方法

检验内容	精度标准		检验方法
	标准	允许	
模板垂直度	1/1 000	2/1 000	用线锤检测
模板中线或水线基准线偏差	≤1.0	≤2.0	用线锤检测
平线四角水平	≤2.0	≤3.0	用水准仪或水平软管检测
模板型线与样板型线偏差	±1.0	±1.0~±3.0	用胎架画线样板检测
模板上外板接缝线偏差	±1.5	±3.0	用胎架画线样板检测

注:其他结构形式的胎架可参照上表检验

4. 检验注意事项

(1)船体建造施工要领规定实施精度管理的分段,若采用分段预修整上船台安装方法,检验员应阅读分段工作图中有关分段预修整对画线的要求,通常在胎架所在平台画线时,就应画出有关基准线备用,由检验员监督执行。

(2)用于建造船体艏艉部分段或纵向线型变化大的分段的模板或胎架,竖立的模板画线面应与结构理论线面一致,气割面角度应向下倾斜,见图4-1。

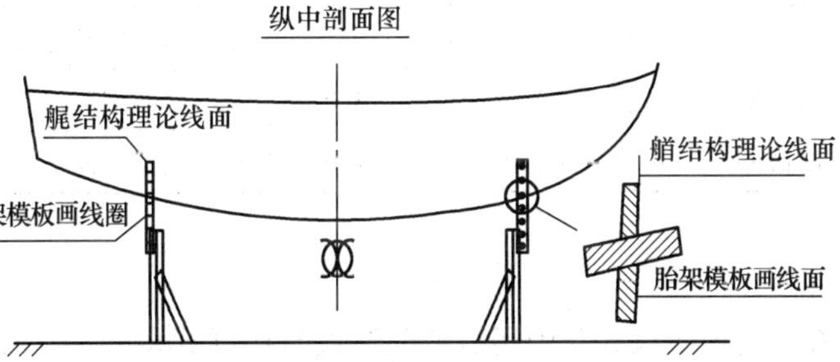

图4-1　艏艉区域模板画线面布置图

(3)胎架应在线型经气割完工后的状态下检验。

(4)胎架模板上应写明肋位号,画出船中线(或假定船中线)或舷侧分段甲板线(或定位线)、外板接缝线等。

(5)舷侧分段的支点式或管式可调胎架要检验在胎架平台上预设的外板定位基准线的位置的准确性。

(6)对分段艏艉曲度变化大的大接缝附近应设有胎架模板,以确保大接缝处外板拼接后的曲度。

二、画线检验

画线作业涉及船体建造流程中各工序，其中号料工序与胎架铺板后画线工序工作量最大，画线检验所述内容指后者。

胎架经验收合格，装配工在胎架上拼装外板或甲板且焊妥，焊缝经外观表面质量检查合格，即可进入画线工序。画线操作应对照分段工作图，依据草图、样条、样板等，先用激光经纬仪画出角尺基准线，然后画出各种结构线、开口线与大接缝线，按分段焊接表，画妥断续焊焊段尺寸，提交检验。

分段画线位置正确与否，将决定分段中各零、部件装焊位置的正确性，尤其在分段大接缝处连续构件的位置及外板、甲板、纵横壁上开孔位置与大小的正确与否，更影响到船体大接缝质量和外观的美观及强度。

1. 检验前的准备工作

检验员首先应阅读所验船舶的船体分段工作图与船体构件理论线图，尤其对设有主机座的船体分段，更要核对主机轴线位置及基座腹板之间开档尺寸的准确性。如果检验部门备有船体分段的画线草图，则检验员要预先熟悉草图所表达内容的完整与可操作性，以提高检验效率与质量。

2. 检验内容、精度标准与检验方法

常用的画线检验内容、精度标准与检验方法，见表 4－12。

表 4－12　画线检验内容、精度标准与检验方法

检验内容	精度标准		检验方法
	标准	允许	
中线、结构线、开口线偏差	≤1.0	≤1.5	用画线草图或样条检测
构件厚度位置偏差	正确	正确	按船体构件理论线图检查
端头肋位距大接缝尺寸偏差	±2.0	±4.0	对预修整端头，检查有余量即可
内底、平台、甲板宽度偏差	±2.0	±4.0	按画线草图或样条检测

3. 检验注意事项

由于从胎架检验到画线检验其中还有装配拼板与接缝焊接两道工序，虽然该两道工序通常不安排验收，但检验员在画线报验前仍应检查外板与胎架线型的吻合情况及拼接焊缝的表面质量，发现质量达不到技术要求，应及时通知施工者，在安装结构前修复好。

画线检验时应注意以下几个方面事项：

(1)如果画线依据是采用木样条(棒)，应注意木质材料受气温、湿度影响会产生尺寸误差。

(2)纵向曲度变化大的外板上画肋位线，应依据胎架模板位置，注意前后方向定位位置的准确性。

(3)结构线线条的一侧均应标明构件的厚度位置。

(4)按分段工作图工艺要求，注意对工艺孔、舱口及大接缝处门窗画线后的处理。

(5)依据样条提供的尺寸点画曲线，尺寸点之间的距离太大会影响曲线的准确性，应增加尺寸点或增做曲线画线样板，以供准确画线。

三、平面和曲面分段检验

平面分段是由平直的板列与相应的骨材装配组合而成的船体分段。曲面分段是由曲面板列与相应的骨架所组成的单层结构的船体分段。

平面分段在船体建造中有纵、横舱壁，平面甲板、平台，平行中体部位的外板及方尾船型的尾封板等板架。平面分段由于在建造过程中始终处于敞开状态装焊，施工条件好，便于使用高效焊接，因此立体分段中的平面板架结构，应尽可能提前装焊成平面分段，且经火工矫正后再供给装成立体分段，以缩短分段建造周期，提高建造质量。现代化的造船厂均配备有平面分段流水线。

曲面分段在船体建造中有单层底的底部分段、单层舷侧分段、甲板分段、艏柱分段及艉柱分段等。曲面分段通常在胎架上建造，分段线型在脱胎架后有所缩小，火工矫正一般仅改善外板线型的光顺性，而难以复位至胎架线型，因此对精度要求高的曲面分段，只有在胎架制造时采取变形措施。

1. 检验前的准备工作

由于平面分段一般不提供单独图样，通常在立体分段工作图的工艺中指明该公段中哪些结构先组装成平面分段，因此检验员必须通阅各立体分段工作图的装配工艺，掌握全船平面分段的位置与数量、结构情况与建造要领要求，才能在检验时做到心中有数，把好质量关。

平面分段中的纵横舱壁上安装扶强材检验要求，见第二节部件检验中的组件装配。其他平面分段中的装配拼板定位焊、焊后画线及装焊结构后矫正等要求亦见此节内容。

对于曲面分段，检验员应详细阅读分段工作图，了解其结构、余量加放位置、放泄塞位置及焊接规格要求等。

检验曲面分段四角水平，应在分段焊接前预设平线。

2. 检验内容、精度标准与检验方法

常用的平面和曲面分段检验内容、精度标准与检验方法可参见表 4－13。

表 4－13　平面与曲面分段检验内容、精度标准与检验方法

检验内容	精度标准		检验方法
	标准	允许	
分段两端肋位间长度偏差（L 为分段长度）	$\pm 0.075L/1\ 000$	$\pm 1.5L/1\ 000$	用画线草图或样条检测
分段宽度（全宽）偏差	±4.0	±8.0	用钢卷尺检测
构件安装位置偏差	≤1.0	≤2.0	用短钢尺检测
构件垂直度	≤3.0	≤5.0	用线锤检测
分段四角水平	±8.0	±16.0	用水准仪或水平软管检测
主要构件十字接头的错位	$\leq L/4$	$\leq L/3$	用短钢尺检测（L 为板厚）

注：其他接缝间隙及错边精度标准，参见表 4－9 部件装配和焊后矫正检验表。

3. 检验注意事项

（1）检验平面分段时，对纵、横舱壁应注意结构对称性、梁拱及脊弧方向的正确性。对波形或槽形舱壁,由于波形或槽形呈非对称形,故检验时更应判别凸出的波形或槽形方位的正确性。分段上应标记船中线、肋位检验线和水线检验线。

(2)检验曲面分段时,应注意如下几点:

①分段中线应标记在分段两端外板或甲板的外表面上。水线基准线应标记在分段两端肋位的肋骨或横舱壁上。艏、艉柱分段除两端外,整条中线应号上冲印。

②舷侧分段应画出按分段工作图所要求的船台定位用水线基准线,并号上冲印。

③分段应画出按分段工作图所要求的肋位基准线,并号上冲印。

④分段四周大接缝边缘,除放有余量外,通常应按分段工作图准备好焊接坡口。

⑤对实施精度管理造船的分段的检验,按有关专用工艺文件要求执行。

(3)应注意分段是否按工艺要求进行加强,以免吊运时变形。

四、立体分段检验

立体分段是由两个或多个平面分段或曲面分段及船体零件、部件进行再组合而形成的具有立体形状的分段。其中,将形成不封闭状态的分段称为半立体分段,将主船体沿船长方向进行横向划分而形成的船体环形分段称为总段。

各类分段的典型名称如下:

(1)立体分段有双层立体分段、艏立体分段、艉立体分段、艉柱立体分段等。

(2)半立体分段有带甲板的L形舷侧半立体分段、带甲板与纵舱壁的舷侧半立体分段、带顶边水舱的P形舷侧半立体分段、全宽甲板带舷侧外板的半立体分段、艏或导楼半立体分段、上层建筑或甲板室半立体分段等。

(3)总段有艉总段、机舱总段、艏总段等。

立体分段检验是对分段的外形尺寸、构件尺寸、构架位置、零件数量、装配精度和焊接质量的检验。管理好立体分段质量,是确保船体大接缝线型光顺、缩短船体建造船台周期的关键。

1. 检验前的准备工作

检验员首先应阅读所验船舶的船体分段工作图与船体建造施工要领,了解与分段检验有关的装焊工艺要求,掌握应装焊的船体其他零件、部件、施泄塞、人孔盖座、预舾装工艺所要求的其他舾装件及焊接规格要求等。还应熟悉分段大接缝坡口形式及加放余量情况。

立体分段是组成主船体结构的独立的完整区段,因此,除分段工作图中标明暂不安装及暂缓焊接的零部件外,通常应装焊完工,但为了检验后返修施工方便,立体分段一般安排在分段未脱离胎架前检验,故允许分段中仰焊暂不完工及少量外板或内底板为改善焊接通风而暂不安装,这些焊缝及板列留待分段完工检验时进行检验。

对实施精度管理造船分段的检验,按有关专用工艺文件要求执行。

2. 检验内容、精度标准与检验方法

各类立体分段检验内容、精度标准与检验方法,见表4-14至表4-17。对于焊接缝间隙及错边的精度标准,参见表4-9部件装配检验表。对于十字接头错位,参见表4-24。

表4-14 双层底分段检验表

检验内容	精度标准		检验方法
	标准	允许	
分段两端肋位时长度偏差(L为分段长度)	$\pm0.75L/1\,000$	$\pm1.5L/1\,000$	用钢卷尺检测

表 4－14(续)

检验内容	精度标准		检验方法
	标准	允许	
分段宽度(全宽)偏差	±4.0	±8.0	用钢卷尺检测
内底板高度偏差	±4.0	±6.0	用钢卷尺检测
肋板、桁材垂直度	≤3.0	≤4.0	用线锤检测
四角水平度	±5.0	±8.0	用水准仪或水平软管检测

表 4－15 立体分段检验表

检验内容	精度标准		检验方法
	标准	允许	
分段两端肋位间长偏差(L 为分段长度)	±0.75L/1 000	±1.5L/1 000	用钢卷尺检测
分段宽度(全宽)偏差	±4.0	±8.0	用钢卷尺检测
分段高度偏差(h 为分段高度)	±1.0h/1 000	±2.0h/1 000	用钢卷尺检测
上下中线偏差	≤2.0	≤4.0	用线锤检测
两端肋位框架垂直度	≤3.0	≤5.0	用线锤检测
构件垂直度(h 为构件高度)	±1.0h/1 000	±1.5h/1 000	用线锤检测
四角水平度	±8.0	±15.0	用水准仪或水平软管检测

表 4－16 主机基座检验表

检验内容	精度标准		检验方法
	标准	允许	
轴中心线与船中线偏差	≤2.0	≤4.0	拉轴中心钢丝后用线锤检测
面板高度偏差	±2.0	±4.0	用直尺与钢卷尺检测
机座纵桁与轴中心线间的距离偏差	±3.0	±5.5	用线锤与钢尺检测
肋位位置偏差	≤2.0	≤4.0	用短钢尺检测

表 4－17 艉柱立体分段检验表

检验内容	精度标准		检验方法
	标准	允许	
艉轴中心线高度偏差	±3.0	±5.0	用卷尺检测
艉轴中心线与船体中线偏差	±2.0	±4.0	用线锤检测
轴壳后端与艉尖舱壁间距偏差 b	±5.0	±10.0	用样棒、钢皮卷尺检测

表 4 – 17(续)

检验内容	精度标准		检验方法
	标准	允许	
上下舵承间距偏差 *a*	±4.0	±8.0	用钢皮卷尺检测
舵杆中心线与轴中心线相交偏差 *d*	≤3.0	≤6.0	验轴中心与舵柱中心钢丝线
上下舵承中心线偏差 *e*	≤5.0	≤6.0	用线锤检测

检验内容具体位置,见图 4 – 2。

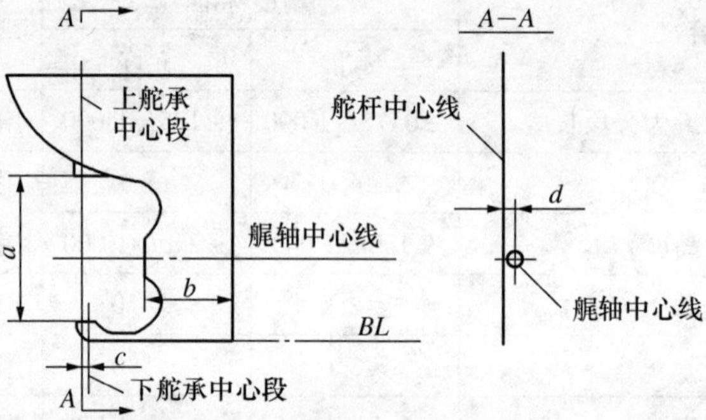

图 4 – 2　艉柱立体分段检验内容图

3. 检验注意事项

(1) 双层底立体分段

①重点检查肋板、桁材的流水孔、透气孔、通焊孔、水密舱周围贯通构件上堵漏孔的完整性。

②分段内左右舷尖角肋板(尖角≤35°)与外板及内底边板焊缝表面质量及包角焊的完整性。肋板与内底边板的包角焊,应在外板未装前先焊妥为宜。

③反身建造的双层底分段在艏艉大接缝附近,若无肋板设置,要检查纵骨安装位置的准确性。

④分段首尾外板表面及内底板上表面应画出船中线,按分段建造要领要求的肋骨检验线,并号上冲印。

(2) 各类舷侧半立体分段

①带甲板的舷侧半立体分段要检查甲板与舷顶列板夹角的准确性。

②分段工作图中节点详图规定的舷侧半立体分段的甲板边板与舷顶列板连接的角焊缝,其坡口准备及焊缝质量应重点检查。

③分段首尾部的肋骨及带纵舱壁的舷侧分段的纵壁上应号出船台定位用的水线检验线。

④分段外板的上下口处应号出肋骨检验线。

(3) 全宽甲板带舷侧外板的半立体分段

①舷侧外板曲面分段安装位置的准确性。

②甲板横梁若设有接缝,应注意其焊缝质量的可信性。

③检查分段工作图中对舷顶列板与甲板边板的角焊缝是否需要开坡口的节点详图。

④检测分段两端肋骨或横舱壁的垂直度。

⑤艏艉端的甲板上应画出船中线,两端肋骨画同水线检验线,外板上画出肋骨检验线,号上冲印。

⑥外板上若有舷窗孔,应检测其高度位置的准确性。

⑦按分段建造工艺要求注意分段吊运加强及大接缝附近结构的暂缓焊接要求等。

(4)艏立体分段

①检测艏柱板安装位置的准确性。

②艏艉端甲板上应画出船中线,艉部外板上画出肋骨检验线,艉端横舱壁上画出水线检验线,并号上冲印。

(5)艏楼半立体分段

艏楼半立体分段检验注意事项除参见上述的全宽甲板带舷侧外板的半立体分段外,还应查阅分段建造要领中对艏柱板的安装是否有反变形的要求。

(6)艉楼半立体分段

艉楼半立体分段检验注意事项参见上述的全宽甲板带舷侧外板的半立体分段。

(7)甲板室分段

①检查分段焊缝规格的正确性。

②分段首尾甲板上画出船中线,并号上冲印。

③分段两端肋骨或横舱壁上画出水线检验线,并号上冲印。

④应注意分段是否按工艺要求进行加强,以免吊运时变形。

(8)艉柱立体分段

①分段首尾端应画出船中线,并号上冲印。

②分段首端横舱壁上应画出水线检验线,并号上冲印。

③分段首部外板上画出肋骨检验线,并号上冲印。

④按表4－17所要求的内容,拉轴中心与舵柱中心钢丝线进行检测。

五、分段完工检验

分段的完工检验是在完成全部施工内容,包括对分段进行尺度和外形测量之后的完整性检验。它是船体建造过程中必须检验的项目。检验分段数量是按分段划分图中分段的数量。各分段应依据分段工作图中标明的属于分段装焊的零部件应完整无缺地装焊完工,例如舭龙骨、分水踵、护舷材等,舾装件中的船底放泄塞必须装焊妥,人孔盖座能装焊更好,其他舾装件,包括液舱、球艏、艏侧推等标志及船名、港籍名(船名、港籍名中文字母下面必须标注拼音字母),按生产设计有关文件执行。完工检验包括工厂检验部门的检验和工厂报请验船部门和船东的检验。检验部门在每只分段报验之前必须先自行检查,并提出检查意见,待施工部门修复后再经检验员验收合格,然后,通知验船部门与船东检验。

1. 检验前的准备工作

检验员应根据《焊接质量检验》所要求的焊缝表面质量检验标准,带好钢卷尺、短钢尺、焊缝量规、尖头检验锤、手电筒、检验用彩色笔及所验分段的工作图与分段测量数据表进行检验。

在检验前必须了解《船体建造工艺符号》(CB/T 3149—1997)中有关船体检验的工艺符

号(见表4－18)。表中符号选用何种颜色的彩色笔由船厂检验部门与施工部门及验船师商定。

表4－18　检验工艺符号

名称	符号	标记方法	说　明
校平	△	在构件需校平处用彩色笔标上校平符号	构件需校平
换新	⊗	在需换新的构件上用彩色笔标上换新符号	构件拆除换新
拆装	□	在需拆装的构件上用彩色笔标上拆装符号	该构件拆下并修复后仍装回原处
拆除	×	在需拆除的构件上用彩色笔标上拆除符号	该构件拆除取消
扣槽	○Q	在缺陷处用彩色笔圈示,并标上扣槽符号	焊缝或构件表面缺陷处需扣去缺陷部分
补焊	○W	在缺陷处用彩色笔圈示,并标上补焊符号	焊缝或构件表面缺陷处需补焊或重焊
批平	○P	在缺陷处用彩色笔圈示,并标上批平符号	焊缝或构件表面缺陷处需批平
磨光	○G	在缺陷处用彩色笔圈示,并标上磨光符号	焊缝或构件表面缺陷处需磨光

说明:扣槽、补焊、批平和磨光符号可组合使用。

检验员将分段提请验船师与船东检验前,应对所验分段使用的钢材规格、钢号、炉批号、检验编号及焊接材料牌号填写好“船体钢材与焊接材料使用部位记录表”与“检验通知单”,然后,通知验船部门与船东。检验后,由验船师、船东与检验员在验收证明书上签名认可,验船师与船东各执一份,检验员自留一份作为备案。

2. 检验内容、精度标准与说明

验船师和船东对分段结构件提出质量问题,可按所验船舶的技术部门制订的质量标准协商解决,但至少应满足《中国造船质量标准》(CSQS)中船体建造精度要求。该标准中的平面度与修整摘录如下,见表4－19至表4－22。

表4－19　局部平面度检验表　　单位:mm

检验内容		精度标准		说　明
		标准	允许	
外板	平行中体(船侧板、船底板)	4	6	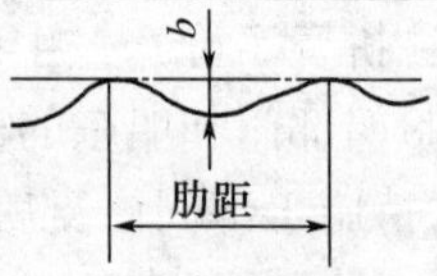 鉴于某些分段的建造方式难以进行水火矫正或矫正后会影响船台安装,则允许待船体完工时列入全船矫正检验要求
	平行中体(船侧板、船底板)大接缝	4	8	
	艏艉弯曲部分	5	7	
	艉部大接缝处	6	8	
双层底	内底板	4	6	
舱壁	纵、横舱壁	6	8	

表 4-19(续)

检验内容		精度标准		说　明
		标准	允许	
上甲板	平行中体	4	6	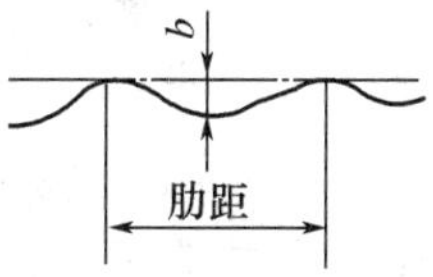 鉴于某些分段的建造方式难以进行水火矫正或矫正后会影响船台安装，则允许待船体完工时列入全船矫正检验要求
	艏艉部位	6	8	
	非曝露部位	7	9	
第二甲板	曝露部位	6	8	
	非曝露部位	7	9	
上层建筑甲板	曝露部位	4	6	
	非曝露部分	7	9	
围壁	曝露部位	4	6	
	两面非曝露部位	7	9	

表 4-20　整体平面度

项　目		标准范围	允许极限	
外板	平行中体	±2*l*/1 000	±3*l*/1 000	1. 检验方法，最小的检测距离 *l* = 3 m，但对舱壁、外壁的检测距离约为 5 m 2. 见表 4-19 中的说明 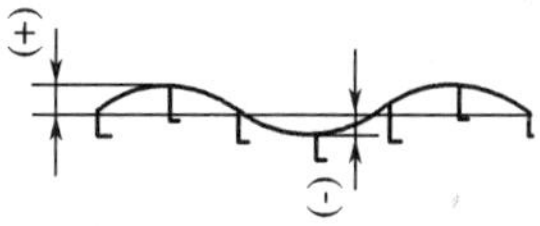
	艏艉部	±3*l*/1 000	±4*l*/1 000	
甲板、内底板		±3*l*/1 000	±4*l*/1 000	
纵、横舱壁		±4*l*/1 000	±5*l*/1 000	
上层建筑	甲板	±3*l*/1 000	±4*l*/1 000	
	外壁	±2*l*/1 000	±3*l*/1 000	
其　他		±5*l*/1 000	±6*l*/1 000	

表 4-21　脚手架眼板和吊装眼板修复

项　目		要　求	说　明
脚手架眼板	油水舱内	允许全部留下	1. 眼板割除后，表面粗糙度应符合有关标准 2. 允许留下或眼板割除后留根，须经船东认可 3. 对强度特别重要的部位割除后应补焊磨光 4. 影响外观和通行的吊装眼板，割除后应补焊磨光
	机舱内	只割除影响外观和通行的眼板	
	货舱内	全部割除	
吊装眼板	外板、甲板等外侧部位	全部割除	
	油水舱内	允许全部留下	
	货舱内	甲板内侧处割除后可以允许留根 10 mm	
	外板、甲板等外侧部位	全部割除	

表 4-22　工艺板清除

项　目	要　求	说　明
需要良好外观处	外板、甲板和上层建筑外侧应全部批平。工艺板咬边允许深度 0.5 mm,超过者应补焊磨光	舷顶列板、强力甲板的角隅板工艺板应少设或不设,其咬边应全部补焊磨光
不需要良好外观处	舱内部批掉特别显眼部位的工艺板。工艺板咬边允许深度 0.5～1 mm,长度不大于 30 mm,超过者应补焊和修复,但可不批磨	舷顶列板、强力甲板的角隅板工艺板应少设或不设,其咬边应全部补焊磨光

检验员在对分段总检验时,对不合格项目中难以用工艺符号表达的意见,可在舱壁或显目的位置用文字逐条写明并签名与检验日期。

3. 检验注意事项

(1)分段完工应包含的项目,按上述要求,还应查阅分段工作图和建造要领中规定分段制造应割除的余量及应开好的焊接坡口是否已实施。

(2)被检分段在检验前必须清除全部多余物、垃圾和积水。

(3)验船师、船东在验收证明书上除阐明是否同意验收外,对基本同意验收,但对某些不合格项目,若验船师、船东委托检验员待修复后全权负责复查,则请验船师、船东在验收证明书上写明不必复验。事后,检验员应及时督促施工部门尽快将遗留缺陷修复,并认真复验。

第四节　船台装配检验

一、分段预修整检验

1. 概述

分段预修整是分段在胎架上或在完工检验合格后,采用激光经纬仪画出分段大接缝线,然后用半自动气割机割除余量并割好焊接坡口的工艺过程。分段预修整的效果取决于分段预修整画线时分段处于何种状态,通常处于如下三种状态。

(1)分段在胎架上处于紧固状态

分段在胎架固定耳板不拆除紧固状态下进行预修整画线。在分段装配过程中,采用加放焊接收缩补偿量的方法,分阶段进行画线,在实船施工中积累放补偿量的经验。仅用于双层底分段与甲板分段预修整。

(2)分段在胎架上处于自由状态

分段在拆除胎架固定耳板后的自由状态下进行预修整画线。此时,除与胎架接触的板列的对接焊缝及火工矫正未完工外,其他装焊及矫正工作均结束。此方法由于预修整画线后遗留焊接工作量不多,产生的变形量较小,而预修整画线仅占用在分段脱离胎架前的少量时间,因此,应用广泛。

(3)分段调整至水平状态

分段经交验合格后被调整至水平状态下进行预修整画线。分段经此方法预修整后,除吊运不当会产生变形外,无其他外来影响,因此该方法是确保船台安装大接缝间隙精度的最佳方法,但由于将分段调整至水平状态很费时,相当于分段在船台安装时定位的工作量,因此除非配备可调四角水平设备的专用画线平台,要推行此方法有一定难度。

总之,分段预修整工序是船体建造精度管理起步阶段的行之有效的方法,尤其对小型船舶的总段及中型船舶的双层底分段更为适用,大型船舶的精度管理技术发展方向是推广实施船体中部分段从零部件号料起不留余量,用补偿量进行精度控制;艏艉区域分段采用预修整后进行安装工艺,以减少钢材工艺余量与分段安装工时,缩短船台建造周期,降低成本,提高船体建造质量。

2. 分段预修整检验要求

检验员首先应阅读船体建造要领,了解船体建造精度计划涉及分段预修整有哪些分段,采用何种状态下预修整画线。如何控制画基准线的精度,画大接缝线需加放多少焊接收缩补偿量,等等。

需要说明,本节所述的分段预修整检验,除了对精度计划按调整至水平状态画线的分段可执行名副其实的检验工作外,对处于另外两种状态下进行预修整的分段,画线检验是在分段未完工状态下进行,检验员的检验工作主要是在操作工画线时加强监视,严格执行工艺要求,做好预修整分段安装时大接缝间隙的检测工作,配合技术部门,提高精度管理水平。

二、船台基准线检验

为使船体分段能在船台上正确定位、安装,确保主船体建造精度而设置的船台中线、水线检验线、肋骨检验线、龙骨线检验线及分段安装工艺规定的其他线条统称为船台基准线。

随着船体建造检测量具、水准仪、准直仪、经纬仪及激光经纬仪的广泛应用,船台基准线的画线精度与分段定位精度更容易保证。随着船台基准线定位工艺技术的不断改进,船台标杆已逐渐淘汰,分段定位的方法也趋于简便。在船台中线上用 V 形插口支撑进行底部分段定位的方法已在国内船厂得到应用,有利于船体建造质量的提高与缩短船台建造周期。

船台基准线检验是检验员对分段安装工艺所规定的船台基准线进行检测。船台基准线精度是确保船体主尺度建造精度的基础,必须认真检验。

1. 检验前的准备工作

检验员应了解的船台基准线的种类、含义、设置部位与作用如下:

(1)船台中线

为分段在船台上定左右位置而设置的船体中线位置线称为船台中线。

船台中线标记在船台面上。船台中线直线精度是确保船体建造完工后船体中线直线度的基础。

(2)肋骨检验线

为分段在船台中线上定首尾方向的前后位置而设置的船体肋骨位置线称为肋骨检验线。肋骨检验线垂直船台中线,标记在船台面上。肋骨检验线用于控制每只分段首尾方向安装位置以确保船体总长度。

(3)龙骨线检验线

为底部分段在船台上定高度位置而设置的船体龙骨线位置线称为龙骨线检验线。龙骨线检验线标记在船台旁边的标杆或船中线上竖立的矮标杆上。龙骨线检验线位置准确性是确保船体建造完工后船体基线直线度的基础。

除此之外,有些船厂还在船台标杆上标记有主机轴中心线高度检验线。

实施精度管理造船的船台基准线还有船体半宽检验线、舷侧分段距中宽度检验线等。

检验员应掌握上述各种船台基准线的画线方法,应采用的画线工具与画线作业程序,检验员的职责除了用钢皮卷尺(用于船台基准线检验的钢皮卷尺应具有足够的准确度)检测基准线完工尺寸外,必须注意,某些基准线并非卷尺能量取,尤其在倾斜船台上,必须依靠水准仪、激光经纬仪、水平软管等设备与工具检测,因此检验员应该了解其画线方法。

2. 检验内容、精度标准与检验方法

检验内容、精度标准与检验方法,见表 4 – 23。

表 4 – 23　检验内容、精度标准与检验方法

检验内容	精度标准		检验方法
	标准	允许	
船台中线直线度	≤0.5	≤1.0	在用激光经纬仪画线时参与监视
肋骨检验线垂直度	≤0.1/1 000	≤0.2/1 000	用同上方法检验与船台中线垂直度
龙骨线检验线直线度	≤1.0	≤1.5	用激光经纬仪或水平软管检测

对实施精度造船的船体建造工艺所要求的其他船台基准线的画线精度要求,按所验船舶的有关技术文件执行。

3. 检验注意事项

(1)关于船台基准线中的水线检验线,由于船台高标杆已淘汰,有些船厂采用在内底板上竖立临时标杆为舷侧分段定高度位置而设水线检验线,也有依据各分段的水线检验线直接测量高度进行定位等。总之,检验员应按所在船厂的分段安装工艺及所验船舶的船体建造要领检验,以确保主船体型深、上甲板脊弧及上层建筑与甲板室的层高。

(2)对船台中线长度大于 100 mm 的船台面画肋骨检验线,应先选取首、中、尾大接缝附近的 3 ~4 根肋骨,用激光经纬仪转 90°角的方法画好 3 ~4 条肋骨检验线,待检测这些肋骨检验线的平行度后再用钢皮卷尺依此为准画出其他肋骨检验线。肋骨检验线仅在分段定位的测量点处画出线段即可。

(3)在船体中线、半宽检验线上检测长度时要注意温差的影响。

(4)用经纬仪在倾斜船台面上画线和测量时要注意船台坡度及平面度的影响。

三、分段安装检验

1. 概述

分段安装是将船体分段或总段在船台上组装成完整船体的工艺过程。

分段在船台上的安装方式常用有如下三种:

(1)总段安装法

船体建造以总段形式在船台上安装的方法称为总段安装法。通常以船中后面的某总段作为基准总段,再向艏、艉方向依次安装其余总段,以便使艉部提早安装主机与轴系,缩短船台建造周期。总段安装法有利于预舾装作业,船体焊接变形小。适用于小型船体建造。

(2)层式安装法

船体建造以双层底分段为基础先全部安装完工,然后将其上部平台板、甲板等能形成层次的分段逐层安装,但机舱及艉分段需提早成形,艏分段通常待多层分段安装至达到艏分段高度后再行安装。层式安装法要求同层次同型分段同时装焊完工上船台,有利于施工管理,又利于分段预修理精度管理及船台预舾装工作,故适用于中型船体建造。层式安装法见图4-3。

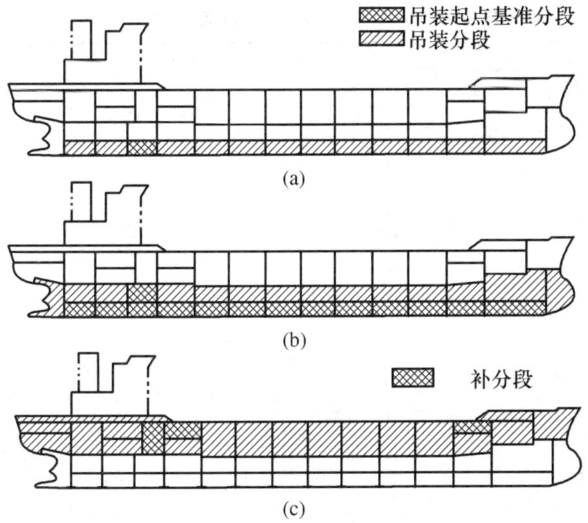

图4-3　36 000吨级散货船层式安装法

(3)塔式安装法

船体建造以中后某一底部分段为基准分段,向前后左右自下而上将分段安装成“塔”形并继续按“塔式”形式安装成完整的船体称为塔式安装法。塔式安装法有利于扩大化施工面。减少焊接变形,适用于大型船体建造。

(4)岛式安装法

在船体建造时将船体分成两个或两个以上的建造区,以每个建造区的中心底部分段为基准,各自按塔式安装法建造形成“岛”,最后在“岛”与“岛”之间以嵌补分段连接成完整船体的建造方法。岛式安装法船台施工面更大,适用于更大型船体建造。

此外,为缩短船台建造周期及解决船台长度不够问题还有串联造船法、两段造船法及水上合龙等。

分段安装时对大接缝余量的处理通常采用的方法是余量在合龙时“套划”,即对基准分段在分段建造过程中就将大接缝余量割除,其他分段在建造时将一端的大接缝余量割除,另一端待分段安装时按先定位的相接端头画余量线后割除,这种传统的方法,能确保大接缝间隙,至今仍适用于薄板结构的船体分段与中大型船体首尾区域的分段安装。大型船舶船体中部分段从零部件号料起不留余量与分段预修整后无余量安装的方法,大接缝采用间隙允许5~8 mm加衬垫的单面焊是近年来船体建造精度管理探索得到的最有效措施。

2. 检验前的准备工作

检验员应阅读船体建造要领与分段安装工艺，按工艺要求的船台基准线应标记完整，且经检验合格。各分段的船中线、肋骨检验线与水线检验线均标记清晰。

分段安装检验时，检验员通常用钢皮卷尺与水平软管进行检测，主要检验分段上的检验线定位的准确性及大接缝间隙与焊接坡口的精度。

3. 检验内容、精度标准与检验方法

检验内容、精度标准与检验方法，见表 4 - 24 与表 4 - 25。

表 4 - 24　焊接缝错位、错边与间隙检验表

检验内容			精度标准		检验方法
			标准范围	允许极限	
十字接头错位	错位 a 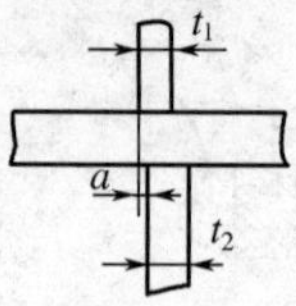 $t_1 \leqslant t_2$	主要结构	$a \leqslant L_1/4$ 且 <4	$a \leqslant L_1/3$	用短钢尺测量
		次要构件	$a \leqslant L_1/3$ 且 $a<6$	$a \leqslant L_1/2$	
对接缝错边	错边 e 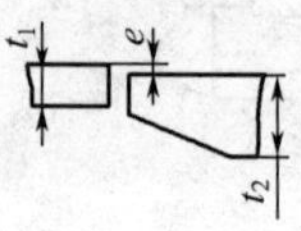 $t_1 \leqslant t_2$	主要结构	$e \leqslant 0.1L_1$ 且 <2.0	$a \leqslant 0.15L_1$ 且 $\leqslant 3.0$	用短钢尺测量
		次要构件	$e \leqslant 0.15L_1$ 且 <3.0	$a \leqslant 0.2L_1$ 且 $\leqslant 3.0$	
手工焊对接缝间隙	根部间隙 a 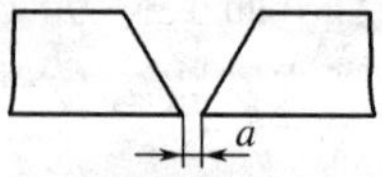 $t_1 \leqslant t_2$		$A=2.0\sim3.5$	$a \leqslant 5.0$	用塞尺测量
角接缝间隙	间隙 a 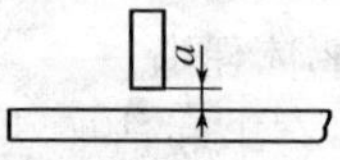 $t_1 \leqslant t_2$		$a \leqslant 2.0$	$a \leqslant 3.0$	用塞尺测量
搭接缝间隙	间隙 a 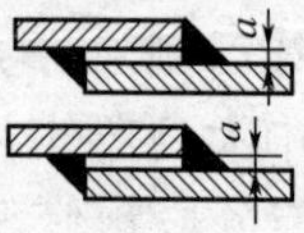 $t_1 \leqslant t_2$		$a \leqslant 2.0$	$a \leqslant 3.0$	用塞尺测量

表 4-25　检验内容、精度标准与检验方法

检验内容		精度标准		检验方法
		标准范围	允许极限	
中线偏差	双层底分段中线	≤3.0	≤5.0	用线锤检测
	甲板、平台、横舱壁中线与内底板上船中线偏差	≤5.0	≤8.0	用线锤检测
	艏艉端点中线，h 为艏艉端点高度	≤0.1%h	≤0.1%h	用线锤或经纬仪检测
	上层建筑分段中线与上甲板的船中线	≤4.0	≤8.0	用线锤检测
	舵承中心线与船台中线	≤4.0	≤8.0	用线锤检测
	艉轴孔中心线与船台中线	≤5.0	≤8.0	拉轴中心钢丝检测与舵承中心钢丝之间偏差
水平度	底部、平台、甲板四角水平	±8.0	±12.0	用水平软管或水准仪检测水线基准线水平度
	舱壁左右(前后)水平	±4.0	±6.0	
	舷侧分段前后水平	±5.0	±10.0	
	上层建筑四角水平	±10.0	±15.0	
高度偏差	舱壁	±3.0	±6.0	用水平软管或水准仪检测水线基准线位置
	舷侧分段	±5.0	±8.0	
	上层建筑	±10.0	±15.0	
其他	分段接缝处肋距偏差	±10.0	±20.0	用线锤或经纬仪检测
	舱壁垂直度，h 为舱壁高度	≤0.1%h 且≤6.0	≤0.1%h ≤10.0	用钢皮卷尺检测

4. 检验注意事项

(1)分段安装在理论上均要求按船台中线、肋骨检验线、龙骨线检验线与水线检验线定位，但由于船体质量在长度方向分布不均匀，船体结构中和轴又处于主船体中心偏下，以及分段在船台上搁置的时间有长短，等等，造成船体建造焊接变形的趋势总是中部下垂，艏艉上翘，因此分段安装检验要注意如下几点：

①基准分段定位高度可允许稍高于龙骨线检验线。

②用层式安装法合拢双层底分段，全船双层底的龙骨线可允许有些中拱状态。

③分段安装工艺中规定放反变形的分段，必需按工艺规定的反变形值检测分段定位的准确性。

上述①②条中可允许的数值由技术部门按不同类型船舶的建造经验制定分段安装通用工艺。

(2)经预修整的双层底分段在合龙时如发现大接缝间隙超差量稍大，如果能调整分段船中线偏离一些船台中线，从而使大接缝间隙可改善至允许极限状态，则可予以验收。

(3)全船双层底分段及底部分段装焊后,应将船台中线驳至内底板上,作为船体中线供其上分段定位基准用。

(4)船体分段横向大接缝必须在所在两只分段的首尾均已安装相邻分段后才能施焊,否则应采取其他工艺措施。

(5)检验船体中部带有上甲板边反的分段安装高度时,应特别重视型深尺寸宜大不宜小,否则将影响满载吃水与干舷值。

(6)对于舷侧分段检验,应重视检测左右舷侧分段肋位的对称性,以确保甲板分段安装时横梁的对接。

(7)检验设有主机基座的底部分段及艉柱立体分段的安装位置,应检测中心线位置的准确性。

(8)检验与主船体甲板梁拱值不一致的上层建筑甲板室时,应检测图样上注明位置处的甲板间高。

(9)大型船舶由于分段质量大,船台装焊部分分段后,有可能影响平板龙骨原定位的基准位置,检验员应分析所收到的龙骨线挠曲度测量值,发现偏差较大应及时向技术部门反映,以便及时修正分段安装工艺。

(10)在主船体装焊后、拉主机轴线前、密性试验后及画吃水标志前,应检测龙骨线挠曲度。

第五节　船体密性试验

一、密性试验要求

1. 概述

检查船体外板及有密性要求的舱室的焊缝是否存在泄漏、渗漏情况的试验称为船体密性试验。

密性试验的传统方法是灌水法。根据不同的部位,造船规范要求将水灌至规定的高度,使船体结构和焊缝处于一定的受压状态,然后,检查有关结构和焊缝,不应有变形和渗漏现象。由于它是属于实效性试验,且检查渗漏效应一目了然,在对舱室作密性试验的同时,又起到了强度试验的效果,因此历来为船检部门所接受。但是水压试验虽然可靠,验收又方便,但船厂在执行中困难不少,首先,舱室注水后,船体负荷增加,需要增加墩木的数量,尤其是油轮,舱容大,更难实施;第二,相邻舱室要交叉注水,而每次注满舱与排水要花很的时间,增加船台建造周期;第三,江湖或海水排水后,清扫积存淤泥的人工多,而改用自来水成本又太高,舱室骨架经注水后,在死角与间隙中留有难以揩干的积水,会增加锈蚀;其次,舱室注水后若发现严重的渗漏缺陷,按补焊要求必须排水修补,重复注水致使试验时间更长。

为此,造船规范允许水压试验可以用充气试验代替,但由于充气试验无法兼作强度试验,故规范规定:“对于全部液舱均采用充气试验的船舶,在完成充气试验后,至少应对每种结构形式的液舱中的一个做水压试验。但对干货船中标准高度的双层底舱和液货船中远离货舱区域的液舱,如验船师对充气试验结果感到满意,可免做水压试验。”“当在船台上或干坞内进行水压试验有困难时,水压试验可在船舶下水后进行,但对船体的水下部分以及下水后无法检查的部位，应在下水前用适宜的方法进行检查，并使验船师满意。”船厂在建造批量船舶的首制船时，应执行此规定。然而，多年来的造船实践表明，对于按规范进行结构设计的船体强度是足够的，技术部门应征得验船师同意，可减少液舱水压试验的数量。

2. 船检规范的密性试验要求

按中国船级社的《钢质海船入级与建造规范》规定的船体密性试验部位和试验压头要求，见表 4 – 26。

表 4 – 26　船体密性试验部位与试验压头要求

序号	试验部位		试验压头要求
1	艏、艉尖舱，双层底舱，底边舱（作水舱时）		至空气管顶高度
2	作空舱的尖舱		至满载水线高度
3	深油舱、燃油舱、顶边舱		至舱顶以上 2.5 m 或溢流管顶高度，取大者
4	液货舱		至舱顶以上 2.5 m 高度
5	隔离空舱		至舱顶以上 2.5 m 高度
6	泵舱		至满载水线高度
7	海底阀箱	无吹洗设备者	至干舷甲板以上 1 m 高度
		有吹洗设备者	至干舷甲板以上 2.5 m 高度

注：(1) 水压试验可用充气试验代替；(2) 海底阀箱箱体可用充气试验。

对下列项目应做冲水试验并使验船师满意：

(1) 水密舱壁、水密平台及轴隧；

(2) 舱壁水密门（安装后）；

(3) 风雨密门、其他风雨密关闭设备（如舷窗等）；

(4) 艏门、艉门及舷门；

(5) 钢质风雨密舱口盖。

按我国船舶检验局《内河钢船建造规范》规定船体密性试验部位和试验要求，见表 4 – 27。

表 4 – 27　内河钢船密性试验要求

序号	试验部位		试验要求
1	艏艉尖舱	作水舱时	水柱高度取至空气管上端，至少高出干舷甲板 0.5 m
		不作水舱时	水柱高度取至满载吃水，以上做冲水试验
2	双层底空间		水柱高度取至空气管上端
3	单层底船的底部		水柱高度取至平板龙骨以上 0.6 m
4	深水舱		水柱高度取至空气管上端，至少高出舱顶 0.5 m
5	深油舱、货油舱		水柱高度取至舱顶以上 2 m
6	隔离空舱、舷伸甲板下封闭空间		水柱高度取至舱顶以上 0.5 m

表 4 - 27(续)

序号	试验部位		试验要求
7	舷侧外板、甲板间的船侧围壁、露天的干舷甲板、水密舱棚、水密舷门、甲板上通风管、舱口围壁及舱口盖		冲水试验
8	各层甲板(包括顶逢甲板)		淋水试验
9	海底阀箱	无吹洗设备者	水柱高度取至干舷甲板以上 1 m
		有吹洗设备者	按吹洗时的压力来确定试验压力,一般不超过 0.2 MPa
10	厨房、配膳室、盥洗室、浴室、厕所、蓄电池室等		围壁下沿做灌水试验,水柱高度至门槛

注:①灌水试验可用充气试验代替,冲水试验可用煤油试验代替。

②海底阀箱箱体可用充气试验。

二、船体密性试验方法和标准

船体密性试验的方法有水压试验、充气试验、煤油试验、冲水试验、淋水试验、油雾试验、水压、充气混合试验、负压密性试验(此试验方法由于“真空盒”需进口,且逐段试验速度慢,仅适用于修补焊缝后试验)等,其试验方法与技术要求分别叙述如下:

1. 水压试验

水压试验是用水灌入舱内至规定高度并保持一定时间以检查船舱水密性的试验。

(1)技术要求

①水压试验应按间隔或交叉顺序进行,相邻舱室不得同时进行水压试验,以便检验。

②试验舱室下面应适当增加墩木或支撑,且避开受检部位。

③灌水高度见表 4 - 26 与表 4 - 27。水温通常不低于 5 ℃。

④若灌水高度要求至舱顶以上,舱顶上应设置直径不小于 50 mm 的加压管(可利用已设的空气管、溢流管),加压管内的压水高度在试验持续时间内无明显下降。

(2)合格标准

灌水至规定高度后保持 15 min,即可检查受试舱室外面的焊缝处,无水滴、水珠、水迹等渗漏现象即为合格。

2. 充气试验

充气试验是用压缩空气充入舱内并保持规定的压力和时间,以检查密性舱室焊缝是否漏气的试验。

(1)技术要求

①相邻舱室不得同时进行充气试验,以便检验。

②与被试舱室相邻的舱室处于构架密集、狭窄、尖角等原因而无法涂肥皂溶液检漏时,不宜采用。

③在检查面的焊缝上涂肥皂溶液时,若周围气温在 0°以下,则应将肥皂溶液加热后使用。

④每个试验舱室上应装置经检验合格的压力表 2 个，安全阀 1 个。

气体应通过压力调节器或减压阀引入。

⑤充气试验的压力取 0.02 MPa ~ 0.03 MPa。

(2) 合格标准

钢质海船应在充气压力 0.02 MPa ~ 0.03 MPa（内河钢船充气压力 0.02 MPa ~ 0.025 MPa）保持 15 min 后，检查压力无明显下降后再将舱内气压降至 0.01 MPa，然后在检查面除自动焊焊缝外的所有焊缝上涂肥皂溶液而不产生气泡即为合格。

3. 煤油试验

煤油试验是在船体检查面的焊缝上涂以煤油，利用煤油的渗透作用检查其是否渗漏的试验。

(1) 技术要求

①在检查面的焊缝上先涂白垩粉水溶液，其宽度小于 40 mm，干燥后进行试验，若周气温在 0 ℃以下时，可用盐溶液或酒精作溶剂配制。

②在检查面焊缝的反面涂上足够的煤油，在试验过程中焊缝表面应保持煤油薄层。

③对于用橡皮衬垫保证水密的结构、铆接和螺栓连接的结构，不允许采用煤油试验。

(2) 合格标准

当周围气温在 0 ℃以上时，煤油试验持续时间按表 4 - 28 规定。当气温低于 0 ℃时，用盐溶液或酒精作溶剂配制，且持续时间应适当延长。在达到规定持续时间后，检查除自动焊焊缝外的所有焊缝面上的白垩粉表面，应无渗出的煤油斑迹，即为合格。

表 4 - 28　煤油试验持续时间

焊缝厚度 /mm	试验持续时间/min			
	水平焊缝		垂直焊缝	
	水密	油密	水密	油密
≤6	20	40	30	60
7 ~ 12	30	60	45	80
13 ~ 25	45	80	60	100
>25	60	100	90	120

4. 冲水试验

冲水试验是以一定压力的水柱射向船体的焊缝或舷窗、舱盖、水密门等的接合部位，以检查其是否渗漏的试验。

(1) 技术要求

①冲水试验时，喷嘴口直径应不小于 16 mm，水压力不小于 1 MPa，喷嘴离被试部位的距离应不大于 3 m。

②通常用消防唧筒向焊缝垂直冲水，可以在焊缝的任一面冲水，垂直焊缝应自下而上冲水。

③铆接结构的接缝应从未捻缝的一面冲水。

④冲水试验时外界气温应大于 0 ℃。

⑤冲水时检查面的焊缝必须保持干燥。

(2)合格标准

冲水时在检查面的检验员要配合舱室外的冲水人员检查对应部位,应无水滴、水珠、水迹等渗漏现象即为合格(对以橡胶为密封垫的舱盖在冲水前检验员可用压白粉方法进行预检)。

5. 淋水试验

淋水试验是将水淋在被试焊缝或接缝上,在另一面检查是否泄漏的试验。

(1)技术要求

①用水浇淋在焊缝或接缝上。

②露天甲板或外围壁可利用下雨天检查,雨量以中等以上为宜。

(2)合格标准

试验时,持续时间 3 min 后,在检查处以看不到渗漏水珠即为合格。

6. 油雾试验

油雾试验是以煤油和压缩空气通过喷雾装置射出具有一定压力的油雾,利用油雾渗透作用以检查焊缝是否渗漏的试验。

(1)技术要求

①油雾试验用的煤油须经过滤处理,以清除杂质。

②喷雾器具的管路中的压缩空气压力不小于 0.03 MPa。

③喷油嘴口径不大于 16 mm,离焊缝距离 50 ~ 100 mm,移动速度为 5 ~ 10 m/min。

④在检查面的焊缝上先涂白垩粉水溶液,其宽度不小于 40 mm,干燥后进行试验,若周围气温在 0 ℃以下时,可用盐溶液或酒精作溶剂配制。

(2)合格标准

当外界气温大于 20 ℃时,喷油雾后 3 ~ 5 min。当气温小于 20 ℃时,喷油雾后 10 ~ 15 min,检查焊缝面上的白垩粉表面应无煤油斑迹即为合格。

8. 水压、充气混合试验

水压、充气混合试验是先用水灌入舱内至规定高度,然后以压缩空气充入舱内并保持规定的压力和时间,以检查密性舱室周围焊缝是否渗漏的试验。

(1)技术要求

①相邻舱室不得同时进行水压、充气混合试验,以便检验。

②试验时被灌水的舱室隔舱处,视需要适当增加船底龙骨墩或支撑,预防船体变形。

③灌水水温通常不低于 5 ℃。

④每个试验舱室上应装置经检验合格的压力表 2 个,安全阀 1 个。气体应通过压力调节器或减压阀引入。

⑤充气试验的压力取 0.02 MPa ~ 0.03 MPa。

⑥在检查面的焊缝上涂肥皂溶液时,若周围气温在 0 ℃以下,则应将肥皂溶液加热后使用。

(2)合格标准

钢质海船应在充气压力 0.03 MPa(内河钢船充气压力 0.02 MPa ~ 0.025 MPa)保持 15 min后,检查受试舱室灌水水面高度以下的焊缝外面应无水滴、水珠、水迹等渗漏现象,在水面高度以上的所有焊缝涂肥皂溶液检查,应不产生气泡即为合格。

三、船体密性试验条件和程序

1. 船体密性试验图

中国船级社的《钢质海船入级与建造规范》规定船体密性试验采用冲水、水压、充气或其他等效的方法。船舶检验局的《内河钢船建造规范》规定船体密性试验采用灌水、冲水、淋水、涂煤油、充气或相应等效的方法。而多年来,造船厂常用的船体密性试验方法是按技术部门提交验船师认可的《船体密性试验图》进行试验的,其方法就是前面所述的七种。因此,船体密性试验前,应具备《船体密性试验图》,图中应明确表达各舱室或部位的名称,所采用的密性试验方法,应达到的技术要求等。其中,检验员应重视甲板有开口或工艺开口的非液舱所采用的密性试验方法的适用性与可信性。

2. 船体密性试验基本要求

(1)船体水下部分以及下水后无法检验的部分,应在船舶下水前作密性试验;其他部位的密性试验应在船体建造完工后进行。个别特殊部位在征得验船师同意后可下水后进行。

(2)在进行试验前,船体密性焊缝通常不得涂刷油漆、水泥或敷设绝缘材料等,并保持内外面清洁与干燥。对易受大气腐蚀的部位,可以涂上一层薄的不影响密性试验的底漆。

(3)密性试验舱室及其周界外部相邻舱室的检查面区域应清除垃圾、杂物与积水。

3. 密性试验舱室的完整性要求

(1)密性试验舱室内的结构完整,焊接与矫正工作完工,且验收合格。

(2)测深仪舱、计程仪舱通常先空舱进行密性试验,然后待设备安装后对密性焊缝再补做密性试验。

(3)位于舱室密性构件上放泄塞,人孔盖座板、各类座架、管子与电缆支架、管系通舱焊接件、阀座、水密舱口盖围板、通风管、钢质踏步及直梯等,均应装焊完整,且经验收合格。若有未完工项目,应征得验船师同意待安装后补做密性试验。

4. 密性试验的检验程序

由于船体密性试验要检查庞大的船体与众多的密性焊缝,虽工作量大,但它直接影响船体下水后的安全性与交船后长期营运寿命,是至关重要的,必须认真对待,因此检验应按如下程序进行:

(1)准备

检验员先详细阅读船体密性试验图,掌握各密性舱室应采用的密性试验方法、技术要求与合格标准。然后了解所验船舶的施工进度及舱室密性的试验顺序,严格遵守密性试验守则,以确保试验的安全。

(2)预查

在对密性舱室作试验前,先预查舱室的完整性是否符合要求,凡有条件装焊的项目,应督促施工部门抓紧完工。对某些项目无条件完工而施工部门要求提前试验的舱室,检验员应分析该未完工项目完工后能否有效地补做密性试验,若能通过补做试验确保该部位的密性,则可做让步放行,并做好备忘记录。

(3)预检

依据现场密性舱室焊缝的外观质量、舱室完整性程度的优劣与所采用的密性试验方法的简繁等,除督促密性试验作业者应认真做好自检工作外,检验员要计划好对哪些舱室应采用先预检后再正式交验的措施,然后通知作业者,并认真协同作业者一起做好这些舱室的检漏工作。

(4)检验

在掌握密性试验作业者自检工作质量良好的情况下,检验员在接到作业者已自检完工报告后,即可通知验船师和船东,约定检验时间。施工部门要配备好返修人员陪同检漏,发现泄漏处,按有关修复要求(对于较厚的一般强度船体结构钢,通常可在背面带水压或气压状态下直接堆焊)立即返修妥,并取得验船师与船东的签字认可。

(5)标识

检验员可利用密性试验图在舱室密性试验认可后,及时在图上作好标志符号,以防漏检,又利于了解工作进度;并记录已完工舱室的试验日期、天气、气温、试验参数、参试人员和试验结论,并切实记录好让步放行的遗留项目。

(6)跟踪

检验员应经常查阅关心未完成密性试验的遗留项目,了解其施工进度,当具备补做密性试验条件时,督促抓紧补缺。试验方法可按该项目所处舱室的密性试验要求选用等效而又简便的方法,以减少对其他相关工序的影响。检验完工后作好记录备案。

第六节　船体完工检验

一、船体主尺度和外形检验

船体主尺度是船体外形大小的基本量度,即船的长度、宽度和深度。在船体型线图和基本结构图上标注为总长、垂线间长、最大宽度、型宽和型深等。船体主尺度是船体性能设计和制作船模进行拖曳试验的关键尺寸,也是签订合同、进行基本设计、详细设计和生产设计的主要依据。在船体建造各工序施工时,为确保船体主尺度精度要认真地制定工艺措施。如果主尺度精度超出允许极限,将直接影响到船舶的排水量、舱容、稳定性与局面速性。据分析,对型宽相对较大的船在型宽建造偏差为 ±15 mm 时,或者对型宽相对较小的船在型宽建造偏差为 ±30 mm 时,将导致该船的横稳心高度变化约为 ±10 mm 左右。船体尾部区域分段及艉柱的安装精度偏差也会影响轴系与舵系的效能及航向稳定性。型深的建造偏差将影响勘划载重线标志的位置与干舷尺寸,影响载重量、大倾角稳性与抗沉性。外形变形量超出允许极限将影响船体的总纵强度。因此,船体主尺度和外形检验至关重要,它的检测值列入交船完工质量报告之一,也是评价船舶产品质量的主要项目。

1. 检验前的准备工作

船体主尺度和外形检验通常应在船体密性试验后,并必须在移墩前(移墩指为了涂刷搁至墩木处的船底油漆而进行的调换墩木位置的工序,大型船通常无此工序)完工。主尺度检验项目有总长或垂线间长、型宽和型深。外形检验项目有龙骨线直线度(或轮廓度)、艉翘、艏翘、船底斜升线、局部平整度和整体平整度等。检测方法通常是以船台基准线为基准,用激光经纬仪或经纬仪、水平软管、线锤及钢皮卷尺测量。由于主尺度测量方法并不复杂,只要借助工具将总长或垂线间长、型宽、型深用几何中推平行线法引出后量了取尺寸即可,故不再叙述。对于船体主尺度检验,检验员必须了解下述术语的含义:

(1)船的长度

①船长 L

沿设计夏季载重水线,由艏柱前缘量至舵柱后缘的长度;对无舵柱的船舶,由艏柱前缘量至舵杆中心的长度;但均不得小于设计夏季载重线总长的96%,且不必大于97%。该船长主要用于船级社规范计算及有关国际公约。

②总长 L_{oa}

包括两端上层建筑和外倾式舷墙在内的船体型表面最前端与最后端之间的水平距离。

③最大长 L_{max} 船舶最前端至最后端之间包括外板和两端永久性固定突出物(如顶推装置、挖泥绞刀架等)在内的水平距离。

④垂线间长 L_{pp}

艏柱前缘与夏季载重线交点处的垂线(首垂线)与舵柱后缘与夏季载重线交点处垂线或对无舵柱船舶为舵杆中心线(尾垂线)之间的水平距离。

(2)船的宽度

①最大宽 B_{max}

包括外板和永久性固定突出物,如护舷材、水翼等在内,垂直于中线面的最大水平距离。②船宽(型宽)B

在船舶的最宽处,由一舷的肋骨外缘量至另一舷的肋骨外缘之间的水平距离称为船宽。即为船体型线图上的型宽。

(3)型深 D

在船的中横剖面处,沿船舷由平板龙骨上缘至干舷甲板船侧处横梁上缘的垂直距离;对甲板转角为圆弧形的船舶,则由平板龙骨上缘量至横梁上缘延伸线与肋骨外缘延伸线的交点。

检验员在主尺度检验中应认真检测型深的精度,它涉及船舶载重线标志与吃水标志位置的准确性。对此,检验员在交验时应掌握验船师特别重视验收勘划载重线标志,而船东代表认可吃水标志。

对于船体外形检验,由于船体外板、甲板、外围壁的局部与整体平整度的检验通常列入分段完工检验,但在分段建造时又由于某些分段的建造方式难以对外板、甲板进行矫正后会影响分段安装,这些部位的外形检验及分段大接缝所在的肋距区域的外形检验一般安排在船台上进行。检验内容与精度标准见本章第三节分段完工检验中的表4-19与表4-20。船体外形检验列入全船矫正精度检验项目。该项目又通常分主船体和上层建筑及甲板室矫正完工的两个阶段,由检验员报验师与船东检验。

2. 检验内容、精度标准与检验基准

船体主尺度和外形检验检验内容、精度标准与检验基准,见表4-29。

表4-29　检验内容、精度标准与检验基准

检验内容	精度标准		检验基准
	船长(L) $L<90$ m	船长(L) $L\geq 90$ m	
总长或垂线间长 L	$\pm\frac{L}{1\,000}$	$\pm\frac{L}{1\,000}$	参照总长或垂线间长定义
型宽 B	$\pm\frac{B}{1\,000}$	$\pm\frac{B}{1\,000}$	参照型宽定义

表 4－29(续)

检验内容	精度标准		检验基准
	船长(L) $L<90$ m	船长(L) $L\geqslant 90$ m	
型深 D	$\pm\dfrac{2D}{1\,000}$	$\pm\dfrac{D}{1\,000}$	参照型深定义
龙骨线直线度(或轮廓度) 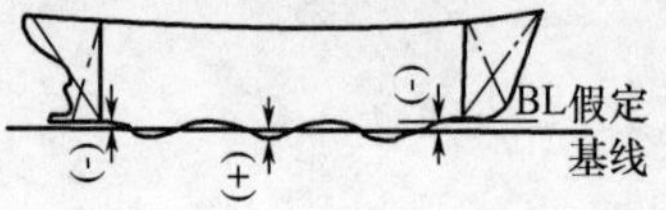 	±20.0	±25.0	艏艉尖舱之间全长范围内以相对船底的假定基线为基准检验
艏翘 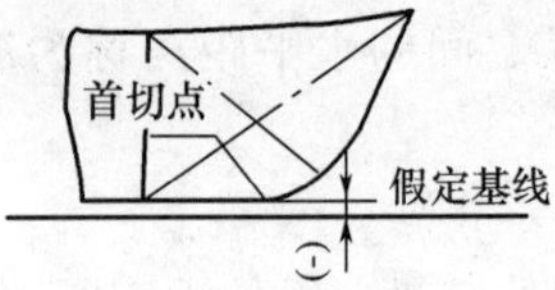 	±25.0	±30.0	以假定基线为基准，检验龙骨线首切点的上翘或下垂值
艉翘 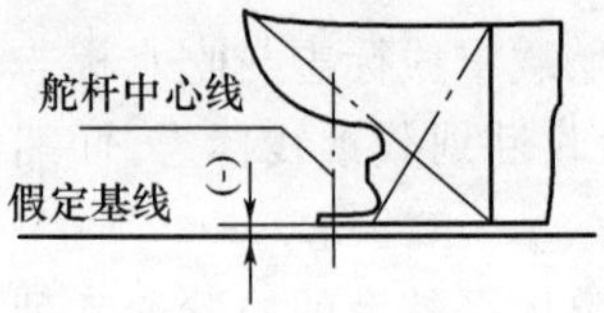 	±20.0	±20.0	以假定基线为基准，检验龙骨线与舵杆中心线交点的上翘或下垂值
船底斜升线 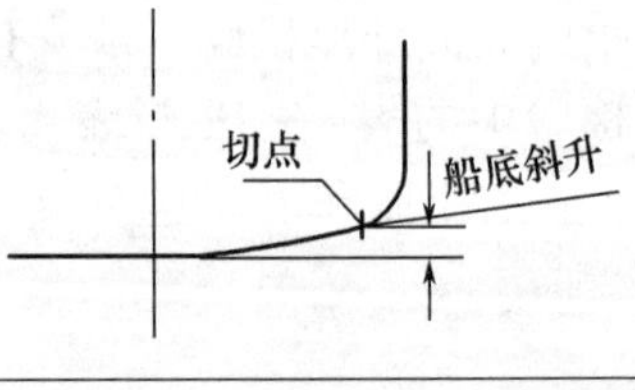 	不做规定	±15.0	在中横剖面上自平板龙骨延伸线至舭部切线的切点位置上翘或下垂值
外板、甲板、外围壁局部平整度	见表 4－19		见表 4－19
外板、甲板、外围壁整体平整度	见表 4－20		见表 4－20

3. 检验注意事项

(1) 长度检验，通常检测船体总长，但也有些船级社要求检测垂线间长，垂线间长要待载重水线画线后测量。

(2) 在倾斜船台上检测总长应按平行船体基线方向量取尺寸。

(3) 检验员应核对检测总长时的艏艉实测点位置与船体图样上总长尺寸所注的尺寸界线位置是否相符，即是否包括艏艉外板的板厚。

(4) 型宽检验，通常检测船体的中横剖面处，但应注意某些小型船的型宽不处于中横剖面处。

(5)检验平板龙骨有斜度的船的型深,应查阅型线图,选准测量的肋位号。

(6)在倾斜船台上检测型深,应按垂直基线方向量取尺寸。

(7)龙骨线直线度(或轮廓度)、艏翘和艉翘是按相对船底的假定基线为基准检验。

(8)船底斜升线,除《船体建造检验项目》规定检验外,通常不检测。

二、船舶载重线标志与吃水标志检验

对船舶首、中、尾吃水标志与载重线标志勘划准确性的检验称为船舶载重线标志与吃水标志检验。本项检验内容,直接涉及船舶航行安全性。检验员应认真检测。

国际航行船舶载重线标志按 1966 年国际载重线公约和 1988 年议定书的要求及船级社的规范勘划。中国籍船舶、入级船舶由中国船级社验船师进行检验,非入级的国内航行船舶,由中国船舶检验局验船师按《海船法定检验技术规则》(1992 年版)检验。

载重线标志及用于此标志的诸线段的内容包括甲板线、载重线标志和载重线诸线段。载重线标志的圆环两侧的字母表示勘定干舷机构的简称。载重线标志应永久性地勘划在船舷两侧(通常用钢板制成焊接在船舷),当船舷的颜色为暗色调时,标志应漆成白色或黄色;当船舷为浅色调时,应漆成黑色,以使标志能清晰可见。

吃水标志由序数字和字母组成。小型船舶按船东需要,可增加由长短线段组成的水尺,水尺中的长短线段周边可由电焊焊成。

1. 检验前的准备工作

检验员应了解吃水、外形吃水、满载吃水与载重线标志的定义与相互关系。

吃水泛指船体水面以下的深度。在船体型线图上指船长中点处,由平板龙骨上缘量至夏季载重线的垂直距离。

外形吃水指包括任何附体或水线下突出物在内的船舶最低点至水面的垂直距离。

满载吃水是船舶处于满载排水量状态时的平均吃水,它是以平板龙骨下缘向上量至满载水线面的垂直距离。

载重线标志及用于此标志的诸线段由甲板线、载重线标志和载重线诸线段等组成。甲板线勘划在船长中点处的左、右舷,其上边缘勘划于干舷甲板的上表面向外延伸与船壳板外表面的交点,若勘划时遇有护舷材阻挡或甲板边板舷边为圆弧形时,则图样上应将甲板线设绘在护舷材或圆弧的下面。载重线标志系由一圆环和一水平线相交组成,其圆环的中心位于船长中点处,水平线上边缘通过圆环中心,圆环中心至甲板线上边缘的垂直距离为夏季干舷。载重线诸线段指船舶按其航行的区带、区域和季节期而定的各载重线段。载重线标志的尺寸见《船舶载重线标志与吃水标志图》。

2. 检验内容、精度标准与检验方法

按载重线标志与吃水标志图中的尺寸检测载重线标志圆环的直径及诸线段的宽度和长度、甲板线位置、诸线段与甲板线的相对位置、各字母符号的正确性。夏季干舷尺寸应符合图样上要求,其标准偏差为 ±0.5 mm,允许界限为 ±1.0 mm。检测吃水标志的字母高度与上下间隔均为 100 mm,且每个序数字的底缘装焊于该数字所指的水线位置。

满载吃水高度应为平板龙骨下缘向上量取的垂直高度。

载重线示志的圆环中心位置不得低于满载水线。

检验员检测时应选用经计量部门校准并在有效期内的钢卷尺。

3. 检验注意事项

(1)载重线标志与吃水标志图通常绘出船舶的右舷侧布置图,检验左舷侧上的标志应注意图样上的说明。通常左舷侧标志除标志上勘定的干舷机构的字母仍应自左向右排列外,其他均按右舷位置对称设置,即表示各载重线的诸线段应始终位于载重线圆环的船首方向。

(2)检验员应熟悉载重线标志的圆环的下半只圆,国内航行的海船,应制成实心的标志;内河船及入ICCS级的船舶应制成不是实心的,而应与上半只圆一样是空心的。见图4-4至图4-6。

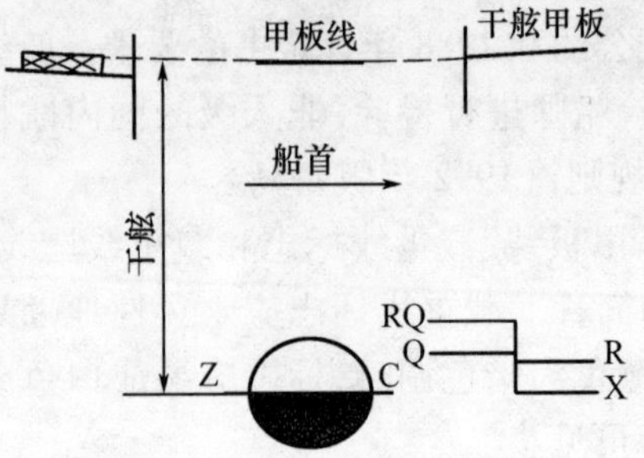

图4-4　国内航行的海船载重线标志(右舷)

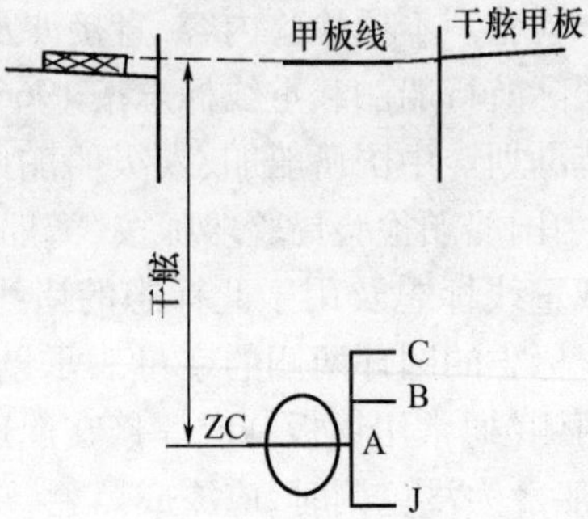

图4-5　内河船舶载重线标志

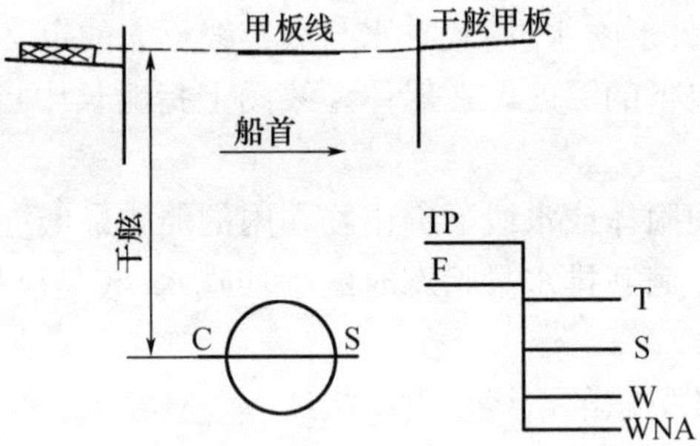

图4-6　入CCS级的船舶载重线标志(右舷)

(3)对有关吃水标志方面军的总是应多征求船东意见。尤其对处于外板倾斜度较大的那一段标志是否需按线型进行放样制作,有时图样上不甚明确,应及时向技术部门反映。

(4)有的船舶图样上有轻载水线涂装要求,应引起注意。

三、船体下水前的完整性检验

船舶产品由于工程量大,施工图纸多,专业性强,工艺复杂,生产计划紧凑,在船台上通常难以完成众多工程,但是在船体下水前位于满载水线面以下与外板连接的工件以及要求安装成水平或规定角度的基座或设备必须完工。扶梯、拦杆和舷墙等亦应完工,以利安全下水。船体下水前的完整性检验是一个重要验收项目,如有疏漏将会造成较大的影响,应认真执行。

1.船体下水前完整性要求

船体下水前完整性要求通常包括如下项目。

(1)主船体结构完整,焊缝质量合格,火工矫正与密性试验结束,主尺度与外形验收通过。

(2)上层建筑和甲板室除整体吊装外,应结构完整,焊接工作完工,火工矫正基本结束。

(3)放泄塞塞妥、防蚀锌板、船壳及其附件上的水泥或其他敷料完工。

(4)舭龙骨、货舱口围板、舷墙、栏杆与主要通道扶梯完工。

(5)海底阀箱及格栅、计程仪、测深仪的换能器、声纳、减摇装置及外板上的各种进排水口及防浪阀完工,海底阀关紧。

(6)水密人孔座和盖、舷窗、水密门、风雨密舱口盖。

(7)螺旋桨(或桨叶保护架、导流管及侧推导流筒与保护栅)、艉轴支架、分水踵、舵及吊舵眼环。

(8)锚链筒及锚唇(或锚架)、漏链管、锚机系统、掣链器、锚及锚链、带缆桩、导缆钳、导缆孔与船傍眼环。

(9)与外板焊接的和有水平度(或规定角度)要求的辅机座(例如救生艇吊架座、罗径座、雷达座、天线座、起重机座等)。

(10)载重线标志、水线、吃水标志、液舱标志和其他标志(例如球鼻艏、艏侧推标志等)、船名、港籍名等。

(11)桅杆、起重柱。

(12)整套轴系装置(包括侧推轴系在内的密封装置、联轴节等部件及可调螺旋桨的零位校正。

(13)在舵扇及螺旋桨轴的联轴节处采取临固定措施,以确保船体下水时舵与螺旋桨不转动。

(14)船壳涂装完工,且在防蚀锌板、螺旋桨及换能器等上面不得沾有涂料。

2. 检验方法与内容

(1)检验方法

下水前的完整性检验除上述要求外,检验员应自查在此之前的各项检验工作,尤其船体项目(包括原材料)是否均经检验,包括不合格项是否返工或返修妥。验船师和船东代表是否已确认。由于本项检验涉及的范围颇广,极易发生漏检的情况,船厂通常都组织有关部门配合检验员查舱。按质量控制要求,应编制船体下水前完整性项目检查表,作为检验时的依据,并可采用双人复验制,它是防止发生漏检的有效措施。

(2)检验内容

船体下水前完整性项目检查表应包括如下内容:

①工作项目、数量、完工状态。数量仅指放泄塞、防蚀锌板、液舱标志、舷窗、水密门及舱口盖等。

②影响下水过程中人员安全性的项目。

③下水后无法进行施工的项目(不包括计划进坞作业的项目)。

检验员还应检查水线下各舱室清除积水和垃圾的情况,人孔盖要满足下水时能便于立即开盖检查以及必要时能密封的要求,待船体下水后认真检查船壳是否泄漏,确保船体下水后的安全。

思考与训练

1. 船体放样的分类有哪几种方法?
2. 船体放样检验前应具备哪些条件?
3. 简述船体放样检验程序、项目、内容、精度标准和方法。
4. 船体零件号料检验前应具备哪些条件?
5. 简述船体零件号料检验内容、精度标准与检验方法。
6. 简述零件边缘加工检验内容、精度标准与检验方法。
7. 简述部件检验内容、精度标准与检验方法。
8. 简述胎架的作用与胎架的分类。
9. 简述模板胎架检验内容、精度标准与检验方法。
10. 简述常用的画线检验内容、精度标准与检验方法。
11. 简述常用的平面和曲面分段检验内容、精度标准与检验方法。
12. 简述各类立体分段检验内容、精度标准与检验方法。
13. 分段的完工检验包括哪些内容?
14. 分段预修整检验有哪些基本要求?
15. 简述船台基准线检验内容、精度标准与检验方法。
16. 简述分段安装检验内容、精度标准与检验方法。
17. 船检规范对船体密性试验有哪些基本要求?
18. 船体密性试验的基本方法和标准有哪些?
19. 简述船体主尺度和外形检验内容、精度标准与检验基准。
20. 船体下水前完整性要求有哪些?

第五章　船体舾装检验

学习目标

知识目标

1. 能够了解舵叶胎架检验内容和要求。
2. 能够了解舵杆加工检验内容和要求。
3. 能够了解舵系安装检验前应具备条件。
4. 能够了解锚、锚链和锚机安装检验前应具备的条件。
5. 能够了解舱口盖、桅和门窗等舾装件检验前应具备的条件。

能力目标

1. 能够掌握舵叶胎架检验标准。
2. 能够掌握舵杆粗加工和精加工检验标准。
3. 能够掌握舵系安装检验的检验标准与检验方法。
4. 能够掌握锚、锚链和锚机安装检验标准与检验方法。
5. 能够掌握舱口盖、桅和门窗等舾装件检验标准与检验方法。

第一节　舵系制造和安装检验

船舶舵系是实现船舶转向、调头、直航等操纵的船舶航向控制装置，是船舶航行的重要设备。舵系是由那些将舵机动力传递到舵叶产生舵效的部件和构件组成的，包括固定件——舵杆舵承（上、下舵承）、舵销轴承、舵轴等，及运动件——舵杆、舵叶和舵销等。不包括舵机及其操纵系统。

舵系安装在船舶尾部螺旋桨的正后方，有单、双舵系之分。一般远洋及近海商船为单桨、单舵；客船、军舰及有的内河船舶为双桨、双舵。舵叶浸在水中，转动舵叶时，舵叶水动力对船舶产生力矩，迫使船舶改变航向或保持直线航行。

船舶舵系的结构型式较多，有双支承平衡舵、穿心舵轴平衡舵、多支承普通舵、悬挂舵和半悬挂舵等。其中半悬挂舵使用较广，见图 5 -1 所示，已基本上作为新造船舶的典型舵系结构。为此，在舵系制造检验方面，本章以半悬挂舵为主进行叙述。由于半悬挂舵的制造检验方法基本上包含了其他类型舵系的检验方法，故均可参照该舵的检验方法与要求进行。图 5 -2 所示的为导管舵，一般使用的特种作业的推、拖轮或小型船舶上。

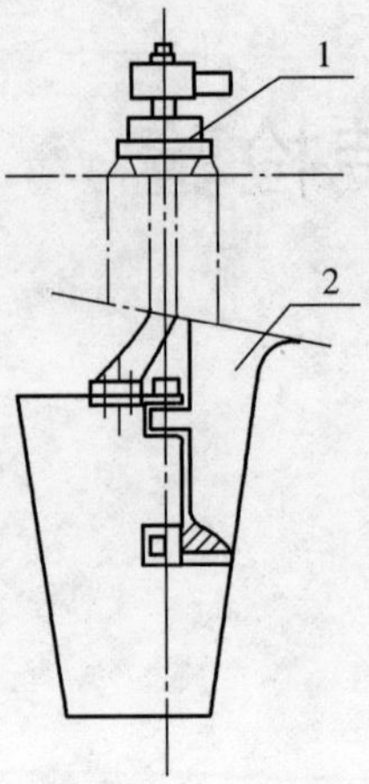

图 5－1　半悬挂舵

1—上舵承;2—中舵承

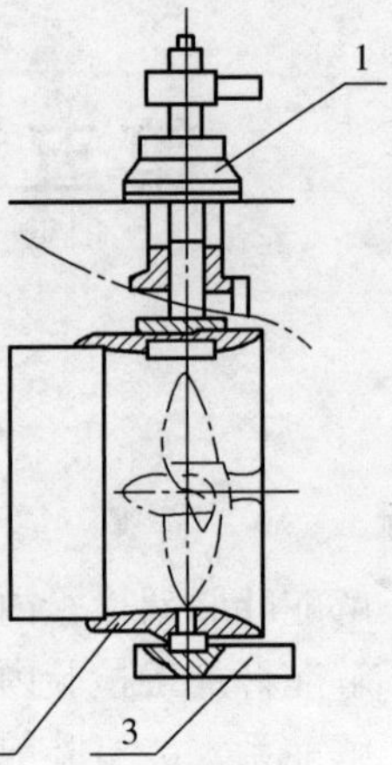

图 5－2　导管舵

1—上舵承;2—导管;3—舵底托

一、舵叶制造检验

船舶航行时依靠舵叶的转动来控制航向。舵叶的结构强度、面积、对称性和水密性是考核舵叶质量的四大要素。船舶的舵叶普遍采用流线型,现以半悬挂舵为例,说明舵叶制造的检验方法。

1. 舵叶胎架检验

舵叶胎架为卧式胎架,即舵的中心线剖面处于水平状态,其检验内容和要求如下:

(1)设置胎架的平台应平整牢固;

(2)胎架制造前应先检验平台上的舵中心线、垂直线、长度和宽度等舵叶外形线的正确性,见图 5－3 所示。用钢卷尺测量平台上画线尺度,包括长、宽、舵中心线位置等,其偏差均不得大于 0.5 mm。

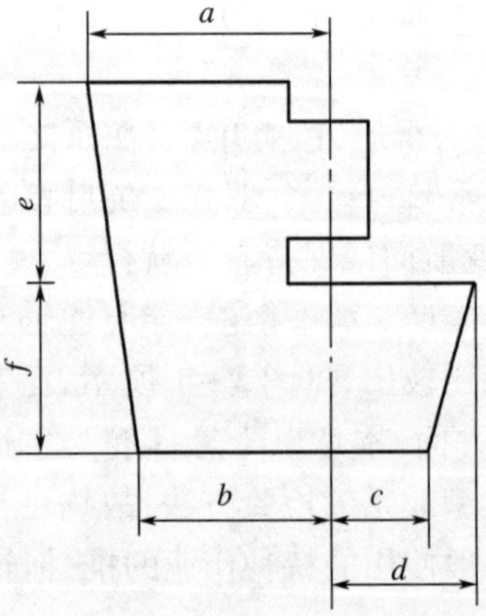

图 5－3　舵叶平台画线

(3)胎架的检验内容和要求

①检查胎架模板牢固性；

②按舵剖面样板1(包含舵壳板厚度)检查胎架模板2线型的准确性，胎架中心线应用线锤挂至平台上与中心线相吻合，样板上的水平线(即舵中心线)与胎架模板上水平线相吻合。胎架模板上的水平线应事先用水平软管或激光经纬仪进行检查，应处于同一水平面内，见图5－4所示。

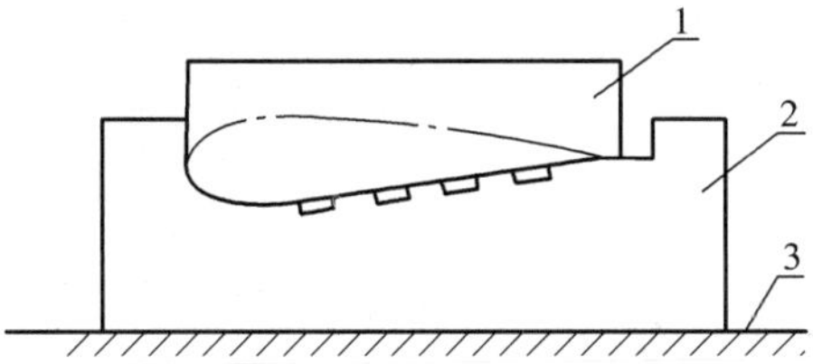

图5－4　舵叶胎架检查

1—样板；2—胎架模板；3—平台

2. 舵叶旁板、构架和铸钢件装配检验

(1)检查舵叶旁板与胎架模板的紧贴度，以及旁板定位焊接和旁板对接缝的装配质量。

(2)检查构架画线位置的正确性。

(3)铸钢件安装前，须核对船检认可的钢印标记和材质证书。

(4)按画线检查构架和舵钮等装配位置的正确性。舵轴中心线位置应按拉紧的钢丝检查上舵钮孔内侧四周距钢丝的距离，同时注意加工面的余量配置状况。

(5)检查构件间的装配连接型式和剖口等是否符合图样规定。

(6)最后复盖的舵叶旁板装配后，检查旁板与其他构件的装配紧密性，特别是塞焊孔处舵叶旁板与内部构件的装配紧密性。

3. 焊接检验

(1)检查舵叶旁板对接焊缝、构件和舵钮等相互间的角焊缝质量。

(2)最后封装的旁板焊接后，检验舵叶外部各种焊缝的焊接质量。

(3)舵叶制造完工后若有挠曲变形，则焊缝检验应在变形矫正后进行。

4. 检验标准

舵叶制造质量检验标准见表5－1所示。

表5－1　舵叶质量标准

项　　目	标准范围	极限范围	备　　注
舵叶旁板与胎架模板空隙	0	2	
构件安装位置偏差	±2	±3	
角接缝间隙	≤2	≤3	
构件上开孔和切角	正确	正确	
上下封板垂直度	≤1	≤2	

表 5－1(续)

项目			标准范围	极限范围	备注
完工测量	平面度		±1	±3	1. 舵与胎架的定位焊拆除后测量 2. 高、宽、垂直度等均用线锤按平台上中心线及垂直线等测定
	舵轴中心线偏差		±1	±2	
	舵宽偏差		±4	±6	
	舵高偏差		±4	±6	
	上下封板与舵轴中心线的垂直偏差		≤2	≤3	
	舵尾边	直线度偏差	≤3	≤5	
		与中心线偏差	≤0.5	≤1	
	上下封板左右对称度偏差		≤3	≤5	

(五)完工检验

完工检验在所有装配、焊接和矫正工作结束后进行。首先按图样查对所有零件是否装焊齐全,然后对舵叶的外观质量进行检查,舵叶旁板外表不得有伤痕、焊疤等缺陷。最后对舵叶进行完工测量,此时,舵叶应处于自由状态,即不在强制状态下进行测量。测量记录见表 5－2 所示。

表 5－2　舵叶制造完工测量记录表

项目		理论值	实测值	备注
平面度	A			
	B			
	C			
	D			
上下铸钢件中心编差	r_1			
	r_2			
	r_3			
	r_4			
	r_5			
	r_6			
	r_7			
	r_8			
舵叶宽度	B_1			
	B_2			
	B_3			
	B_4			

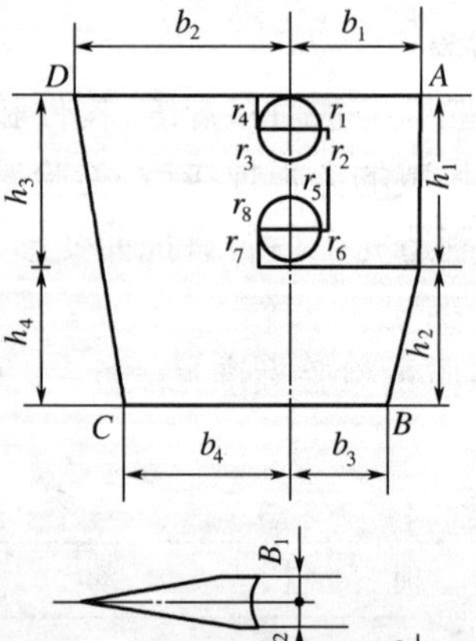

表 5－2(续)

<table>
<tr><th colspan="2">项　　目</th><th>理论值</th><th>实测值</th><th>备　　注</th></tr>
<tr><td rowspan="4">舵叶高度</td><td>h_1</td><td></td><td></td><td rowspan="8">1. 四角水平按上下封板处原中心线测定
2. 四角置水平后修改舵轴和舵叶中心线并据此测定其他各值</td></tr>
<tr><td>h_2</td><td></td><td></td></tr>
<tr><td>h_3</td><td></td><td></td></tr>
<tr><td>h_4</td><td></td><td></td></tr>
<tr><td rowspan="2">上下封板与舵轴中心线的垂直度</td><td>$h_1 - h_3$</td><td></td><td></td></tr>
<tr><td>$h_2 - h_4$</td><td></td><td></td></tr>
<tr><td rowspan="2">上下封板左右对称度</td><td>$b_1 - b_2$</td><td></td><td></td></tr>
<tr><td>$b_3 - b_4$</td><td></td><td></td></tr>
</table>

6. 舵叶密性试验

舵叶用水压试验检查密性，即将水罐至顶板以上2.5 m(舵叶可横放)，检查是否有渗漏现象。也可用充气试验检验其密性。一般用压缩空气充入舵叶内部，在外表涂以肥皂水进行密性试验。充气试验的气压应不小于0.02 MPa，但不应大于0.03 MPa。充气试验时若无肥皂泡产生，即无泄漏，为合格。若发现泄漏必须补焊，直至无泄漏为止。密性试验合格后，将试验工艺孔焊封，并目视检查封孔焊缝质量。

二、舵系零部件机械加工和装配检验

舵系的型式较多，下面将着重介绍常用的悬挂舵及半悬挂舵舵系零部件的机械加工和装配检验。

1. 舵杆加工检验

舵杆型式较多，下面仅介绍带有偏心连接平面的舵杆加工检验，如图5－5所示，此种舵杆的加工难度较大，其他型式舵杆的加工检验均可参照此方法和有关要求。

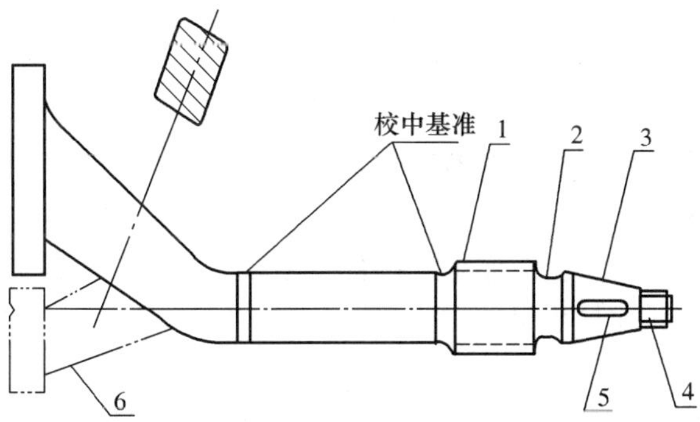

图5－5　舵杆和临时支架图

1—上轴套；2—上舵承槽；3—锥体；5—螺纹；5—键槽；6—加工用临时支架

(1)舵杆的精加工检验

①加工前应具备的条件

a. 舵杆毛坯件应具有船检证书，及原材料材质报告；

b. 舵杆上应有产品船检钢印标记，加工前应在验船师在场时抄录钢印内容，或拓印钢印；

c. 加工前对舵杆进行画线，应具有按图加工的余量；

d. 上轴套材料报告。

②舵杆粗加工内容

a. 舵杆下端方体部位，包括连接平面的四个侧面按图样尺寸要求加工；

b. 舵杆连接平面粗加工（须按图样尺寸留有约 10 mm 余量）；

c. 舵杆上端圆体部位，包括上轴套颈、锥体等处进行粗加工（按图样尺寸每边留有约 10 mm的加工余量），加工前应在舵杆下端焊接临时支架，便于车床切削时安装顶针及起到平衡作用，如图 5 - 5 所示。

③舵杆粗加工的检验标准

舵杆下端方体部位包括连接平面的四个侧面，其加工后的尺寸和表面粗糙度应符合图样规定的要求。

舵杆上端圆体部位粗加工尺寸复测，应有足够的加工余量。

④检验方法

舵杆方体部位尺寸用钢直尺测量，舵杆上端圆体部位用外卡钳及钢直尺测量，表面粗糙度用目测法进行检验（此表面粗糙度要满足超声波探伤要求）。

（2）舵杆的精加工检验

①精加工前的检验

a. 舵杆粗加工后，其表面应进行超声波探伤检验，须符合要求并具有探伤报告；

b. 舵杆粗加工后应进行回火处理，以消除舵杆内应力，须符合要求并具有热处理报告。

②舵杆精加工内容

a. 舵杆的圆体部位，包括上轴套颈和上舵承槽按图样要求的尺寸加工，加工部位应达到表面粗糙度的要求；

b. 舵杆锥体部位按锥度样板加工，并达到粗糙度要求；

c. 舵杆螺纹按预先制作的螺母加工配置；

d. 舵杆法兰连接平面加工；

e. 舵杆锥体部位键槽及上舵承键槽加工。

③舵杆精加工检验标准

a. 舵杆的圆体部位、上轴颈、上舵承槽符合图样尺寸及精度要求；

b. 舵杆锥体部位按锥度样板检验；

c. 舵杆轴向各挡长度尺寸测量应符合图样要求；

d. 舵杆螺纹按螺母检验螺纹之间的间隙，应符合螺纹公差要求；

e. 舵杆法兰连接平面加工，要求平面与舵杆中心线的垂直度不大于0.05 mm（指法兰平面范围内）；

f. 舵杆键槽宽度、深度应符合图样要求的尺寸公差；

g. 舵杆法兰连接平面螺孔粗加工按图样尺寸检查，并应留足够加工余量。

④舵杆精加工检验方法

a. 用外径千分尺测量舵杆圆体部位、上轴颈，上舵承槽加工尺寸，轴颈同一断面处相互成 90°的两个直径之差即为圆度，轴颈同一方向两端处直径之差即为圆柱度，其测得的结果应符合图样规定的要求；

b. 舵杆轴向各挡长度尺寸用钢直尺测量，应符合图样要求。

c. 舵杆锥体部位用锥度样板检验，舵杆锥体部位大小端尺寸及距离与锥度样板相一致时，可认为锥度合格。

d. 舵杆螺纹间隙测量。将检验合格的螺母旋入舵杆，在螺母上部放一只百分表，下部用千斤顶顶高，然后松掉千斤顶，观察百分表读数值变化，此值即为螺纹总间隙，应符合图样要求。

e. 舵杆法兰平面与舵杆中心线垂直度检查。由于舵杆工件较大，加工时一般采取现场检验。其方法是在舵杆本体机加工时，在舵杆本体两端预先加工两道粗糙度要求较高的校中基准，见图 5 – 5 所示。检验时舵杆应水平放置，在机床头上装一只百分表，测量两基准圆水平，使舵杆与机床平面、导轨平行，当确认已校中时，即可用机床动力头加工舵杆下端连接平面。各厂在加工时，可根据机床条件制订具体的检验方法。

f. 在上述舵杆与机床平行的状态下进行上舵承的键槽加工。然后使舵杆锥体的一边与机床相平行，加工锥体部位键槽。键槽宽度用内径千分尺测量，键槽深度用游标深度尺测量，测量结果应符合图样尺寸与公差要求。

g. 舵杆加工后，按中国船级社的《船用产品检验规则》的规定进行舵杆船检钢印标记移植。钢印标记移植的内容包括产品证书编号、船检标志、检验港口、验船师姓名的首字、日期。钢印的位置一般在舵杆顶端，如舵杆安装后顶端不能显露在外时，则打在舵杆与舵扇或舵柄接触部位的下方。

⑤不锈钢轴套加工检验

舵杆轴套内孔与外圆按图样（或工艺尺寸）加工。轴套在加热套至舵杆之前，应用内、外径千分尺分别复测轴套内孔与舵杆轴径尺寸，其过盈量应符合要求。

⑥测量记录

测量并记录舵直加工数据，见表 5 – 3 所示。

表 5 – 3　舵杆加工测量记录表

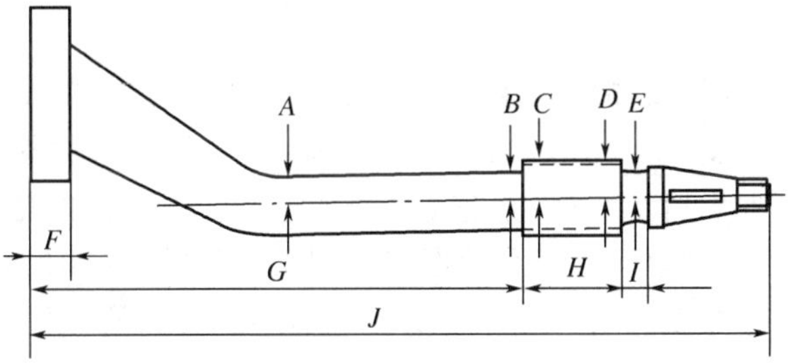

单位：mm

测量位置		规定尺寸	垂　向	水　平
轴颈	*A*			
	B			
	C			
	D			
	E			

表5-3(续)

测量位置		规定尺寸	垂　向	水　平
轴向长度	*F*			
	G			
	H			
	I			
	J			

2. 舵叶加工检验

(1)舵叶销孔加工检验

半悬挂舵的上、下销孔的加工难度较大。主要是上、下销孔间有舵叶结构件使上下销孔隔开,加工销孔时只能分别加工,并要保证上、下舵销中心在一直线上。图5-6所示为悬挂舵的销孔结构图。

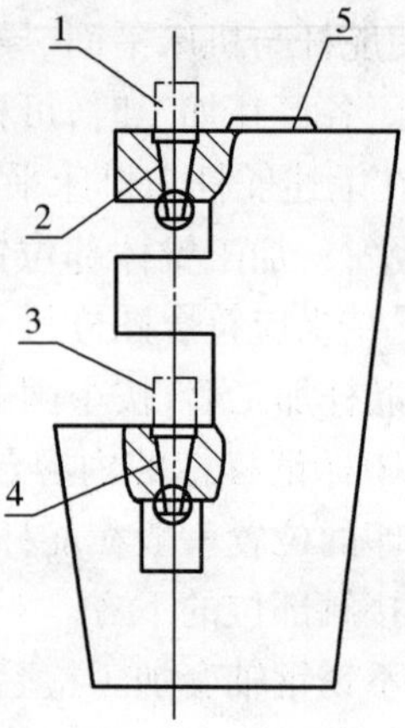

图5-6　舵叶销孔结构图

1—上舵销;2—上销孔;3—下舵销;4—下销孔;5—舵叶连接平面

①加工前应具备的条件

a. 舵叶制造尺寸符合要求;

b. 舵叶密性试验合格,并具有试验报告;

c. 画线确定舵叶中心及上下销孔镗孔线。

②舵叶销孔加工检验标准

a. 上、下销孔锥度符合图样尺寸公差及表面粗糙度要求;

b. 上、下销孔中心应在一直线上,同轴度偏差不大于0.12 mm;

c. 锥孔端面环槽加工尺寸符合图样尺寸公差。

③舵叶销孔检验方法

a. 一般使用锥型铣刀加工,可用游标卡尺复测锥型铣刀锥度或测量锥孔锥度,表面粗糙度应符合要求;

b. 上、下锥孔直线性主要靠机床保证,其方法是在上下销孔镗孔前,调整舵叶销孔中心线与机床中心线的平行度,即在进行第一只销孔镗孔时,用内径分厘卡测量机床镗杆离机床平面的距离与镗杆伸出机床距离,当移到另一只锥孔加工时,再复测机床镗杆离机床平面的距离与镗杆伸出机床距离,其复测数据应与加工第一只锥孔时的数据相同。用此方法加工的上下锥形销孔中心线可认为是一直线的。如厂内有高精度机床,也可利用机床的上下升降及进刀刻度来保证。

c. 用游标深度尺测量锥孔端面凹形槽的深度,用内径千分尺测量其孔径,其所测得尺寸应符合图样要求。

④检验记录

舵叶销孔加工后,应测量上下锥孔的各项尺寸,以及锥孔端面凹槽宽度及直径,并做好记录。

(2)舵叶连接平面加工检验

连接平面加工内容包括平面机加工、连接平面螺孔粗加工和平面手工修刮。

①检验标准

a. 连接平面与上、下舵销孔中心线要求互相垂直，垂直度应不大于0.05 mm(指法兰平面范围)；

b. 螺孔粗加工应留有足够的加工余量，孔的直径一般应比图样尺寸小5 mm以上；

c. 连接平面手工修刮的要求：色油接触均匀，在每$25\times25(mm^2)$面积上不少于2~3点，接触面积大于60%；用0.03 mm塞尺检查不能插入，如能插入，则深度不大于20mm。

②检验方法

a. 舵叶连接平面与上、下舵销孔的垂直度主要靠机床加工来保证，其方法是机床在加工上下销孔后，在工件不移动的情况下，即由该机床加工连接平面；

b. 螺孔粗加工后用钢直尺测量孔距及螺孔尺寸；

c. 舵叶连接平面机加工完工后，用平板对连接平面进行接触检验。

③检验记录

测量螺孔中心距及螺孔尺寸，并做好原始记录。

3. 舵销加工检验

(1)加工前应具备的条件

①舵销毛坯件应有原材料报告、具有船舶检验部门的合格证书及产品检验钢印标记；

②舵销应有原材料报告，不锈钢销套的原材料报告；

③毛坯件的船检钢印抄件或拓印件。

(2)加工及安装检验标准

①按图样尺寸公差及表面粗糙度要求加工。舵销锥体部位按舵叶锥孔锥度配制，舵销螺纹按螺母配车，螺纹间隙应符合螺纹标准要求。

②舵销机加工后进行无损探伤，应无裂纹。

③舵销孔锥体部位用手工修正，要求有良好接触，每$25\times25(mm^2)$面积上应有2~3个接触点，接触面应大于60%。

④舵销衬套与销配合的过盈量应符合图样或工艺文件要求。

不锈钢衬套与销配合过盈量：$d_1-d_2=(5\sim10)d_1/10\ 000$；

青铜衬套与销配合过盈量：$d_1-d_2=(10\sim20)d_1/10\ 000$。

式中　d_1——舵销外径；

　　d_2——衬套内径。

⑤衬套热套入销后，外圆加工尺寸应符合图样尺寸公差及表面粗糙度要求。

⑥舵销在舵叶上安装有两种方法：一种是用锤敲紧螺母，凭经验检验螺母敲紧的程度；另一种是采用专用液压螺母或油泵压入(以技术部门提供的轴向压入力及压入量作为压入依据)。

(3)检验方法

①用外径千分尺测量舵销园柱体两端的垂直与水平两组尺寸，计算出圆柱度、圆度，所测结果均应符合图样要求；用样板对比，目测检验表面粗糙度；舵销锥体应按舵叶锥孔配制；舵销螺纹检验方法：将螺母施旋入，下部用千斤顶顶，上面放百分表，观察百分表数值变化，所测得间隙应符合螺纹间隙要求。

②舵销机加工结束后，其表面应进行无损探伤，一般采用磁粉探伤，应无裂纹。

③用内径千分尺测量不锈钢套内孔两端的垂直与水平两组尺寸，计算出圆柱度、圆度，所测结果应与舵销外圆有足够的过盈量。用粗糙度样板对比，目测检验内表面粗糙度。

④舵销孔锥体部位用手工修正后，用色油涂于舵销锥体部位，检查舵销孔锥体部位的色油接触情况，要求均匀，其单位面积上的接触点及接触面积应符合要求。

⑤不锈钢套热套入销后，用外径千分尺测量舵销外圆尺寸、圆柱度与圆度，所测结果应符合要求。用粗糙度样板对比，目测检验表面粗糙度。

⑥舵销在舵叶上装配后，为了保证锥体部位水密，要求修刮后的锥孔大小端处应保证图5－7中所示的A,B两处尺寸，以便安装橡胶密封环。锥孔修刮好后，再机加工，锥体大端不锈钢套端面尺寸A和锥体小端面尺寸B满足密配要求。上下舵销A,B尺寸为12 mm时，一般放入ϕ15 mm密封橡胶环；上下舵销A,B尺寸为17 mm时，一般放入ϕ20 mm密封橡胶环。

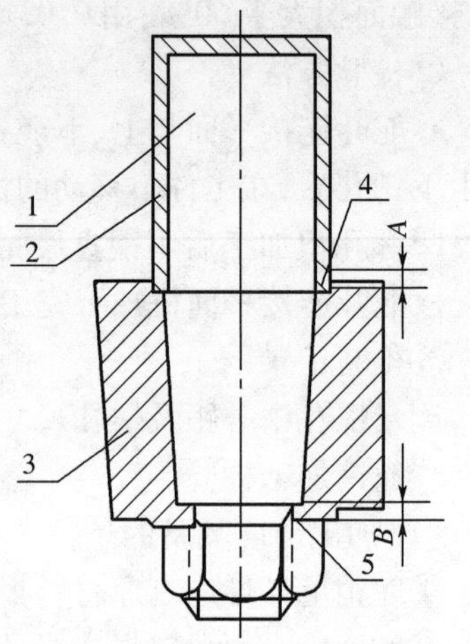

图5－7　舵销装配结构

1—下舵销；2—不锈钢套；3—下部铸件；
4—大端密封圈；5—小端密封圈

⑦舵销加工后应进行船检产品钢印标记移植，钢印移植内容和钢印样式可参见本章第一节的有关内容，钢印位于销顶部。

⑧舵销安装时螺母须敲紧，小螺母一般用锤敲击板后方法旋紧，大螺母用悬挂锤撞击板手旋紧，旋紧时检验人员及验船师应在场确认。

目前有些船上舵销安装使用液压螺母或用千斤顶的方法，即顶紧锥面，按技术部门提供的压入力及压进量要求进行。在实际施工时，可根据液压螺母活塞面积计算出油压力，安装时，压入力及压进量两项要求到位时即可认为已达到要求，然后旋紧螺母，使螺母再往旋紧方向转过10°～15°，最后在螺母处安装防松装置。

(4)测量记录

①舵销外圆尺寸、套内孔尺寸及热套后不锈钢套外圆的加工尺寸应做好测量记录，表5－4为记录表的样式。

②舵销在舵叶上安装时，应测量液压压入力及压进量，并做好原始记录。

表5－4　舵销测量记录表

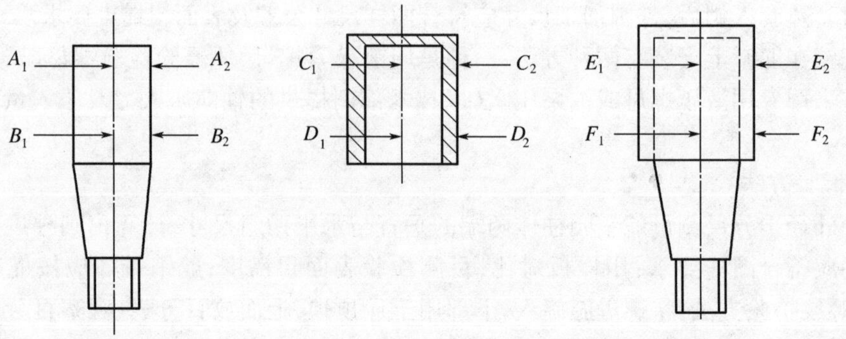

表 5-4(续)　　单位:mm

测量名称		上舵销	下舵销
舵销外圆	A_1		
	A_2		
	B_1		
	B_2		
舵销衬套内孔直径	C_1		
	C_2		
	D_1		
	D_2		
舵销不锈钢套外圆	E_1		
	E_2		
	F_1		
	F_2		

4. 四舵杆与舵叶连接检查

舵杆与舵叶连接时,要求舵杆中心与舵销中心在同一中心线上。

(1)连接前应具备的条件

①舵叶应呈水平状态(或垂直)放置,使舵销呈水平(或垂直)状态。

②准备照光仪一台,照光靶及架两套。

③若舵销轴径小于舵杆轴径时,应在舵销上临时镶套,使之与轴径相同,以便光靶安放时不受轴径不同的影响。

④准备好连接舵杆与舵叶的临时螺栓。

⑤连接螺栓应具有材料报告并经验船部门确认。

(2)检验要求

①舵杆与舵叶连接时(见图 5-8 所示),要求舵销与舵杆同轴度不大于 0.30 mm,对中采用手工修正舵杆平面的方法来满足要求。舵杆平面手工修正后,要求用平板检验色油接触,应均匀,其每 25 mm×25 mm 面积上不少于 2~3 点,接触面积大于 60%。用 0.03 mm 塞尺检查,应不能插入,如能插入,则深度不大于 20 mm,且在 90% 以上周长的范围内应插不进。

②舵杆与舵叶连接螺孔加工,要求铰孔圆度小于 0.01 mm,圆柱度小于 0.02 mm,且无倒锥度。孔表面粗糙度应符合要求。螺栓中心距法兰边缘的距离应不小于螺栓直径的 1.2 倍。垂直法兰的厚度应等于螺栓直径的 90%。

③精制螺栓加工直径按绞孔尺寸加放 0.005~0.015 mm 过盈量。其螺栓圆度小于 0.01 mm、圆柱度小于 0.02 mm,螺栓只能是顺锥,不允许倒锥,螺栓表面粗糙度应符合图样要求。

(3)检验方法

按图 5-8 所示,将舵叶放成水平状态,水平仪置于舵销上,要求舵销水平偏差不大于

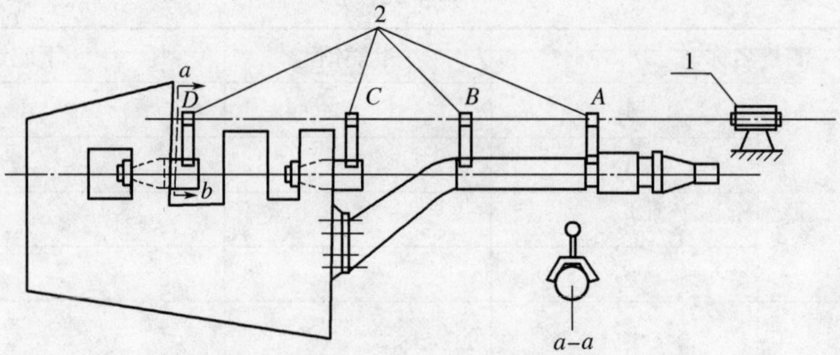

图 5－8　舵杆与舵销对中检验

1—光学准直仪;2—十字光靶

0.06 mm/m。舵销 C,D 位置上放置光靶架及光靶,靶架上平面用水平仪校准水平,然后在舵杆顶部处放一台光学准直仪,按 C,D 光靶中心调整光学准直仪中心,使其在 C,D 中心延长线上,在此基础上,将舵杆与舵叶用临时螺栓连接,连接后在舵杆 A,B 位置上放置光靶架及光靶(此靶从 C,D 处移过来),调整舵杆中心,然后用光学准直仪检查 A,B 两点处中心,要求同轴度不大于 0.30 mm。如超过要求时,应用手工修刮舵杆连接平面,修正时用平板为依据,舵杆平面色油接触应均匀,接触面积大于 60%。用平板检查,0.03 mm 塞尺应插不进;舵杆与舵叶的接合面用 0.05 mm 塞尺检查,在 90% 的周长的范围内应插不进,个别处塞入的深度也不应超过法兰边缘到螺孔距离的 1/2。螺孔和螺栓加工完后,用内、外径千分尺测量其尺寸,要求不允许有倒锥度,圆度、圆柱度应符合要求,螺栓与螺孔配合应有足够过盈量。表面粗糙度用目测检查,应符合要求。螺栓加工完成后进行磁粉探伤检查,表面应无裂纹。

(4)测量记录

①照光时应记录对中同轴度,以及垂直与水平两个方向的数据。

②螺孔与螺栓直径测量记录。

③螺栓无损探伤报告(该报告要提交给验船师,作为产品检验报告之一)。

5. 舵柄及上舵承加工

(1)加工前应具备的条件

①舵柄应具有原材料报告、验船部门的合格证书及钢印标志。

②舵杆和舵柄连接键的材料报告。

(2)检验标准

①舵柄与舵杆为圆锥型配合,其锥度一般为 1:100,舵柄锥孔按舵杆锥体为基准加工。锥孔修刮后,要求色油接触均匀,在 25 mm × 25 mm 面积上接触点大于 3 点,接触面大于 70%。锥体小端应与平面有 6～9 mm 间隙,作为旋紧螺母及以后修理用的余量。

②舵柄与舵杆另一种结构为圆柱型过盈配合,其过盈量值可参见表 5－5 的规定。

表 5－5　舵柄与舵杆配合公差　　单位:mm

舵杆直径	<80	80～120	120～180	180～260	260～360	360～500
配合过盈量	0.04～0.06	0.05～0.08	0.06～0.09	0.08～0.11	0.10～0.14	0.12～0.16

③舵柄键。平键安装后，用 0.05 mm 塞尺检查键的两侧，应插不进，如插入，则深度应不大于 20 mm，键顶部间隙为 0.5 ~ 0.8 mm 或取键高的 2%。

斜键安装后，用 0.05 mm 塞尺检查键两侧，应插不进，如插入，则深度应不大于 20 mm，键上下面应接触，此时应留有部分斜键没有敲入，以备必要时再可敲紧。

④上舵承本体内孔在舵杆上安装滚动轴承的部位，与滚动轴承内外径的配合公差应按表 5 - 6 所示的规定选用。

表 5 - 6　滚动轴承内外径配合公差　　单位：mm

内外圆直径	<80	80 ~ 120	120 ~ 180	180 ~ 260	260 ~ 360	360 ~ 500
舵杆配合内孔	0 ~ -0.02	-0.01 ~ -0.03	-0.02 ~ -0.04	-0.03 ~ 0.05	-0.04 ~ -0.06	-0.05 ~ -0.08
舵承座孔配合外圆	+0.015 ~ -0.01	+0.01 ~ -0.02	0 ~ -0.03	-0.01 ~ -0.04	-0.02 ~ -0.05	-0.025 ~ -0.06

⑤上舵承磨擦平面修刮后，要求用色油检查接触情况，在 25 mm × 25 mm 面积上应大于 3 点，接触均匀，接触面应大于 70%。

(3)检验方法

①舵柄锥孔手工修刮后，色油接触用目测检查，锥体小端离平面的尺寸用游标深度尺测量。

②舵柄圆柱孔用内径千分尺测量，其过盈量应符合表 5 - 5 要求。

③键两侧及顶部用塞尺检查。

④上舵承筒体轴承内孔用内径千分尺测量，按图样要求测量直径、圆度、圆柱度，孔表面粗糙度用目测，并用粗糙度样板对照。

舵承筒体采用滚动轴轴承时，本体内孔用内径千分尺测量，舵杆轴承处于外径千分尺测量，其与滚动轴承配合公差应符合表 5 - 6 所示的要求。

⑤上舵承磨控平面修刮检查方法：在上舵承平面涂以薄薄一层色油，然后放下，使之与磨控面相接触，转动舵杆。平面色油接触应符合要求。

(4)检验记录

上舵承筒体轴承内孔直径、上舵杆轴颈外圆直径、舵柄内孔与舵杆外径应做好测量记录。

三、舵系安装检验

1. 舵系中心线检验

(1)检验前应具备的条件

①舵系中心拉线应与轴系中心拉线同时进行，应在船体不受阳光曝晒的情况下进行，一般以清晨、傍晚或阴天为宜。

②船体尾部结构装焊应完整(区域范围按技术文件规定)。

③舵系应经过初步拉线，画制样棒，及确定上舵承基座、舵机机座位置，并焊装结束，同时已确定各轴承端面的加工余量。

④在上舵承上方及舵销承座的下方，应临时安装拉钢丝的支架，钢丝直径应能承受足

够的拉力。拉线时,船上会产生振动的作业必须停止。

⑤拉线时,舵系基准点应经检验认可。

⑥拉线前,应在上舵承及下舵销处各预先安装一个照光架,拉线时钢丝穿在照光孔内。

(2)检验要求

①钢丝线的拉力,一般取钢丝拉断力的70% ~80%,例如采用19号钢丝(直径 d = 1 mm),常用拉力 P = 900 N。

②舵系中心线与轴系中心线的相交度应不大于3 mm,垂直度为1∶1 000(轴系拉线请参见第六章第一节轴系拉线检验)。

③通过拉舵系钢丝,确定上舵承、下舵销照光靶中心,作为舵系照光的两个基准点。

(3)检验方法

①钢丝拉力可用拉线架弹簧或用重锤法达到。

②舵系中心线与轴系中心线相交度可用钢直尺测量或塞尺测量。

③舵系与轴系中心线垂直度可用预先制作的十字形样板检查。

④按照舵钢丝线中心,调整上舵承及下舵销两端的照光基准靶,其方法是用内径千分尺测量钢丝线至照光靶管孔前、后、左、右四个方向的尺寸,这些尺寸应相同,如有偏差,应调整光靶管孔中心,使之达到与钢丝线同心。

2. 舵系中心照光检验

舵系中心照光检验是在舵系中心拉线基础上确定舵各道轴承的镗孔中心。

(1)照光前应具备的条件

①在舵各道轴承销孔的两端预先放入照光架。

②准备好准直照光仪及照光仪架,并固定。

③准备好两只经认可的计量部门校准合格的光靶。

④照光应在不受阳光曝晒的情况下进行,一般以清晨、傍晚或阴天为宜。

⑤复验拉线所确定的上舵承、下舵销两个基准点中心。

(2)照光检验要求

①准直照光仪应按上舵承及下舵销两个基准点中心调整,应无明显偏差。

②按准直照光仪十字线中心,调整舵各道员承与销孔两端的照光靶,应无明显偏差。

③按照光靶中心画出各道员承端面的切削圆及检查圆。

(3)检验方法

①在上舵承上方安装照光仪架,装入准直照光仪,调整准直照光仪位置,使照光仪中心与上舵承、下舵销两个基准光靶所确定的中心一致。

②按已调整好的准直照光仪中心,将光投入各道舵轴承两端的光靶上,并调整各道光靶中心,直到目测无明显偏差为止。

③对已调整好的各道舵轴承,使用专门画线规,按图样尺寸在轴承平面划切削圆,同时划一个直径略大一些的检验圆,并敲上圆冲标记,作为镗孔和检验镗孔中心的依据。

3. 舵承镗孔检验

(1)镗孔前的准备工作

镗孔所使用的镗排圆度不大于0.03 mm,圆柱度不大于0.03 mm,挠度不大于0.04 mm。

(2)镗孔要求

①精镗前,按各道轴承端面检查圆线,使镗排中心与其同心,其偏差应在0.03~0.1 mm范围内。

②镗孔后检查各轴承孔,孔径、圆度、圆柱度及表面精糙度应符合图样要求。若有锥度,要与压入衬套同方向,即顺锥度,不允许倒锥度。

上、下舵孔的圆度、圆柱度的公差值参见表5-7所示的规定。内孔镗削经检验认可后方允许切削端部平面,其外形按施工图样,所镗平面必须垂直中心线,垂直度公差不大于0.01 mm/m。

表5-7　舵承镗孔圆度、圆柱度公差值　　单位:mm

轴　　径	公　　差
≤120	≤0.015
120~180	≤0.020
180~260	≤0.025
260~360	≤0.030
360~500	≤0.035
500~700	≤0.040
700~900	≤0.050

③镗孔后,舵的各道轴承的同轴度应不大于0.3 mm。

(3)检验方法

①精镗前应检查镗排中心,一般采用V形画针工具环绕镗排轴线一周检查,见图5-9所示。要求镗排中心与检验圆同心,中心偏差应在规定范围内。

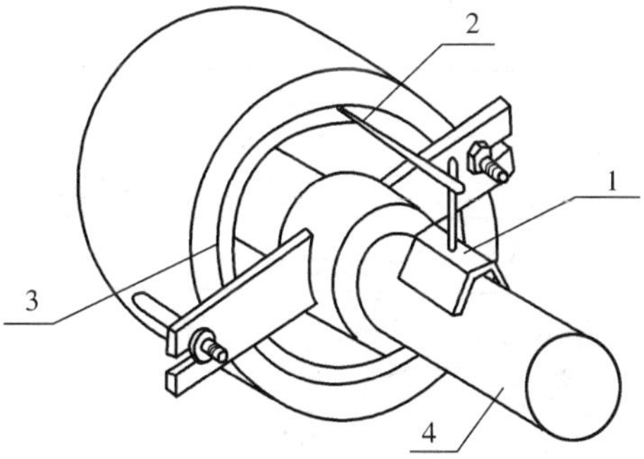

图5-9　用画针检验镗排中心方法

1—V形画针座;2—画针;3—检验圆线;4—镗排

②在内孔镗削验收合格后,进行轴承端面切削,所镗平面必须垂直于中心线,各道轴承端面切削量按样棒。

③镗孔后,用内径千分尺测量孔的直径、圆度、圆柱度,并目测表面粗糙度。

④镗孔后，用准直照光仪检验所镗削的各道轴承中心，其方法是在每道轴承孔两端安装照光靶架，并用百分表校准照光靶中心，使之与轴承孔同心。根据上舵承及下舵销两端的光靶中心，调整准直照光仪中心，然后检查各道轴承端面光靶十字线的偏差是否符合要求。检验时应记录左、右、前、后方向的偏差。

(4)测量记录

①舵承镗孔及衬套测量记录可参见表 5－8 所示。

②各轴承中心复照光记录可参见图 5－10 所示。

表 5－8　舵承镗孔及衬套测量记录表

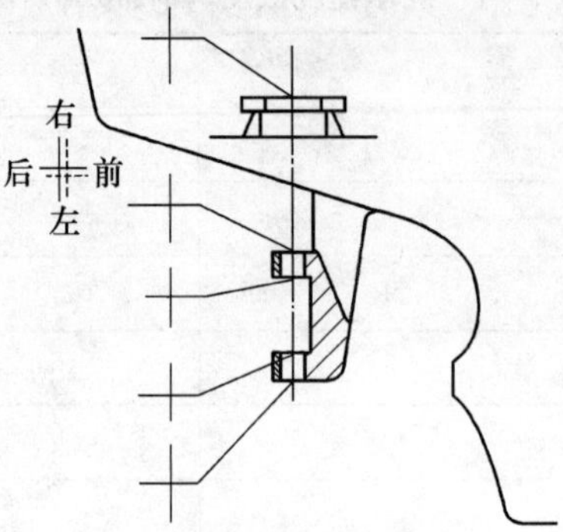

单位：mm

测量部位 \ 舵承		上舵承		上舵销		下舵销	
		前后	左右	前后	左右	前后	左右
舵承镗孔测量	*A*						
舵承衬套外圆测量	*B*						
	C						
舵承衬套内孔测量	*D*						
	E						

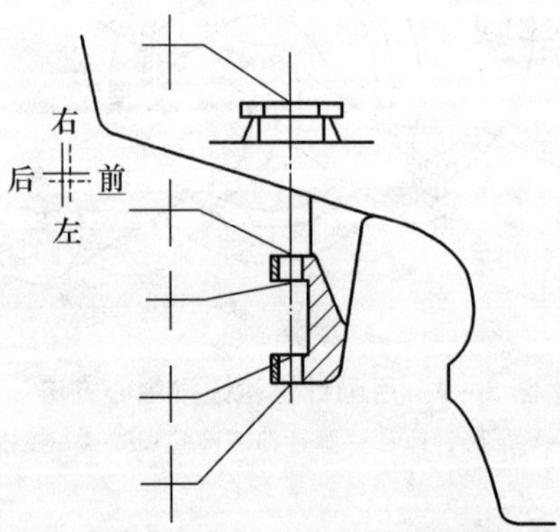

图 5－10　舵承镗孔复照光示意图

注：简图中虚线为光靶中心线，实线为光学仪中心线。

4. 舵承衬套加工与安装检验

(1)舵承衬套加工检验

①检验要求

a. 上、下舵销衬套外圆按镗孔尺寸配制。过盈量、圆度及圆柱度按图样要求，不允许有倒锥度，表面粗糙度应符合要求。

b. 衬套内孔加工尺寸按舵叶上、下舵销外圆配制，按图样及工艺要求加放轴承间隙。由于衬套内孔镶配的轴承材料(有铁梨木、层压板、铜或白合金)以及舵系结构型式的不同，其轴承间隙也不同，下面提供各种舵系结构型式的间隙要求，供参考。半悬挂舵的舵销与销承装配间隙，参见表5－9所示规定；悬挂舵下舵承装配间隙，参见表5－10所示规定；穿心舵轴平衡舵，舵轴与舵轴承装配间隙，参见表5－11所示规定；双支承平衡舵、导管舵下舵承与舵轴承装配间隙，参见表5－12所示规定；多支承普通舵各道舵承的装配间隙，参见表5－13年示规定。

②检验方法

a. 用外径千分尺测量舵承衬套外圆直径(测量上下部位)，计算出圆度及圆柱度，不允许倒锥度，其尺寸应符合过盈配合要求。表面粗糙度视觉检查。

b. 用内径千分尺测量舵承衬套内孔(测量上下部位)，其圆度及圆柱度应符合要求。

c. 检验记录。衬套内外圆加工测量记录，可参见表5－8所示。

表5－9　半悬挂舵的舵销与销承装配间隙　　单位：mm

舵销 d ＼ 标准值	铜及白合金销承装配间隙	铁梨木及层压板销承装配间隙
<50	0.35～0.50	0.35～0.50
50～70	0.45～0.60	0.50～0.70
75～100	0.60～0.75	0.70～0.90
100～130	0.75～0.90	0.90～1.10
130～180	0.90～1.05	1.10～1.30
180～260	1.05～1.20	1.30～1.50

表5－10　悬挂舵下舵承的装配间隙　　单位：mm

舵销 d ＼ 标准值	铜及白合金销承装配间隙	铁梨木及层压板销承装配间隙
<80	0.30	0.60
80～120	0.30～0.40	0.60～0.70
120～180	0.40～0.50	0.70～0.85
180～260	0.50～0.60	0.85～1.05
260～360	0.60～0.75	1.05～1.25
360～500	0.75～0.90	1.25～1.50

表 5-11　穿心舵轴平衡舵舵轴与舵轴承装配间隙　　单位:mm

舵销 d ＼ 标准值	铜及白合金销承装配间隙	铁梨木及层压板销承装配间隙
80~120	0.60~0.70	0.75~0.85
120~180	0.70~0.85	0.85~1.10
180~260	0.85~1.00	1.10~1.35
260~360	1.00~1.20	1.35~1.60
360~580	1.20~1.50	1.60~2.00

表 5-12　双支承平衡舵、导管舵下舵承与舵轴承装配间隙　　单位:mm

舵销 d ＼ 标准值	铜及白合金销承装配间隙	铁梨木及层压板销承装配间隙
<80	0.35~0.50	0.55
80~120	0.50~0.60	0.55~0.80
120~180	0.60~0.75	0.80~1.10
180~260	0.75~0.90	1.10~1.30
260~360	0.90~1.10	1.30~1.50
360~500	1.10~1.30	1.50~1.80

表 5-13　多支承普通舵各道舵承的装与间隙　　单位:mm

舵销 d ＼ 标准值	舵杆承（铜及白合金舵承）	舵销承	
		铜及白合金舵承	铁梨木及层压板舵承
<50	0.25~0.33	0.50~0.60	0.55~0.65
50~70	0.32~0.40	0.60~0.80	0.65~0.85
75~100	0.36~0.44	0.80~1.00	0.85~1.10
100~130	0.42~0.50	1.00~1.20	1.10~1.30
130~180	0.50~0.60	1.20~1.40	1.30~1.50
180~260	0.60~0.70	1.40~1.60	1.50~1.75
260~360	0.70~0.80	1.60~1.80	1.75~2.00

注:①合成材料舵销承(如尼龙、层压胶布等)安装间隙及更换间隙值介于金属于铁梨木材料之间;采用 MC 尼龙作为舵承时,在排除压配合对内径的影响后,其装配与极限间隙均可参照铁梨木舵承。

②舵杆上舵承为铁梨木时,其装配间隙可按上表规定值加大 35%。

(2)舵承衬套安装检验

①检验要求

舵销轴承安装前,复测轴承衬套外径与舵钮孔的配合过盈量。轴承衬套安装一般采用液压压入方法，压入力应符合技术部门提供的压入力要求。

②检验方法

a. 舵上、下轴承衬套安装前，须用内径千分尺复测舵钮镗孔直径，用外径千分尺复测衬套外圆，其测得的实际配合过盈量应符合图样要求。测量前，内、外径千分尺应进行核对。

b. 舵上、下衬套安装一般采用油泵压入，压入时应根据油泵的活塞面积及油泵压力计算出压入力，压入力应符合技术要求。一般实际压入力应大于规定的压入力。

③检验记录

舵上、下衬套压装时应做好压入力与压进距离的记录，参见表 5－14 所示，也可按记录绘制压入力与压入量曲线。

表 5－14　舵衬套压入记录表

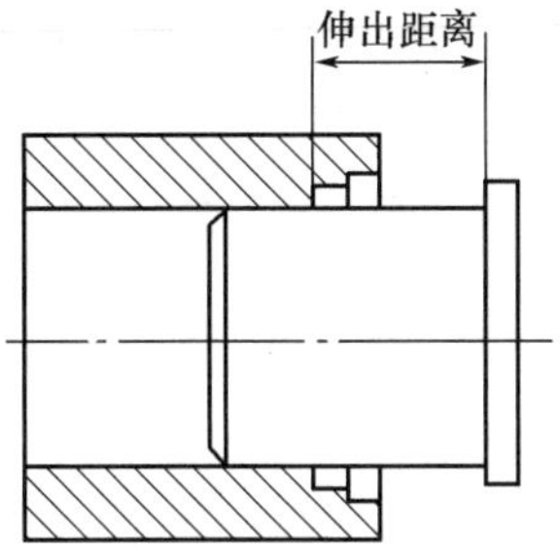

前衬套温度：　　　℃　　舵承温度：　　　℃　　环境温度：　　　℃

伸 出 距 离/mm					
油 泵 压 力/MPa					
压紧负荷/t					

5. 舵系安装检验

(1)检验内容

①上舵承本体安装；

②杆与舵叶安装；

③舵柄安装；

④舵机安装。

(2)检验标准与要求

①上舵承本体基座绞孔及螺栓加工要求：螺栓表面粗糙度、圆柱度、圆度以及螺栓与绞孔的配合过盈量，参见表 5－15 所示规定，螺栓与螺孔不允许有倒锥度，上舵承磨擦接触面应大于 60%，用 0.03 塞尺检验，在 90% 以上周长的范围内应插不进。

表 5－15　螺孔及螺栓加工及配合要求　　单位：mm

直径	<30	30～50	50～70
配合值	0～0.01	－0.005～＋0.005	－0.01～0

表 5－15(续)

螺孔	圆柱度	0.02	0.02	0.03
	圆度	0.01	0.01	0.02
螺栓	圆柱度	0.015	0.015	0.02
	圆度	0.01	0.01	0.015

②舵杆与舵叶安装要求:舵杆与舵叶连接螺栓安装可采用锤击法安装,也可采用二氧化碳干冰冷冻法安装。若采用冷冻法安装,螺母应在螺栓安装后,待温度恢复到外界温度时再安装,一般为隔天敲紧,并装上防松装置。

舵杆与舵叶连接后,检查舵各道轴承的间隙,要求舵中心偏差不大于0.5 mm或1/2的装配间隙,并测量舵间隙,测量记录参见图5－11所示;舵销平面的装配间隙,如图5－12所示,其标准参照表5－16所示规定。舵组装后应进行转动轻便性、灵活性检查。

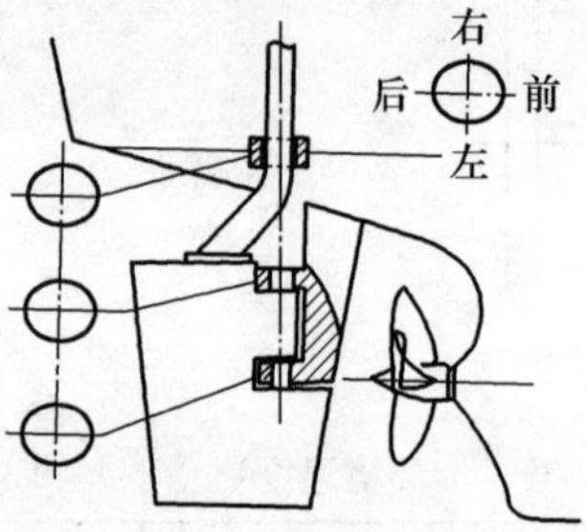

图 5－11　舵间隙测量示意图

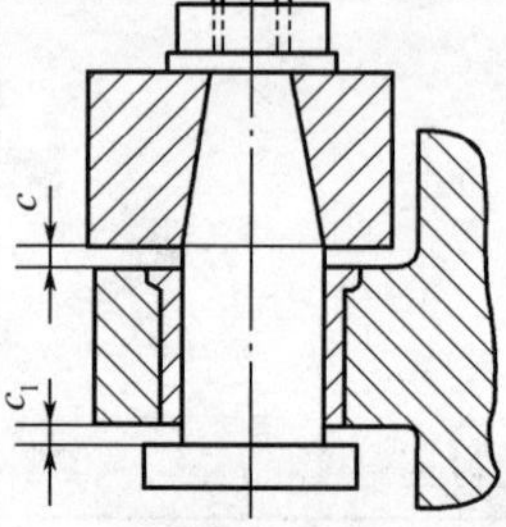

图 5－12　舵销平面装配间隙示意图

表 5－16　舵销平面装配间隙　　单位:mm

上舵杆直径 d	闭锁舵销安装间隙 c_t	舵钮与舵钮或舵叶与舵底托平面间隙 c
<80	16～21	12～17
80～120	18～23	15～20
120～180	20～25	18～23
180～260	22～27	22～27
260～360	24～29	26～31
360～500	26～31	30～35

③舵柄安装。舵杆与舵柄的结构型式有两种:一种是圆柱体连接结构,另一种是圆锥体连接结构,其中圆锥体结构在目前建造的船舶中被普遍采用。圆柱体连接结构的舵柄,安装前应复测舵杆与舵柄的装配过盈量,其值应符合表5－5所示规定值。圆锥体连接结构的舵柄,采用专用液压螺母压入安装。技术部门在装前应提供压入力与压入量的数值,装时应按此要求安装到位。最后将舵叶转至零度,制作舵柄至基准点处的舵零度样棒。

④舵机安装要求

a. 舵机基座焊接垫块加工后,要求用色油检查,在25 mm×25 mm面积上应有色油接触

2 ~ 3 点，且平面应向外倾斜 1∶100。

b. 在舵叶处于零度位置时，舵机液压缸应处于中间位置，用舵杆上端安装的专用工具，检查舵机液压缸的中心线是否在同一个平面内，其偏差应不大于 0.5 mm。

c. 舵机基座垫片用色油检查，每 25 mm × 25 mm 面积上应有色油接触 2 ~ 3 点，用 0.05 mm塞尺检查应插不进，局部插入深度不大于 10 mm。

（3）检验方法

①上舵承本体安装与基座绞孔检查

用内径千分尺测量孔径、圆柱度、圆度，用视觉检验孔表面粗糙度，并按孔径尺寸加放过盈量配制螺栓。用外径千分尺测量螺栓，其圆柱度、圆度、表面粗糙度及螺栓过盈量应符合要求。测量时应做好原始记录，安装时应旋紧螺母。

②舵杆与舵叶连接螺栓安装

螺栓直径较小的常用锤敲入法，螺栓直径大一些的，常用二氧化碳干冰冷却螺栓的方法安装。若采用干冰等冷却方法安装，一般将螺栓放入螺孔内，螺母随手旋紧，待螺栓温度恢复到外界温度时，方可用锤敲紧螺母，并装上防松螺母或焊接防松止块。在舵杆与舵叶连接成一体后，即可用塞尺检查舵系各道轴承前、后、左、右四个方向的间隙，根据间隙分析舵系中心是否符合要求，并用钢皮尺商量舵销平面间隙，做好测量记录。最后进行舵转动轻便性检查，用绳固定在舵叶叶尾处，一般用 2 ~ 5 人拉动舵叶，使舵左右转动大于 37°，转动应灵活。

③舵柄安装检验

对于孔为圆柱体的舵柄，安装前应用外径千分尺复测舵杆轴径，用内径千分尺复测舵柄内孔，测得结果应满足过盈配合要求。此种结构安装时一般采用热套法安装，也可采用油泵压入法，但装配要到位。对于孔为锥体的舵柄，安装时一般采用专用液压螺母压紧，其压紧要求按技术部门提供的压入量与压入力。压入力可按专用液压螺母的有效液压面积乘油压力计算得出。舵柄压入量起始点以舵柄与舵杆贴合算起，一般按压力表起压至 2 ~ 3 MPa 为压入量起始点，此时将百分表调整为零，见表 5 – 17 中所示。在压入过程中，记录压入时百分表读数及油压。压装时，一般压到压入量或轴向压入力有一个先到位时为止。待稳定一段时间后将螺母内油压放掉，用板手将螺母从旋紧方向敲紧。舵柄压入时应做好液压压力、压入量记录，参见表 5 – 17 所示，并按记录绘制压入力与压入量曲线。

表 5 – 17　舵柄压入记录表

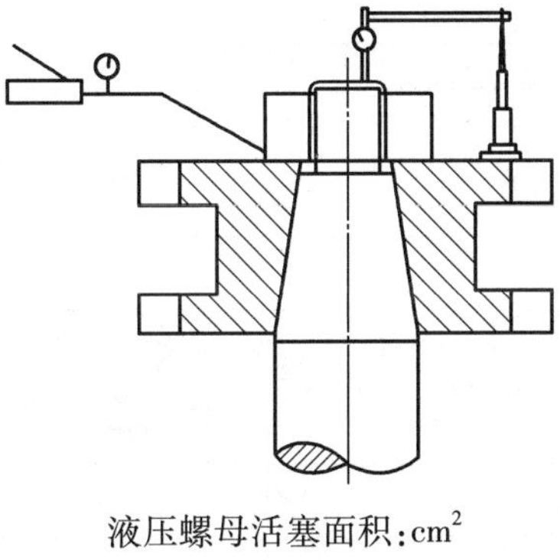

液压螺母活塞面积：cm^2

表 5-17(续)

液压压力/MPa	
压入力/kN	
压入量/mm	

④舵机安装检验

舵机安装前,应对舵机基座焊接垫块进行检验。舵机安装定位采用样棒检查,舵处于零度状态时,舵机的液缸应处于中间位置。检验方法:(参见表 5-18 所示)在舵杆上端的吊装螺孔处安装专用指针式工具,并在其指针的端部安装一只百分表,转动指针检查舵机液缸的基准平面 A,B,C,D,四处的百分表读数偏差应在 0.05 mm 以内,并检查液缸在 A,B,C,D 四个基准平面的基准点至舵杆中心处的尺寸 a,b,c,d,应基本相等。此时,还应检验舵柄与滚柱的间隙 g_1,g_2,g_3,g_4,应基本相等。舵柄至液压柱塞十字头平面的间隙,其上平面间隙应略大于下平面间隙(主要是考虑舵经长期使用,上舵承止推轴承会产生一些磨损,而导致舵杆向下)。舵机按上述要求定位安装后,应用色油检验舵机与基座垫片接触,每 $25\times25(mm^2)$ 面积上应有 2~3 点,垫片上下平面处用 0.05 mm 塞尺检查,应插不进,如局部插入,深度不大于 10 mm。舵机基座处四个侧面应安装侧向塞铁,此塞铁应有一定的斜度,其检验要求同基座垫片,检验合格后,在侧向塞铁处于用电焊焊牢。舵机安装应做好各项测量记录,记录内容参见表 5-18 所示。

表 5-18　舵机安装测量记录表

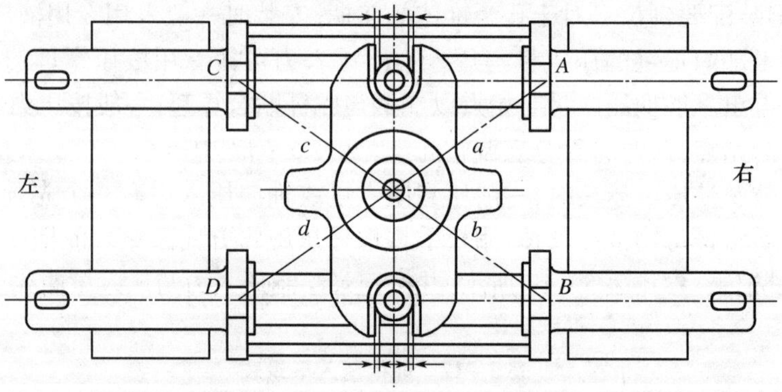

舵机液缸定位　　单位:mm

位置	*A*	*B*	*C*	*D*	*a*	*b*	*c*	*d*
图样								
实例								

舵柄与滚柱间隙　　单位:mm

位　置		g_1	g_2	g_3	g_4
测量部位	上部				
	下部		1		

表 5-18(续)

位　置		g_1	g_2	g_3	g_4
测量部位	上平面				
	下平面				

第二节　锚泊及系泊设备安装检验

一、锚、锚链和锚机安装检验

1. 检验前应具备的条件

检验的内容包括:锚机安装检验、锚及锚链安装检验、锚链止链器安装检验,在检验之前应具备以下各项条件:

(1)锚链筒、锚链舱及安装锚链的有关部件均安装,焊接完工,经检验合格。

(2)锚链冲洗、管路安装完工,经检验合格。

(3)锚机基座安装、焊接完工,经检验合格。

(4)锚、锚链和锚机均经验船部门检验合格,产品标记和船检示记齐全。

2. 检验要求与方法

(1)锚机安装要求与检验方法

锚机机座应按图样位置在锚机甲板上焊接,其焊缝应符合图样规定的尺寸,表面应光洁,无裂缝、漏焊、焊瘤、弧坑等缺陷。机座上垫片加强板焊接后,应进行平面加工,要求向外倾斜小于1∶100,平面用平板作色油检查,接触面应不小于60%。

锚机安装时,应将锚机机座间垫片镶配好,未旋紧底脚螺栓之前,用0.05 mm塞尺检查垫片上下接触面之间的缝隙要求插入深度不大于10 mm,垫片平面色油接触面应不小于60%。

锚机绞缆滚筒端处支架轴承定位安装时,支架轴承底座垫片镶配后,应校对离合器中心,要求离合器平面偏差及外圆偏差均不大于0.1 mm;打开支架轴承上盖,用塞尺检验轴承两侧间隙,两侧间隙应基本相同,轴瓦下面应接触(或用0.03 mm塞尺检验轴承下面,应插不进),如垫片检查符合上述要求时,则可认为支架轴承定位符合要求。锚机垫片检验合格后,旋紧全部底座螺栓,并装上双螺母。

锚机底座还应安装侧向垫片,其侧向垫片的斜度及施工检验要求与机座垫片相同,侧向垫片检验合格后应进行焊接固定。

(2)锚及锚链的安装要求与检验方法

锚、锚链、转环、连接环安装前,应认真抄录船检的产品编号、制造厂产品编号和锚重量。经检验,其规格、数量符合图样要求时方可装船,并记录各编号。

按图样要求的锚链节数,通过连接环、转环连接成整根锚链,要求锚链边境安装牢固并浇铅封固定。连接环方向在整根锚链中应在同一个平面内,并要求通过链轮时处于水平方向。检查锚链根部固定情况并做锚装置脱钩试验,锚链末端应能从弃锚装置灵活地脱开,检验认可后将锚链装入锚链舱并锁牢。同时检查该装置底座的焊缝质量和锚链在锚链舱内的堆放情况。锚链应在每节锚链的两端做上色漆标记,以便识别锚链抛出的节数,此项工作可放在以后适当的时候完成。

(3)锚链止链器的安装要求与检验方法

锚链止链器安装位置一般先作临时安装就位,试验后作最后定位。止链器安装要求较高,起锚时,止链器应控制锚链在锚链轮上不发生转链及翻链。在锚链止链器安装的纵向位置,应能使锚在收足时(锚应与锚链筒唇口处三点相碰或与船旁板三点相碰,此时,锚贴合良好,不能自由摆动),止链器能将锚链止牢。检验时应试验锚在正反两个方向被制止时,贴合均应良好,不能自由摆动。

二、系泊设备安装检验

系泊设备是船舶停靠码头、系泊浮筒、进出船坞时使用的一种专用设施,它由缆索、带缆索、带缆桩、导缆孔、导缆钳、导向滚轮和系泊绞车等组成。系泊设备随船舶的大小、作业状态和要求不同,其数量及布置也不同。

1. 安装前应具备的条件

(1)带缆桩、导缆钳、导缆孔等系泊设备,目前大都采用钢板焊接结构或将铸钢件焊接固定,其焊缝应符合焊接质量要求。如用铸件制作系泊设备,铸件表面应经过修整,铸件型箱连接处的缝隙须修平到表面,铸件表面不应有尖角、砂眼、裂缝等缺陷。

(2)装船的绞车钢丝绳应符合图样规定的规格、要求,并具有产品质量证明文件,应符合 GB1102—74 的规定。

2. 检验内容

(1)带缆桩、导缆钳、导缆孔、导向滚轮安装检验。

(2)绞缆机安装检验。

3. 安装要求与检验方法

(1)带缆桩、导缆钳、导缆孔、向滚轮的安装要求与检验方法上述系泊设备的安装型式,有直接与甲板焊接的,有在甲板上安装加强复板后再焊接的,也有安装在基座上,基座与主甲板焊接的。对于上述几种安装方法,尽管方法不同,但焊接要求是相同的,即焊缝的尺寸应符合图样规定,焊缝应无裂缝、漏焊、焊瘤、弧坑等缺陷。对于少量采用铸钢件的系泊设备,安装时直接将铸钢件与船体结构焊接,其焊接要求同上。

上述系泊设备安装后,应检查其安装位置与安装质量。

(2)绞缆机安装要求与检验方法

绞缆装置有锚机附带绞缆装置和起货机附带绞缆装置,此类机组安装归入相应的锚机、起货机安装。专用绞缆装置的安装中,绞缆机的机座应按图样尺寸在甲板上安装、焊接,焊接规格应符合图样规定,焊缝无裂缝、漏焊、焊瘤、弧坑等缺陷。机座上垫块(包括侧向基座)焊后应进行表面加工,要求向外倾斜小于1:100。

第三节 舱口盖、桅和门窗等舾装件检验

一、钢质水密货舱口盖检验

钢质货舱口盖是重要的船体舾装装置。它用来遮蔽舱口,保护舱内货物不受风浪、雨

水的侵袭。在船舶装卸货物时，能便于开启和关闭。货舱口盖应具有足够的强度，以保证在规定的风浪或其他设定的负荷下不致变形，影响使用。

钢质水密货舱口盖的检验分制造检验和船上安装检验两个方面。

钢质水密货舱口盖一般是由专业厂制造的，船厂检验部门在进货检验时应核查制造厂提供的材质证件、检测报告和船级社船用产品合格证书；船厂自己制造的，检验部门应按船级社的规定，申请船用产品检验，并在制造过程中向验船师及船东提交验收。检验合格的钢质水密货舱口盖，由船级社向制造单位颁发船用产品合格证书。

钢质水密货舱口盖的安装检验有两个内容：一是船上货舱口围板的安装检验；二是货舱口盖在货舱口围板上的安装检验和试验。

钢质水密货舱口盖的种类很多，常用的有纵向滚动式、折叠式、箱式和横移式等四种。下面以纵向滚动式货舱口盖为例，阐述货舱口盖的检验方法。

1. 钢质水密货舱口盖制造检验

(1)原材料检验

核查货舱口盖所用的原材料质量证书，并在原材料号料前抽查原材料的表面质量。无论是号料前抽查或加工过程中发现材质数据不合格或表面质量不合格，检验员应及时制止该批材料设入生产或继续加工和组装。原材料检验方法参见第二章船用金属材料检验的有关内容。

(2)零部件检验

货舱口盖零部件检验采取抽查的方式。零部件装配前应对内场加工质量和钢材外观质量进行复查，如检查 T 型构件的腹板、面板和密封垫角钢等构件的尺寸，切割边缘的直线度及粗糙度，以及材料表面质量状况。货舱口盖零部件检验标准，除了按船体零部件检验的一般要求外，针对货舱口盖的特点，有其更严格的要求。货舱口盖零部件装配质量检验标准见表 5－19。

零部件焊接后，如因变形超出上述标准，应用火工矫正等方法予以纠正。

(3)货舱口盖胎架检验

货舱口盖通常在胎架上制造。为保证货舱口盖在船上安装时的精度，所有由几块舱口盖板组成的货舱口盖都应在　只胎架上组装。货舱口盖的胎架为反造胎架。

货舱口盖胎架的检验，应特别注意如下两点：

①在胎架模板安装前，检查平台上舱口盖中心线、角尺线和外框线的准确性。

②检验胎架模板上缘是否在同一水平面上。当工艺上有规定时，检查是否已设置了反变形量。

(4)货舱口盖构架画线检验

对反置于胎架上的货舱口盖的顶盖板，先进行拼板焊接，然后定位，其与胎架模板的间隙为 0～2 mm。同属于一个货舱口的几块货舱口盖之间的间隙应接近，板边应平行，达不到此要求时应修割准确。所有中心线、角尺线和构架线应在平台上画线进行检查。检查内容和要求如下：

①长度公差：±2 mm(应包括工艺收缩余量)。

②宽度公差：±2 mm(应包括工艺收缩余量)。

③对角线长度差：单块不大于 2 mm，整舱不大于 3 mm。

④相互平行的构架线间的平行度不大于 1 mm。

表 5-19　货舱口盖零部件装与质量检验标准　　单位:mm

项　目	极限范围	备　注
T 型构件腹板安装位置偏差	±1	按面板上位置线检验
T 型构件面板倾斜度偏差 δ_1	±2	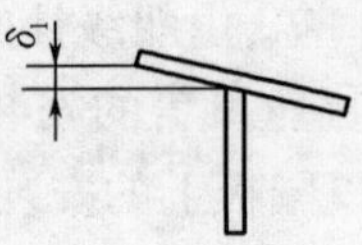
T 型构件面板与腹板的纵向相对位置偏差 δ_2	±1	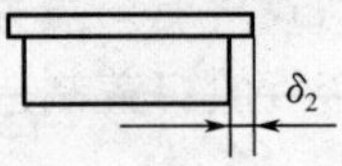
侧板和短板拼接后的平整度及下口边缘的直线度	±1	
侧板、端板的高度尺寸偏差	±1	
密封垫槽(角钢)安装在侧板和端板上位置的正确性和垂直度	±1	
压紧扁钢安装位置的准确性和垂直度	±1	

⑤中心线、角尺线、外框线都应打上圆冲标记。

(5)焊前结构装配检验

货舱口盖结构装配后,焊接前的检验方法与一般平面分段一样。应特别指出,其检验内容与后述完工检验时的内容基本相同,但应将完工检验时的标准范围当作允许极限来检验。其次须严格检查水密结构部位、货舱口盖下口的平面度和外框的正确性。最后须检查工艺上规定的反变形量是否已经纳入。

(6)货舱口盖完工检验

货舱口盖反置于胎架上的焊接工作应遵照焊接工艺规定的焊接程序,以使结构变形量减少。货舱口盖于胎架上焊接结束后,反身置于搁架上,焊接未完成的部位。焊接后用火工矫正变形部位,最后进行完工检验。以滚动式货舱口为例,其检验内容及检验标准见表 5-20。同时还应对货舱口盖进行测量,测量时,货舱盖的搁置状态可进行调整,但不得强行牵制或放置重物,应在自由状态下进行测量,测量结果有超差者应予再次矫正。最后将测量所得的主尺度数据填入表 5-21 中。

表 5－20　货舱口盖的检验内容和检验标准　　单位：mm

项目		标准范围	允许偏差
货舱口盖尺寸偏差	长度（整舱）ΔL_1	±5	$\pm\left(3+\frac{4L}{10\,000}\right)$
	长度（单块）ΔL_2	±3	±4
	宽度 ΔL_3	±3	$\left(3+\frac{4L}{10\,000}\right)$
	盖板高度 ΔL_4	±2	±3
	对角线长度（整舱）$\lvert D_1-D_2\rvert$	≤5	≤7
	对角线长度（单块）$\lvert D_3-D_4\rvert$	≤4	≤5
	盖底面四角平面度（单块）	≤3	≤4
侧板、端极及顶板尺寸偏差	侧板下口垂向挠度 ΔL_5	±3	±4
	侧板口下横向直线度 ΔL_6	±3	±4
	端板下口垂向挠度 ΔL_7	±3	±4
	端板下口横向直线度 ΔL_8	±3	±4
	顶板平面度 ΔL_9	≤4	≤5

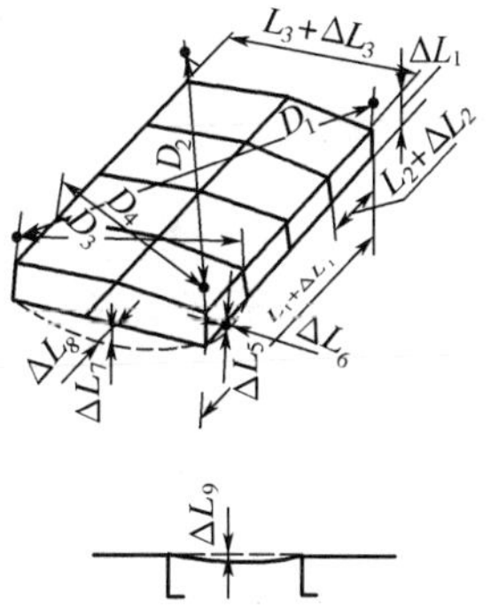

注：L，D 为公称尺寸。

表 5－21　货舱口盖完工测量记录表　　单位：mm

项目	理论值	测量值
L_1		
L_2		
B_1		
B_2		
D_1		
D_2		
$\lvert D_1-D_2\rvert$		

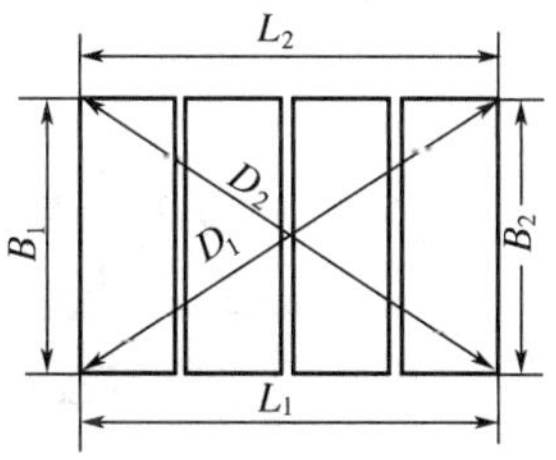

2. 钢质水密货舱口盖安装检验

（1）货舱口围板安装检验

货舱口围板在主船体合拢以后开始安装，由于主船体各种分段安装时的误差，往往会造成货舱口围板的安装偏差。这种偏差一般有两个方面：一是舱口围板与舱口纵桁或舱口横梁错位，影响强度；二是舱口围板合拢后，其长度和宽度偏差超出质量标准的要求，影响与舱口盖的配合。此外，舱口围板的面板不平，将直接影响到舱口盖的水密性。

舱口围板在装配后（焊接前）进行检验，其检验内容和检验标准见表 5－22。此外，对于参加总纵强度或舱口盖承受货物载荷的舱口围板,尚应注意检查舱口纵桁腹板的对接接头,坡口形状应确保能焊透。

表 5-22　货舱口围板安装检验内容和检验标准　　单位:mm

项目		标准范围	允许偏差	示图
舱口围板尺寸偏差	长度 ΔL_1	±5	±10	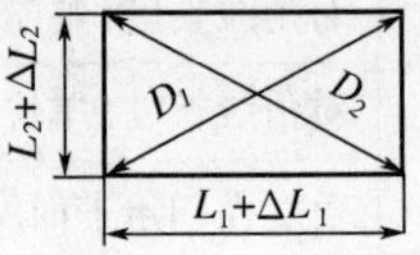
	宽度 ΔL_2	±5	±10	
	高度 ΔL_3	±5	±10	
	对角线长度 $\lvert D_1-D_2\rvert$	≤10	≤15	
舱口面板尺寸偏差	端部面板平面度	±3	±5	
	侧部面板平面度	±5	±8	
	任何 1 m 长的平面度(端、侧部面板)	≤2	≤3	
	舱口面板四角平面度	≤4	≤6	

舱口围板焊接后应对焊缝进行检验。对参加总纵强度的舱口围板对接缝还要进行无损探伤检查,对围板顶缘及其开口边缘的粗糙度也要予以注意。

(2)货舱口盖船上安装后检验货舱口围板安装焊接后,在面板上安装压紧条、垫板、导轨和导板等附件。在这些附件装配焊接和现场加工后,进行货舱口盖及启闭设备的安装。围板上附件和舱口盖在舱口围板上的安装精度,一般作现场抽检。检查时,要特别注意水密结构、启闭运动装置和舱口盖边板与舱口围板面板之间的间隙。舱口盖在船上安装结束后,需按下列内容进行试验和检验。

①开启和关闭舱口盖各两次,检查其运动的可靠性和操作的方便性。

②对舱口盖做密性试验,不得有渗漏现象。冲水试验要求喷嘴直径应不小于 16 mm(对于船长小于 90 m 的船舶,可选用 13 mm),水压力不小于 1 MPa,冲水时喷嘴至试验接缝处的距离不得大于 3 m,并向接缝处垂直喷水。

③首制船的液压操纵舱盖板,应任选一舱用起货杆做应急启闭试验。

除了以上试验和检验外,有关机电方面的要求按技术文件。另外对承受较大负荷的舱口盖(如集装箱船),应按技术文件规定的程序进行其他试验。

二、桅、起重柱和吊货杆检验

桅、起重柱和吊货杆都是起货设备中的主要结构件。其中,吊货杆是船级社规定的船用产品,必须通过船级社检验,合格后发给船用产品证书。桅、起重柱和吊货杆都由成段圆柱形壳和锥体壳组装焊而成。桅、起重柱和吊货杆可在简易模板胎架上装配,焊接方式一般采用自动焊和半自动焊。桅、起得柱和吊货杆的主要质量特性:一是焊缝的质量,二是壳的圆度和轴向直线度。

1. 桅、起重柱、吊货杆和制造检验

(1)检验内容

①原材料检验

核查桅、起重柱和吊货杆的原材料质量证书,并在号料前抽查原材料的外观质量。无论在号料前或加工过程中，当发现有材质不合格或外观质量不合格时，检验员应及时制止该材料投入生产或继续加工和组装。

②加工质量检验

桅、起重柱和吊杆内场加工时，一般采取抽查的形式。其中须重点检验壳圈等零部件的圆度和纵向连接缝的直线度。此外，应按一般船体零部件的加工检验要求，检查坡口的形式和粗糙度等。

③装配检验

桅、起重柱和吊货杆在胎架上装配后的检查内容：

a. 壳圈板和胎架的紧贴度；

b. 直线度；

c. 壳圈的直径和圆度；

d. 对接缝的间隙、错边和坡口形式。

④焊接质量检验

a. 验证是否使用规定等级和种类的焊接材料；

b. 焊缝外观检查，要求无裂纹和咬边，构件及零部件端部的包角焊应完整。焊喉尺寸符合要求。

c. 焊缝无损探伤。桅、起重柱和吊货杆的纵横对接焊缝应用射线或超声波探伤检查。横缝探伤长度应不少于其总长度的25%，且应包括每一个纵横焊缝交叉点，纵缝可进行抽查。焊缝的内在质量也可采用其他等效方法进行检查，但须经验船师同意。

(2)检验标准

桅、起重柱和吊货杆的加工、装配应按表5－23和表5－24的规定值进行检验。

表5－23 桅及起得柱制造检验标准

单位：mm

项　目	标准范围	允许极限	备　注
直径偏差	±1/150D且≤±5.0	±1/100D且≤±7.5	D为圆柱直径
直线度	±1/200D且≤±5.0	±1/150D且≤±7.5	
对接缝的错边量	≤0.1t	≤0.15t	t为较薄一侧板的厚度

表5－24 吊货杆制造检验标准

单位：mm

项　目	标准范围	允许极限	备　注
长度偏差	±7	±(5+5l/10 000)	l为长度
直线度	±5	±(5+5l/10 000)	
直径偏差	±D/100	±2D/100	
对接缝的错边量	≤0.1t	≤0.15t	
吊杆叉头处圆度	≤1	≤2	
吊杆叉头与眼板的安装角度偏差	≤1°	≤2°	

2. 桅和起重柱安装检验

(1)检验内容

①定位检验

桅和起重柱在船上安装时,应根据甲板上的船中线检查桅和起重柱中心线的偏差。可采用经纬仪测量桅和起重柱上端的中心线,检查其纵横向的倾斜度,并利用近甲板的基准线与桅和起重柱上的基准线来测定它们的高度。

②装配检验

桅和起重柱在船上安装时,一般都穿过一层甲板后座落在下一层甲板上,也就是桅和起重柱与船体的连接具有两个支点。装配检查时应按图样查对桅和起重柱与甲板连接的型式。船舶建造规范一般有如下规定:

a. 当桅或起重柱的端部固定在强力甲板上时,其根部边缘应开单面坡口与甲板焊接;

b. 当桅或起重柱穿过强力甲板固定在下层甲板时,则与桅或起重柱连接处的强力甲板应开双面坡口焊接。桅或起重柱的根部应开单面坡口与下层甲板焊接。

③焊接检验

由于起重柱与桅主要是与甲板连接固定,因此该两处的焊缝强度非常重要,检验员应对该两处焊缝加强现场检查。即在焊接前核查坡口型式和焊接部位的清洁程度;焊接中,检查焊工是否采取了适当的焊接规范和用小直径焊条进行打底焊等,焊缝表面质量参见第三章。起重柱、桅与甲板连接的角焊缝,一般不进行无损探伤。

(2)检验标准

桅和起重柱安装质量,按表 5-25。

表 5-25 桅和起重柱的安装检验标准

项　　目	标准范围	允许极限	备　　注
桅中心线与安装位置中心线偏差	≤3	≤5	H 为高度
纵横向倾斜度偏差	≤H/1 000	≤2H/1 000	
高度偏差	±10	±20	

三、门、窗、盖及其他舾装件检验

这里所指的门、窗、盖及其他舾装件主要指水密门、小舱口盖和舷窗等,船体开口处的关闭装置,以及舷梯、引水员软梯和机械升降器等舾装件。

上述产品通常由专业厂生产。船级社都将这些产品列入船用产品范围,因此这些产品的制造均须按规定向船级社申请船用产品检验。船厂检验部门对这些产品实施进厂入库检验,同时在船上安装时向验船师提交安装质量检验。

1. 门、窗、盖安装检验

(1)检验内容

门、窗、盖都是船体上的小型风雨密关闭装置。由于门、窗、盖在船上的数量比较多,船厂一般仅在安装过程中进行抽查,其检查内容包括:

①查阅水密门、舷窗、小型风雨密舱口盖的船用产品合格证,并核对实物钢印或标志。

②按船级社审查批准的图纸检查门、窗、盖的开口位置。应特别注意干舷甲板上的风

雨密门和小型风雨密舱口盖，对于风雨密门，须重点检验门槛高度，对于小型风雨密舱口盖，重点检查围槛离甲板的高度。

③门、窗、盖安装后，检查结构完整性、牢固性和启闭性能。

④检查所有焊缝处的焊接质量。

⑤检查门、窗、盖的密性。一般先用白粉黏附法检查密封的安装质量，然后在一批门、窗、盖安装结束后，按船级社的规定进行冲水试验。

其范围规定如下：

a. 干舷甲板以下船舷两侧的舷门和舷窗，以及艏艉门等；

b. 干舷甲板上和开敞的上层建筑甲板上人孔或小舱口关闭装置，机舱天窗；

c. 干舷甲板上，第一层甲板室或上层建筑的门、窗；

d. 干舷甲板上，第二层具有通往干舷甲板以下通道的甲板室或上层建筑围壁上的门；

e. 水密舱壁上的门及开口关闭装置。

上述位置以外的门、窗及开口关闭装置可做淋水试验。

(2)检验标准

门、窗、盖的安装质量检验标准分别参见表 5－26、表 5－27 和 5－28 所示。

表 5－26　风雨密门安装检验标准　　单位：mm

项　　目		标准范围	允许极限	备　　注
圈壁开孔尺寸偏差	高度 ΔL_1	±4	±6	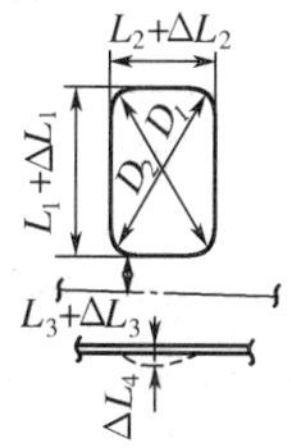
	宽度 ΔL_2	±4	±4	
	对角长线度 $\lvert D_1-D_2\rvert$	≤2	≤4	
	门槛最低点离甲板高度 ΔL_3	+15 −0	+20 +10	
	开孔处围壁平面度 ΔL_4	≤2	≤3	
门安装尺寸偏差	门槛最低点高甲板高度	+15 −0	+20 +10	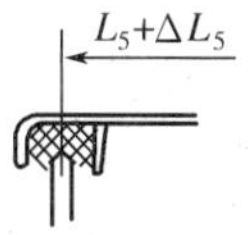
	门框中心处垂直度	$\leqslant\frac{2L_1}{1\,000}$	$\leqslant\frac{2L_1}{1\,000}$	
	密封垫距中心线偏差 ΔL_5	±2	±2	

表 5－27　窗安装检验标准　　单位：mm

项　　目		标准范围	允许极限	备　　注
舷窗	窗孔处围壁平面度	≤1	≤1.5	
	窗座与窗孔间隙	≤1	≤2	
	高度	≤1	≤2	
方窗	窗孔处围壁平面度	≤2	≤3	
	窗座与窗孔间隙	≤1	≤2	
	高度	±5	±5	

表 5-28　风雨密小型舱口盖安装检验标准　　单位:mm

<table>
<tr><th colspan="3">项　目</th><th>标准范围</th><th>允许极限</th><th>备　注</th></tr>
<tr><td rowspan="5">甲板开孔
尺寸偏差</td><td rowspan="2">宽度
ΔL_1</td><td>贯通性</td><td>+2
0</td><td>+3
0</td><td rowspan="5">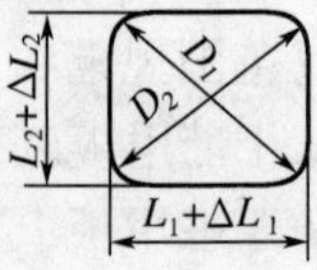</td></tr>
<tr><td>非贯通型</td><td>+2
-3</td><td>+3
-5</td></tr>
<tr><td rowspan="2">长度
ΔL_2</td><td>贯通性</td><td>+2
0</td><td>+3
0</td></tr>
<tr><td>非贯通性</td><td>+2
-3</td><td>+3
-5</td></tr>
<tr><td colspan="2">对角线长度差 $\lvert D_1-D_2 \rvert$</td><td>≤2</td><td>≤4</td></tr>
<tr><td rowspan="2">舱口围槛
尺寸偏差</td><td colspan="2">围槛高度(最低处)</td><td>+6
0</td><td>+20
0</td><td rowspan="2"></td></tr>
<tr><td colspan="2">平面度</td><td>≤2</td><td>≤3</td></tr>
<tr><td>水密结构
尺寸偏差</td><td colspan="2">密封垫接触量</td><td>$B \geqslant \frac{t}{2}$</td><td>$B \geqslant \frac{t}{2}$</td><td>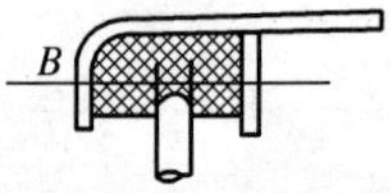</td></tr>
</table>

注:B 为将孔头关紧楔块的中间位置,打开后密封垫上所黏附白粉的宽度。

2. 舷梯、引航员梯安装检验

舷梯、引航员梯均由专业厂生产,属人员登船设备,大多用铝合金制成。舷梯、引航员梯、舷梯吊架及横担、吊梯滑车和钢索等都必须经过船级社的检验,检验合格后由船级社发给船用产品检验合格证。船厂仅进行安装检验和安装后的各种试验。

(1)设备上船前检验

核查舷梯、引航员舷梯、软梯及机械升降器、舷梯吊架及横担、吊梯滑车以及钢索等产品的船用产品合格证、实物钢印或标志并进行外观检查。

(2)设备安装检验

检查设备在船上的安装情况。舷梯安装后,应检查吊架钢索、滑车以及有关结构件的安装和焊接质量。与船体结构相连接的部位既要装配正确、焊接牢固,又要注意防止损伤船体结构,滑车基座穿通钢索时,不允许任意切割船体结构。

对于引航员舷梯,应检验其是否已按规定安装在船舷平直部分,且向船首方向倾斜,它的布置应避开舷旁排泄口。对于引航员软梯,应检查系固区域的照明条件,确认船舷外边的引航员舷梯及登船地点均能充分照亮。此外应检查舷墙门的设置是否符合图样要求,便于引航员登船。

3. 导流管制造与安装检查

船舶安装导流管能提高螺旋桨的推进效率。导流管的制造或安装位置的偏差,都有可能影响螺旋桨的安装质量以及导流管的功能。

(1)导汉管制造检验

①检验内容

a. 核查钢板和铸锻件的材质证书；

b. 检查导流管内圈围板和筋板等在胎架上装配的正确性；

c. 焊接如有特殊要求时，对焊缝应进行无损探伤；

d. 按船级社有关规定进行充气试验，试验气压为 0.02 MPa ~ 0.03 MPa。

如因结构原因，气压试验也可在船上安装后进行。气压试验结果不应有变形和渗现象。

②制造检验标准

导流管制造检验除按船体部件检验标准检查外观和焊缝质量外，导流管的测量应按表 5－29 所示标准。

表 5－29　导流管制造检验标准　　单位：mm

<table>
<tr><th colspan="2">项　目</th><th>标准范围</th><th>允许极限</th><th>备　注</th></tr>
<tr><td colspan="2">中心线公位置偏差 Δ_1</td><td>±1</td><td>±2</td><td rowspan="7">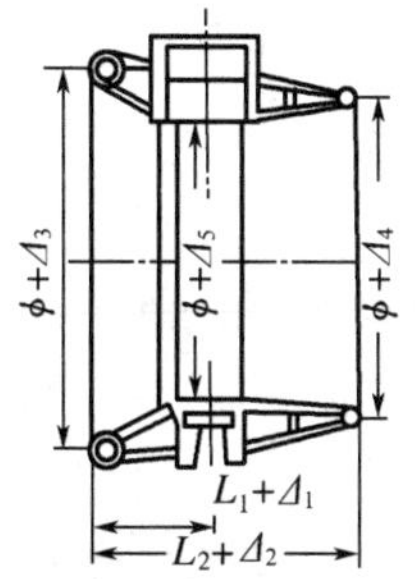

l_1—中线至导边尺寸；
l_2—导流管长度名义尺寸；
ϕ—导流管直径名义尺寸；
ϕ_S—导流管最小直径；
ϕ_L—导流管最大直径</td></tr>
<tr><td colspan="2">长度偏差 Δ_2</td><td>±4</td><td>±6</td></tr>
<tr><td rowspan="3">直径偏差</td><td>导边 Δ_3</td><td>+4
−0</td><td>+6
−2</td></tr>
<tr><td>随边 Δ_4</td><td>+4
0</td><td>+6
−2</td></tr>
<tr><td>颈部</td><td>+4
0</td><td>+6
0</td></tr>
<tr><td colspan="2">圆度 $\phi_L - \phi_S$</td><td>≤4</td><td>≤8</td></tr>
</table>

2. 导流管安装检验

①检验内容

a. 导流管安装后应检查导流管构架与船体结构的吻合状态；

b. 按轴线测量导流管的安装位置；

c. 检查工艺上规定的反变形措施是否已经落实；

d. 检查焊缝质量。

②检验标准

导流管船上安装检验标准见表 5－30 所示。

表 5－30　导流管安装检验标准　　单位:mm

项　　目	标准范围	允许极限	备　　注
导流管导边距艉轴壳后端面的尺寸偏差	±3	±5	扣除艉轴壳后端面加工余量
导流管中心与轴线高度的偏差	±2	±3	
导流管中心距离基线高度偏差	±2	±3	
导流管中心距船台中心线偏差	±2	±3	
角接缝间隙	≯2	≯3	
十字形接头错位	$\leqslant\frac{1}{4t}$	$\leqslant\frac{1}{3t}$	
与船体结合部线型光顺	光顺	和顺	

4. 扶梯、栏杆、扶手和通风帽检验

扶梯、栏杆、扶手是人员在船上行走时安全所必需的舾装件，其布置应合理、整齐，装焊应牢固。通风帽是舱室通风所必需的舾装件，由于它开口于各层甲板，因此应有足够的高度和结构强度。

(1) 安装检验

船厂对于扶梯、栏杆、扶手和通风帽等船体舾装件的安装质量采取抽查的方式，发现不符合质量标准的地方，应随时向操作者指出并予以纠正。

扶梯检验内容包括：扶梯垂直度、踏步平行度和间距的均匀性，以及焊接牢固性等。

栏杆检验内容包括：垂直度、间距、高度，焊接质量外观整齐、光顺。

通风帽检验的重点是结构强度和高度。

(2) 安装检验标准

扶梯、栏杆和通风帽的安装检验标准参见表 5－31 所示。

表 5－31　扶梯、栏杆、通风帽安装检验标准　　单位:mm

产品名称	项　　目		标准范围	允许极限	示　　图
直梯	本体尺寸	宽度偏差 ΔL_1	±3	±5	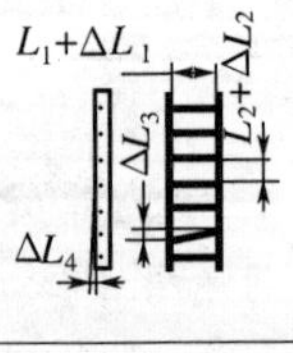
		踏步间距偏差 ΔL_2	±2	±4	
	安装尺寸	踏步平行度 ΔL_3	±2	±3	
		垂直度 ΔL_4	±5*L*/1 000	±5*L*/1 000	
斜梯	本体尺寸	宽度偏差 ΔL_1	±5	±10	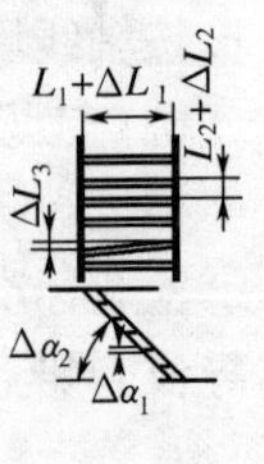
		踏步间距偏差 ΔL_2	±2	±4	
		踏步平等度 ΔL_3	±2	±3	
		角度倾斜度 Δa_1	±1°	±1°	
	安装尺寸	角度倾斜度 Δa_2	±1°	±1°	

表 5 -31(续)

产品名称	项　　目		标准范围	允许极限	示　　图
栏杆	安装尺寸	宽度偏差 ΔL_1	±3 0	±3 0	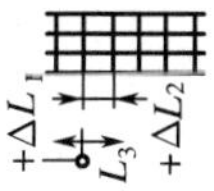
		纵向间距偏差 ΔL_2	±5	±5	
		垂直度 ΔL_3	±5	±5	
通风帽	安装尺寸	围板高度偏差 ΔL_1	+5 0	+5 0	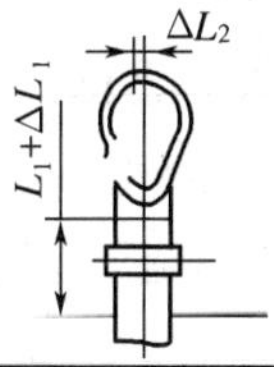
		烟斗式、鹅颈式、窗壁等通风头风管与基线垂直度 ΔL_2	≤5L/1 000	≤5L/1 000	

思考与训练

1. 通常船舶舵系的结构形式主要有哪几种?
2. 舵叶胎架检验内容和要求有哪些?
3. 简述舵叶制造质量检验标准。
4. 舵杆的精加工检验前应具备的条件有哪些?
5. 舵杆粗加工以及舵杆的精加工的检验标准分别有哪些?
6. 舵叶加工检验前应具备的条件有哪些?
7. 舵柄及上舵承加工检验前应具备的条件有哪些?
8. 舵系中心线检验前应具备的条件有哪些?
9. 舵承衬套安装检验的检验要求与检验方法有哪些?
10. 锚、锚链和锚机安装检验检验前应具备的条件有哪些?
11. 锚、锚链和锚机安装检验的内容包括哪些?
12. 简述锚机安装要求与检验方法。
13. 简述锚及锚链的安装要求与检验方法。
14. 简述锚链止链器的安装要求与检验方法。
15. 系泊设备安装检验前应具备的条件有哪些?
16. 简述带缆桩、导缆钳、导缆孔、向滚轮的安装要求与检验方法。
17. 简述绞缆机安装要求与检验方法。
18. 简述钢质水密货舱口盖制造检验要求与检验方法。
19. 简述桅、起重柱和吊货杆检验要求与检验方法。
20. 简述门、窗、盖及其他舾装件检验的检验内容与检验标准。

第六章　船体修理工艺

学习目标

知识目标

1. 能够掌握船舶修理工艺特点。
2. 了解船舶修理的主要环节。
3. 能掌握船体损伤形式及一般修理工艺。
4. 能叙述船舶勘验及勘验形式。
5. 能叙述修船后对修理部分的结构怎样进行密性试验。
6. 能叙述修船的主要工艺阶段。
7. 能够掌握修船方案的选择程序。

能力目标

1. 能对一般损伤的船体进行修理。
2. 能制订一般修船方案。
3. 能够掌握船体修理基本工艺方法。
4. 能够掌握船体修理中的变形及预防措施。

船体在制造、航行或停泊中，由于受到碰击、腐蚀、磨损和温湿度变化等因素的作用，使原有船体尺度和形状发生变化，造成船舶结构松动、渗漏、裂缝以及破损，以致使得船体失去正常的技术状况，对正常建造、营运和船舶安全会造成一定影响。因此，必须按相关规定和实际情况经常修理，使其处于良好技术状态或延长使用年限。此外，考虑到技术的进步，船舶自动化程度的提高，新工艺新材料的应用，船员劳动和生活条件的改善，船舶营运经济性的提高，船舶使用要求的改变等，亦需对船舶进行局部或较大的改装。

据资料统计，目前世界船舶拥有量超过 4 亿总吨，计 7 万余艘，如果以 5% 的更换率计算，一年即有 2 000 万吨被更新下来的“旧船”，其中除了少数报废外，很大部分将通过修理或改装再加以利用。此外，加上营运中船舶的定期检验维修，修船量是极为可观的。因此，重视和加强修船工艺的研究，对缩短修理周期，提高船舶质量和降低修理费用，有着重要的现实意义。

第一节　船舶修理准备

一、船舶修理方案

1. 船舶修理工艺特点

船舶根据其船龄、航行海域和船体结构不同，船体损坏的部位也不同，修理的范围和工艺也不同。船舶修理的主要特点表现在：单船检修，工艺复杂，项目多变，涉及范围广，工程类别多,质量要求高。

船舶修理工艺技术与新造船舶的工艺技术相比较,主要区别表现在:

(1)图纸技术资料不全

特别是一些陈旧船舶更是如此。由于原始数据缺少,对船舶修理工作造成一定困难。

(2)技术复杂,涉及面广

船舶修理时经常受到各种条件的限制,如需要拆修又往往关联到机、电专业,涉及面广。在船舶大、中修时,又会遇到复杂的改装工程。临时性插入任务多,千变万化难以预测。

(3)预见性差,准备时间短

船舶修理中,常会引起附带修理的工程内容,以及原先未考虑到的隐蔽工程或施工中的追加工程,而使原定修理范围大大增加。由于最后的修理范围必须等船舶进厂入坞勘验后才能确定,有的还需经实船测绘,这样就使船舶修理工艺的准备非常仓促。

(4)修船工艺无一相同

修船均为单个生产,由于船舶类型繁多,结构各异,即使同类船舶,也因其修理范围、内容的不尽相同,均需编制各自适用和专用的修船工艺,加之各船厂设备条件、技术水平、管理制度各不相同,对工艺的深度有其不同要求,较难取得一致的看法。

(5)检验要求较难确定

由于修理船舶的类型、营运情况、使用年限、损坏部位等的不同,特别是各艘修理船舶对检验质量的要求都不一样,影响到船舶修理完成后的性能和标准。检验要求较难确定,往往是妨碍缩短修理周期的一个因素。

2. 船舶损坏的原因

船舶在运营过程中如发生变形与损坏,使船舶失去正常的技术状况。

究其原因大致有如下几方面:

(1)外力作用

船舶在波浪上由于经常处于升降、摇摆、回转等运动状态中,不断地受到弯曲应力和扭转应力的作用。

(2)腐蚀作用

船舶及其设备部件在某些特定的环境中,会与周围所接触的介质发生化学反应、电化学反应或物理溶解,其金属的腐蚀是时时刻刻在发生着的一种自然损耗。

(3)人为作用

由于人对船舶的使用与管理不当而发生海损等事故。

(4)无形损耗

由于科学技术的进步而使得以前的船舶技术状况变为陈旧、落后,不能适应某些使用场合,需要进行改建、更新或报废。

3. 船舶损坏的类型

对于船体来说,所有缺陷或事故性损害,习惯上分为两类:损伤及破坏。

(1)损伤

船体损伤是一种缺陷,它使船舶结构受到消极的影响,影响以后的使用功能,但当时这些缺陷尚没有引起结构功能的突然丧失。例如,船体疲劳裂缝、残余变形、蚀耗等。在类似的情况下整个结构还处于接受设计负载的状态,但由于这些损伤对使用质量甚至对外形有不良的影响,因此只要有可能就应进行修理。

船体损伤按照形式分为:

①蚀耗。由于腐蚀、侵蚀、机械磨损而减少结构部件建造尺寸。

②残余变形。由于导致塑性变形或稳性损失的过载,引起结构初始形状的变化。

③裂缝。结构由于脆性、疲劳、变形而引起完整性的破坏。

(2)破坏

破坏是指船体缺陷达到可观的程度,它使结构已经处于不能完成自己功能的状态了,例如迅速扩大着的脆性裂缝、猛烈增大的变形、稳性的突然丧失、逐渐加剧的疲劳裂缝,等等。在类似的破坏下,结构的继续使用是不允许的,要求立刻修理。

船体破坏按照形式分为:

①腐蚀损耗、侵蚀损耗和磨损

a. 蚀耗破坏。包括均匀蚀耗、不均匀蚀耗、局部蚀耗、整体蚀耗(普通蚀耗)、穴状蚀耗(穴状腐蚀),它是指扩展到船舶构件部分或同类构件群整个表面的蚀耗。

b. 腐蚀破坏。包括锈蚀、局部腐蚀、整体腐蚀、均匀腐蚀、不均匀腐蚀、斑点腐蚀、穿透腐蚀等。

c. 穴蚀破坏。包括腐蚀穴点、腐蚀麻点等。

d. 腐蚀脆裂。腐蚀结果引起的船体金属的脆裂。

②船体结构的残余变形

a. 凸起。在一个肋骨间距(骨架未变形)范围内的骨架之间钢板部分的残余弯曲。所谓凸起还可以指凹陷形式的外板(骨架未变形)残余弯曲。

b. 凹凸不平。未变形骨架之间的钢板残余弯曲。

c. 凹陷。外板(甲板板)和骨架一起(或者板架)的残余弯曲。与凹陷相反的钢板结构的残余弯曲被称为凸起;在钢板或骨架表面敲击出的局部凹陷称为凹穴。

d. 翘曲。骨架倾斜于外板身焊接骨架的腹板和面板之间的角度的歪曲。在骨架损伤时可以应用“骨架稳定性丧失”这个定义。

③船体结构的裂缝

a. 振动裂缝。由于振动负载引起结构完整性的破坏。

b. 疲劳裂缝。由于出现疲劳引起结构完整性的破坏。

c. 脆性裂缝。由于脆性破坏(例如在低温下)引起结构完整性破坏。

d. 腐蚀裂缝。由于强烈腐蚀痕迹和高应力(应力作用下的腐蚀)同时作用下引起结构完整性的破坏。

e. 整个金属断裂(沿焊缝)。在过大的静负载和冲击负载一次作用下,结构完整性的破坏。

④船体结构的破坏

a. 穿破口。由于碰撞、搁浅、装载、爆炸、货物跌落货舱等原因造成的,或在其他事故下造成的外板、甲板板、内底板、舱壁板等的任意形状和任意尺寸的孔口。

b. 折断。当船体受到超过其总纵强度之弯矩作用时,便会折成两段。

4. 船舶修理方案

船舶修理方案是指根据相关规范或船舶损坏的形式与程度、范围与大小、修船厂的生产条件与技术水平确定船舶的修复方法,即修船方案。

船舶修理方案是修船工作的原则和纲领。其内容主要包括:修理方案编制依据、项目工程概况、施工布置、施工准备、主要项目施工顺序、重点工程施工工艺、施工安全方案、船舶动火方案等内容。

根据修理工程范围和工作量大小,船体修理可分为以下几类:

(1)计划养护修理

计划养护修理是指根据相关规范或船舶公司等方面的要求在规定的时间范围内进行的维修。

船体和设备在运营过程中都会有自然损耗,会随着时间的推移暴露出某些缺陷,发生或大或小的损坏。为了保证能够继续安全使用,必须有计划地进行修理。计划养护修理通常包括航修、小修和检修(或称为中修和大修)。

①航修

航修是在船舶运营期中,发生影响航行而必须由船厂协助进行的一般修理工程和一般事故修理,航修应利用航次在港停泊时间进行,必要时随船检修,尽可能不影响船舶的运输生产。

②小修

小修是按规定周期有计划地结合定期检验进行的厂修工程。小修的目的是消除在营运中产生的过度磨耗,保证船舶到下次计划修理期内的安全运行。小修一般和坞修同时进行。小修时主要是对船体、舵系、轴系、通海阀、主辅机、锅炉以及工程船舶专用设备等进行重点检查和修理,一般只对原有设备进行调整、研磨、更换零件、清洁保养等工作。

船体小修基本工程范围主要是对船体有锈蚀部分进行除锈和油漆,修换少量船体构件,对局部损耗的外板、甲板或其他板材做适当贴补或挖补。

小修间隔期上下限是根据航区、运营条件、设备状况,由用船单位技术部门确定,但不能超过上限。通常机动船、工程船、冷藏驳、食品驳,一级油驳为 12 ~ 18 个月,趸船为 18 ~ 24 个月,货驳及二级以下油驳为 24 ~ 36 个月。

③检修

检修是按规定周期间隔 2 ~ 3 次小修并结合定期检验进行的厂修工程。检修的目的是对船体、主辅机及其他设备进行全面检查,重点修复在小修时不能解决的较大缺陷,保持船舶强度和主要设备的安全与运转条件。检修时检查发现的问题,必须解决的均应修复,但对连带工程可以安全使用到下次小修时解决的,可做好记录,继续使用,分别在以后小修时修复。检修基本工程范围有:

a. 定期检验规定的拆装工程。

b. 船体有锈蚀时除锈油漆。

c. 修换部分船壳、甲板及骨架。

d. 船舶主机、辅机、锅炉等设备按检验规定期限进行检修。

e. 工程船的专用设备应进行全面拆验,允许更换挖泥、打桩、起重等设备主要部件及专用电气设备。

检修是计划修理的最大修别,对修理项目的确定必须符合安全和节约的原则。通常机动船、工程船、冷藏驳、食品驳、一级油驳、海上钢质趸船的检修间隔期为 4 ~ 6 年;江河钢质趸船为 6 ~ 9 年。

以上各修理类别以间隔时间为主进行安排,其工程范围只是原则划分,由于船型、机型复杂和船舶的技术状况各不相同,如发现问题时,应根据具体情况进行适当检修。

(2)事故性修理

事故性修理是指对船舶因发生事故而损坏部分的修理。这类修理如果工程范围不大,一般可以随着航修工程进行。但如果工程范围较大,航修难以胜任的,则仍需安排修理计划。事故修理的项目、范围和期限,要由船舶检验机构的验船报告所载的实际损坏情况和修复要求来确定。事故修理在实施修理之前,须开具修船单交给承修船厂。对于轻微的事故损坏,在不影响航行性能,无碍安全运营的前提下,可以做好记录,待到计划养护修理时修复。

船体事故性修理可分为以下几类:

抢修:一般属于船体海损抢修和机舱设备抢修,又称特别抢修。须根据破坏程度及部位,确定工程量大小和抢修周期。

坞修:周期约3~10天。据一般统计,万吨级船舶的坞修周期,国外约3天,国内船厂约需3~10天。

小修:船壳更换量在5%左右。

中修:船壳更换量为10%~30%左右,应检查船体所有外板及主要构件,并修理更换。

大修:为所有修理中范围最大、工作量最多的一种,其金属船体结构部分更换范围一般在30%以上。

上述船体大、中、小修的区分,主要以船壳更换量为衡准。目前,由于加强了船体的保养,油漆质量的提高,船体板的更换量较前为少;而主要是浴室、厕所、厨房等部位牵涉面大。船舶修理类别划分方法,各单位不尽相同,有的主要为检修及小修,而没有大修。在实际修理中,须做全面考虑。一般来说,勘验范围大,相应修理范围也大。

也有以坞修周期的长短作为修理分类的依据,坞修周期随工程范围、生产组织管理、技术水平、设备条件等而各厂不同。通常,坞修工程项目,船体有外板测厚,水线以下部分铲刷清洗、油漆,水舱冲洗,结构变形校正等;轮机如有艉轴承测量间隙、舵系统检验、海底阀门拆检等。

(3)改装性修理

改装性修理是指为改变船舶用途和性能,按现行规范要求对船舶的船体、设备、系统、结构等的改装。

根据不同目的,可分为现代化改装、用途改装、一般性改装及换装等四类。

(4)基本恢复修理

对于已不能使用的船舶须进行恢复航行性能和船体强度的修理,例如对于沉船、火灾船只的残骸的修理。这类修理工程大,需用巨额资金,修船期长。

此外,尚有航次修理和随船修理。

二、船舶修理的主要形式

1.船舶修理的主要环节

船舶修理阶段的划分,各船厂不尽相同。通常船舶修理可划分环节如图6-1所示。即修理工程单的审查、预试航、签订技术协议等文件、船舶勘验、工艺及器材准备、船体拆卸及装焊、船体密性试验、试航交船等。

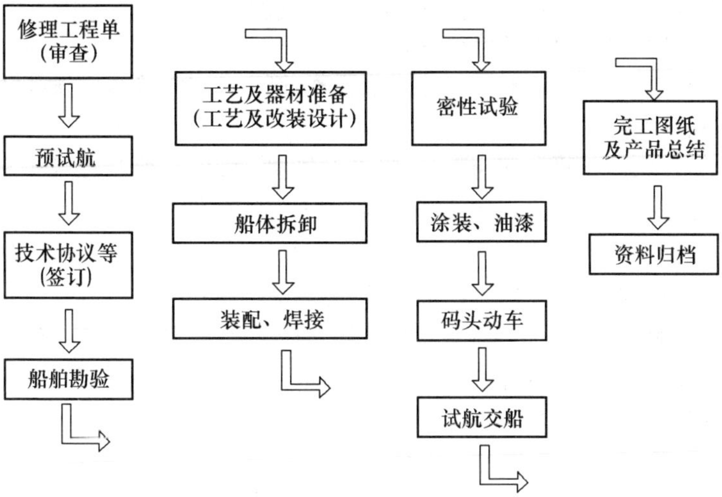

图6-1 船舶修理环节

2. 修前的预试航

大中型船舶在进厂修理前,有条件时可进行修前预试航(亦可随船的最后一个航次到厂),以了解船舶现有性能及缺陷,并明确修理或改装的要求,作为下阶段工艺准备及签订技术协议的依据。

预试航中除明确船体各修理项目外,还应详尽了解外板、舱壁、甲板等结构腐蚀情况,并考虑拆修条件,隐蔽工程的大小;改装的可能性及修后提交条件。因此,这是重要的一个环节。

3. 技术协议的签订

技术协议是根据船舶修理工程范围、预试航记录和参考相应技术文件编制的,这也是船舶修复后提交的重要技术依据。其内容主要有:修理的材料要求,焊接、探伤拍片范围,密性试验,以及船舶装置的修后试验,等等。

4. 待修船舶的勘验

(1)船舶勘验

所谓船舶勘验,就是根据委修船方提出的修船单,通过相应的测量、勘查和检验,将各种构件的实际状况和船舶检验规范中所规定的允许损耗标准做比较后,确定各种构件与材料是否需要修理或更换,以了解整个工程的实际范围与性质。

船舶勘验工作是船体修理工艺中的一个重点。通过勘验决定船舶拆修范围,并考虑工艺准备和拆卸原则。勘验的及时和正确,直接与产品质量、修理周期密切相关。

勘验的形式有随船勘验和码头勘验两种。随船勘验就是船厂派出检验人员,在船舶运营过程中进行勘查检验,这样除了可以明确修船单中所需修理的范围和现状外,还可以通过船舶的运营作为勘验的航行试验(即预试航),检查待修船舶整个动力装置和船舶设备在航行中的各项性能,以及相互间的协调配合情况,发现一些表面上看不出,而在实际航行条件下显露出毛病的零件,以及因设计或结构上的不合理所引起的缺陷。这样便可以立即与委修方磋商,修订修船单,使其更加合理。码头勘验就是等需要修理的船舶到港停泊于码头后,船厂派检验人员上船勘查检验,以明确修理工程,为以后交船验收创造有利的条件。

采取这两种形式的勘验，不仅减少了船舶进厂修理的时间，而且可以使船厂对待修船舶有一个全面的了解，以便做好充分的生产准备。

除上述两种勘验形式之外，对于一些隐蔽工程，则需等待修船舶进厂以后，进行拆开检查，再来决定工程范围与性质。

对于检修船舶，除了新换或能明确的修理范围外，都需要通过勘验来明确修理范围。小修船舶因修理范围小，修理内容比较明确，可由主管修理的工程师与委修船方协商确定。

①勘验的准备工作

a. 制订勘验计划，以便按计划进行勘验，避免混乱。

b. 准备待修船舶的有关技术资料和图纸，如外板展开图、舶装布置图等。

c. 将船上各重要部位及布置情况根据需要拍摄照片，以利参照复原。

d. 船体外板及舱口等处，预搭脚手架。

②船体部分勘验

a. 水舱处（艏、艉尖舱，双层底）应进入舱内检查，重点是检查该处腐蚀状况。

b. 油船的油舱内，由于装载不同种类的油品，其锈蚀可能有两层，内层的附着力很强，应特别注意。

c. 纵骨架式货船，肋骨靠近外板处容易产生锈蚀，对艏部肋骨及艉部斜肋骨下端也应特别注意。船舶在木铺板或有水浸的地方，勘验前应先除锈。

d. 假如甲板变形比较严重，对横梁的勘验必须特别仔细，要测量横梁的变形尺寸及检查横梁上端与甲板焊接部分有无裂纹。

e. 对于有怀疑的肋骨、横梁或连接角钢应在勘验单上注明，待拆下后再检查。

f. 注意上层建筑围壁有无皱褶，如有必须记录下来。同时，船进坞时须特别注意船体的变形情况。

g. 如上层建筑全部改装换新，则可以根据起重能力，将上层建筑整体预制或划分成几个分段制成后，再予以吊装。

③其他部分勘验

船舶修理时除对船体部分进行勘验外，还要对舾装部分、船舶动力设备、船舶锅炉、船舶木工油漆等部分进行相应勘验，以确定在船体项目修理同时所要进行的其他维修工程。

(2)船体勘查与检验方法

船舶在进行船体测量、勘查与检验时，一般大中修船舶均需测量外板、甲板等厚度，并依此决定其是否需要更换。通常所采用的方法有：

①对凹陷、弯曲及其他变形程度的检查，可利用直尺或样板来进行，如图6-2所示。

②对锈蚀深度的测定，应选定能代表每块钢板平均厚度的部位进行测定，并且至少测定两个点。当腐蚀不均匀时，尚需在钢板腐蚀最严重的肋距内，沿板宽方向选取3点，测量厚度平均值。

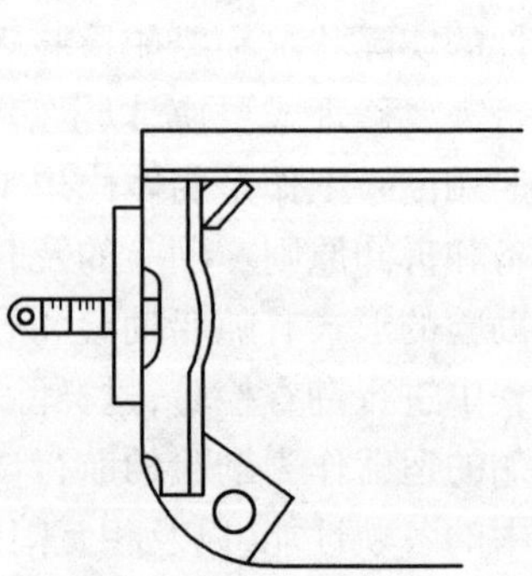

图6-2　对船体变形的检查

③钢板厚度的测定。测点位置可选择在能代表该板平均厚度的部位，通常取2~3点，可根据情况予以增减，但应避免取在局部腐蚀的凹坑处。虽然对强度计算、腐蚀试板拉伸试验，以及对实际受力情况的分析来

说，应选测钢板的最薄弱截面作为依据（这样宜选择腐蚀最严重的一个部位，在板宽方向测两点，一点为腐蚀最深处，一点为腐蚀最浅处，取其平均值，以决定该板是否需要更换），但在实际工作中，常由经验丰富的老师傅用小锤敲击，并在钢板上选定两点进行测量。

钢板测厚时应采用超声波测厚仪，并用标准厚度样块进行校核，必要时可用钻孔测厚校对，测厚应取孔周厚度的平均数值。在测量前应清除影响测厚表面的污锈、涂料及测厚孔周围的毛刺。船体钢板上的测厚孔用电焊填补，并应全部焊透，焊补测厚孔的熔注金属不应超出钢板表面 3 mm，且不允许低于钢板表面（单面焊补的背面除外），但按规定允许采用单面焊补的测厚孔，至少应焊透板厚的 80%，水线以上的测厚孔亦可用细牙螺栓塞补，钢板外表面与螺栓交接处应该进行捻缝，不允许用电焊代替捻缝。

钻孔测厚时，需用小锤敲打钢板，凭声音来判断厚薄，以确定钻孔部位。所钻的孔应在蚀斑边缘，如图 6－3 所示，切不可钻在蚀斑最深处，因为那样测不到因锈蚀而变得最薄的板厚。

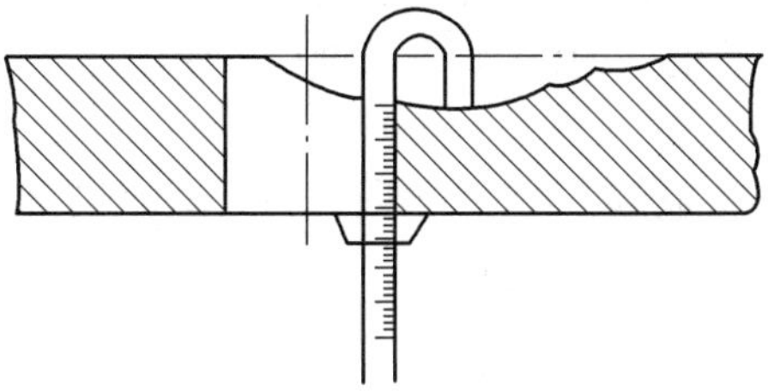

图 6－3　测厚孔钻孔部位

超声波测厚仪的工作原理如图 6－4 所示。超声波在固体介质中传播时具有较好的指向性，能使声波集中在一定的方向辐射，并且传播时声波能量损失较少。而声波在不同的介质中传播时的声速是不同的，但在同一介质中声速为一常数（例如钢材中声速约为 5 800 rn/s）。利用超声波在介质中传播时遇到不同介质的交界面而产生的反射作用，只要测出发射一个超声波脉冲至接收到反射脉冲的间隔时间，便可测得材料的厚度。若用电表显示，将不同的间隔时间量转换为电表的指示量，即能直接读取所测材料的厚度。

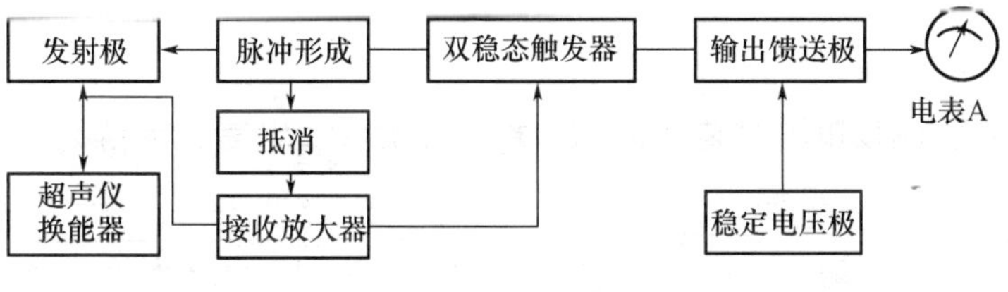

图 6－4　超声波测厚仪原理图

超声波测厚时应注意以下几点：

①测厚仪工作前要调整好，包括电源、各种调节开关和探头（即换能器）。在测厚过程中应定期用试块校验其精确度。

②被测表面应除锈刮漆，并用粗砂纸或砂轮磨平，使其具有一定的平整度以传入声波。

③测厚时，探头和被测表面滴上机油、甘油或水玻璃。

④测厚仪应水平放置，以避免读数不准及电表零位不正等影响。

⑤探头与所测钢材表面接触后应稍向径向转动,以利探头得到更好的接触,迅速而准确地反映出厚度数值。

5. 修船审查会议

检修船舶在勘验后,应由厂方召集委修船方代表、验船师、厂方有关科室与修理工作负责人及主要勘验人员开会,以明确修理内容与范围。会后双方签署协议书,作为后续施工依据。修船审查会议结果直接涉及后续工作的工程量及修理价格,应注意以下几个方面:

(1)勘验人员一定要于会前上船核对修理单,掌握修理范围与性质。

(2)通过会议一定要确定全船各部分设备与结构的修理范围及修复方法,以及哪些项目不能接受,哪些项目做了更改。

(3)根据厂方审查意见书,逐条讨论,统一修理意见。

(4)委修船方应将船舶技术证件(完工图纸资料)交厂方参考使用。

(5)对于建造年代较早的船舶,某些建造性能不符合现行规范的要求,对此不能强行按规范要求验收,但对舾装件及辅件的修理,可以推广采用新标准件,进行整件整台更换。

6. 修船基本准备工作

船舶修理前,应根据修理范围,取下待修理的船体构件,并拆除妨碍和影响工作的机械、管系、家具、设备等,做好相应准备工作。

船舶修理过程中,根据修理规范或要求,进行船体缺陷的修复工作,即修理或重新制作拆下的部分,如零、部件等,然后予以装配,装复后进行相关性能试验,检查使用性能是否已恢复、改善或提高。

此外,为使船舶修理工作正常开展,一些辅助性工作也应完善,其中包括:为修理作业地点搭设脚手架;接通氧、炔、风、电、水等动力与能源;材料准备;修船过程中的起重运输工作;修理完毕后的现场清理工作等。

第二节　船体损坏形式及其修理工艺

一、修船中常见的几种施工工艺

1. 船体结构更换

在船体修理时,结构更换是最普遍的一种作业方式。主要是更换损坏或蚀耗部件,把它们恢复成原有的形式。考虑到整个结构更换比较困难,涉及面广,其中有的部件的蚀耗还没有到非换不可的程度,征得验船师的同意,可以进行结构部分更换。

2. 结构局部加强

对强度和刚性较差的船体结构,以及考虑到拆修中的变形和方便性,在施工中应采取局部加强的措施。一般局部加强措施有:临时支撑、假隔壁、分段自由边缘加强压铁及地牛拉桩等。

在大面积拆换时,应特别重视加强布置这一问题。由于在拆修前船体结构上承受一定的载荷,故在拆修时,应设法去掉载荷,并根据结构情况予以加强。

有关拆修中加强支撑的原则如下。

(1)支撑部位:要求设置在船体的坚固结构处,以防止变形,并考虑拆装方便和不影响下道工序的进行。如隔壁、强肋骨、强横梁、边纵桁材、甲板等部位。

(2)支撑结构:有木质和钢质两种,但均需具有一定强度。

(3)支撑角度:要求垂直,上下相衔接,坞内舷外支撑,其角度应不大于15度。

当各层支撑个别处无条件设置成一直线而成交叉时,则应考虑局部结构加强,避免结构产生弯曲、剪切变形。支撑上下应用墩木填好,以增大支撑接触面积,使受力均匀。

(4)支撑间距:根据承受负荷大小进行选择。

3. 船体结构矫正

在船体修理时,矫正作为一个独立的工艺过程,在更换外板、甲板板时,又作为一个伴随的工艺过程被广泛应用。主要包括就地加热矫正和冷加工矫正。

4. 船体结构拆下、矫正、装复

在船体修理时,有时外板变形严重,无法就地矫正修复,则将外板拆下送到车间,利用机械设备进行矫正,待在外板原来部位的内部骨架就地矫正结束后,再将外板原位装复。必要时亦可将骨架一起拆下送车间矫正。

有时由于施工需要,例如,机舱轴系修理时,要将尾轴吊出送往车间修理,为了施工方便,经常将外板(甲板)和横舱壁相应部位的板与骨架拆下一块以作通道用,待该部位修理工作结束后再原位装复。

5. 船体结构拆除

有时,船体经过改装后,有一些结构已无存在的必要,须给予拆除。

6. 焊接施工工艺

船体部件焊接前,接缝处应批出斜坡口,以消除夹缝空档。常见的坡口按焊接的要求有V形、Y形、X形、K形。焊接表面冷却后有一层灰色的焊渣,必须铲除干净,防止夹渣。焊缝要求均匀平整,如焊坑、咬边或者烧穿钢板都是不合格的,应当凿除重焊。对于旧焊缝的修理,不可直接在原有的焊缝上面加焊,应将待修的旧焊缝及其两端各延长的5~8 cm长度全部凿除,批出整齐的斜坡口,然后焊接。要特别注意新、旧焊缝接合处的质量。对于构件本体裂缝的焊接,必须先在裂缝的两端各钻一个止裂孔,以使其内应力在此处向各个方向分散,然后批槽堆焊。如果焊接大尺度的铜质构件的裂缝,例如螺旋桨桨叶的裂缝,除必须钻止裂孔及批槽外,还应当预先用慢火把构件烘热,保持在一定温度上焊补。对于地环、羊角等的焊接,如带底座者,则应按重板焊接的工艺要求进行焊接;如无底座者,其脚部应批成锥形然后堆焊,不可采用仅在圆钢角部堆焊一圈的方法。

二、船体渗漏修理工艺

1. 船体渗漏的产生原因

船体部件金属在遭受腐蚀后,其完整性就逐渐遭到破坏。在焊缝处,局部强度逐渐下降,加上船舶航行时经常受到水的压力和波浪冲击,以及船舶推进器、主机、辅机工作时引起的船舶振动,还有不正确的货物装载与移动,船舶在波浪上出现中拱和中垂现象等,在这些外力的作用下,船舶产生纵向和横向的弯曲使船体发生变形。在腐蚀严重处会造成焊缝纹路增大,从而产生渗漏现象,这在船体外板、甲板和水密舱壁的接缝处常可见到。

2. 船体渗漏接缝的修理工艺

(1)焊接修复

对于焊接船体来说,出现渗漏的地方,大多在焊缝处,这是因为焊接过程中有夹渣、气孔、裂纹、未焊透等缺陷,以及不合理的施焊程序造成了应力集中;在使用过程中,又受到各种外力的作用而产生了裂缝,从而发生了渗漏。这时,一般均采取刨掉该处焊缝,重新补焊的办法来消除；为了使新旧焊缝接头过渡良好，在刨除漏水焊缝时，一般比原漏水焊缝长 50 ~ 75 mm（见图 6 – 5）。

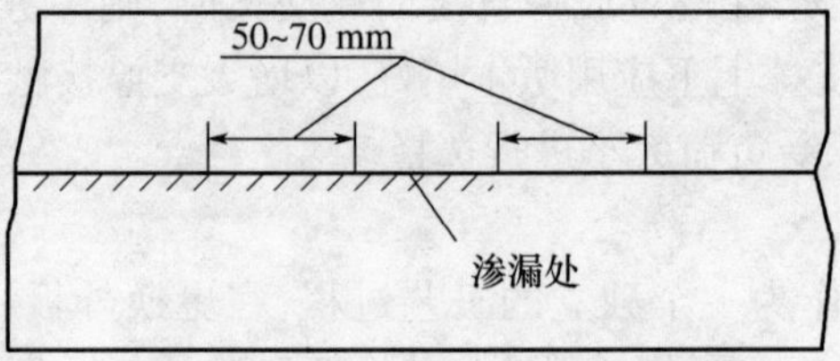

图 6 – 5　渗漏接缝刨缝长度

（2）补板修理

船体发生渗漏后，根据损坏程度，也可采用补板修理的方法。补板又分挖补和贴补两种，即在漏水的焊缝处挖补或贴补一块比漏水焊缝长的钢板，四周采用连续对接焊或连续搭接焊进行修理。

（3）换板修理

在漏水严重而补板又不可能的情况下，就应采取换新的办法，即将漏水焊缝两侧的钢板全部割除换上新钢板。挖补和换新又称作外板拆换，它们仅在大小上有区别，其工艺过程如下：

①在决定挖补或换新的外板边缘（或焊缝上）画好切割线，测量外形尺寸并在适当肋位复制原位样板。

②根据现场测得的数据加放适当的余量（一般每边加放 20 ~ 50 mm）后号料切割，并在车间内加工成型。

③在待拆除的外板上按预先画好的切割线切割外板（在适当位置保留 4 ~ 6 个小段的板缝暂不切割，约 50 mm 长），切割时必须注意不要损坏骨架。

④割除外板与骨架间的角焊缝。在适当位置焊上吊环并挂上葫芦钩住待拆外板后，再割去保留的小段板缝，随时将外板卸下。

⑤修顺切割后边缘上的铁渣，清理氧化物后，将预先加工妥的新板装上。板材先与骨架贴紧，然后从该板的中间肋骨近中点处向上下及前后尽可能地施以定位焊。随后割除新板四周余量（常为套割），并由中间向两端对外板对接缝施以定位焊。

⑥通常，先焊外板在舱内的对接缝，其施焊程序如图 6 – 6 所示。

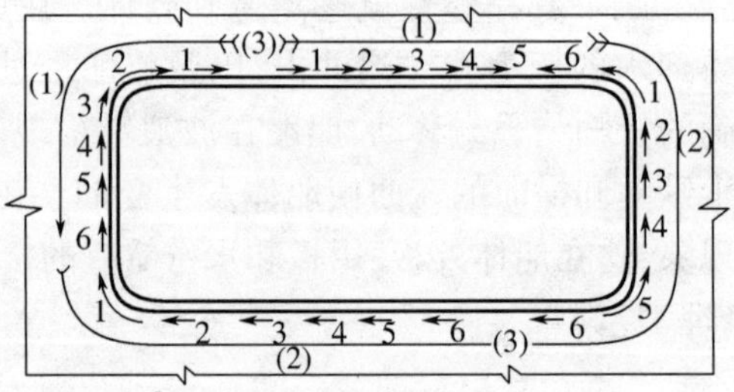

图 6 – 6　施焊程序

⑦一般采取逐步退焊法进行，以避免焊后产生较大的内应力。然后焊外板与内部骨架

的角接缝。最后在船体的外面，将外板对接缝碳刨开槽后进行封底焊，焊接程序仍如图 6－6所示。

⑧板缝焊妥后铲去焊疤，对焊缝进行密性试验检查，确认无夹渣、气孔、裂纹、未焊透等缺陷。

必须注意：在补板或者换新时，未动的旧板边缘已形成了坚固的框架，这样就会妨碍补板或换新板在焊接时的自由收缩，以至产生残余应力，这时补板或换新板的四角就容易出现裂纹。为了克服这一缺陷，必须采取以下措施：

a. 将补板的四角（或换新板的四角及割除部位的四角）做成圆角，一般要求其曲率半径应大于补板（或换新板）厚度的三倍，即 $r>3\delta$。其目的是为了减小圆角处焊接后的应力集中系数。

b. 安装时应注意补板与旧板对接（或搭接）间隙不得大于 1 mm（换新板与旧板对接间隙也不得大于 1 mm），使其紧密接触。另外，为了使焊接时有收缩余地，采用码板固定，若采用定位焊固定，则定位焊长度应小于 5～10 mm，间距为 300～400 mm。

c. 一般更换新板时，只需将旧板直接割下，就可进行后续修理。但在外板与肋骨连接处如进行割板则相对较困难。这时，为保留肋骨可将肋骨处外板割成狭窄的板条，待其他部分外板被割除后，再割开肋骨与狭窄板条的连接焊缝。通常肋骨与外板是间断焊连接，为保证肋骨型线可采用上述方法割除，但若肋骨与外板为连续焊缝时，需将外板与肋骨一同割除，然后重新装焊新肋骨。

三、船体凹陷修理工艺

1. 船体凹陷的产生原因

船体凹陷是指内应力超过了船体的局部强度时，使船体的局部产生了永久性变形。如船舶在停靠码头、相互碰撞、搁浅、触礁等各种外力作用下，船壳发生局部变形，会导致船体局部强度的削弱，增加了壳板变形的趋势，尤其是凹陷发生在水下部分时，还会大大增加航行阻力，使船舶不能保持原有的正常技术状态。

2. 船体凹陷的修理工艺

（1）原地消除凹陷

当船体凹陷尺寸小，而且弯曲度不大，其位置又是在主要构件和接缝线以外的地方，譬如非水密舱壁、舷墙等处，可采用以下办法予以就地矫正：

①加热后索引矫正

在变形凹陷部位的中间焊一螺栓，并在两边骨架处安装卡板，把螺栓拧紧，然后用氧烘炬在变形面上顺序烘烤加热，再拧螺栓，把凹陷部位慢慢拉出，如此反复进行几次，直到恢复原状。完工后，要检查其附近的焊缝是否因吊平时牵动而致松动或损伤，必要时应进行密性试验。加热吊平法一般用于一个肋距间小面积变形的校正。

②加热后千斤顶矫正

首先在凸出的一面安放撑柱或千斤顶，然后在其反面（凹面）利用氧烘焰加热，使钢板温度达到 800～900 ℃，即呈现橘黄微红时，缓慢地、均匀地用千斤顶顶平，以免发生金属的折损及裂缝。为了帮助受热处的收缩，可浇注冷水进行冷却，然后用直尺或样板检查其正确性，如图 6－7 所示。

③加热时锤击矫正

使用这种方法，主要注意温度。一般要求加热至 1 000～1 100 ℃，并且铁锤不能直接打击钢板,而需垫以平锤,通常多采用木锤矫正,这样可防止钢板损伤和留下锤痕。

④冷态压平矫正

对于一些薄板或凹陷较小的地方,可以采用门形码板打入铁模来压下凸起钢板的办法(图6-8)。

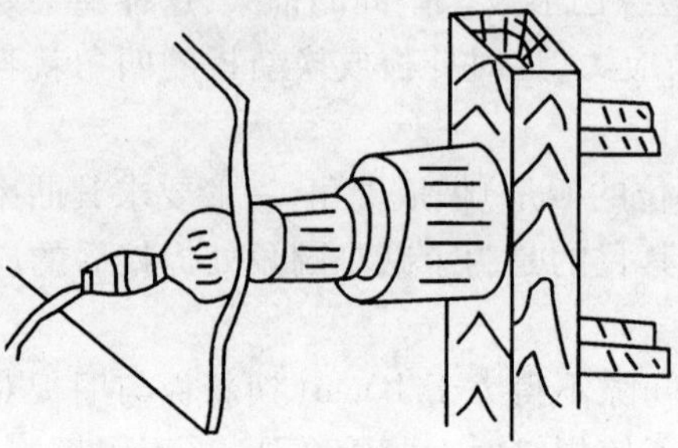

图6-7 利用千斤顶就地矫正凹陷

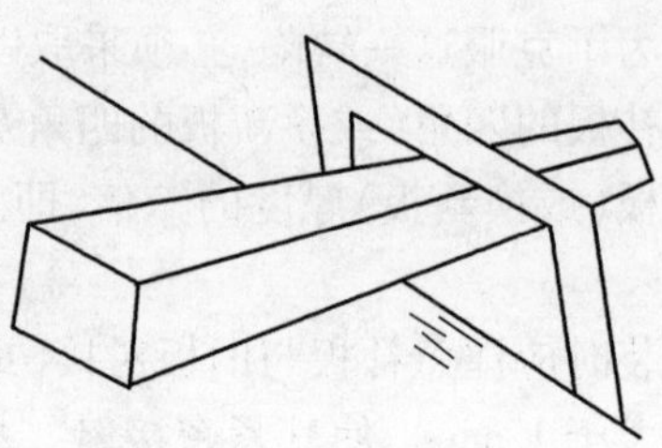

图6-8 利用门形码板和铁模的矫正

(2)车间内矫正凹陷

当船体凹陷处比较大时,可拆卸下来送到车间内,利用矫正机械或者在平台上加热锤击矫正,其优点就是可以在钢板的每一部分进行大面积的矫正。不过,经过上述矫正后,钢板的长度会有所增加,这是因为钢板纤维组织伸长的结果。因此,上船装复前必须先用原位样板或卷尺测量,画线切割或刨边后再复位。

(3)补板修复

经过检验,钢板在局部范围内损耗严重时,将凹陷部位切除,补上新板。或者就在凹陷区贴补一块钢板。补板的四角应做成圆角,四周与旧板连续对接焊或搭接焊,焊接程序与图6-6所示类同。通常对于船体凹陷,采用贴补方法比挖补方法为多,因为它省去了拆卸旧板的工作,效率高。

(4)换新板

当损坏相当严重而无法挽救时,就将凹陷的整块钢板全部换新。

四、船体骨架弯曲修理工艺

1. 船体骨架弯曲的产生原因

根据力的传递原理,作用在外板上的力,也就同时作用在与外板相连接的骨架上。因此,就其本质来说,弯曲与凹陷没有什么区别,只是弯曲系指骨架部分而已。在船体上容易产生弯曲的部位有:桁材、肋骨、舱壁扶强材、桁架、艏艉柱及其他构件。

2. 船体骨架弯曲的修理工艺

船体骨架弯曲的修理主要有两种:原地矫正和车间矫正。原地矫正通常是弯曲部位的外板因损坏已预先拆去。对弯曲程度较小的骨架,用氧气-乙炔火焰对弯曲部位加热后,再用锤敲击,使其恢复原来的形状。对弯曲比较严重的部位,则在加热后需用千斤顶对其施加外力,然后用锤轻轻敲击到原有形状,如图6-9所示,也可用门形马板和铁模来矫正。

车间矫正是针对弯曲变形特别严重的肋骨,应拆下后到车间进行矫正,再装复或者换新。在拆除前应根据拆除的肋骨受力情况,采取分批拆除或全部拆除工艺。拆下的肋骨应在其弯曲部位到完好形状处还多割去100～200 mm，以便安装新肋骨时能正确地连顺型线。在安装新肋骨时必须在与原有完好肋骨部分焊接之前，仔细检查该处型线是否光顺，即在保证该处肋骨型线光顺的同时，还必须使纵向型线也保持光顺。

肋板的弯曲可采用变形范围局部割换或拆除换新的方法来修复。如需拆换时，其拆换程序与肋骨修复方法基本相同。

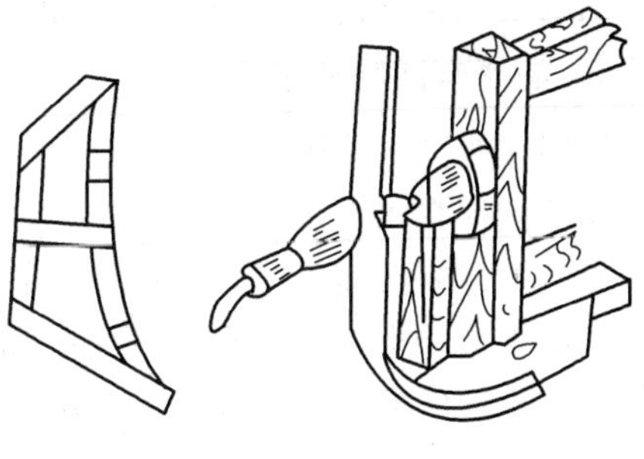

图6-9　原地火工矫正肋骨

五、船体裂缝修理工艺

1. 船体裂缝的产生原因和部位

船体裂缝产生的原因很多。如船体在装配过程中，各构件没有达到规定的配合就进行焊接，结果造成弯曲而产生应力，这种应力潜伏在船体板架上，当它和船舶工作受到其他外力叠加时，便会产生船体裂纹。船体结构所用的材料质量低劣，以及在加工制作中，操作不当或加热不足，焊接过程中存在夹渣、气孔、裂纹、未焊透等缺陷，加上不合理的施焊程序造成了应力集中，这些也都是产生裂缝的隐患；船舶金属遭到腐蚀后，在波浪上反复受到交变应力的作用，以及螺旋桨、主机、辅机等工作时产生的船舶振动而引起的金属疲劳，在外力作用下，只要超过了理论计算时的船舶纵向与横向强度，便会产生船体裂缝。一般最容易产生船体裂缝的部位有：

(1)船体凹陷或弯曲处，特别是接缝部位。因为产生凹陷与弯曲时，在接缝处会产生较大应力的缘故。

(2)船舶艏柱和艉柱处，特别是被冲击而受损害的地方。这是因为艏、艉柱处的加工变形量大，金属内部结构会被迫改变，形成较大的电位差，因而特别容易遭受腐蚀，在冲击的作用下受到损害而产生裂缝。

(3)螺旋桨轴架处。因为该处在受到严重腐蚀的同时，还不断地遭受到螺旋桨的振动作用，在长期的作用下易产生了疲劳裂缝。

(4)主机、辅机和锅炉下面以及不能进行清洁的水舱、油舱、煤舱等处的外板。

2. 船体裂缝的修理工艺

船体外板、甲板的裂缝修补，基本上采用碳刨开槽两面焊接方式进行，必要时在裂缝修补结束后再在其外(内)表面加焊复板，即贴补方法。在贴补之前，必须做好以下准备工作：

(1)限制裂缝的发展，即在裂缝的两端钻直径为5～8 mm的圆孔，圆孔深度应与裂缝深度一致，如图6-10所示。这是因为形成圆孔后，可以减小应力，起到止裂的作用。

(2)检查裂缝的程度：对于裂缝的长度，可用煤油试验予以检验，对于裂缝的深度，可以通过钻孔来测定。

(3)在裂缝处按照焊缝的要求和标准开出坡口，此处坡口的深度必须大于裂缝的深度，否则焊完之后金属内部仍留有裂缝，造成隐患。另外，对于限制圆孔要进行塞焊。

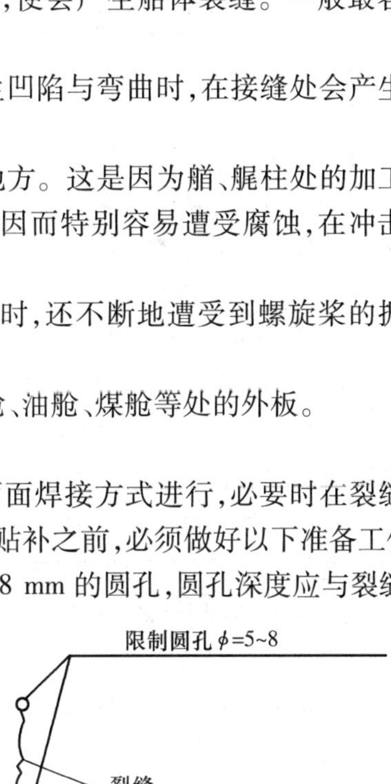

图6-10　裂缝限制圆孔

当上述准备工作做完后,就可按前述之补板方法进行贴补。

六、船体腐蚀修理工艺

1. 船体腐蚀的原因

船体漂浮在水上,因其钢材中含有 C,S,P,Si,Mn 等杂质,它们与 Fe 的电位不同,容易形成微电池,特别是艉部采用铜质螺旋桨时,形成异金属电池,更容易出现船体腐蚀现象。另外船体也会从空气中吸附水汽而形成水膜,同样形成微电池而遭受腐蚀。船体的腐蚀一般最容易出现的部位如图 6－11 所示。

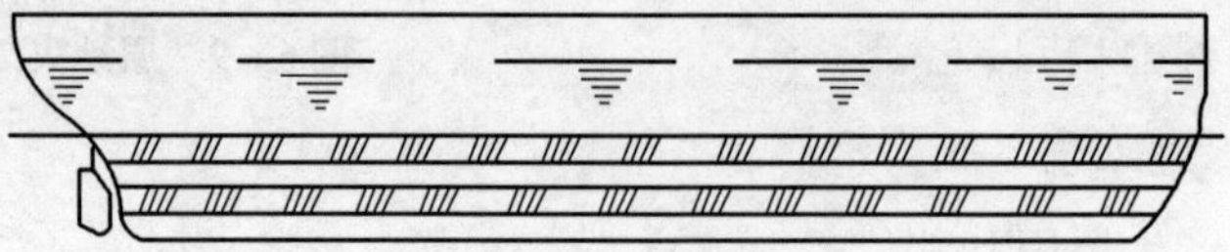

图 6－11　船体腐蚀的分布

(1)水线变化区的外板:船舶装卸货物时及在风浪中航行时,吃水不断变化,加上阳光、空气、水的反复作用,使其表面忽湿忽干,而且航行时产生涡旋、水流冲刷着油漆,海水中含有大量盐份,浸泡着油漆,会不同程度地破坏油漆保护膜,从而加剧金属的腐蚀。

(2)艏艉柱部分:因为艏柱迎浪而进,艉柱受到螺旋桨搅起的空气加水的乳化液的化学作用及机械作用,使该处的油漆容易脱落。另外,艏艉柱在冷热加工制造过程中,被加工的分子与未加工分子之间形成了不同的电位,也促进了它们的腐蚀。

(3)泄水孔周围和舭部转圆处:前者主要是水流冲刷后带来的一系列影响,后者主要是舭部在加工弯曲时材料内部形成了不同电位造成的影响。

(4) 焊缝区域:由于焊接缺陷与焊接应力所致。

(5)船体内部特殊区域:如煤舱在煤的硫化作用下易促进腐蚀;油舱由于石油中分解的硫化氢及凝结水的作用,易促进腐蚀;水舱腐蚀;机炉舱底座由于机器振动、油污积聚、热辐射等加剧了金属的腐蚀。

此外,海洋船舶还会遭受海洋生物的腐蚀。即海水中的生物(如贝类、藻类)附着于船体水下部分而引起生物腐蚀。生物腐蚀是从生物附着于船体开始的,它们利用分泌黏性物质将自已黏附在船体上。生物腐蚀也包括化学腐蚀和电化学腐蚀两种,因生物附着可能产生的腐蚀情况有:

①附着生物因新陈代谢作用分泌出浸蚀性产物(如 NH_4OH,CO_2,NS 等)以及其他有机酸和无机酸,这些物质对船体钢板起腐蚀作用。

②附着生物因叶绿素作用而产生氧气,以及分泌出硫化物,从而形成局部原电池而发生电化学腐蚀。

③贝壳生物附着于船舶能破坏油漆保护层,最终导致局部电化学腐蚀。

2. 船体腐蚀的修理工艺

根据交通部标准《船体结构蚀耗修理更换标准》,对于运营中的钢质海船因蚀耗减薄后的船体构件,凡在其蚀耗极限以内者(即总纵强度在其规定的剖面模数计算极限以上者,和局部强度在其规定公式计算之剩余厚度以上者),修理时仅除锈油漆等;若其蚀耗减薄后的构件超过蚀耗极限者,则需局部或大部更换新板,或加纵向骨架及贴补,以至将整条船报废。

(1)除锈油漆工艺

船舶修理除锈时常用的方法有:手工敲铲法、气动或电动机械除锈、抛丸或喷丸除锈、高压水清洗涂锈等。

①高压水清洗除锈:利用水射流中的冲击力的“机械”作用来除去锈蚀和污垢的方法,目前用于清洗除锈的是一种高压连续细射流(水流直径 5 mm 以下)。

高压水清洗除锈特点是:生产效率高,锈尘少;不损伤钢板表面;除锈质量好,能除去疏松的蚀锈、旧漆皮及附着的海生物;工艺性能好,使用方便,辅助工时少。但该工艺的安全防护以及环境保护问题较为突出。

②抛丸除锈:它是利用抛丸机叶轮(抛丸头)旋转时的离心力抛射铁丸进行除锈的。

③电动除锈机除锈:这是在人工除锈的基础上发展起来的电动齿轮枪拷铲除涂锈。船底电动除锈机和船旁遥控自行式除锈机,是除锈效率较高和质量较好的一种除锈装置。

船舶油漆的效能,除了本身质量以外,与油漆涂装施工也有密切关系。正确的涂装工艺能充分发挥油漆的质量和效能。油漆施工中,手工涂刷尚占一定比重,现正逐步向机械自动化电喷漆涂装施工过渡。

对于清除船底海洋生物的主要方法有高效能防污油漆、超声波除污法、物理清除法、海水电解法等。

(2)拆换修理工艺

当测定板材在一个肋距(或沿板长 700 mm)内的累计腐蚀宽度比 $b/B \geqslant 50\%$(b 为累计腐蚀宽度;B 为板宽),且平均厚度已低于蚀耗极限时,这种外板和强力甲板应予全板更换,并原则上保持原始焊缝不予更动。对其余部位的板材允许贴补、挖补和割换等方法加以修复。对国内航行的老旧船舶如纵向强度不足,但仍能保证局部强度时,经强度计算合格后,可采用加强纵向骨架及贴补纵通列板的补强措施。

七、船体破洞修理工艺

1. 船体破洞的产生原因

船体破洞通常是由于船舶发生触礁、碰撞或其他意外原因所致。船体破洞会使船体局部强度遭到破坏,破洞的部位根据事故的成因可能出现在船舶水上或水下任何部位。

2. 船体破洞的修理工艺

(1)单件局部换修工艺

单件局部换修工艺是当船体破洞后,直接将破洞处割除,再进行换修方法,如图 6－12 所示。

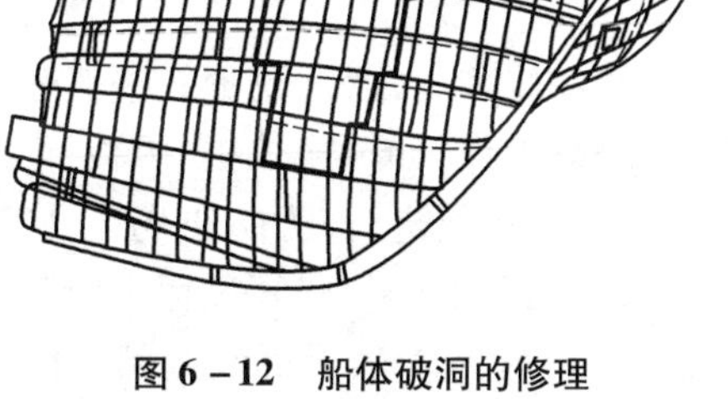

图 6－12　船体破洞的修理

①割除损坏结构:在保证船体不会因强度变化而发生变形的情况下,用气割方法将破洞处的外板及内部骨架割下。对留下的部分进行修边和开坡口,骨架与骨架的接缝和板与板的接缝应错开,但不宜过大,以便于以后装配。局部测绘施工图,钉制原位样板,进行各构件的号料与加工。

②安装骨架:先装横向骨架,如横梁和肋骨,以及它们之间的梁肘板;然后装纵向骨架,如舷侧纵桁等。进行新装骨架与保留骨架间接缝的焊接和新装纵横骨架间接缝的焊接。

③安装甲板与外板:先安装舷侧顶板和甲板边板,使骨架刚性固定后,再依次安装其他外板和甲板。先焊板与板的舱内对接缝,后焊骨架与板的角接缝,最后焊板与板在外表面碳刨开槽后的对接缝,采用逐步退焊法以减少焊接变形。最后火工矫正,并进行质量检验。

④密性试验。

(2)分段预制修理工艺

①预制损坏分段:破洞割除与前类同,根据就地测绘的施工图及放样资料进行破洞分段的预制,其程序与造船分段制造相同。

②分段吊装与焊接:将预制的分段吊运到安装部位,用码板、松紧螺旋扣等将分段固定住(与造船时船台装配中舷侧分段吊装相同),套割余量后定位焊。施焊程序与整体建造法一样。最后火工矫正,并进行质量检验。

③密性试验。

八、船体折断修理工艺

1. 船体折断的原因

船舶可能会因设计不合理,或凹陷、弯曲、裂缝、配载不当等原因,使受到了超过船体总纵强度的弯矩作用时,便会出现折断现象。

2. 船体折断的修理工艺

船体折断是修理中较复杂的工程,通常须在坞内修理。它可以是原船接龙,也可以是类型相同或大小相当的两条船的某两段接成一条船,也有的在原船上接一段新船体。其工艺措施通常采用以下方式确定。

(1)确定工艺方法

首先,必须根据船方要求、船体折断状态以及船厂施工能力,选择能够保证船舶修复的施工工艺。

为保证折断处修复后的型线光顺,需拆去断裂处的一部分外板、甲板及其内部骨架,依照光顺后的型线重装;对需要在检修中更换的部位应在接龙工程中给予拆换;轴系等一些重要设备在大合龙时应保证质量,若有偏差,应在安装主机时作调整;船舶合龙时大接缝的选择应根据原船结构及断裂部位,尽量把艏艉段原有焊缝协调起来,且选在靠近平行中体的这一段上。

(2)断船接龙修理工艺

①损坏部分的修复:因事故船舶修理时,通常缺少一些船舶原始的建造工艺方案,只能按折断部分的首、尾段分别进行修复工作,如拆换外板、甲板、内底板,矫正后复原等。为保证强度与安全,应分区分批修复,一般逐舱进行,为防止变形,应适当加墩加撑,舱壁处一定要支撑牢靠底部结构修好后再修复舷侧结构。修复过程中应随时测量变形情况,随时予以纠正。机舱修理时要将主机吊出,垫好龙骨墩再拆装。同一修理区内不可同时进行船底、舷侧和甲板的拆装修复工作,以防止变形。

②对接工艺：断船进行对接工艺时，首先要确定一个奠基段如艉段，将艏艉两段的甲板、外板上适当位置画好对合线，拉拢对齐，测量中心线、水平线、舱壁垂直度等是否正确，然后将内部骨架(纵向)定位，套割艏段板材余量，进行焊接。整个对接工艺与总段建造法的船台装配方式类同。在对接的装焊过程中，尽量应用一切方法来保证安装正确、型线光顺和控制焊接变形，如码板、松紧螺旋扣等。最后进行火工矫正与密性试验。

此外，也有的利用折断处进行接长工艺，或对原有船舶切断后接长，这种工程与造船方法相类同，比较麻烦，同时成本也比较高，现已不用。

九、船体修理中的变形及预防措施

船舶在修理过程中，由于船体结构不同，修理范围不同，修理条件与修理方法不同，往往会发生不同的变形。

船体结构的变形可大致分为总体变形和构件局部变形两种。总体变形包括中垂、中拱、总尺寸缩短、船舶横向变形等。局部变形包括角变形、弯曲变形、波浪变形、失稳变形等，是由于构件和板列等焊缝分布不对称产生的形状变化。

1. 中拱变形

(1)中拱变形产生的原因

①船舶在坞内修理时，艏艉部因受型线的限制，其坐墩面积比中部小得多，所受压力较大，下沉量较大。若墩木质量较差，数量过少，层次过多，或撑木位置不当，数量不够，则下沉量控制不住时，出现中拱变形。

②船舶靠在码头水面时，艏艉重力大于艏艉浮力，而中部浮力大于中部重力时，或甲板拆卸面积过大而影响总纵强度时，亦会导致中拱变形。

③艏艉尖舱进行水压密性试验时，未加足支撑垫墩会导致中拱变形。

④坞内进行船底基线测量时，常因上部船体受到日晒而伸长，形成暂时中拱，故测量应在夜间进行。

(2)减少中拱变形的措施

①在船体修理时应有专人负责定期测量变形情况，测量方法应相同，以便积累资料分析比较。

②制定合理的分区分批修理工艺，保证船体修理过程具有足够的连接强度。

③进坞前应预先掌握船舶原有的技术状况，合理地安排坞墩，避免坐墩后出现受力不均匀的现象。

④应根据船体大小及质量，考虑墩木承压面积，避免墩木发生超负荷现象。

⑤拆换钢板时，应严格控制拆墩数目。

⑥船底墩木处，应尽量避免拆墩补漆的做法。

⑦进行水压密性试验时，应适当加强该处的龙骨墩及撑木。油漆时，需放水移墩补漆来完成水线以下的油漆工程。

2. 中垂变形

(1)中垂变形产生的原因

①位于船体横剖面中和轴以上部分的焊接工作较多而没有采取有效措施，如甲板、舷侧上部列板、上层建筑等处的各种焊缝较多，尤其是连续焊缝，收缩时产生的内应力，使艏艉上翘。

②就地火工矫正较多，和前述相似会发生艏艉上翘变形。

③中部墩木拆动过多,由于船体质量很大,墩木经拆动后,虽然附近还有适当加强,但不可能恢复原有条件,必然会产生不同程度的下挠。其下挠量与拆动面积及其次数有关。

④中部墩木有局部超负荷现象,如水压密性试验时没有适当增加墩木或增加不够,修理双层底时,对质量较大的主机或锅炉没有适当支承。以上多属事故性原因,在工艺上采取适当措施是可以避免的。

(2)防止中垂变形的措施

①甲板、舷侧上部、上层建筑如进行大量焊接工作时,应尽量采取分段预制工艺,以减少就地焊接工作量和安排合理的焊接程序。

②对于有严重波浪变形的板,应尽量改用拆下矫正以减少就地火工矫正工作量。

③避免拆动过多的墩木。

④对局部负荷过大的部位,应适当增加墩木或临时支撑。

3. 扭转变形

(1)扭转变形产生的原因

①同时拆下的外板及内部骨架等相连的面积过大,或同期修理的区域相距过近。

②大面积拆卸舷侧构件时,没有足够的支撑或支撑的位置不妥。

③舷侧的焊接工作过分集中。

(2)防止扭转变形的措施

①采取合理的分区修理工艺,使同期修理的面积不要过大,并保持一定的距离。在拆卸肋骨时,应间隔进行,以不影响船体型线。

②应有专人负责合理地安装与拆除支撑。

③考虑焊接工艺时,应尽量使左右舷能同时对称地进行焊接。

④在修理过程中,应随时测量变形,并及时防止。

4. 横向变形(即横剖面型线变化)

(1)产生横向变形的原因:发生在横舱壁拆下及支柱拆除后,甲板和外板等质量大而下沉。

(2)防止横向变形的措施

①在修理横舱壁及支柱时,应在附近临时加强。

②横舱壁的修理也应分区进行。

修船后对修理部分的结构应进行密性试验。船体构件修理后影响密性者,均需进行密性试验。试验可采用水密、气密、油密或相应的有效方法进行。密性试验方法和密性试验标准按有关规范要求进行。

第三节　船体修理方案制订

一、修船方案的选择

1. 概述

船舶根据其船龄、航行海域和船体结构不同,船体损坏的部位不同,其修理的范围和工艺也不同。由于修理过程不仅影响船舶结构整体安装,还会对工程的安全可靠性造成影响。所以修船方案选择对船舶后续安全运行是十分重要的。

具体制订修船方案的主要内容应包括以下几个方面：

(1)确定修船工作场所及被修船舶的搁置方法；

(2)选择修理工程项目及其拆卸修复的工艺程序；

(3)准备推广和试用的新工艺项目；

(4)确定所修船舶的特殊工艺及装备和工具；

(5)船舶修理的周期应尽可能地缩短；

(6)船舶修理的价格应尽可能地低廉；

(7)船舶修理的质量应尽可能地提高；

(8)船舶修理的工艺过程应尽可能地简单，施工操作应尽可能地方便；

(9)船舶修理中应合理地采用新工艺，如分段预制换修、成套设备换修等。

2. 影响修船方案的因素

(1)船舶方面

①修理工程项目及其范围；

②损坏的形式和程度；

③修理的部位；

④修理处的结构特点；

⑤船舶的大小。

(2)船厂方面

①船厂生产面积与船台、船坞、船排、码头等的数量；

②起重运输能力；

③生产设备的数量与先进程度；

④技术工人的比例、数量与技术水平；

⑤船厂的生产计划与任务。

3. 选择修船方案的步骤

(1)汇集修船资料，包括待修船舶的设计图纸与文件，修理单与勘验单等；

(2)熟悉修理部分的结构情况及修理要求；

(3)了解船厂的技术条件和当时的生产情况；

(4)分析比较几种修船方案，选取经济效益最好的方案以确定之。

4. 船体修理原则工艺说明书

(1)概况：船舶主尺度、主要性能、建造年月、建造工厂、修理范围、现有技术状况、损坏及腐蚀情况、测厚数据等。

(2)船舶拆卸的技术原则：根据修理单进行勘验后，编制实施修理单，确定拆修规程。

(3)主要的工艺阶段

①勘验(随船勘验和码头勘验)；

②拆卸工程；

③除锈；

④水线以上结构的修复；

⑤水线以下结构的修复；

⑥改建工程；

⑦机械设备和舶装件的安装工作；

⑧油漆工程；

⑨验收；

⑩船舶试验和出厂。

(4)船体修理的原则工艺:提出对损坏部分及设备、机械的修复方法与原则。

二、船体分区修理工艺

船体分区修理的目的是在保证船体具有足够强度的条件下,能在同一时期内,分别在几处同时进行修船工作,以尽量缩短修船周期。

1. 分区原则

首先要考虑到船舶大小、修理范围、修船周期、旧船原有技术状况、修船厂生产条件等因素,然后划分区域,安排次序。分区时应注意以下几方面:

(1)强度

①纵向强度与横向强度都要考虑,最好计算一下。

②对同一时期进行施工的区域,应该错开,并保持一定的距离。对平板龙骨、舷侧顶板、甲板边板、内底边板、自舭部列板等重要构件,应特别注意,分区范围一般要小一些。

③分区时,前期与后期的范围要相连,否则两区交接处的修复工作不能迅速完工。

(2)施工速度

①对施工周期较长,工序复杂,工作量大,要灌水进行密性试验的部位,如机舱、炉舱、艉尖舱等处,应提前施工。

②在保证强度的条件下,划分的区域应尽可能大一些,以便施工面铺得开一些。

③为了密性试验方便,应按舱划分区域。

(3)工艺性要求

①尽量采用大分段,以扩大自动焊使用范围。

②按钢材规格,重新合理地排列板缝。

③施工要方便。

(4)分区:同一时期内各区的工作量应当相近,以便同时开工同时完工,并经常检查施工情况,前区未完,后区不开。

(5)安全

①分区时,上下不能同时施工。

②注意通风,特别是双层底、舱室等。

分区工作应有专人负责,并总结施工经验,保存技术档案。

2. 外板分区法

(1)大型船舶坞外拆修外板时,正常天气拆下外板的下缘,至少离开水面 1 ~ 1.5 m,风浪季节应考虑适当增加。

(2)如果船体的其他结构如甲板等强度良好,则可参照表 7 - 1 的经验数据进行分期修理。

(3)同区域内修理的面积,在能够保证强度的条件下,面积越大越有以上利。一般经验数据见表 7 - 2。

表 7-1　分期修船经验数据表

水上所需拆换的外板占水上外板总面积之比	分期数目	水上所需拆换的外板占水上外板总面积之比	分期数目
15% 以下	一期	30% ~40%	三期
15% ~30%	二期	40% 以上	四期及四期

表 7-2　分区修船经验数据表

船舶总长/m	坞外划区最大面积/m^2	坞内划区最大面积/m^2
70 ~100	20	35
100 ~130	35	50
130 以上	45	70

①分区时应尽可能使上下邻近的外板一、二列从艏至艉保持较完整的连接。因此，同一区域内，外板的宽度以两列板较合适。有些船舶的外板，因停靠码头时碰撞，使局部凹凸变形很大，肋骨也产生了较大弯曲，此时拆修外板的面积，应结合肋骨修理范围一起考虑。

②焊接外板换新时，分区可适当增大，以便车间预制成平面分段，不过分区旧板拆下后应立即进行安装。

③当外板大面积施工时，应避免甲板也同时大量进行施工，以免影响船体强度，即应当交错进行。如必须同时期施工，则另行分区。

3. 肋骨的分区修理

(1)肋骨的修理和换新，基本上配合外板而同时进行，一般隔一档拆一档，分两次修理。

(2)在矫正或拆换肋骨时，应注意保证船体的横向及纵向型线，避免纵向型线出现凹凸现象。

4. 舱壁的分区修理

(1)舱壁修理时拆板，可先拆左右各 1/3，修好后再拆当中的 1/30 若舱壁的拆换范围很大，应在施工前于舱壁前后的甲板下用各种支撑临时加强。

(2)当几个舱壁同时都要拆换时，则前后应当错开。

(3)舱壁上的扶强材修理时，也可隔一根拆一根，分两次修理。

(4)舱壁下的内底板如也要修理，应与舱壁配合一起安排。

(5)大面积舱壁为了安装方便，上下可以分成两个平面分段进行预制。

5. 双层底的分区修理

(1)内底板分区施工面积的大小与位置，同样应考虑不能过分削弱船体强度，同时要便于拆装肋板。从内底板中心到内底边板，尽量避免同时拆换连续的两张内底板。

(2)肋板修理也是隔一档拆一块的两次修理法。肋板若在水上修理时，一定要在船底板没有变形的情况下才能进行。

(3)内底上的主机(或锅炉)如已吊走，则主机座(或锅炉座)也可在坞外修理。若主机不吊走(或锅炉不吊走)，而主机座(或锅炉座)需要在坞外修理时，如其肋板完好，可将主机(或锅炉)搁置好或移位后，进行该处内底的修理。

(4)在双层底上的其他一些结构,如污水槽、测程仪、舱壁等,除在水线以下与外板连接的工程需在坞内施工外,其余均可在水上施工。

6. 甲板的分区修理

(1)若甲板换新或拆下矫正的面积较大时,则分区应保持舷侧列板的完整性。若拆换舷侧列板时,则应尽量避免相邻两列甲板同时拆掉。

(2)甲板修理时,应考虑保留足够的系缆设备供系泊用(尤其在多风季节)。

(3)甲板修理时,由于大量的封闭焊缝及不均匀的载荷,极易引起变形及产生裂缝应特别注意采取预防措施。

7. 上层建筑的分区修理

上层建筑的修理和换新,以及各种船舶甲板上的装置与设备等,全部可在坞外修复。在施工中可组成大的立体或平面分段,不过在制造与吊装时应注意:

(1)保证外围尺寸的准确。

(2)考虑好吊车的跨距、高度及制造场地等条件。

(3)分段应有足够的刚度,并采取防止吊运变形的措施。

在坞内或在码头上施工时,均应考虑分区修理工艺。

三、修船安全知识及注意事项

船舶的修理过程是在船上设施、机电设备等不完全拆除的情况下,由冷作、电焊、气焊、气割、钳工、铜管工、除锈、油漆等诸工种立体交叉和联合作业的过程,工作性质特殊,作业场所环境条件差,有些船舶连油水舱里的油水也没有完全排放就进厂临时突击修理,也容易引起火灾爆炸事故。船上的油水舱长期使用后,舱内充满着有毒气体,稍有不慎,将会给人身安全带来危害,财产带来损失。

在修船过程中必须严格遵守下列安全操作规程:

(1)上船工作必须注意照明。无照明处必须带好手电筒,以防踏空坠落。

(2)船上油水舱打开后,不可随意进入,应等安全部门对舱内空气测试合格后方可人内工作。并注意通风条件和劳动监护制度。

(3)凡对燃油舱、柜(包括邻柜)、油管等进行明火操作前,必须先对油舱、柜、油管等作彻底的清除,然后进行可燃气体测爆检查,合格后方可进行作业。

(4)在机舱内进行明火作业,必须注意周围环境,必要时应将周围设备拆除,再进行作业。工作后应对工作场所及其周围进行整理、检查、熄灭一切火种。

(5)船上所有一切阀件、电气开关不得任意打开、闭合。

(6)工作场所周围(包括邻舱)有与施工无关的其他电气设施时,必须将其电源、切断,才可进行作业。

(7)工作场所周围(包括邻舱)有电缆和其他木质舾装设施时,进行明火作业必须有专人监护,工作结束后要有专人检查。必要时应将上述设施拆除,再进行作业。

(8)当甲板拆除后,不得在骨架上行走。

(9)不得擅自进人无关舱室,打开的人孔盖、水密舱口盖,不可随意关闭。

(10)舷侧板修理作业应按自上而下的顺序进行。

四、厂修船舶进厂前的准备

(1)抓紧货舱空舱的机会,对管系(包括水舱的空气管)进行压水试验、找漏。管系试验压力一般采取400 kPa,水舱的空气管的压水试验则采取水面与空气管上口齐平(即水头高度)。管路试验时,应使用手锤适度敲击管子外壁,使极度薄弱处因振动而穿孔漏水,以便及时修理,消除隐患。

如果冬季在高寒地区做上述压水试验,管系的出水应当用皮龙带导出船外,避免甲板上结冰,影响正常工作和安全。试验完毕管系残水要放净,防止结冰胀裂管壁。方舱空气管的压水试验应使水持续不断地由空气管上口流出。试验完毕,应立即排出部分压舱水,使水舱保留约10%的空档,以免压舱水冻结而胀裂水舱和空气管。

(2)一切高压容器或易燃、易爆备品应妥善收藏。油漆等日用物料应集中存放,并加强防火措施。

(3)全面检查消防设备,使之处于随时能用的状态,并与船厂消防单位联系,明确分工,以便配合。应将船厂消防的电话号码公布周知。

(4)吊杆放平,附属索具应拆卸、整理,并做好记号妥为收藏。

(5)打开货舱口,清除舱内及甲板上的垃圾,以利施工。二层舱的舱口周围应装上栏杆,拉好安全绳,以防止工作人员不慎坠落大舱底造成伤亡。

(6)凡由船员拆卸而需运厂修理的设备及部件,应预先集中,以便运送,防止遗漏。

(7)预先用白漆在待修工程的工件上画好明显的记号,并在旁边简单书写修理要求。

(8)了解油舱、油柜、油管的清除残油、挖除油脚和清洗工作的进展情况,检查是否经过测爆,其结果如何,防止修理人员中毒或施工中发生燃烧、爆炸等事故。

(9)艏、艉甲板各备妥一根钢丝拖缆并挽牢在系缆桩上,琵琶头垂至距水面1 m的高度处,以便在急需时拖船可迅速接上拖缆,拖船离岸。

五、坞修船舶进坞前的准备

除按上述进厂前的准备做好各项工作外,还应注意如下各点:

(1)备妥进坞图或型线图、外板展开图,以及坞修部件的应用图纸,并向坞方详细介绍船底装置,如回声探测仪的振荡器、水压计程仪的皮托管座或电磁计程仪的感应器、船底塞以及其他船底设备的位置。

(2)清除杂物,卸出燃料油,尽量减轻进坞的船舶质量。

(3)根据坞方要求调整船舶吃水,并计算稳性。压载水应归并,做到水舱或者压满,或者抽空,以消除自由液面对稳性的影响。船身要尽量保持平正,横倾应不超过10;吃水差应不超过1%船长。记录各舱压载情况以供出坞时参考。水舱的人孔盖只有在船坐墩后才可拆卸。

(4)厕所、浴室应冲洗干净,封闭停用。

(5)一切伸出舷外的设备,如救生艇、舷梯、工作跳板等,均应收进船内放妥。

(6)备妥系缆设备。如果船上保持动力、主机、锚机、舵机、绞缆机等应备妥待用。如果船上不保持动力,则应事先告知坞方,以便取得协助与配合。船在坞内期间的注意事项:

①不得向坞内倾倒污油、污水,抛掷杂物、垃圾。

②厨房应停火,如不停火,则应将餐料下脚及污水收集在专用容器内,集中处理。

③伙食库的冷藏机如保持运转,其冷却水应接妥橡皮管排入坞底,不得直接由高位的排水孔排放。以免排出船外的水被风吹洒到工作人员的身上,影响坞修工作的正常进行。

④船底回声探测仪的振荡器的表面不可刷涂油漆,进坞后应立即用纸贴封。出坞前不要启封。

思考与训练

1. 船体损坏的原因是什么？
2. 船体损伤按形式分成哪几类？
3. 什么是勘验？勘验有几种形式？
4. 船体渗漏的修理工艺是什么？
5. 船体凹陷的修理工艺是什么？
6. 船体骨架弯曲的修理工艺是什么？
7. 船体裂缝的修理工艺是什么？
8. 船体腐蚀的原因及其修理工艺是什么？
9. 船体破洞的修理工艺是什么？
10. 修船后对修理部分的结构可进行哪些密性试验？
11. 什么是修船方案？修船方案包括哪些内容？
12. 修船的主要工艺阶段有哪些？
13. 什么是船体分区修理法？
14. 船体分区修理的原则及其分区方法有哪些？
15. 船体在修理过程中容易产生哪些变形，应采取哪些防止措施？

第七章　柴油机主机安装检验

学习目标

知识目标

1. 能够了解柴油机主机总装工艺程序。
2. 了解柴油机主机机座安装检验要求。
3. 了解柴油机曲轴、推力轴承和盘车机安装要求。
4. 了解柴油机机架总成和缸体总成安装要求。
5. 了解柴油机活塞组件安装要求。
6. 了解柴油机缸盖总成及传动机构安装要求。
7. 了解柴油机完整性安装程序。

能力目标

1. 能够运用正确方法进行柴油机主机机座安装检验。
2. 能够运用正确方法进行曲轴、推力轴承和盘车机安装检验。
3. 能够运用正确方法进行机架总成和缸体总成安装检验。
4. 能够运用正确方法进行活塞组件安装检验。
5. 能够运用正确方法进行缸盖总成及传动机构安装检验。
6. 能够运用正确方法开展柴油机完整性安装工艺。

船舶柴油机主机安装检验，是柴油机制造和修理过程中最后的又十分关键的一项工作。一台柴油机能否可靠地运转，能否具有良好的工作性能和经济性能，很大程度上取决于总装工艺。

大型低速柴油机的总装工作在车间试车台上进行。目前大部分大型柴油机都采用整机装船工艺，机器装配好后进行调整和试验，再吊运到船上安装。也有部分大型柴油机采取先在车间总装试车后，再拆成零部件送到船上进行装配和安装，这是在缺乏起运设备的情况下所采取的措施。

对于新造的柴油机，其总装程序可按下述程序进行，参阅图 7－1 所示。

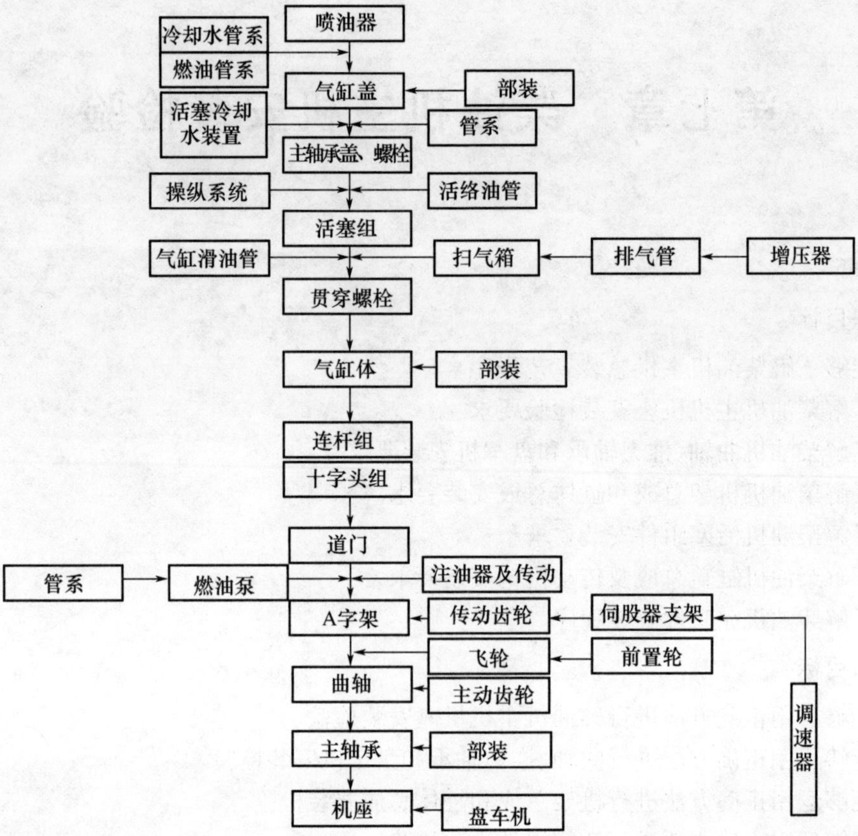

图 7-1　总装工艺程序

第一节　主机机座安装

一、主机机座加工检验

船舶柴油主机的机座要承受柴油主机的全部质量。除此之外，它还要承受柴油主机运转时运动部件所产生的不平衡的惯性力和反作用力矩所引起的力，以及船舶运行中（如摇摆时）所产生的柴油主机倾倒的力。因此，机座应具有足够的刚性和强度。

中小型柴油机的机座通常是钢板焊接结构件，并焊接在船体双层底上；大型柴油机机座，通常依靠双层底结构作为机座。

1. 检验前应具备的条件

（1）机座使用的材料应有船检证书；

（2）机座的安装、焊接质量已符合规定的技术要求。

2. 检验内容和方法

（1）接触检验

①将小平板放到机座的面板上，用 0.05 mm 的塞尺进行检验，一般不应插入，但局部允许插入，其深度不大于 10 mm。用 0.10 mm 塞尺检验，不应插入。

②在平板上涂上一层薄薄的色油，然后放到面板上来回拖动，平板拿掉后检验面板上的色油点，要求在每 25 mm×25 mm 面积内不少于 3 点，接合面大于 75%。

(2)机座面板倾斜度检验

将直尺横放在机座上，用塞尺检查直尺与面板之间倾斜度。倾斜度通常应小于1∶100，且要求向外倾斜，便于今后配制垫片。

(3)螺栓孔质量检验

①用内径千分尺或汽缸表检验螺栓孔直径，要求圆柱度和圆度符合图样要求。

②螺栓孔的表面粗糙度应符合图样要求。

二、主机机座安装检验

主机机座有以下几方面作用：

(1)在机座上面安装机架、连杆、活塞、汽缸盖等部件，能承受这些部件的重量。

(2)机座上装有主轴承，用以安装曲轴。机座与机架作为曲轴旋转的空间。

(3)机座可作油池用，收集和盛储滑油。

(4)机座能承受各运动部件所产生的惯性力。

为了满足上述用途，要求机座有足够的强度、刚度。如果机座变形，将导致上述运动件发生故障或加速磨损。

1. 检验前应具备的条件

机座须有验船部门的合格证书和钢印。

2. 检验内容和方法

(1)机座平面平面度检验

机座平面平面度的检验方法有许多种。通常，工厂采用何种方法施工，检验时就采用与这种施工方法相应的检验方法。常用的有拉线测量法、水碗测量法、水平仪法和光学仪器法等。

①拉线测量法

图 7－2 为机座上平面用拉线法检查测量的示意图。

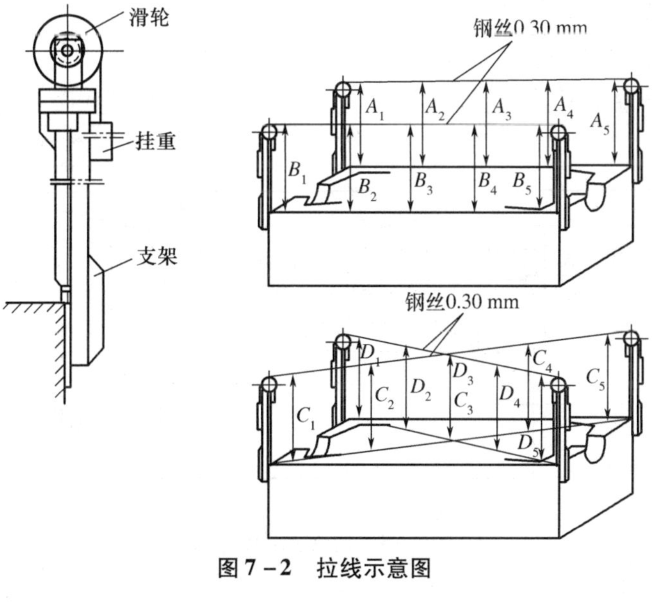

图 7－2　拉线示意图

使用这种装置进行检查时必须注意以下几点要求：

a. 滑轮一定要转动灵活，绝不能有任何阻碍现象存在；

b. 支架必须被牢固地安装好，不准有任何松动；

c. 使用的钢丝一般采用0.30 mm直径的琴钢丝，其表面应光滑无锈蚀且不允许有折痕；

d. 钢丝两端的挂重一般以7 kg为宜，当然如要适当加重，则以不致拉断钢丝为准，拉线时不应使挂重碰擦任何部位，以免影响测量精度。

上平面直线度的测量内容指沿机座的纵向、横向、对角方向，如图7－3中A,B,C,D所指示的几根线。对角方向的测定目的在于检查机座上平面是否有扭曲变形现象存在，它是一个比较重要的数据，切不可忽视。操作时通常先在机座左右两边拉好两根钢丝，进行初调，然后将两根钢丝首末两个点的高度值微调至同一值即图7－3中A_1,A_5,B_1,B_5的四个位置处的高度尺寸相等，反复测量认为合格后，使它们牢牢地固定。在这种状态下，测量各道测量点的高度值，将它一一记入表7－1内。

表7－1　机座上平面拉线测量记录

方向＼尺寸		1	2	3	4	5	6	7	8
平行线	*A*								
	B								
对角线	*C*								
	D								

分析比较记录数据，如果记录值的左右差值在规定标准内，证明其横向直线度良好；如果左、右两根钢丝均呈现有规则的向下弯曲，每个数据的级差基本接近，则说明其纵向直线度亦处于良好的技术状态。如从记录表中所记录的对角方向数值是向下弯曲且有规律的，就表明了机座亦没有任何扭曲变形。

钢丝因自身重量而产生向下的挠度，所以上述拉线记录仅能用作相对的比较值。如需要求出直线度的误差值时，则应把钢丝向下挠度减去。钢丝挠度如图7－3所示。

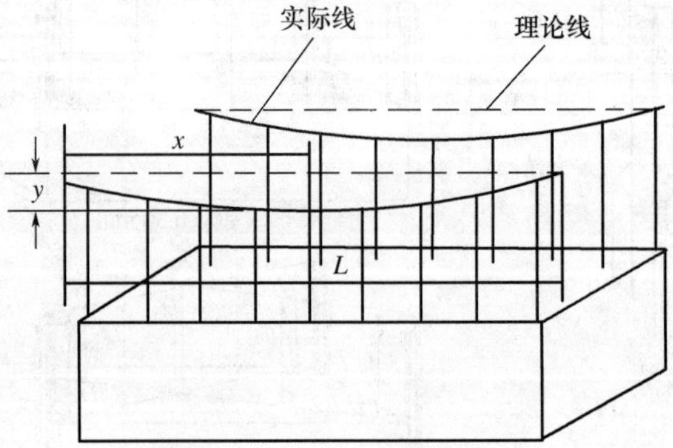

图7－3　钢丝挠度计算图

钢丝挠度可用下式计算：

$$y = \frac{P \cdot x(L - x)}{2T}$$

式中　y——计算点的挠度，m；

P——钢丝每米的质量，g/m；

x——计算点至基准点的距离，m；

L——基准点之间的距离，m；

T——挂重，g。

各点高度值的测量精度是一个十分重要的问题。以往采用普通的内径千分尺测量时，决定精度的重要因素是工人的熟练程度和操作手艺。目前已被一种特制的电接触千分尺所替代，而且在国内外已广泛应用于柴油机的测量。图7－4为这种电接触千分尺外形图和电路图。

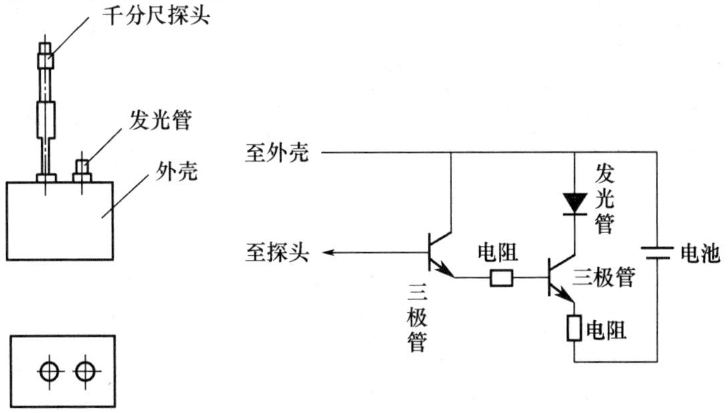

图7－4　电接触千分尺

操作时应将该工具放在机座平面上，仔细调整工具的接触头，使之与钢丝接触，只要当它们刚接触的一刹那，电珠就会发亮，控制好各测量点的亮度，均匀一致，便能获得较高精度的数据，其操作误差不会超过0.01 mm，所以这种测量方法的检查结果肯定是满意的。

当今许多柴油机工厂在提供低速柴油机时都要随机提供钢丝线记录值，以便作为柴油机在船上或座台上定位安装过程中重测时的技术依据，确保安装质量的良好状态和制造精度保持基本一致。当然这两者之间会产生一定的误差，通常这种误差被控制在以下范围：六缸机为0.05 mm，九缸机为0.10 mm，十二缸机为0.15 mm。

现代柴油机的结构设计中已考虑到机座直线度检查的要求，在机座左右两侧的上平面上留有一定宽度的平面带，在制造中加以精密加工，除了给安装作为测量用途外，同样亦给柴油机维修保养时进行复测核对检查提供便利，必要时还可利用这套随机工具随时作复测核查工作，以检查其直线度是否与原始数据相符，作出正确的判断。图7－5表示低速柴油机机座左右两侧留作拉线检查用的平面带。

②水碗测量法

水碗测量法是一种十分简单可行、操作方便的测量方法，它可测量机座上平面水平度、平面度和直线度，测量精度甚高，精度误差能控制在0.005～0.01 mm之内。由于它的特点，因此国内外低速机制造工厂几乎均已采用此法来检查机座上平面的直线度。图7－6为用水碗测量的示意图，图中还附有水碗尺寸图，供读者参考。

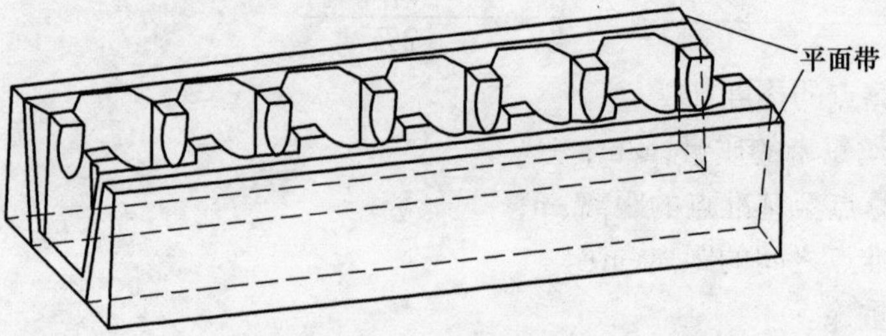

图 7－5　机座两侧平面带

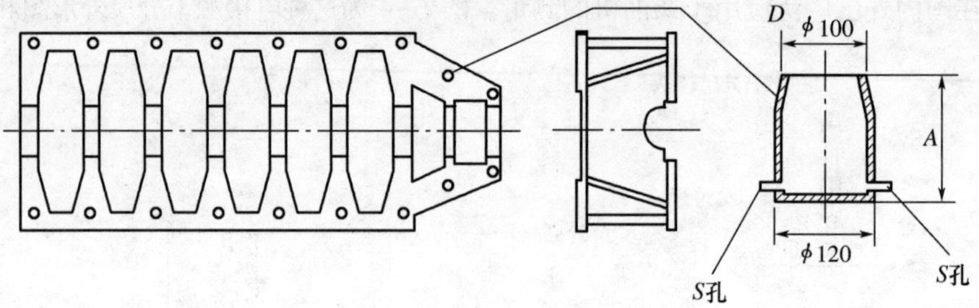

图 7－6　水碗测量机座上平面示意图

从图 7－7 可知，在机座上平面上各测量部位放好每只水碗，用透明的塑料管分别将各个水碗连接接通，让倒入水碗的水能流注到各个碗内而且相互流通，这样才能使所有水碗内的水平面逐渐趋向处于同一水平面内，一般情况下，达到同一水平面所需的时间约在一个小时左右。当水平面稳定后，就可使用普通的深度千分尺搁在每个水碗的圆口上（参阅图 7－7），细心缓慢地旋转千分尺的旋钮，同时用肉眼观察千分尺的触头与水面接触情况，使它们接触为止，记录每个水碗的测量值，经过数值比较分析，便可直接求得机座上平面直线度的偏差值。

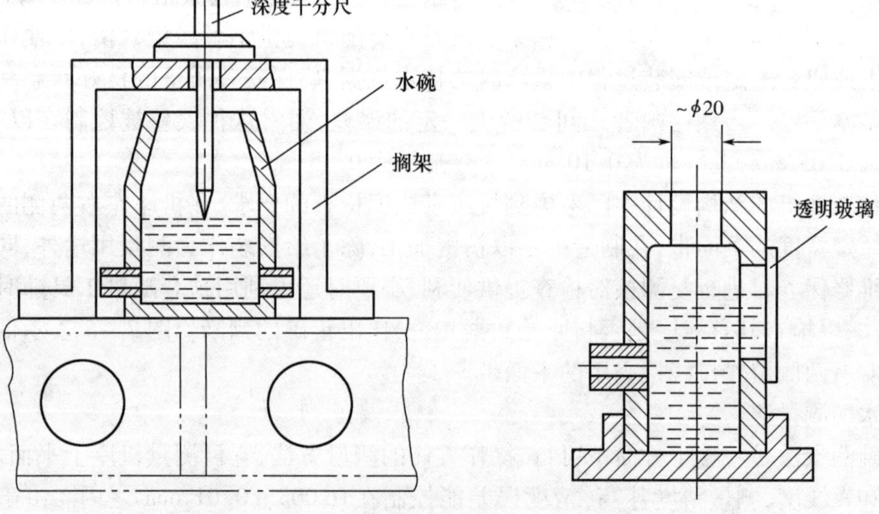

图 7－7　水碗示意图（右图为新型水碗）

用这种工具对机座上平面进行测量检查直线度时，必须注意以下几点：

a. 深度千分尺的触头应改磨成 V 形，使其顶端形成尖顶如图 7－8 所示。这个尖顶与水面一接触就很容易被肉眼清楚地看到，它意味着测量精度可以得到控制。

b. 水碗的高度即图 7－7 中的 *A* 值应做成同一尺寸值，通常的做法是将所有水碗在平面磨床上一次磨正确即可，其相互的精度误差被控制在 0.01 mm 内，足以保证测量精度。

c. 水碗的进出水孔应尽量放大，但没有严格规定，其目的在于使水平面能在最短时间内达到稳定。

d. 为排除水碗高度 *A* 值精度的影响，某些工厂亦采用图 7－8 的一种测量搁架，用它来测取各点的水面值，能获得更高的尺寸精度。

e. 水碗碗口的直径 *D* 一般不宜太大，通常在 100 mm 左右，以不阻挡肉眼能见度为准。目前有些工厂将水碗的碗口收小，使之仅能插入深度千分尺即可，但在水碗的外部圆周上开一个观察孔，用透明度良好的玻璃片镶入（图 7－8），在测量时从水碗外侧就可清晰地看到千分尺触头与水面的接触情形，从而又进一步消除了肉眼观察的误差因素。

水碗法有其独特的优点，操作简易，容易掌握，精度可靠，早已被许多工厂广泛应用。但这种方法只能用在车间装配平台或不受振动或不倾斜的地方的基础上测量，在船上就无法使用了。

③水平仪测量法

图 7－8 为用框形水平仪测量检查机座上平面直线度的示意图。这种测量方法亦曾被不少工厂所采用，因它的测量精度十分可靠精确，而且可以随时调整随时测定，十分方便，它与水碗法相比各有千秋，故亦颇受欢迎。

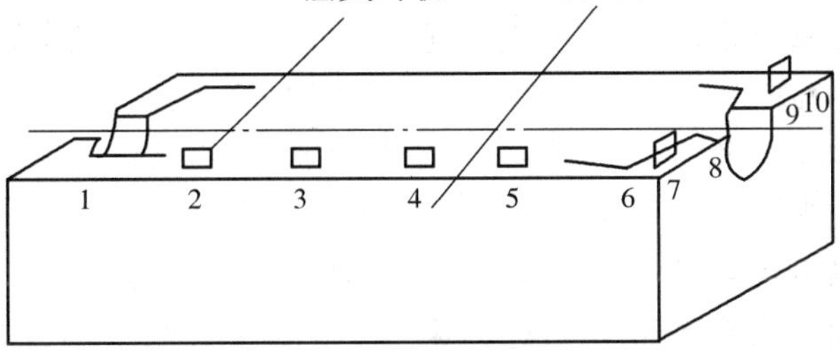

图 7－8　框形水平仪测量示意图

用框形水平仪进行测量的操作程序，通常是先作一次初校，根据结果作必要的调整。然后按图 7－9 上规定的测量点逐一循序测定，并将其倾斜方向和实际读数记录下来。

图 7－9 为某一机座的实测数据，按这些值作出图中下部直线度的曲线，在这种状态下，就应在 *D* 处垫入一定厚度的垫片，将地脚螺栓拧紧后，再用水平仪重复测定，直至符合直线度标准为止。

有时亦可使用一块一米长左右的平铁放在机座上平面上，用塞尺检查平铁与上平面的接触情况，其间不准有间隙，即 0.03 mm 塞尺不应插进。然后将框形水平仪在该平铁上逐段进行测量，这种方法同样可以测量整个长度内沿纵向和横向的直线度偏差。

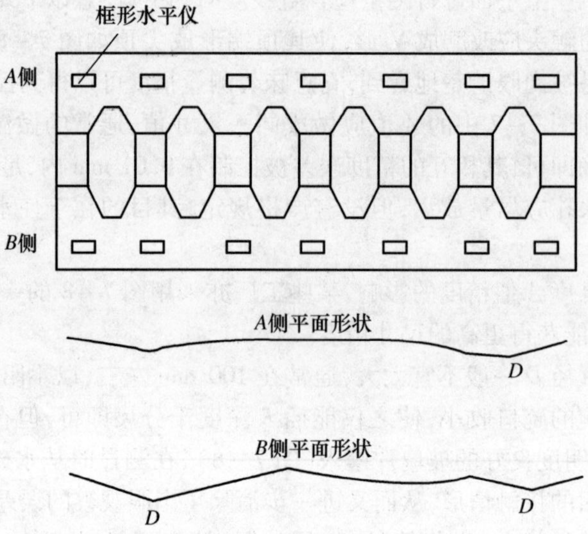

图7-9　实测示例

④光学仪器法

用光学仪器测量机座上平面时,目前多采用平面扫描仪,如图7-10所示。平面扫描仪由望远镜支架1、回转光学直角头6、光学测微器3、出口窗目标4(镀有一圆点)、垫块5和四个目标(图7-10(b))组成。回转光学直角头中装有五棱镜,使望远镜光学视线转折90°。光学直角头回转360°可以扫出一个基准面。光学测微器的作用与望远镜测微器相同。出口窗口目标4是用来调整望远镜的光学视线与回转光学直角头6回转轴线的重合性。校正回转轴线与光学视线重合的方法是:准直望远镜装入扫描仪望远镜支架孔中并紧固后,将测微准直望远镜和平面扫描仪的光学测微器均调到“0”位上,对望远镜调焦观察光学头窗口目标,并使光学头旋转360°。如果窗口目标圆点始终与望远镜十字线交点重合,说明光学头回转轴线与光学视线重合。当光学头窗口目标圆点与望远镜十字线交点不重合时,用望远镜光学测微仪测出光学视线对窗口目标的偏移值。再调整望远镜光学测微仪和调整光学头窗口目标的圆点位置,使窗口目标圆点与十字线交点重合,并锁紧准直望远镜的测微鼓轮,然后再检查调整,直至完全重合为止。

平面扫描仪带有四个相同的目标,见图7-10(b)。目标图案条纹均平行于目标底座,并具有同样的高度。底座中带有磁脚。目标图案是一条宽度不同的台阶式条纹。不同宽度是为了适应不同的测量距离。一般远距离选用较宽的条纹。目标图案上有箭头,便于判断高于或低于基准平面,防止对测量结果做出错误的解释。

利用扫描仪安装机座的工艺过程如下:

首先调整仪器位置,将准直望远镜插入三角架孔中并调整其光学视线与光学头回转轴线重合。然后如图7-11所示,将仪器放在机座一边的中间位置,在机座上平面之两角各放一个平面扫描仪目标,与仪器相对的另一边中间位置也安放一个平面扫描仪目标,各目标正面朝向仪器。将望远镜向各目标调焦,并通过调整三脚架之调整螺钉使准直望远镜的十字线交点与各目标精确对中。这时光学视线上的十字线中心已调到三个目标所组成的基准平面上。然后测量各测量点对基准平面的高度差。将平面扫描仪目标放到规定的测量

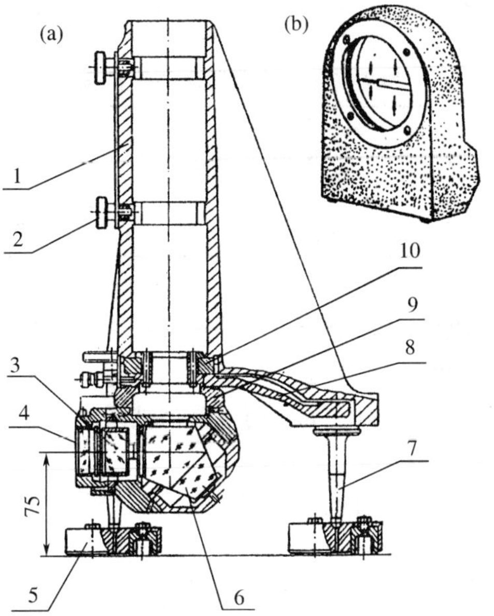

图 7－10　平面扫描仪及其目标

(a)平面扫描仪;(b)目标

1—望远镜支架;2—锁紧螺钉;3—光学测微器;4—出口窗目标;
5—垫块;6—回转光学直角头;7—固定支脚;8—摆杆;9—回转轴;10—回转轴支承

点。仪器对准目标,如果测量点相对基准目标有高低,则目标图案线与准直望远镜十字线不重合。调整扫描仪的光学测微器,使仪器十字线中心与目标图案线重合。从扫描仪鼓轮上可以读出该测量点与准直望远镜十字线中心高度差,亦即测量点与三个基准点的高度差。如果该值超过机座上平面平面度的要求,则调整机座垫块,直至符合要求。机座上平面高低经调整后,基准点已发生变动,因此再次检查时需要重新调整仪器的位置(方法同上),之后再进行测量。

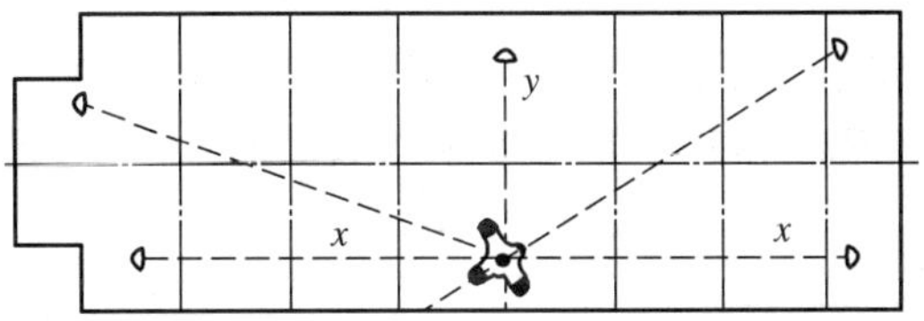

图 7－11　平面扫描仪测量机座上平面

(2)机座平面平面度的检验要求

①图样和技术文件有要求的,应按规定要求进行检验。

②柴油机制造厂有规定的,则应按制造厂规定的要求执行。例如 MAN－B&W5L70MC/MCE 主机制造厂规定的要求为:机座平面纵向偏差不大于 0.15 mm,横向不大于 0.05 mm,相邻两点偏差不大于 0.03 mm。

③若图纸和工艺文件无规定,制造厂也没有要求的,则可参照表 7－2 所列的公差要求

进行检验。

表 7-2 机座平面度公差要求 单位:mm

在 1 m 长度内		机座全长	
纵向	横向	<8 m	≥8 m
0.05	0.04	0.10	0.14

(3)检验机座平面平面度时的注意事项:

①在测量机座平面平面度时,须考虑机座垫板厚度,钢垫板 15~25 mm,铸铁垫板不小于 25 mm。如果出现太厚或太薄,则应重新调整整个轴系的中心线(包括柴油机轴心线)的高度位置。

②将机座上的螺栓孔引伸到机座上,钻孔时应注意机座下面是否有肘板或其他结构件,否则事先应采取措施,并做好修补工作。

③应仔细检验机座平面表面质量,并督促做好防护工作。

三、机座、机架、汽缸体三大件定位

机座、机架、汽缸体是大型低速机的三大固定件,在机座上平面校水平达到要求后,这三个部件要经过相互定位,并作必要的调整和修整后,方可进入下一步的总装。

目前整体机架总装这种安装工艺愈来愈被广泛采用,主要是简单方便的缘故。将整体机架(组装好的机架)吊装在机座上平面上,进行机架的纵横向定位工作,位置定妥后,钻铰机架与机座的定位销孔,装入定位销就完成了机架的定位工作。

横向定位时必须保证机架的导板安装面中心线与机座主轴承座孔中心线重合,这个要求通常都是按图 7-12 所示的测量符号进行检查调整而获得的,一般都应将导板安装面 C 及座孔开档端面 K 视作与其中心线对称的,所以可认为这些箭头指的测量尺寸只要符合其允差范围,就可肯定其横向定位是可靠的。如果机架的预装精度很好,这几个尺寸的偏差应不会超过 0.03 mm 的。但是导板安装面 C 与座孔开档端面 K 之间的左右定位尺寸应尽量取得相等,其偏差值一般不超过 0.02 mm。

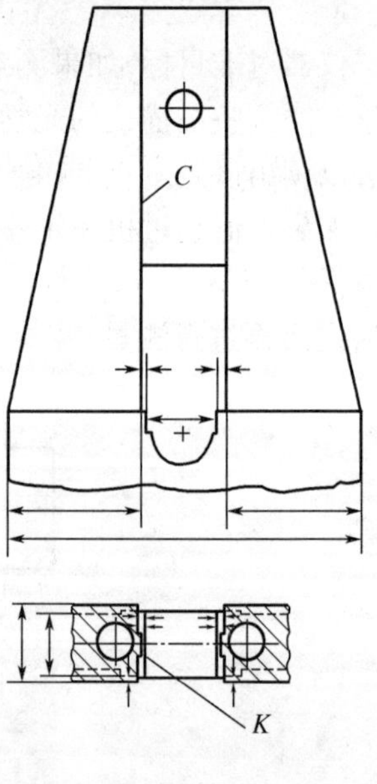

图 7-12 机架横向定位测量

纵向定位往往要求机架的自由端与机座的自由端的两个端面在同一平面内,A 形架中分面线与机座主轴承座孔轴向的中分面线重合,如果两线偏离严重,则必须重新调整定位。

由于现代加工技术水平的提高,整体机架加工精度已达到相当的程度,实际安装时,只需纵横向各选取一个基准面,保证机座与机架基准面之间的位置精度,就可以保证满足它们的定位精度要求。如图 7-13所示,是 MAN B&W 的 6S46MC-C 柴油机三大件定位示意图。在机座输出端安装机体纵向定位工具,工具凸台应贴靠机座输出端基准面,以保证机座基准至机体输出端距离为 74.5±0.1,这样即可保证纵向定位精度;同样,其横向定位也有专用工具,机体应贴紧横向定位工具,保证机体泵侧定位边至机座油槽内边为7.5±0.1。安装时,用塞尺检查机体纵横向基准与定位工具,应0.03 mm不入,若有间隙,用纵横向移位进行调整,直至达到要求。

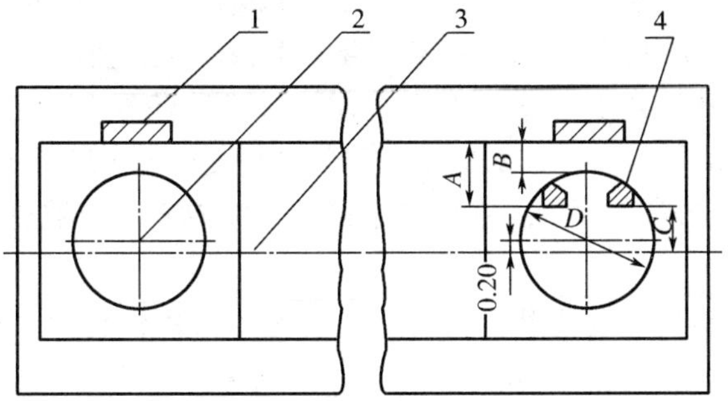

图7-13　6S46MC-C三大件定位示意图

此外,机架与机座之间的结合面应接触紧密,用0.05 mm塞尺检查,一般不应插入,但允许局部插入,其插入深度不应超过15 mm,以不造成漏油缺陷为准。定好位后,机体机座同钻铰定位孔,一般泵侧、排气侧各取3个定位孔。

为防止机座机体在定位过程中发生变形,定位后,还要对机体导滑板尺寸进行复查,主要有大、小导滑板开档尺寸,各缸导板共面度等。还要检查机体上平面水平度,一般要求纵向每米不大于0.05 mm,全长不大于0.1 mm;横向不大于0.05 mm。

传统的汽缸体定位方法是整个汽缸体部件纵向以机架中线痕定位,横向利用图7-14所示的定位块初步定位。然后在艏艉两汽缸内各拉一条铅垂线。该线的上基准点是汽缸的填料孔,下基准点是这样确定的:纵向以曲柄开档对称取中,横向通过主轴承轴线。如果这两条钢丝线分别与艏、艉缸之轴线重合,即可铰配艏、艉墙板紧配定位螺栓。不重合时常常刮研汽缸体与机架之间的结合面。

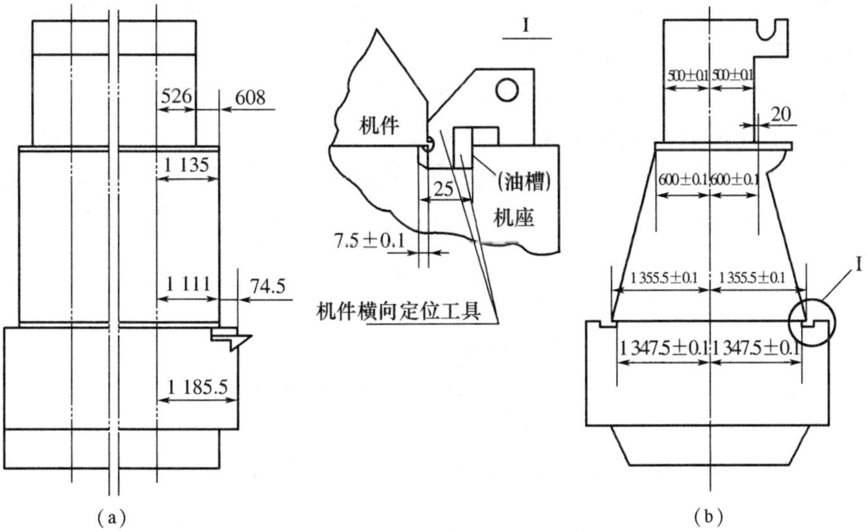

图7-14　6S46MC-C三大件定位示意图

(a)纵向定位;(b)横向定位

与机体定位一样,目前汽缸体一般用基准面定位。纵横向各选取一个基准面,只需保证机架与汽缸体基准面之间的位置精度即可。如图 5 – 19,调整汽缸体纵向位置,使汽缸体输出端端面至机体输出端基准面尺寸为 609 ±0.1;调整汽缸体横向位置,使缸体泵侧与机体泵侧基准面尺寸为 20 ±0.1,其艏艉两端都要测量,且两端差值不大于 0.05 mm。

固定件定位应达到下列要求:汽缸体与曲轴轴线之垂直误差值每米长小于 0.15 mm,对称度误差不大于 2 mm;导板工作面对曲轴轴线的平行度误差每米长小于 0.10 mm。

固定部件之间的位置误差检验,在生产中是用拉线或光学仪器进行。下边只介绍用光学仪器检验的方法。

检验中使用的仪器是望远镜和平行光管。望远镜是由位移分划板、光学测微平板、物镜、调焦镜、角度分划板、目镜等组成,如图 7 – 15 所示。

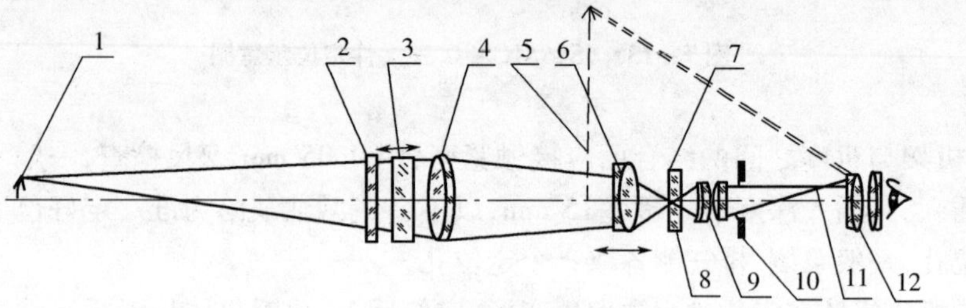

图 7 – 15　凸调焦透镜望远镜

1—正立实物;2—位移分划板;3—光学测微平板;4—物镜;5—正立放大虚线像;6—调焦镜;7—倒立实像;8—角度分划板;9—正像镜;10—光阑;11—正立实像;12—目镜

为了使不同距离的目标都能够在角度分划板上成像,并清楚地观察到物体,必须对望远镜进行调焦。观察远目标的调焦称为对望远镜的无穷远调焦。观察近目标的调焦称为对望远镜的定距离调焦。

图 7 – 15 所示望远镜结构的特点是调焦范围较大。当移动调焦透镜望远镜进行调焦时,可以观察到距离望远镜从零至无穷远处的物体。此外,在物镜前有位移分划板 2 和测微平板 3。测微平板是一块平面平行玻璃板,利用其摆动使光线平行位移的原理,实现微小位移测量,如图 7 – 16 所示。位移分划板 2 是一块平面平行玻璃板,在其内表面复制有同心圆图形。它常用于自动反射测量,以建立与望远镜视线垂直的平面。在正像镜 9 的后面还有光阑 10。它的作用是切断不聚焦的杂光,只能让成像的光通过,使影像更清晰。

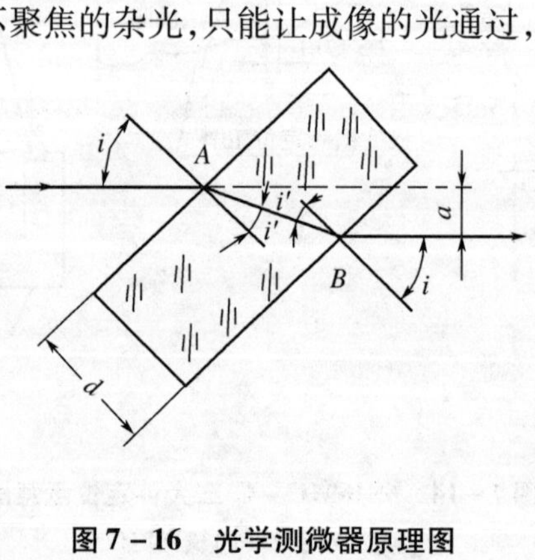

图 7 – 16　光学测微器原理图

平行光管(准直光管)是一种投射平行光线的装置。它由凸透镜(物镜)3、位于焦面的角度光板2和物镜前面的位移光板4以及照明灯泡1等主要零件组成,如图7－17所示。

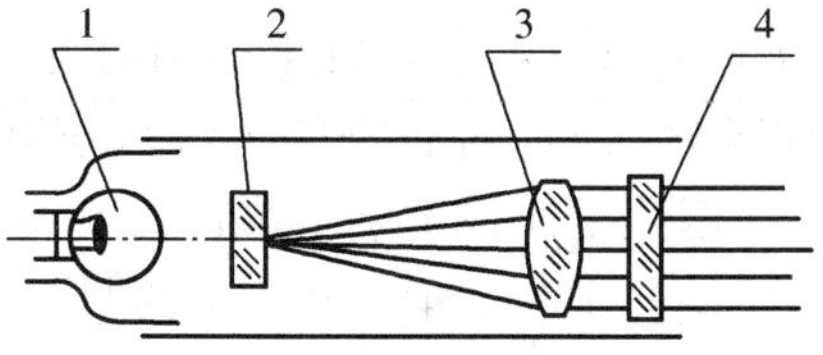

图7－17　平行光管结构原理

当用望远镜和平行光管测量部件之间的相对歪斜时,将望远镜的轴线与某一零部件之基准线重合;平行光管则置于被检验的另一零部件基准线上,如图7－18所示。调整平行光管使其发射平行光束,再把望远镜调焦至无穷远,直至观察到平行光管中的角度光板图案。根据望远镜中的十字线平面上之角度光板影像图案中心与十字线平板上之交点不重合程度,读出平行光管轴线与望远镜轴线之交角。此交角便是与另一部件之间的位置歪斜值。

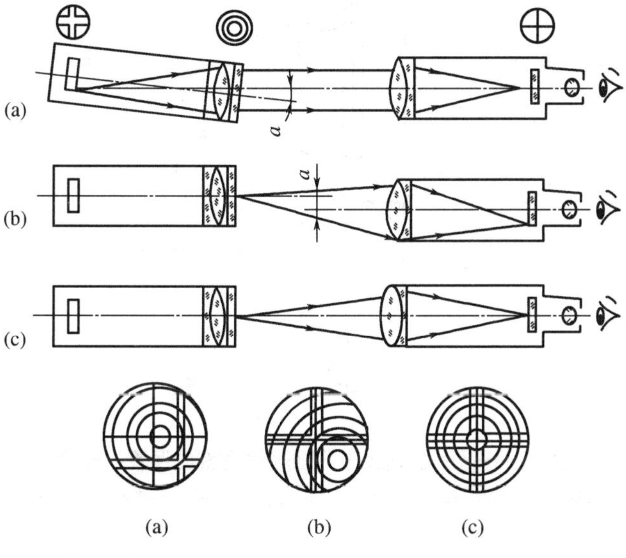

图7－18　用望远镜及平行光管测歪斜和位移

在测量部件之间的位移时,两仪器放置方法同上,如图7－18(b)所示,并以同样方法检查出平行光管与望远镜之间的歪斜。然后调整平行光管,使其与望远镜平行。最后再将望远镜对平行光管之位移光板调焦。由于位移光板距望远镜较近,可认为位移光板图案发射出散射光,根据透镜对散射光线的会聚性质,平行光管与望远镜之轴线间的位移值可从望远镜十字线平面上读出来。

图7－18(c)所示为两部件之间既无歪斜又无平移,轴线完全重合的情况。下面介绍用望远镜和平行光管检验固定部件之间的位置。

1. 汽缸轴线与曲轴轴线垂直度的检验

测量装置如图 7－19 所示。按以下顺序进行测量：首先调整望远镜使其光学视线与汽缸轴线平行。根据百分表读数调整管子 2 的旋转轴线，使其与汽缸轴线重合，再将望远镜 1 装于管子头部。同时将装有平行光管 6 的套管置于曲柄销上，使平行光管发射出平行光束（这时光束并不一定垂直于曲轴轴线）。而后将望远镜调焦观察平行光管中的角度光板。此时由于两仪器轴线不平行，所以角度光板十字线影像中心不与望远镜十字线板之中心重合，即可得到一个读数。将管子旋转 180°，再测得一个读数，求得前后两次读数的平均值，用调节螺钉调整望远镜轴线位置使其处于计算平均值位置上，并用螺钉固定望远镜。重复上述操作，直到两次读数相同时，则表示望远镜的轴线与汽缸的轴线平行。其次进行汽缸轴线与曲轴轴线垂直度测量。为了使读数准确，调整望远镜十字线的横线与曲轴轴线平行。这时可用手轻轻拍平行光管之套管，使其沿曲柄销的圆柱面摆动。在摆动过程中用望远镜 1 观察平行光管 6 角度光板十字线影像时，看该十字线中心在望远镜中成像平面上的读数是否有变化。如有变化，则通过转动汽缸中的管子来校正，直到拍动平行光管套管沿曲柄销摆动时，在望远镜中观察之数值始终不变。此时说明成像平面横刻线与曲轴轴线平行。这时管子 2 的位置称为零位，并做标记。

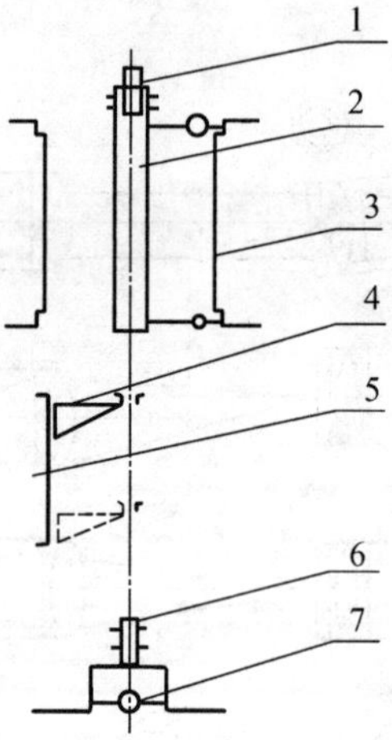

图 7－19　汽缸轴线与曲轴轴线垂直度误差的测量

1—望远镜；2—管子；3—汽缸体；4—托架；5—导板；6—平行光管；7—光靶

进行汽缸轴线与曲轴轴线垂直度测量的具体步骤如下：首先将汽缸体中的管子旋转到零位，由望远镜 1 向平行光管 6 望去可得一读数，称此数为 x。然后卸下平行光管 6，并按曲轴艏艉方向变换后重新把它置于曲柄销上，再从望远镜中得到一读数 y。则汽缸轴线与曲轴轴线垂直度误差值为

$$\Delta = (x - y)/2$$

式中　x——第一次测得的读数，$x = a + b$；

y——第二次测得的读数，$y = b - a$ 。

上述计算公式可由图 7－20 加以说明。故

$$\Delta = \frac{x - y}{2} = \frac{(a + b) - (b - a)}{2} = a$$

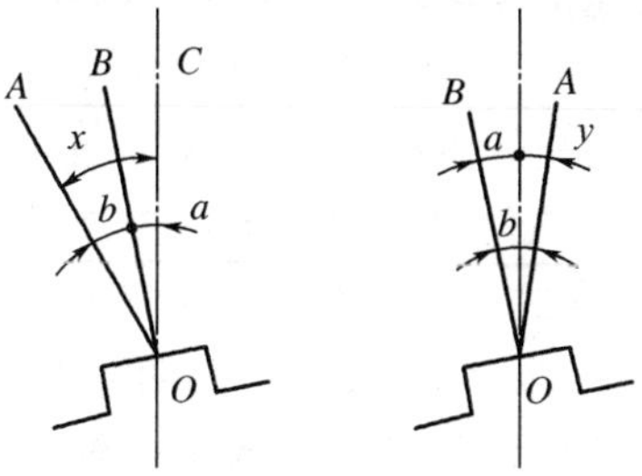

图 7－20　汽缸轴线与曲轴轴线垂直度误差计算原理

图 7－20 中，A 为平行光管轴线（安装时不要求与曲柄销轴线或曲轴轴线垂直）；B 为曲轴轴线的垂直线；C 为汽缸轴线或望远镜轴线（因望远镜与汽缸轴线平行，但不重合）。

2. 汽缸轴线与曲轴轴线对称度的检验

如图 7－21 所示，将光靶 7 装于两曲柄臂之间，光靶上刻有黑十字线，安装时不要求黑十字线与曲轴轴线相交，只要接近曲轴轴线，达到便于观察即可。装好后将曲柄臂置于水平位置，光靶也处于水平，并按前述方法调整装有望远镜的管子处于“零位”，然后调整望远镜焦距，使之清楚看到光靶的刻度，数值为 x。

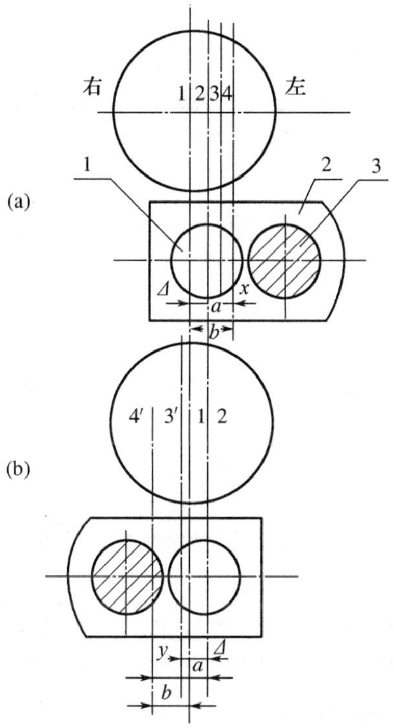

图 7－21　曲轴轴线与汽缸轴线对称度计算原理

1—主轴颈；2—曲柄臂；3—曲柄销

将管子转 180°，曲轴亦旋转 180°，使曲柄臂 2 转到另一水平位置（见图 7－21）。从望远镜中读得第二次望远镜十字线与光靶刻度之数值 y 。则汽缸轴线与曲轴轴线在左右方向的对称度为：

$$\Delta = (x - y) / 2$$

上述公式可由图 7－21 来证明其正确性。假定曲柄在 90°水平位置，线 1 为汽缸轴线；线 2 交于曲轴轴线并与汽缸轴线平行；线 3 为光靶十字刻度横线；线 4 为望远镜角度划板十字横线。假定汽缸轴线与曲轴轴线的位移为 2Δ。由于安装光靶的误差造成光靶横线与曲轴轴线偏移为 a；望远镜轴线虽与汽缸轴线平行但不重合，其偏移为 b；当第一次从望远镜向光靶观察时，假定望远镜的十字横线 4 与光靶的十字横线 3 的误差为 x。那么，由于望远镜管子按汽缸轴线旋转 180°（即望远镜旋转 180°），曲柄臂 2 也从左边水平位置转到右边水平位置，这时图 7－21（a）的点 4 转到图 7－21（b）的 4′位置上，点 3 亦转到 3′位置上。由于曲轴是按其本身轴线旋转、且汽缸轴线不变，故图 7－21（a）（b）中的点 2 和点 1 保持不变，其位移仍为 Δ。但第二次从望远镜观察到十字横线与光靶的十字横线的误差成 y 值。从图 7－21（a）可得

$$x = b - (\Delta + a) = b - \Delta - a$$

从图 7－21（b）可得

$$y = b - (a - \Delta) = b - a + \Delta$$

故

$$\frac{x - y}{2} = \frac{(b - \Delta - a) - (b - a + \Delta)}{2} = -\Delta$$

式中 Δ 值为负，是由于转向关系而造成的，但绝对值不变（Δ 为对称度的二分之一）。

用光学法定位时，装配精度高，测量简便，速度快，但对检验时所用附件的精度要求较高。例如安装望远镜的管子要求其外圆面的圆度误差不大于 0.007 5～0.012 5 mm。由于仪器灵敏度高，微小尘埃或油污也会影响读数，造成测量记录的变化而不易找出原因。因此清洁工作也是非常重要的。

三大件定位完成后，还要进行链箱定位、贯穿螺栓试装等工作，然后吊下缸体、机体，准备进行下一步的总装工作。

第二节　曲轴、推力轴承和盘车机安装

一、主轴承孔检查

机座上平面校正合格后，首先应检查主轴承底孔的表面精度，一般用样轴涂色油进行检查。要求底部 60°范围内着色面积大于 80%，且分布均匀。如果不符合要求，可适当研刮。

接下来要检查主轴承孔的同心度，目前常采用拉线法进行测量。该方法操作简易，工具简单，但须有较熟练的测量手艺，否则会产生测量误差，影响精度。图 7－22 是常见的拉线示意图，所拉的钢丝长度应超过机座总长度，钢丝直径以 0.30 mm 为宜，拉线时应以第一道和最末道的座孔中心为基准，使钢丝与它们的中心重合，然后将钢丝固定好。

钢丝被固定后，就可按座孔顺序测量每个孔的 A_1，B_1，C_1，D_1，A_2，B_2，C_2，D_2 尺寸，按其结果便可求出座孔中心的同心度偏差，但必须注意到垂直平面内的测量结果应减去钢丝的向下挠度值，才能获得正确的偏差值。

座孔中心的同心度允许偏差在机座全长内一般不应超过 0.15 mm；三道相邻座孔之间不应超过 0.04 mm。

除拉线法外，座孔中心的同心度还可用光学望光法、假轴法等进行测量。而平板法可

测量主轴承孔垂直方向的同心度和座孔中心线对机座上平面的平行度，如图 7－23。这种测量方法简单方便，而且容易掌握。只需配备一块宽 100 mm、长 1 m 左右的平板，把它搁置在座孔上面（此时轴承盖已拆去），用 0.03 mm 的塞尺检查平板与上平面的接触部位，如不能插入，这时证明它们的接触是紧密贴合的，然后按图所示，用内径千分尺测取平板与座孔最低圆弧处的距离，有时亦用百分表测量其相对的变化值。测量时应注意每道座孔要取前后两个测量点 A_1、A_2，并依次完成各道座孔的测量工作，即可求出它们的同心度和平行度。

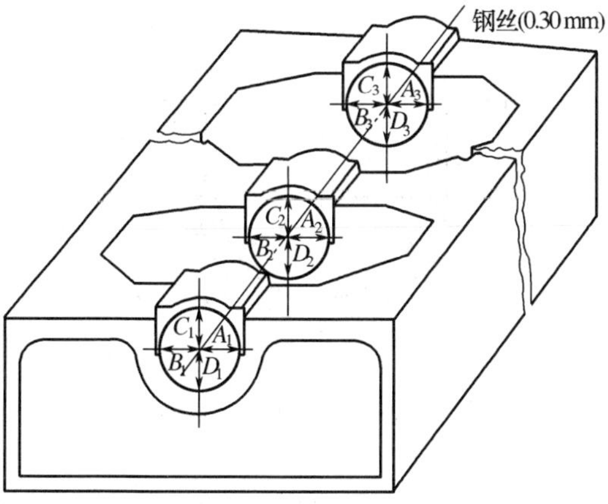

图 7－22 座孔拉线示意图

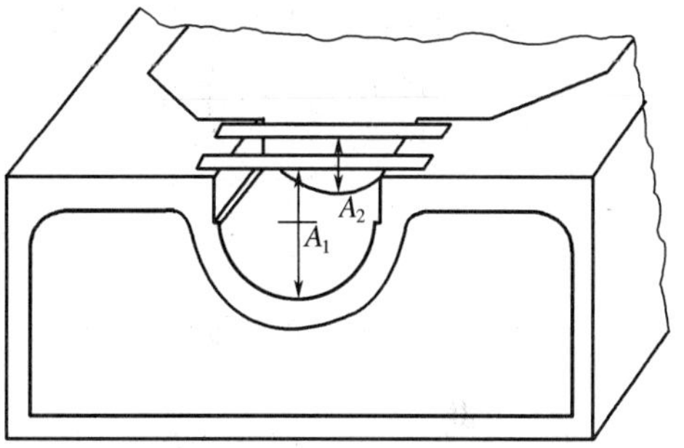

图 7－23 平板测量

图 7－24 所示为测量各道主轴承座孔的深度 T 值。作好记录，并将各道座孔的深度 T 值和相对应的曲轴主轴颈序号作计算核对，以便选配好主轴承下瓦的厚度。计算公式为

$$\delta = T - t - d/2$$

式中 δ——主轴承下瓦厚度，mm；

T——机座上平面至座孔底部距离，mm；

t——主轴承中心至机座上平面距离，mm；

d——曲轴主轴颈直径，mm。

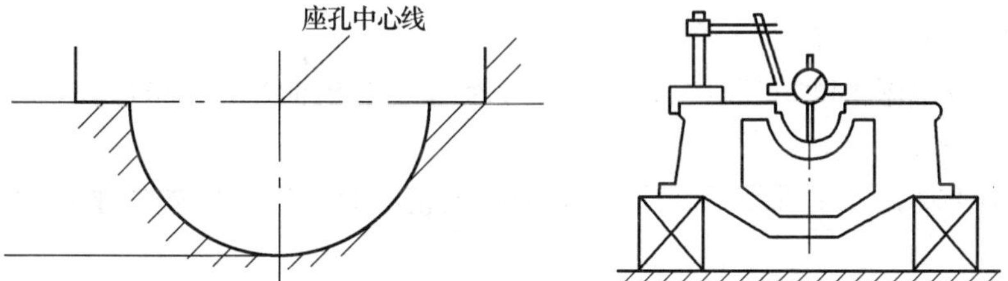

图 7－24 测量主轴承座孔深度

将选配好的主轴承下瓦配妥座孔序号，下瓦背壳表面上应涂以一层薄的色油，然后轻轻放入座孔，之后将主轴承上瓦及盖装上，按图 7－25 所示的装置用油压撑柱螺栓压紧轴承盖。轴承盖左右侧的顶面至机座上平面的尺寸 A_1 与 A_2 的差值不得大于 0.1 mm。

拆去所有装置、轴承盖及主轴承上瓦，然后轻轻取下轴承下瓦，用肉眼检查主轴承座孔内的色油黏附情况，其色油应均匀分布，贴和面积不得少于总面积的 75%。

清洗主轴承座孔,擦去主轴承下瓦背面的色油,再将所有主轴承下瓦装入座孔,用临时压条(木质或尼龙质制成)压牢主轴承下瓦,如图7-26所示。

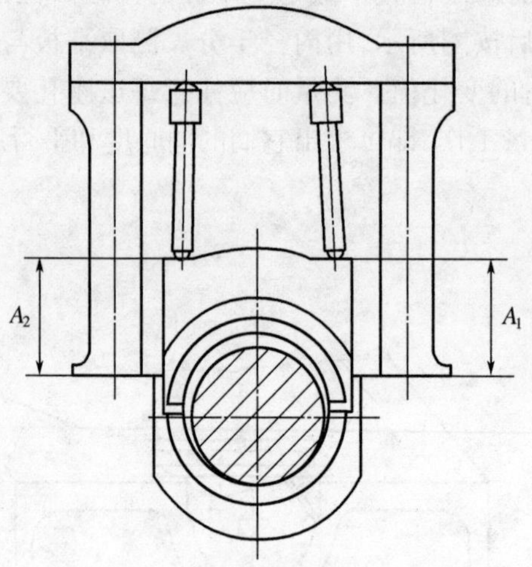

图7-25　检查轴瓦与座孔的贴和

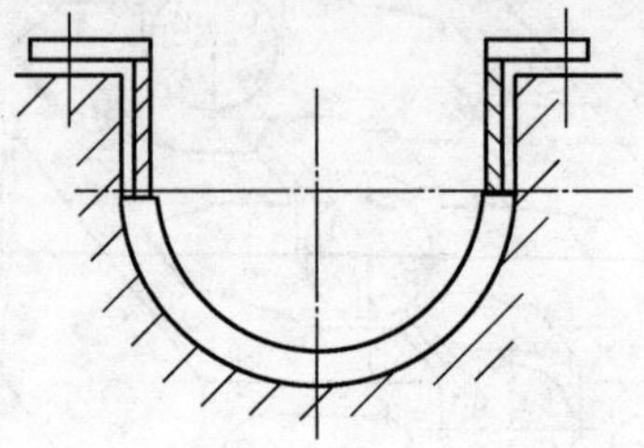

图7-26　下瓦压紧示意图

现代大型柴油机一般装有轴向减振器、刮油环等,其安装定位均以曲轴轴线为基准,有同轴度的要求。实际安装时通常以主轴承座孔轴线为基准,采用拉线法或假轴法进行定位安装。一般要求水平方向同轴度偏差不大0.05 mm,垂直方向则要考虑曲轴轴线与主轴承座孔轴线的偏差,安装时对该偏差加以计算修正即可。

二、曲轴安装检验

曲轴是船舶柴油机的最重要部件之一,其结构形状复杂,且有一定的长度,刚性较差。此外,曲轴工作时的受力情况复杂,柴油机运行时须承受承受的弯曲力和扭矩。因此,柴油机制造工厂、验船师和船东都非常关心曲轴的制造和安装质量。

主轴瓦配好并安装主轴瓦下块后,即可将曲轴吊入机座,进行曲轴的安装测量和检查工作。待安装的曲轴必须有验船部门的钢印和证书,以及曲轴制造厂的测量记录。

1. 曲轴安装的主要技术要求

大型低速柴油机曲轴安装的技术要求与筒形柴油机曲轴安装的技术要求基本相同。主要的技术要求如下:

(1)曲轴主轴颈与主轴承下瓦应均匀接触、紧密贴合。着色检查轴承瓦面及瓦背色油,要求:

①瓦面:底面120°范围内着色面积≥$a\%$均布,三位处不允许有色油。

②瓦背:全范围着色面积≥$b\%$均布。

注:$a\%$和$b\%$为各机型对瓦面和瓦背着色面积的要求。

(2)曲轴装妥后,各主轴颈的径向跳动量不得超过规定的数值。

(3)曲轴装妥后,在0°,90°,180°,270°四个位置上测量出的每个曲柄臂距差值,应符合规定要求。盘车检查曲臂差,要求:

①通用各档≤A;

②艏艉两档≤B。

注:A 和 B 值为技术要求允许的最大曲臂差值。

(4)曲轴装妥后,应做桥规测量并记录。桥规测量是为了检查曲轴轴线与机座上平面的平行度,保证汽缸轴线与曲轴轴线的垂直度的精度,同时还可以看出曲轴轴线的挠曲状况。

(5)主轴颈与轴承之间的径向间隙,应符合柴油机说明书规定的数值。

(6)主轴颈与主轴承之间的轴向间隙应符合规定要求。

2. 曲轴安装

曲轴安装时,首先应根据机座的主轴承座面深度值选配轴瓦,然后压瓦检查,轴瓦背面与主轴承孔的贴合情况及轴瓦内孔直径符合要求后,方可进行曲轴的安装。曲轴的安装过程如下:

(1)曲轴着色检查

根据机座的主轴承座面深度值选配轴瓦,将机座主轴承座清理干净,按顺序号将主轴承下瓦安装到位,并用止动螺钉固定。

将曲轴组件(曲轴、传动齿轮、飞轮、推力轴)平行地平稳吊起,在各道主轴颈及推力轴轴颈上涂以一层薄薄的色油,继续平行地吊高曲轴组件,缓慢小心地将它吊入机座主轴承下瓦上。

转动曲轴 1 ~2 周,吊出曲轴,检查轴承瓦面及瓦背色油,要求:

①瓦面:底面 120°范围内着色面积≥$a\%$ 均布,三位处不允许有色油。

②瓦背:全范围着色面积≥$b\%$ 均布。

注:$a\%$ 和 $b\%$ 为各机型对瓦面和瓦背着色面积的要求。

(2)轴向减振器定位

曲轴安装前应先将轴向减振器定位,其定位过程如下:

①检查并清洁机座接触表面;

②去除毛刺并清洁减振器上、下部;

③按图纸仔细检查凹槽的圆角和倒角;

④在机座上安装减振器下半体,装入减振器下半体上的连接螺栓,橡胶密封圈暂不装,以第一档主轴承孔为基准校调减振器孔与主轴承座孔的不同轴度小于 0. 10 mm;

⑤拧紧轴向减振器的连接螺栓,对机座和减振器配铰定位销孔,并配制定位销;

⑥拆下轴向减振器下半体。

(3)曲轴定位安装

①清洗各轴瓦瓦面及瓦背的色油,将主轴承下瓦按钢号顺序装入机座各档内。

②清洗曲轴轴面,在机座各档主轴瓦上加入高黏度的润滑油,将曲轴吊装入机座内。

③将主轴承上瓦按钢号装至主轴承盖上,并按钢号将主轴承盖装至相应各档内。

④按工艺规定的压力值泵紧主轴承。

⑤用专用长塞尺检查主轴间隙应符合规定值。

⑥用框形水平仪或专用测平仪测量主轴颈和曲柄销颈的水平状况,其允许偏差,每米不应超过 0. 10 mm。

⑦如图 7 -27 所示用画针盘及百分表放在主轴颈的最高点上,缓慢转动曲轴,检查曲轴转一周中,百分表的读数变化值,其最大值与最小值的差值便是主轴颈的跳动值,每道主轴颈必须测量前、中、后三个截面上的跳动值。其允许最大差值见表 7 -3。

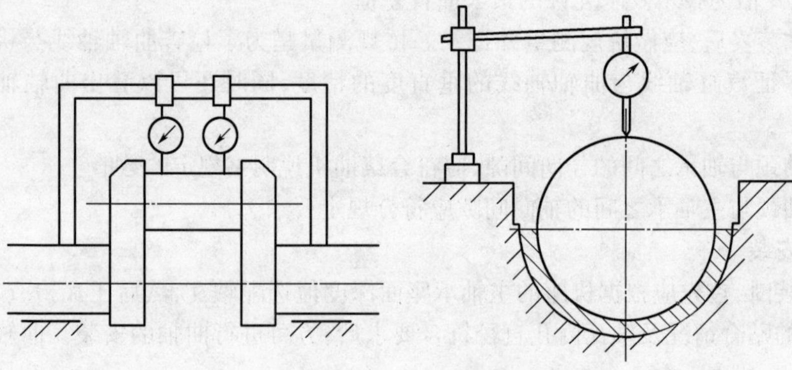

图7-27　曲轴在机座内主轴颈跳动测量

表7-3　主轴颈径向圆跳动公差值　　单位:mm

曲柄数目	轴颈支承数目	主轴颈直径						
		>75	>75~100	>100~150	>150~250	>250~350	>350~500	>500~600
3	1	0.015	0.02	0.025	0.03	0.04		
4	2~3	0.02	0.025	0.030	0.04	0.05		
5~8	3~4	0.025	0.03	0.035	0.05	0.06	0.07	0.08
9~12	5~6			0.04	0.055	0.065	0.075	0.085

⑧在每个曲拐开档内,装妥曲柄臂距量表,缓慢转动曲轴一周,检查每个曲拐的曲柄臂距差应不超过柴油机说明书规定的数值。

⑨每道主轴颈的首尾两点,用专用桥规测取桥规与主轴颈之间的距离,做好记录,并将这些距离值刻印在桥规上,备做原始记录。

三、推力轴承和盘车机安装

1. 推力轴承安装

如前所述,由于柴油机工作时温度升高,曲轴会伸长,这时应使曲轴能有自由伸长的余地,即要有适当的轴向间隙。现代大型低速柴油机多用作船舶主机,采用直接传动,为保证适当的轴向间隙,并承受轴向推力及限制曲轴轴向窜动,一般装有推力轴承或止推轴承。

大型低速柴油机推力轴承的安装过程如下:

(1)纵向调整曲轴,使各档曲臂处于机座中心位置,同时检查曲轴上推力环与壳体的相对位置,若不符则应调整。

(2)测量机座推力座面至曲轴推力环工作面距离,正车"A",倒车"F"。

(3)根据机型确定推力块厚度,即:

①MAN B&W 类型柴油机:

正车推力块厚度 $\delta a = A - H$;

倒车推力块厚度 $\delta f = F - (H + \delta)$。

注:H 为推力盘厚度;δ 为推力间隙。

②Sulzer 类型柴油机：

正车推力块厚度 $\delta a = A$；

倒车推力块厚度 $\delta f = F - \delta$。

注：δ 为推力间隙。

(4)将加工好的推力块装入机座推力档内，在曲轴轴向装百分表，轴向串动曲轴，确认推力间隙符合规定值，如图 7 - 28 所示。

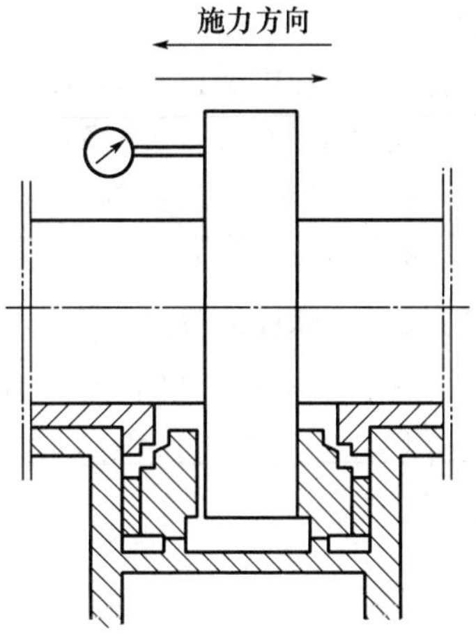

图 7 - 28　推力间隙测量

2. 盘车机安装

曲轴轴向定位及推力轴承安装完成后，可进行轴向减振器、刮油环、盘车机等的安装。盘车机安装时，应检查盘车齿轮与飞轮齿轮的啮合精度，齿顶隙和齿侧隙应满足技术要求，并用色油检查齿轮接触情况，啮合面色点分布应均匀，在宽度方向齿轮应基本同心。

第三节　机架总成和缸体总成安装

机架、缸体的安装主要要求三大固定件相互之间要有一定的位置精度。如前所述，三大件定位后，其相互位置精度得到了保证，因此，机架、缸体的吊装相对就比较简单了。

一、机架的安装

将机架平行吊起，检查机架下平面的边缘及各螺孔口有无毛刺，必须把所有毛刺修光，并清理机体内外表面、各导滑板面。慢慢地吊高机架，移至机座上空。再对机座上平面作最后的清洁检查，然后缓缓放下机架，当机架接近机座时，在它们艏艉端的铰制螺孔内插入引导杆，由引导杆作为校中工具，让机架座落在机座上，见图 7 - 29 所示。

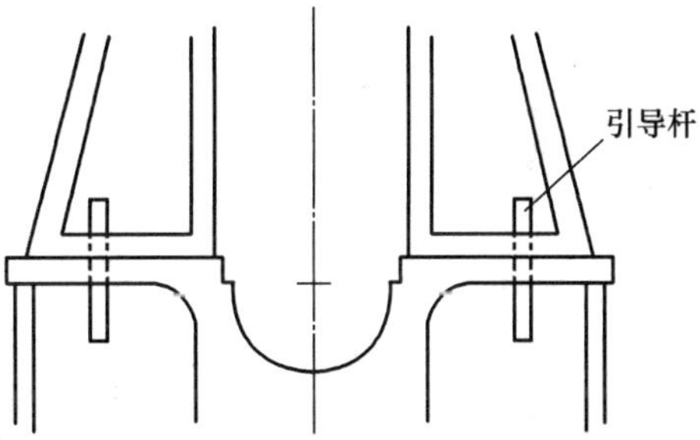

图 7 - 29　机架安装示意图

装妥全部定位螺拴、连接螺拴与定位销，并装妥所有防松装置。随后可安装轴向振动监测仪、自由端罩壳、刮油环壳体等部件。自由端罩壳安装时，首先测量机体与机座自由端凸台高度，按此尺寸制作软木橡胶垫，然后修理罩壳及机座机体安装贴合面，将软木橡胶垫用黏接剂粘于上罩壳，在机座及机体上安装双头螺柱，将上、下罩壳用螺母固定即可。

刮油环壳体安装于自由端罩壳上，用塞尺测量并调整壳体内孔与自由端输出轴周向间隙，符合要求后，钻铰定位孔，配制定位销。

二、缸体总成的安装

汽缸体组装后，应将全部汽缸套压入汽缸体内，汽缸壁润滑用的滑油注油枪亦全部装妥，最后对汽缸套周围的冷却水腔进行适当压力的液压试验，历时 5 min，不得有任何渗漏缺陷。

修理、清理机架顶平面,涂上密封胶。将汽缸体组合件整体吊起,仔细清理缸体下平面并去除全部毛刺。继续平稳地吊高汽缸体,小心地将它移至机架上空,随后对准铰制孔缓慢地下降至机架上,将铰制螺拴涂上防咬剂装入铰制孔中,旋上螺母。装上所有定距管、螺拴等,所有螺拴应涂防咬剂。

三、贯穿螺拴的安装

在现代低速柴油机的设计中,机座、机架和汽缸体三者之间的连接形式,几乎均采用长的贯穿螺栓结构形式,如图 7-30 所示。这种结构形式要求在安装中必须慎重对待,严防产生变形。

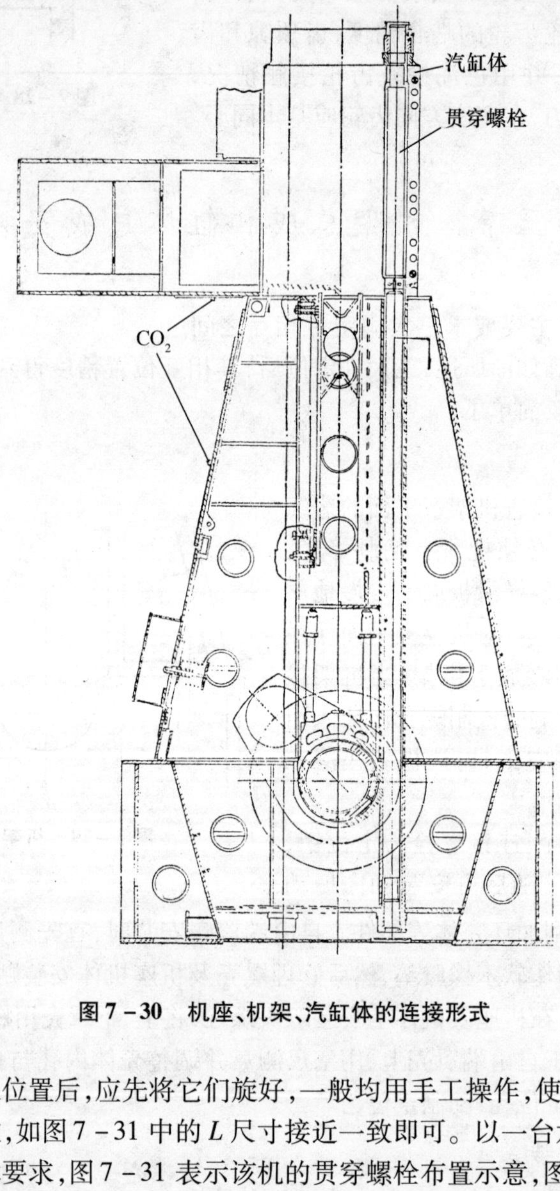

图 7-30　机座、机架、汽缸体的连接形式

贯穿螺栓被装入位置后,应先将它们旋好,一般均用手工操作,使贯穿螺栓的上端露出螺母的高度基本一致,如图 7-31 中的 L 尺寸接近一致即可。以一台六缸柴油机为例,说明贯穿螺栓拧紧的技术要求,图 7-31 表示该机的贯穿螺栓布置示意,图中 L 为未拧紧前的伸出高度尺寸,L_1 为拧紧后的伸出高度尺寸,$\Delta L = L_1 - L$ 即为贯穿螺栓的伸长值。每种机型的伸长值 ΔL 均有规定,操作中必须严格按照说明书中规定数据进行拧紧,切忌任意改变

ΔL 值。

图 7 - 32 中给出的顺序编号，应作为拧紧贯穿螺栓时要严格遵循的程序，必须遵守，如违反操作程序，则要造成变形的恶果。当缺乏具体规定程序时，一般可按下述原则进行：左右对称且从中央向两端交替逐步拧紧，而且分两次拧紧。

必须特别指出的是，大型柴油机拧紧贯穿螺栓均使用液压拉伸器，因此，用液压拉伸器上紧时，为了使机座、机架和汽缸体三者的结合达到紧密牢固，必须分两次上紧，第一次用较低的上紧压力（约为规定压力的一半左右）按其顺序先上紧一次，然后再按规定压力作第二次上紧，其上紧的顺序必须遵守规定。这样所获得的结果一定会令人满意的。

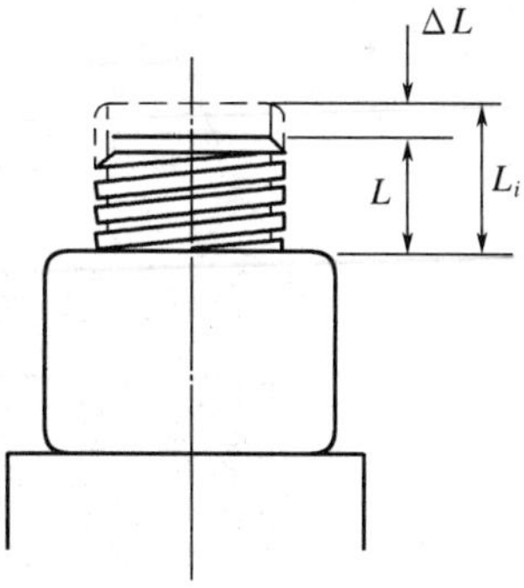

图 7 - 31　贯穿螺拴伸长值

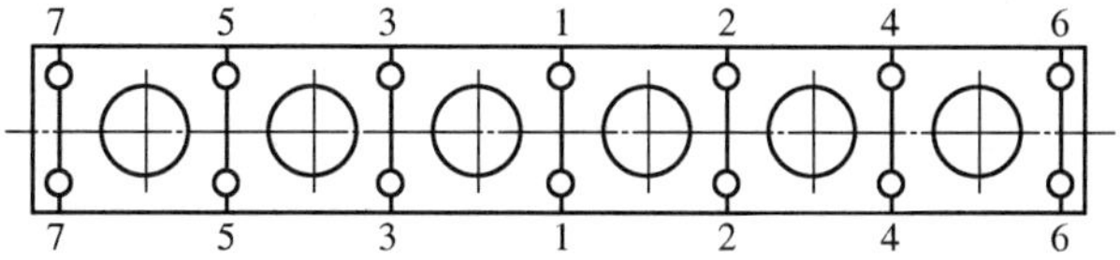

图 7 - 32　贯穿螺拴拧紧顺序图

在上紧贯穿螺栓过程中，必须使主轴承上盖的支撑螺栓处于放松状态，最好是将支撑螺栓全部拆下，以避免由于上紧贯穿螺栓压缩机架而给支撑螺栓产生附加额外应力，从而使主轴承上盖免受意外损伤。

贯穿螺栓液压上紧后，上、下螺母与其座面应紧密贴合，不应有离缝，用 0.05 mm 塞尺检查，一般不应插入，局部地方允许插入的深度不得超过 10 mm。如果有严重缝隙存在，则应作仔细检查，必要时应拆卸螺母，检查螺纹中心线与支承面的垂直度偏差，进行修整。

修理中对贯穿螺栓的液压上紧，尤应特别注意其伸长量 L 和液压压力值，如果 ΔL 值超过了原始记录值或技术文件的规定极限时，表明了这根贯穿螺栓有疑问，可能产生了塑性变形，甚至已经折断。如果液压压力不到规定值便有了足够的 ΔL 值，这时就应进行周密的检查，寻找原因，排除掉故障。

四、主轴承支撑螺栓安装

目前主轴承盖常采用图 7 - 33 所示一种支撑螺栓的结构形式，贯穿螺栓上紧之后，便可对主轴承盖的支撑螺栓进行安装工作。支撑螺栓是用液压上紧的，用外接高压油泵送入的压力油，使它对主轴承盖施加一定的压力，从而压紧主轴承盖，然后用手拧紧它的固定螺母，再放泄油压，此时其压紧力仍然不变。

在上紧支撑螺栓过程中，必须分两次上紧，第一次的上紧压力约为规定压力的一半左右，由于对两个支撑螺栓同时供油，其施加于盖上的压力应该是均匀的，但是应检查一下图 7 - 34 中的 A_1，A_2 值，如 A_1 与 A_2 的测量值相差在 0.1mm 之内，则表明盖的受力是均匀的，此时可继续泵油至规定压力，再作最后的 A_1 和 A_2 值的检查，以不超过 0.1 mm 的差值为标准。

为了证实主轴承盖受到支撑螺栓的压力均匀，通常可采用测量主轴颈间隙的方法来复校，如图 7 - 35 所示，用特制的长塞尺检查主轴颈与主轴承的间隙，在主轴承的底部不应插

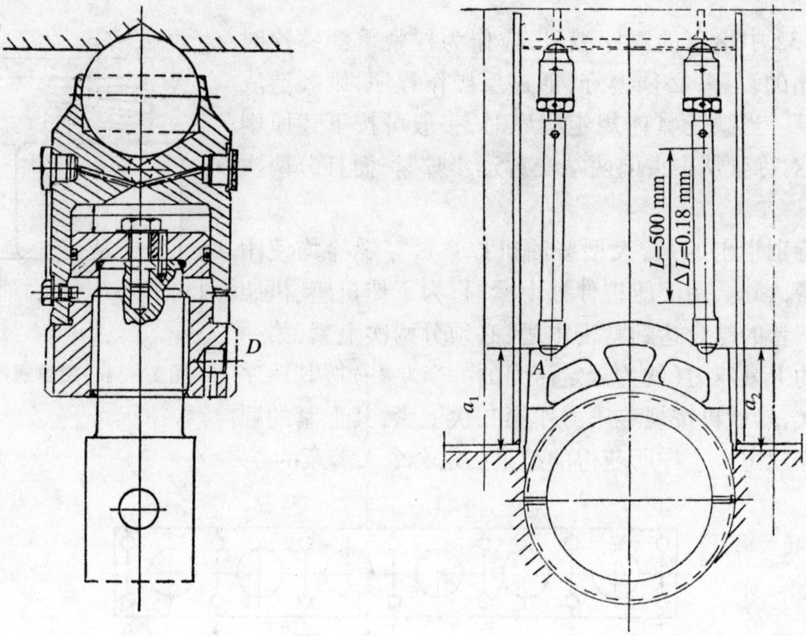

(a) (b)

图 7－33　支撑螺栓

(a)支撑螺栓结构；(b)支撑螺栓装配图

入塞尺，而在主轴承的水平中分面的两侧向下 30°左右，可插入的塞尺厚度必须保持基本一致，这就证明主轴承盖的安装位置是正确的。如果在两侧所测量的间隙差值较大，则必须松去支撑螺栓，重新予以上紧。

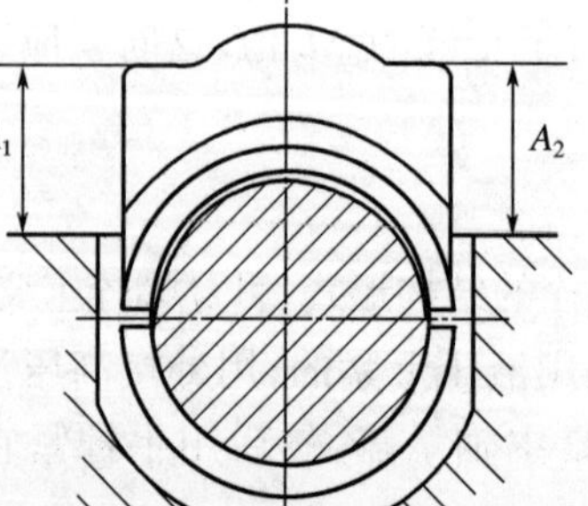

图 7－34　主轴承盖检查

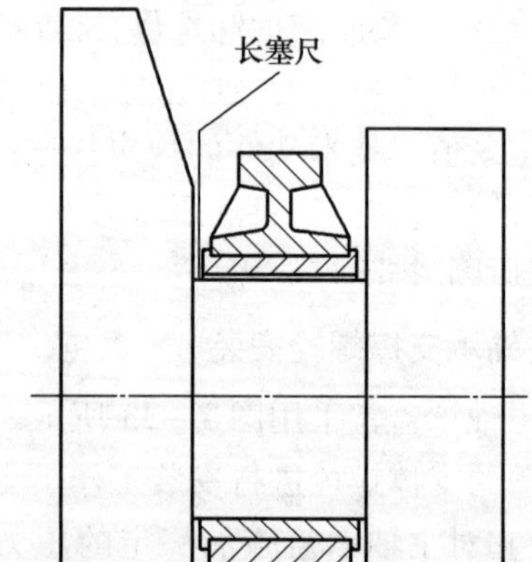

图 7－35　长塞尺检查间隙

五、主要尺寸复测

1. 曲柄臂距差复测检查

所有支撑螺栓全部上紧合格后，就应对各道曲柄臂距差再作一次全面检查，其测量方法同前,并将测量记录填入表中。根据实际经验,此时的曲柄臂距差会有一些变化,其变化范围一般在 0.02 mm 以内。如变化较大,则应进行仔细的检查,查明引起变化的原因并予以消除。

2. 主轴颈与主轴承间隙的复测

在支撑螺栓液压上紧后,由于上、下主轴承半块的垫片受压而略有变化,就会引起它们之间的间隙亦略会变化,为此,必须复测一下它们的间隙值,可用长塞尺测量检查主轴颈上部(如图 7－39 所示)的间隙,其值应符合技术标准或说明书的规定。

有些老式的柴油机常采用压铅丝的方法测量检查主轴颈间隙,在主轴颈的轴颈上半圆表面上,放上两至三根软质铅丝,用油脂予以粘住,然后压上主轴承上半块及盖,按技术要求规定,上紧支撑螺栓或一般螺栓。随即松去,并拆除主轴承螺栓,按顺序取出被压扁的软质铅丝,用千分尺测量铅丝的厚度,就可获得不同部位的间隙值。这种方法目前已很少采用。

第四节　活塞组件安装

活塞组件包括连杆总成、活塞头、活塞裙、活塞杆和活塞环等,十字头式柴油机活塞组件的装配方法与筒形活塞柴油机相似,但需结合滑块与导板的校正工作一起进行。

首先要清洗活塞组件及汽缸套内孔,用吊具将活塞组件吊起,此时活塞环暂不装入,检查活塞杆下端平面应平整,将活塞组件吊入汽缸套内,落到十字头的平面上,用 0.03 mm 塞尺检查活塞杆与十字头的连接面,绝不允许插入,如有缝隙出现,必须周密检查连接面有无机械杂质或毛刺夹在表面。如仍有缝隙,应更进一步详细检查,疵病必须排除。在紧密贴和的情况下,才允许用液压拉伸器将活塞杆底部螺母上紧。

将所有各缸的活塞组件按上述方法装妥后,即可进行下面的工作。

一、连杆总成的安装

当十字头组、连杆组等零件组装合格后或这些零件经预装检查合格后,即可进入总装工序,将各个组件按总装工艺程序逐组装入机架内。在装入之前,务必复测下列几组零件的间隙:

十字头销颈与连杆上轴承的径向间隙和轴向间隙,十字头端部销颈与滑块的径向间隙,见图 7－36、图 7－37;曲柄销颈与连杆下轴承的径向间隙,见图 7－37。根据复测结果,确属无误后,方可正式总装。

有些较小的低速机采用机旁移入方式,即先将十字头及滑块组件从机旁移入机内,仔细地把它们装入,使滑块进入导板内,并用止滑块搁住组件。再将连杆及上、下轴承从机旁入口处进入机内,这时使它与曲柄销颈处于下死点位置,然后缓慢地把它们连接起来(下轴承的下块暂不装),之后一边转动曲轴,一边放松连杆的吊紧力,使连杆逐渐进入机内,并垂直于曲轴,最后放下十字头及滑块组,让它们座落到连杆上轴承内。装妥下轴承的下块及上轴承的上块,并把轴承螺栓用液压拉伸器均匀地交替上紧。

目前,大部分采用连杆总成吊装法,如图 7－38 所示。将连杆和十字头组吊起(此时连杆下轴承的下块要拆除),用压缩空气吹洗,清洁各个部位。同时曲柄销颈亦必须清洗干净并浇上滑油。然后将吊起的连杆和十字头组从机架上空装入机内,使连杆下轴承的上块座

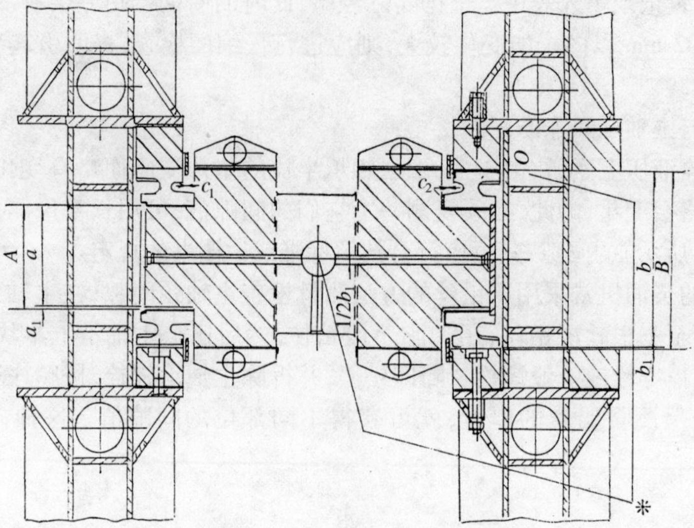

图 7-36　滑块与十字头装配间隙图

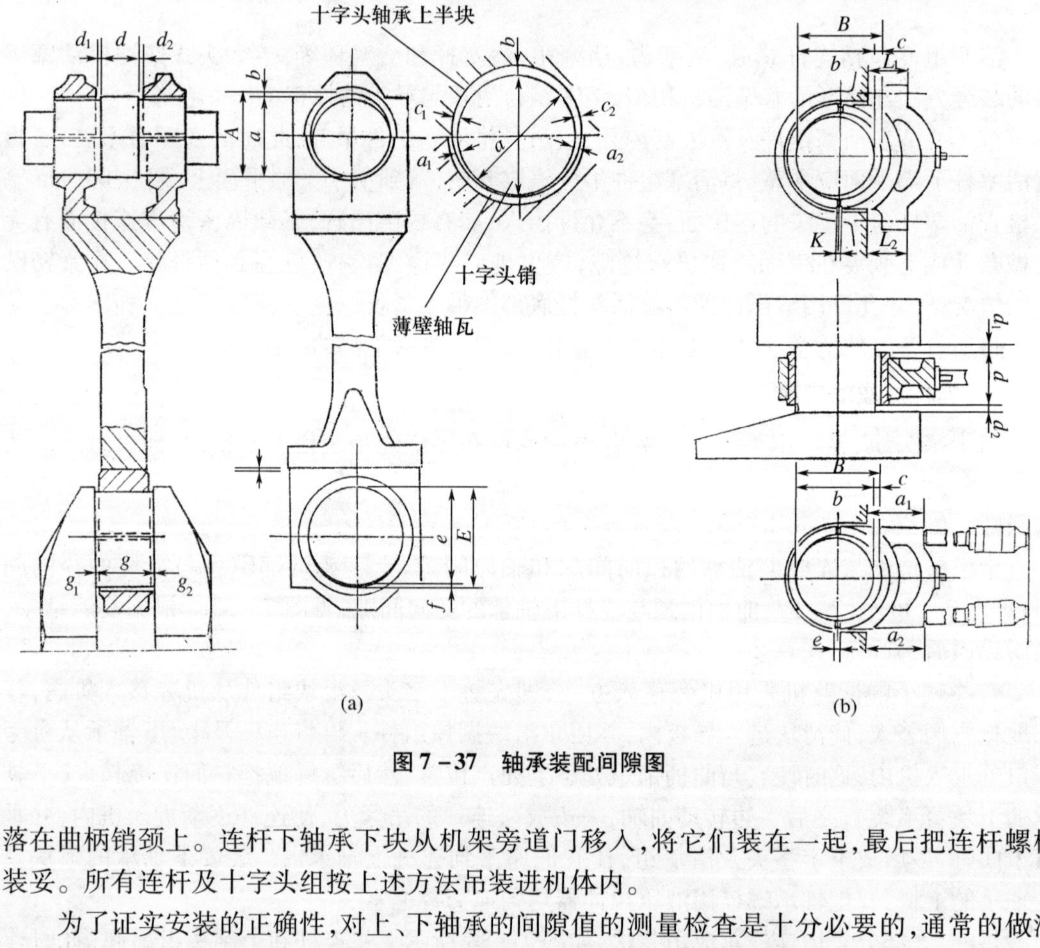

图 7-37　轴承装配间隙图

落在曲柄销颈上。连杆下轴承下块从机架旁道门移入，将它们装在一起，最后把连杆螺栓装妥。所有连杆及十字头组按上述方法吊装进机体内。

为了证实安装的正确性，对上、下轴承的间隙值的测量检查是十分必要的，通常的做法是使用一种长的塞尺在它们缝隙最大的地方检查，如塞尺所测得的间隙值小于规定的 0.02 ~ 0.03 mm，仍应认为是良好的。如检查结果不符合规定值，则必须拆除轴承，检查轴

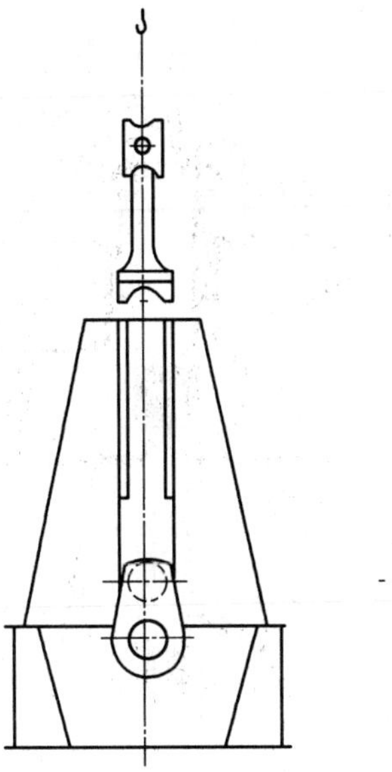

图 7－38　连杆总成吊装示意图

承两半块之间的垫片是否合格，做必要的增减，但一定要严格地使两边增减数值的垫片相等，切忌任意抽垫，避免破坏它们的相对位置。

二、汽缸压缩余隙的测量

汽缸压缩余隙值代表压缩容积，又称压缩室高度。每一种型号的柴油机必有它的压缩室高度值，在总装中必须保持其规定值，才能使各缸的压缩容积保持一致。

压缩室高度值可以从固定件和运动件的装配尺寸链的计算来求得，现用图 7－39 所示的简图说明之。

根据图 7－39 所示，有关部分的符号说明如下：

A_1——主轴承座孔中心线至机座上平面的距离尺寸；

A_2——机架高度尺寸；

A_3——汽缸体高度尺寸；

A_4——汽缸冷却水套厚度；

A_5——汽缸套上部凸肩厚度；

A_6——汽缸盖下部凸肩高度；

A_7——汽缸盖垫片厚度；

A_8——主轴承间隙的一半（图中未示出）；

A_9——连杆大端轴承的一半（图中未示出）；

A_{10}——连杆小端轴承的一半（图中未示出）；

C_1——曲柄半径；

C_2——连杆大小端轴承中心距；

C_3——十字头销中心线至活塞杆安装面的距离；

C_4——活塞杆安装面至活塞顶部距离；

C_5——汽缸体上装冷却水套的凹坑深度；

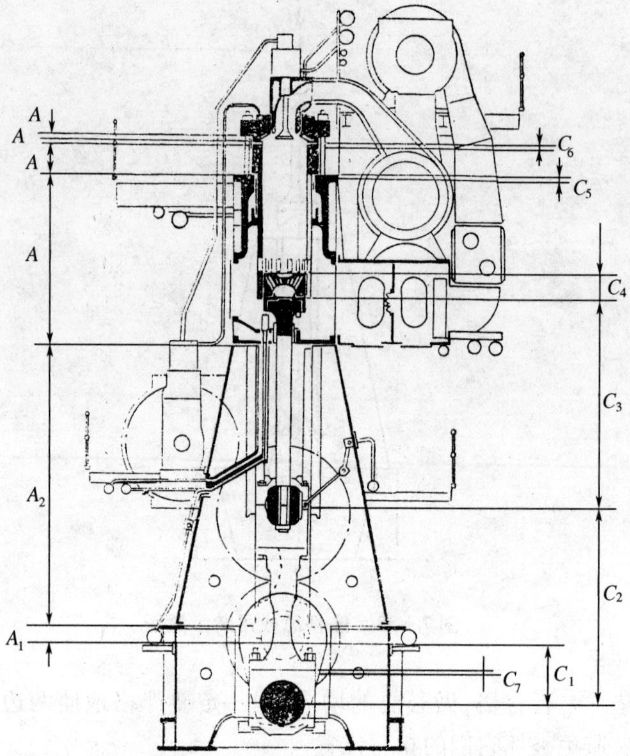

图 7－39　压缩余隙的测量计算图

C_6——汽缸套上装汽缸盖的凹坑深度；

C_7——连杆本体与大端轴承的垫片厚度，即压缩余隙的调整垫片厚度。

以上各个尺寸参数直接影响到汽缸压缩余隙值，因此，通过下列公式的计算，可以求出调整垫片的厚度 C_7 值，设压缩余隙值为 B，则

$$B = (A_1 + A_2 + A_3 + A_4 + A_5 + A_6 + A_7 + A_8 + A_9 + A_{10}) - (C_1 + C_2 + C_3 + C_4 + C_5 + C_6 + C_7)$$

由于 B 值在设计时早已确定，且制造中都要给以保证的。故 C_7 值的计算公式为

$$C_7 = (A_1 + A_2 + A_3 + A_4 + A_5 + A_6 + A_7 + A_8 + A_9 + A_{10}) - (C_1 + C_2 + C_3 + C_4 + C_5 + C_6 + B)$$

在实际生产中，由于尺寸链中累积误差的原因，B 值与计算值总是有些出入，所以必须进行压缩余隙的实测工作，最后确定调整垫片厚度的 C_7 值。

在实际测量中，目前已采用如下的方法。将所有运动部件全部装入机器内部，但调整垫片可暂时不装。转动曲轴，使活塞处于上死点位置，如图 7－40 所示，用一专用量具测量两个尺寸 a 及 b，a 与 b 之差值即为设计中规定必检的压缩余隙值 c。某些机型如该图所示的结构，亦可直接用平尺及钢尺测量而获得 c 值。根据各缸的测量结果，选配好每缸的调整垫片，使其 c 值均符合图纸的规定值，以保持每缸的压缩余隙值基本一致，从而能有相互接近的压缩比和压缩容积。

三、运动部件的校中

所有运动部件装入机内后，各部分的装配间隙均应调整在规定的范围内，所有的连接

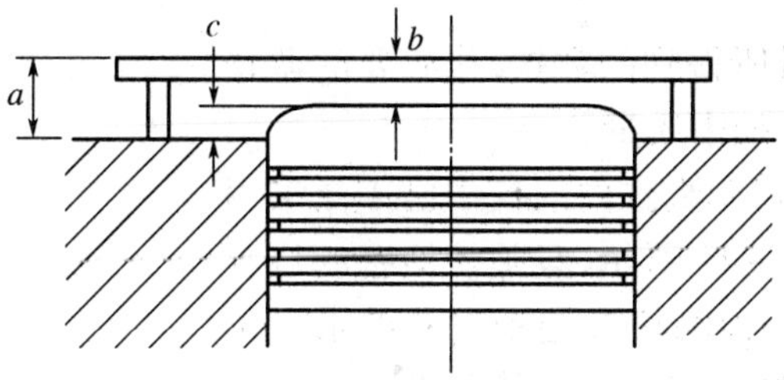

图 7-40　压缩余隙的测量

螺栓按要求进行拧紧或液压上紧，这时在未装入活塞环的状态下，应进行活塞在汽缸内的校中工作，作最后的安装配合测量检查，查明活塞与汽缸、滑块与导板之间的相对位置是否正确。校中的工艺方法如下。

（1）转动曲轴，使活塞移动到近上死点位置，在活塞杆的外圆表面上，分相互垂直的两个截面，按图 7-41 所示用框形水平仪检查活塞杆的中心线是否在垂直状态，如有歪斜，可用木楔插入活塞头与汽缸套之间，调整其左右前后位置，确使活塞杆中心线处于垂直状态。

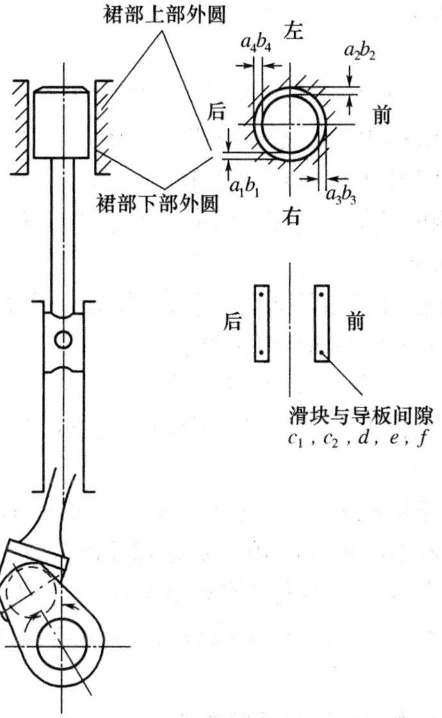

图 7-41　活塞在汽缸内校中示意

（2）按图 7-41 所标明的部位，对活塞与汽缸之间的四周间隙进行测量，一般只测量沿柴油机纵向和横向相互垂直的四个部位，且沿活塞裙部的上下外圆（即 $a_1,a_2,a_3,a_4,b_1,b_2,b_3,b_4$）部位，同时要测量滑块与导板工作平面的间隙，以及与侧向挡板的间隙（即 c_1,c_2,d,e,f）。将这两部分的数据分别填入表格内，进行比较。

（3）再转动曲轴，使活塞移动至近下死点位置，重复 1 和 2 的操作，作出第二次的测量记录。

根据上、下死点测量所得到的数据,作必要的调整和修整,就可获得满意的校中质量。

目前低速柴油机活塞在汽缸内的校中已广泛采用一次测量校中法,如图 7 - 42 所示,只须使活塞的位置处于汽缸中部,即曲柄销颈的位置处于左右的水平位置,按上述的校中步骤进行,经调整或修整即可完成校中工作。

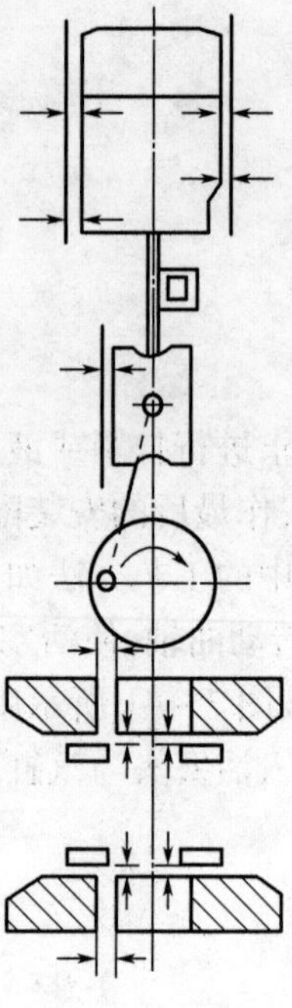

图 7 - 42　活塞在汽缸内校中

上述的校中方法不适用于船上的应用,因为船舶不可能呈水平状态,且经常在水中晃动,所以在船上进行活塞与汽缸的校中,往往只能测量其相对位置,借以判别活塞的校中工作是否理想。在船上的校中方法如下:

(1)转动曲轴,使活塞移动至上死点后 15° ~30°及下死点前 15° ~30°,靠连杆零件质量产生的侧向力迫使滑块紧压在导板工作平面;有的亦用千斤顶将滑块与导板紧密贴合。

(2)按图 7 - 42 所示的要求部位测取间隙。滑块与导板之间应紧密贴合,用 0.05 mm 塞尺检查,不应插入,局部允许插入深度不应超过 30 mm,而 0.10 mm 塞尺则不应插进。滑块与侧向挡板的间隙应用塞尺测量其上部及下部数值,并作好记录。测量滑块与导板的另一面间隙。

(3)活塞在汽缸内的上、下死点附近时,用长塞尺测量活塞裙减磨环外圆与汽缸内孔之间的间隙,沿柴油机纵向和横向的四个部位测取。

活塞在汽缸内的校中,必须符合以下三项要求:

(1)在未装活塞环的条件下,活塞在上、下死点位置时,活塞裙部与汽缸内孔的最小间隙应不小于总间隙的 30%;

(2)活塞在汽缸内沿柴油机纵向方向的任何位置时的倾斜不宜过大。低速柴油机的活塞在汽缸内允许倾斜,每米不应超过 0.10 mm,超过此值时应设法予以修整。

(3)活塞在汽缸内沿柴油机纵向允许平行地偏在一边,当向另一边撬动活塞、连杆时,其偏移量应能立即转移到另一边。如不能转移,或迅速弹回,则要检查其原因,并予以消除。

四、活塞在汽缸内的失中形式及其消除方法

在柴油机制造或修理时,活塞等运动件在校中过程中,往往会出现沿柴油机纵向和横向的失中状态,有时纵向横向失中结合在一起发生。横向失中则常常会如图 7 - 43 所示的几种典型状态,现归纳如下。

图 7 - 43 所示为活塞在汽缸内沿柴油机横向方向的失中情况和典型现象。所谓横向失中,是指导板工作平面与汽缸轴线不平行而引起的活塞在汽缸内的左右方向上的倾斜。

图 7 - 43 中(a)所示为正常的校中状态,活塞在上死点和下死点时,它与汽缸套之间的间隙都符合技术要求。

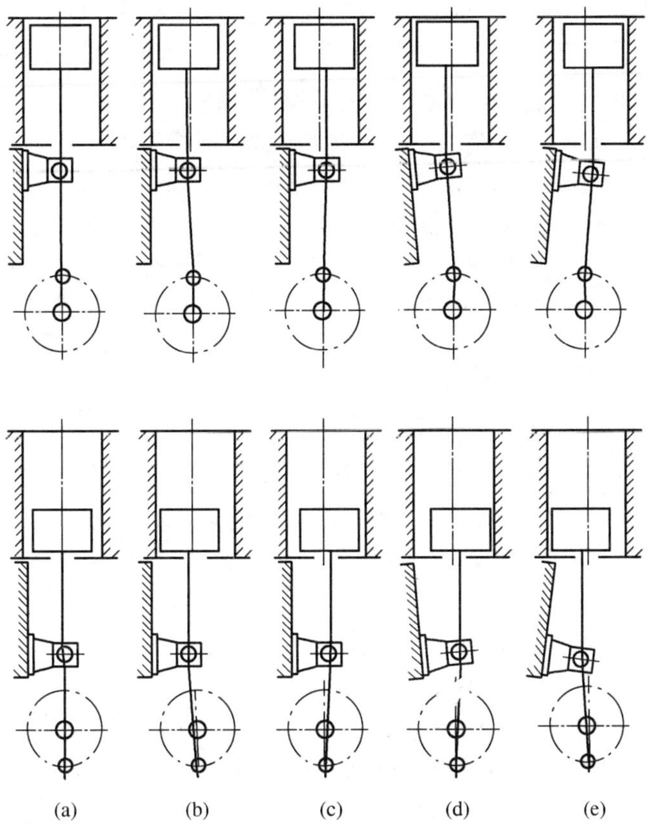

图 7-43　活塞在汽缸内横向失中现象

图 7-43 中（b）及（c）所示为活塞在整个行程中都偏向汽缸的左侧（或右侧），活塞与汽缸套间的间隙在左侧（或右侧）为零或很小。这种现象可能是由于安装时导板工作平面的对称中心线与汽缸中心线不重合，有较大的偏移所造成，亦可能是滑块的工作表面对活塞中心线的距离有偏差的结果。在新机总装时，则可用增减导板垫片的办法来调整，使活塞在汽缸内居中即可。对于修理的柴油机，应作周密的检查工作，它很可能是滑块或导板的磨损所引起的，这时就应采用修拂方法和增减垫片来解决。

图 7-43 中（d）及（e）所示为活塞在汽缸内上死点位置时偏移在一边，而移动至下死点位置时，活塞向另一边偏移。从图中可清楚地看出，产生的原因是导板工作平面与汽缸中心线的平行度偏差过大而致，亦可能是滑块工作表面与活塞中心线的平行度有问题。后者的缺陷只须拂刮滑块合金工作表面即可消除掉。对于导板工作平面与汽缸中心线的平行度偏差过大的缺陷，应视具体情况设法消除。如果由于机架变形的原因而产生这种缺陷，通常的修整方法是锉磨机架上的导板安装面，从而既可消除缺陷，又能保持导板厚度的一致性。如果导板厚度早已相差较大，则可以锉拂导板背面，再增加垫片，这样亦能得到良好的效果。某些十分陈旧的柴油机，可以采用局部增减垫片的方法来调整导板工作平面对汽缸中心线的平行性，同样是切实可行的。

此外，当活塞在上死点时偏向汽缸右侧，在下死点时居中，对于这种现象要认真分析，通常与机架安装时的变形有关。如某大型低速柴油机安装时，曾发现贯穿螺栓上紧后，A 形架安装导板平面的上端发生向内弯曲变形,在这种情况下总装后就会发生上述现象。

五、活塞上死点的确定

活塞上死点位置的确定不仅是制造中的低速柴油机必须严格检查核对的重要内容,而且对修理中的柴油机亦颇为重要,它是决定着柴油机维修保养后能否正常工作的可靠依据,因此不论是制造还是修理,确定和核对各缸活塞上死点的位置是一项必检的项目。

新造柴油机的活塞上死点是由各个有关零件的加工状态所保证的,特别是飞轮上的刻度,以及飞轮与推力轴法兰连接的螺孔,都应以曲轴一个曲拐的位置为基准,装配后每个曲柄销的上死点位置都由飞轮上的刻度表示出来,但是指示飞轮上刻度的指针则必须进行正确的定位,其定位方法如下。

当指针定位时,首先应转动曲轴,使活塞移动至上死点位置,然后将指针指向该缸的上死点刻度,如图7－45所示。测定活塞是否在上死点的位置有两种方法,其一是用百分表安放在汽缸套上部表面,当活塞接近最高位置前,把百分表的触头与活塞顶部接触,继续缓慢地正车转动曲轴,使活塞继续上升,直至百分表指针刚开始返回原点为止,作好记录,并重复几次。必要时还可以倒车方向转动曲轴,如活塞的最高位置读数与正车时的读数相等,这时的位置便是活塞上死点位置;其二是在十字头滑块的上方,将磁性画针盘吸附在附近的地方,使其百分表的触头与滑块的最高点接触,如图7－44,按同一方向转动曲轴,滑块继续上升,反复数次,可求出滑块移动上升的最高点,这就是活塞上死点位置。

多缸柴油机一般只需找出第一缸或第六缸的活塞上死点,之后就将指针对准飞轮上相对应的上死点刻度,并在固定指针的地方钻铰定位销孔,配妥定位销并装妥它,备做下一次拆装时能有精确的位置。

对修理中的柴油机来讲,有时常会遇到指针的移动情况,这时就必须按上述方法对指针进行重新定位,确属无误后,方可钻铰定位销孔,配妥定位销并装妥它。

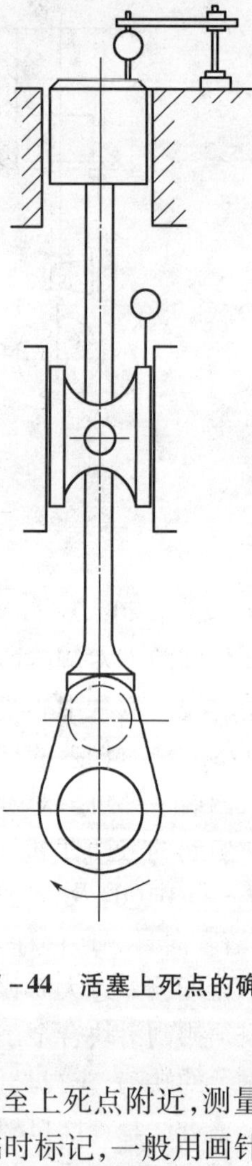

图7－44　活塞上死点的确定

有时会碰到这样一个问题,即当飞轮装在柴油机上必须再刻画每缸活塞的上死点位置标记,此时应按下述方法来确定活塞上死点位置,如图7－45所示,先将活塞转至上死点附近,测量活塞顶部到汽缸套端面的距离 a,这时在对准指针的飞轮平面上做一临时标记,一般用画针画一条短线。然后继续转动曲轴,使活塞经过它的最高点后向下移动,移至一定距离 b(活塞顶部至汽缸套端面距离),使 $b=a$,在飞轮平面上指针所指的地方再画上一根临时短线。在这两根短线之间,求出它们的平分点,这点就是该缸活塞的上死点位置刻度。用同样方法,可找出其余各缸活塞的上死点位置刻度线。

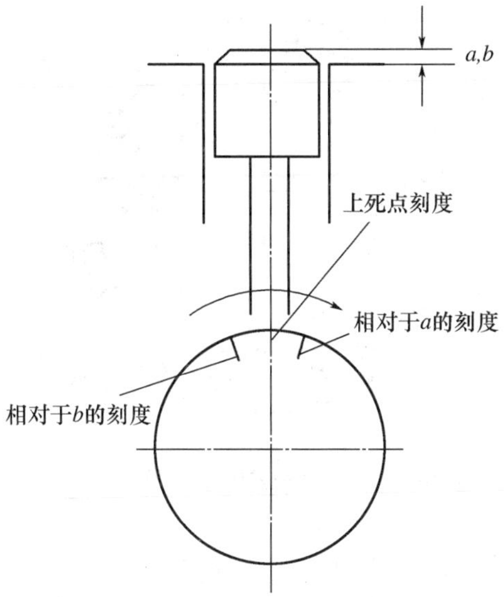

图 7－45　确定活塞上死点位置

在以上工作完成后，用臂距差量表复测一次全部的曲柄臂距差。再次将活塞组件吊出，装进各缸的活塞环，检查活塞环的切向热胀间隙和轴向环槽间隙。同时将活塞杆的填料函全部装妥。经清洗并涂上润滑油的活塞组件吊入汽缸套内，活塞环在进入汽缸套之前，应将各环的搭口错开，使相邻的两道环错开 180°，并借助活塞环的导向套，慢慢地落入汽缸套内。

第五节　缸盖总成及传动机构安装

一、缸盖总成安装

汽缸盖部件装配好后，即可将其安装到缸体上。汽缸盖的装配比较简单，装配的主要技术要求是：汽缸盖装上缸体后应保证压缩室高度符合设计要求，否则将直接影响柴油机的压缩比；汽缸盖与汽缸体上面的结合面之间应保持良好的气密。

所有汽缸盖上的阀件均应预先装上，各通道及空腔经清洗检查合格。吊起汽缸盖后，检查它与汽缸套的结合表面，必须没有任何毛刺和杂质，再用压缩空气吹洗一遍，然后吊放在机器上。汽缸盖装配时，应注意汽缸盖固定螺母的拧紧次序，使其受力均匀。对于多缸式汽缸盖，应自其中部开始，按对称方向逐个向两端分三次逐渐地轮流拧紧。大型低速柴油机汽缸盖都是单体式汽缸盖，对于矩形汽缸盖应先拧四角，然后逐次对称地分 2 ~3 次逐渐地轮流拧紧。图 7－46 所示，则是圆形缸盖螺母的拧紧顺序。拧紧次序不正确必然会造成汽缸盖与机体的连接平面受力不均匀，甚至扭曲变形，导致汽缸由此向外漏气。

必须注意的是，拧紧汽缸盖螺母时，螺母所需的拧紧程度，应该符合柴油机技术文件中规定的扭矩要求。

缸盖总成安装好后，即可安装排气总管和增压器。排气管进口通过膨胀接头与缸盖上

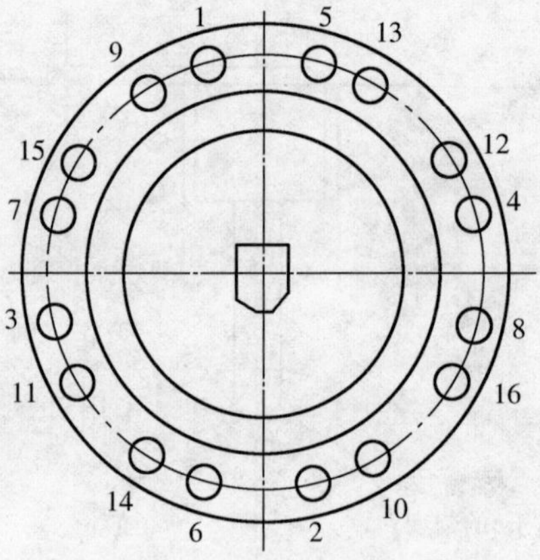

图7-46　汽缸盖螺母拧紧顺序

的排气阀相连,而排气管出口通过膨胀接头与增压器进口相接。膨胀接头安装时要注意气流流向,不要装反,否则会增加柴油机排气阻力,降低柴油机工作效率,并减少膨胀接头的使用寿命。

二、传动机构主要零件的安装

低速柴油机传动系统主要有两种形式,即齿轮传动和链轮传动。目前世界两大船用低速机生产商,MAN B&W 生产的柴油机采用链轮传动,而 Sulzer 生产的柴油机采用齿轮传动。图7-47及图7-48为齿轮传动和链轮传动系统的测量示意图。

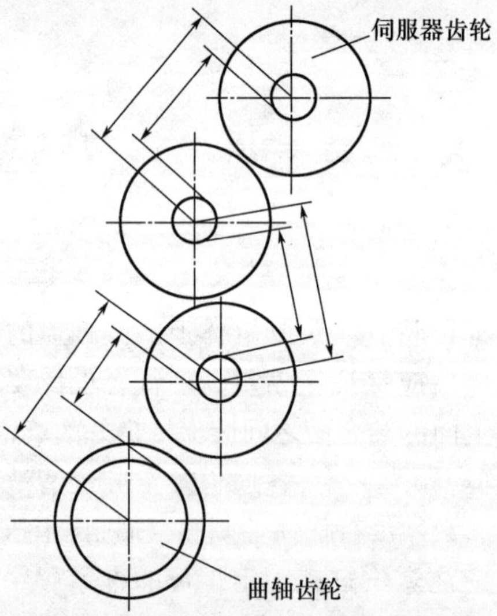

图7-47　齿轮传动

不同传动型式的测量检查方法亦不同,安装后它们的技术要求应满足以下几点:

(1)齿轮传动的各个齿轮的啮合齿都应有标志,安装后均必须经检查对准无误。

(2)各个传动齿轮(链轮)的中分面必须在同一平面内,如图7-48所示,其偏移误差一般应不超过1 mm。

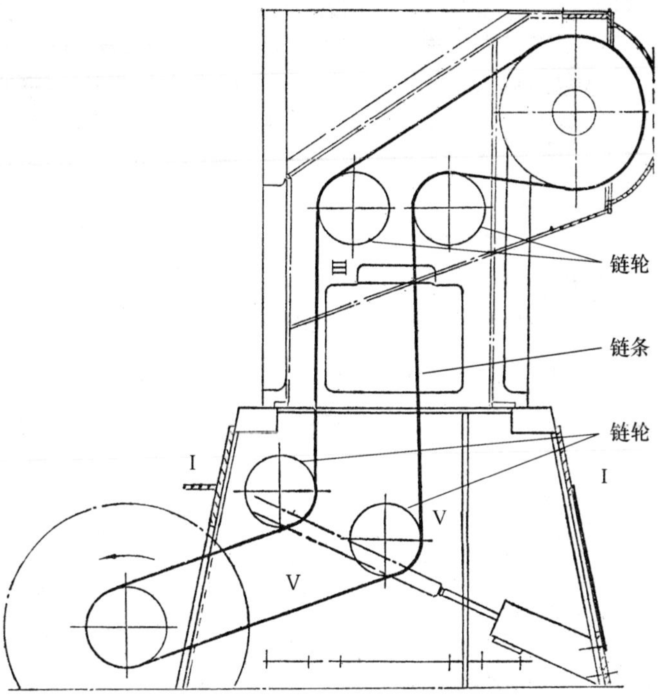

图 7-48　链轮传动

(3)各传动齿轮之间的啮合齿面应紧密接触,用色油或红油检查其啮合面积,应均匀接触啮合,沿齿高方向接触面积应不少于 40%;沿齿长方向接触面积应不少于 50%。用塞尺检查齿隙,沿齿长方向的齿隙差一般应不超过规定值的 0.05 mm。

(4)链条与链轮的接触不应有一边碰擦。装妥调整后,链条的松弛程度应保证在技术标准范围内。

1. 齿轮传动系的安装测量

为了达到上述的安装技术要求,齿轮及附件在安装过程中必须进行有关项目的检查和测量,并做一些必要的修磨工作。

柴油机在装配平台上进行总装时,首先要测量机架上装齿轮轴的安装端面,图 7-49 为用框形水平仪搁在安装端面测量其垂直度情况,如果水平仪读数误差值每米超过了 0.02 mm,必须要用锉刀或风磨机进行修磨。

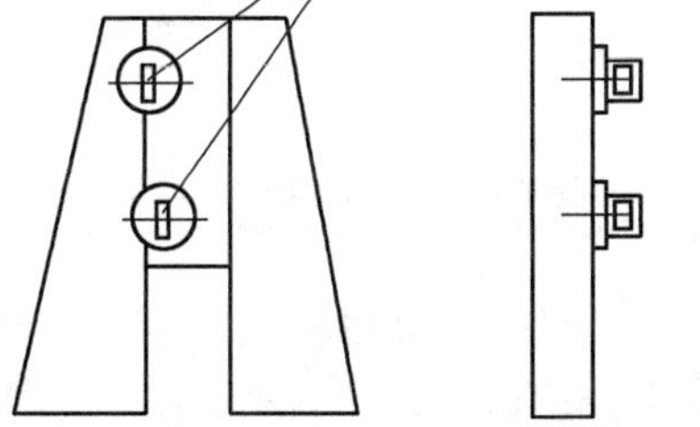

图 7-49　传动齿轮轴安装面的检查

接着就用假轴临时装妥,用框形水平仪测量假轴轴颈表面的水平情况,如图 7-50 所示,经检查或修整,复查格合后,则应用千分尺测量两假轴之间的距离 a_1,a_2,b_1,b_2,c_1,c_2,使 $a_1=a_2,b_1=b_2,c_1=c_2$,然后,再分别加上假轴半径,计算出齿轮轴间的中心距,并进行必要的调整,其中心距的偏差应不大于规定值的 ±0.05 mm。

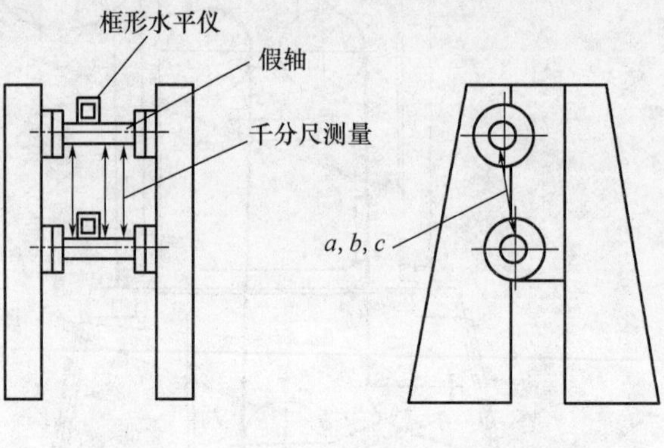

图 7-50 传动齿轮中心距的测量

当齿轮装妥后,在相配合的一个齿轮的齿表面上涂上一层薄薄的色油,然后缓慢转动曲轴,使各对齿轮慢慢旋转,仔细检查相互啮合的齿面,是否都均匀接触,色油是否已均匀分布。为了获得相配合的齿轮之间齿面啮合齿隙的具体数值,通常是按图 7-51 所示的要求,每隔 90°测量一次两齿间的啮合齿隙,其测量方法是用塞尺从端面向啮合的齿面插入,并做好记录。如果在一周内的四个位置 0°,90°,180°,270°所测得的齿隙比较接近,表明它们的安装质量是良好的;如果测量结果相差较大,说明齿轮轴间的中心线相互有偏移或平行度有过大的偏差,亦可能是齿轮的节圆直径有圆度偏差存在。这些状况均必须做详细检查,并予以纠正,否则会造成过早磨损,或发出严重的噪声。

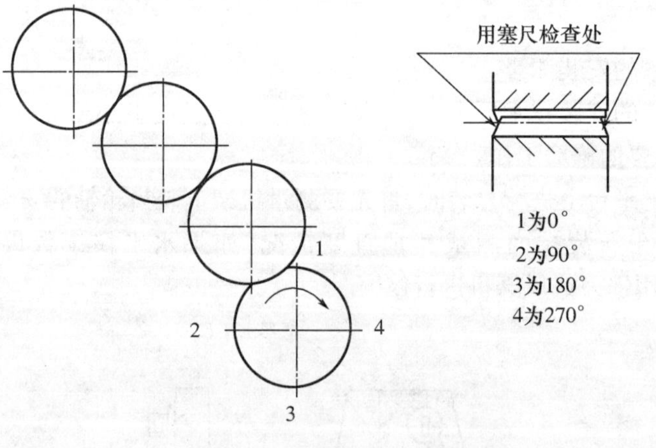

图 7-51 传动齿轮中心距的测量

齿轮的中分面是否在同一平面内的测量检查,一般情况下是在各个齿轮装妥后,用直尺搁在齿轮端面上进行的,如中分面偏移数值过大,则必须调整它们的轴向位置,使之符合要求,如图 7-52 所示。

测量齿轮的啮合齿隙，啮合均匀性，以及中分面同一平面性等数据，必须是在贯穿螺栓液压上紧以后进行，不然的话，就应预先考虑其受压变形的因素，适当地放大齿轮轴中心距，一旦受压变形便能获得正确的中心距。

在实际生产中，对齿轮传动系统中各个齿轮能否有良好的安装质量，完全取决于各有关安装面的相对位置的精确性。为此，在齿轮安装之前，常常采用一些测量工具先进行安装面之间的精度测量检查，图 7－53 表示在主轴承座孔内放置一根假轴，假轴上套入一个圆环，圆环的端面与假轴中心线垂直，用一根较长的平尺夹装在圆环端面上，使平尺的上端慢慢地接近机架上的齿轮轴安装面，用千分尺测量平尺与安装面之间的 a 与 b 距离，如 $a=b$，说明安装面垂直于假轴，如 a 不等于 b，则必须修磨安装面，要确保 a 等于 b；同时将平尺移动至另一方向，按上述方法检查平尺与另一安装面的 a 与 b，并作必要的修磨工作。

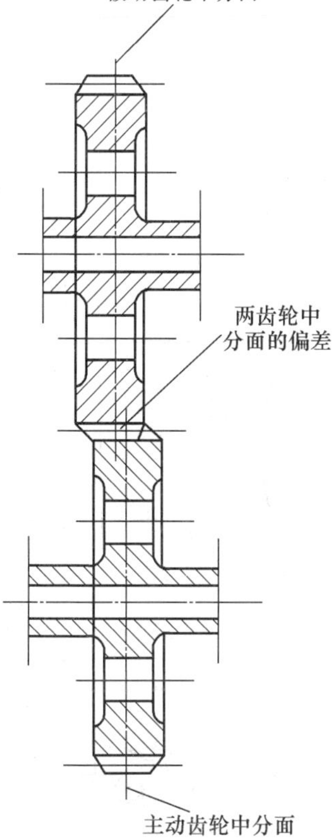

图 7－52　中分面检查图

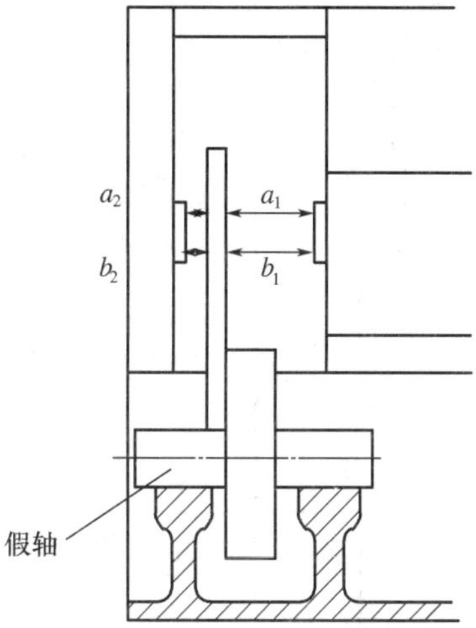

图 7－53　用假轴工具检查

以这一安装面为基准，用平尺来测量检查另一安装面，同理，用塞尺检查另一安装面的两个方向的 a 与 b 值，并做必要的修磨，使两个安装面在同一平面内，见图 7－54。

2. 链轮传动系的安装测量

链轮传动系的安装测量较齿轮传动系的测量简单些，它只须测量链轮之间的中分面是否在同一平面内，以及链轮链条装妥后的链条松弛量。

图 7－55 为用拉线法测量各个链轮之间的中分面示意图。在链轮的一侧拉好两根钢丝，以曲轴上的链轮端面为基准，调整好钢丝，使 $a_1=a_2$，$b_1=b_2$，然后用电接触千分尺测量

钢丝至上部链轮端面的 a_3, a_4, b_3, b_4，应使 $a_3 = a_4$，$b_3 = b_4$，这就表明两个链轮的中分面平行，如 $a_1 = a_2 = a_3 = a_4 = b_1 = b_2 = b_3 = b_4$，则两个链轮的中分面在同一平面内。

图 7－56 为链条张紧轮张紧后检查链条松弛量的示意图。当正车转动曲轴后，用手推动链条的倒车边，检查其最大允许的位移量，此值即为松弛量，如超过允许值，则必须查明原因，予以调整至合格范围内。

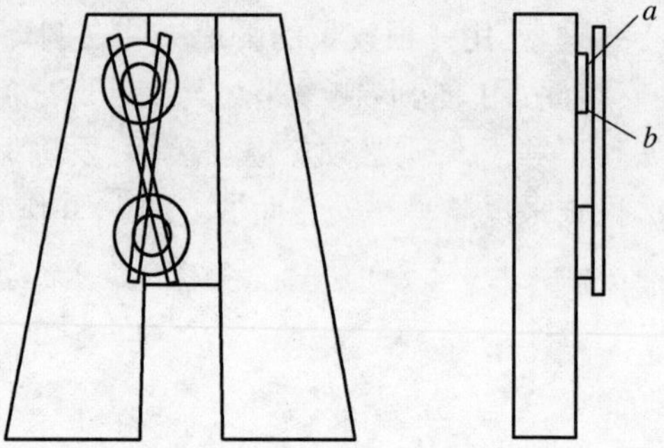

图 7－54　齿轮轴安装面的检查

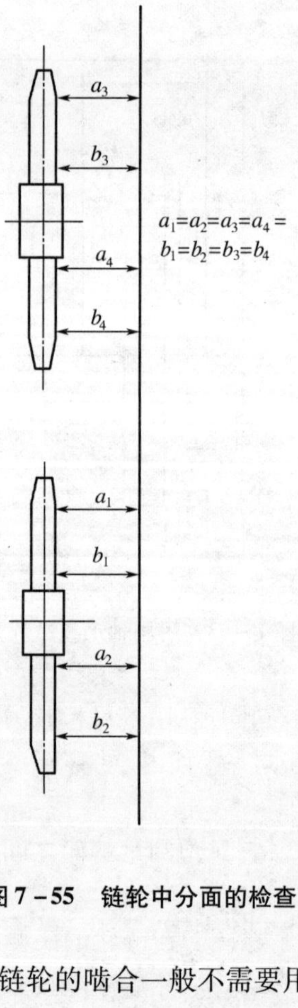

图 7－55　链轮中分面的检查图

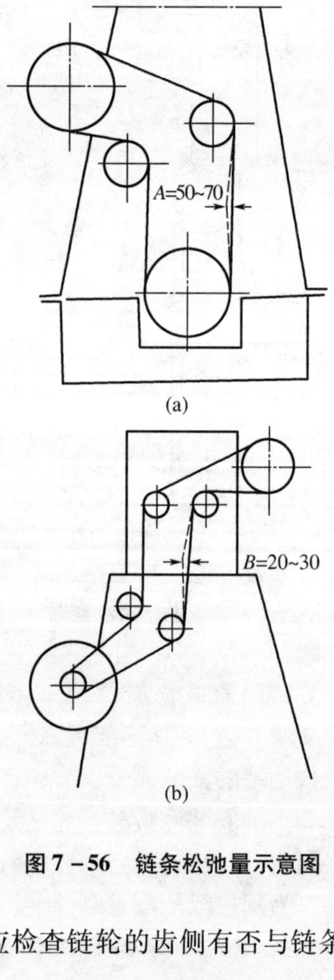

图 7－56　链条松弛量示意图

链条与链轮的啮合一般不需要用色油检查，但应检查链轮的齿侧有否与链条上的链板相碰,因此在装妥链条后,必须转动曲轴数转,用肉眼检查它们是否有不正常的擦碰现象存在。

三、燃油系统主要零部件的安装测量

燃油系统的主要零部件如凸轮轴,凸轮轴对中、换向伺服器,伺服器支架等的安装质量取决于它们的定位正确性,为此目前许多工厂都十分注意它们的定位安装工艺,以获得良好的安装质量。

1. 燃油泵换向伺服器支架的安装测量

换向伺服器的支架系安装在机架侧面上,在它装上之前,必须对机架上的前后安装侧面进行两侧面是否在同一平面内的测量,通常是在机架组装时调整好的,测量时用一根直尺或平尺搁在前后侧面上,测量交叉的两个部位,如图 7－57 所示,要求前后侧面在同一平面内的误差不得超过 0.03 mm。如有超差则一定要予以修整。

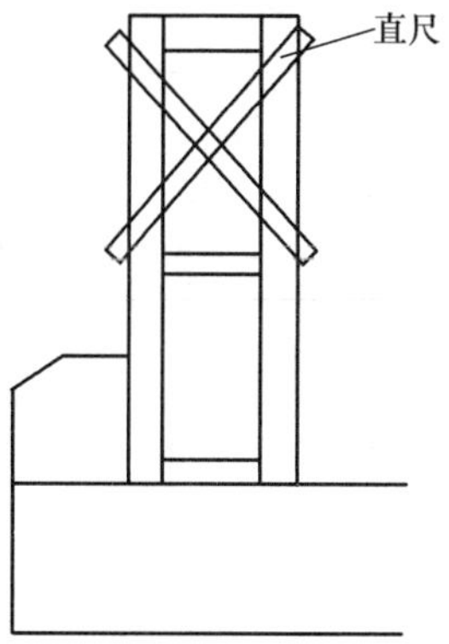

图 7－57　伺服器支架安装面检查

当换向伺服器支架装上机架后,应在它的轴承孔内放置一根铸铁制成的直轴,如图 7－57 所示,用千分尺测量直轴至机架上平面和导板工作平面的四个尺寸,即 a_1,a_2,h_1,h_2,第一次测量时此四个尺寸肯定会有较大的偏差,即 $a_1 \neq a_2$,$h_1 \neq h_2$ 这就表明支架的轴承孔中心线至机架上平面和导板工作平面是不平行的,应调整支架,使 $a_1 = a_2$,$h_1 = h_2$,再纵向定位 a_3,随即将支架与机架的连接孔钻出铰妥,并配妥装好定位螺栓。

测量时在机架上平面装妥一根平尺,使平尺与上平面紧贴,在平尺与直轴之间用千分尺测量 h_1 和 h_2。即可,同样在导板工作平面上夹装一根平尺,测量平尺与直轴之间的 a_1 和 a_2 即可。

此外,图 7－58 所示的 a_3 尺寸亦必须调整在规定范围内,必要时应移动支架的位置。该尺寸是确保伺服器齿圈与中间传动齿轮的中分面在同一平面内的重要尺寸。

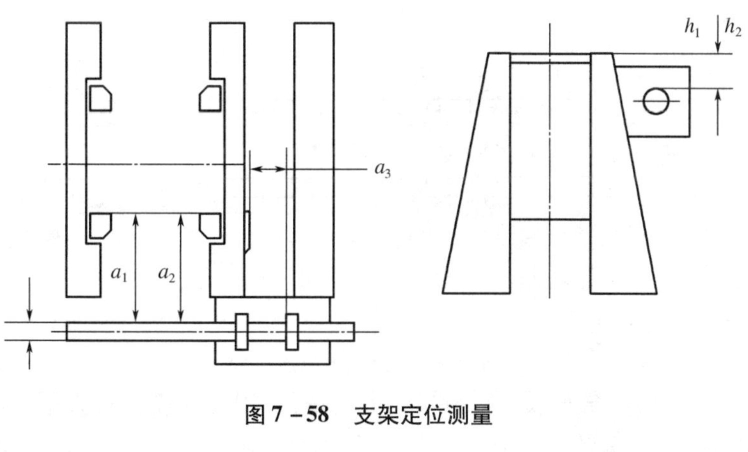

图 7－58　支架定位测量

2. 换向伺服器的安装测量

换向伺服器是直接倒顺车换向的柴油机中的一个非常重要的部件,它的安装正确与否直接影响到柴油机换向的可靠性,图 7－59 为某机型柴油机的换向伺服器结构。在安装前,

对图中所规定的各种装配间隙应严格测量检查，而且必须符合规定的数值，否则就得做必要的修整或调整。

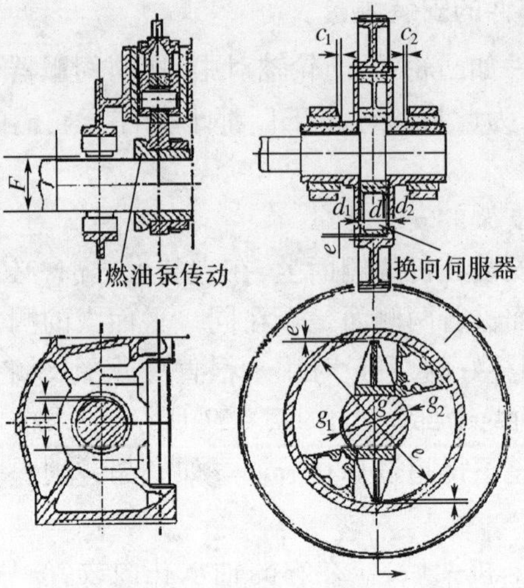

图 7－59　换向伺服器结构示意图

换向伺服器既起到改变凸轮轴位置的作用，又起到传动凸轮轴旋转的作用。当它被吊入支架后，应同时检查以下几个内容：

(1)换向伺服器的支承轴颈应与轴承接触良好，装配间隙符合规定。轴颈与轴承的接触角应在其受力的垂直中心线左右各 30°～45°之间，用色油检查，接触均匀。

(2)换向伺服器轴颈的轴向和径向间隙应符合装配要求，通常是用千分尺分别测量配合零件的尺寸，做简单的减法便可得到它们的装配间隙值。

(3)换向伺服器的齿圈(或链轮圈)必须与相啮合的中间齿轮沿齿面长度方向全部啮合，即要求齿圈与中间齿轮的中分面在同一平面内(链轮圈与传动链轮的中分面在同一平面内)。

(4)相啮合的齿轮，其齿面啮合要求的检查方法可参照前面介绍的内容。

(5)当换向伺服器的齿圈还未与中间齿轮啮合时，用手转动换向伺服器，它应能在支架轴承孔内较轻松地转动，这就表明了伺服器安装得正确。

3. 燃油泵凸轮轴的安装和定位测量

目前几乎所有低速柴油机的燃油泵凸轮轴均采用组合式结构，它的优点在于调节各个凸轮的相位角度十分方便，对总装后校正喷油定时角度也非常有利，但在组装时稍不注意，凸轮之间的相位夹角很容易超差。

(1)凸轮相位夹角的测量

图 7－60 表示一根已装妥的凸轮轴总成放在平板上测量的情形。凸轮轴总成被搁在平板的 V 形铁上，轴的法兰端面上夹装一只角度测量仪，用画针盘先检查第一缸或第六缸凸轮的中线，缓慢转动，用画针校正中线成水平线(即平行于平板)，此时将角度测量仪调至 0°位置。然后按其旋转方向继续转动凸轮轴总成，按发火顺序将下一个缸的凸轮中线转至水平，用画针校正该中线与平板平行，这时角度测量仪上指示的角度值便是两个凸轮之间的相位夹角。按同样方法逐一测出它们之间的相位夹角。

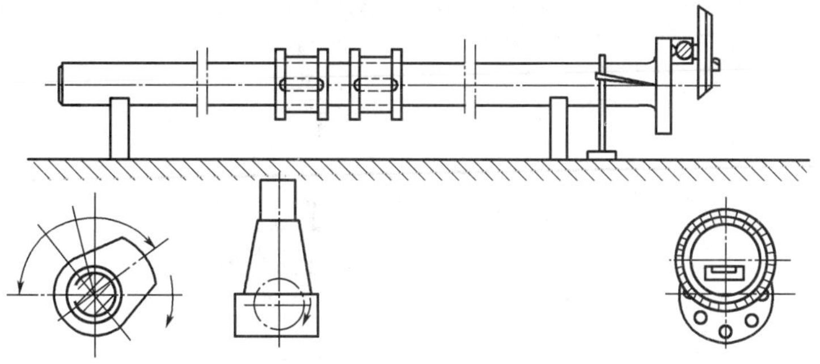

图 7－60　凸轮相位夹角检查

凸轮之间的相位夹角偏差，一般规定不超过 1°，如超过此值，就必须予以调整。

（2）凸轮轴与轴承的装配测量

凸轮轴吊入轴承内前，应先检查轴颈与轴承的接触质量，要求各道轴承均匀接触，用色油检查其接触角应为受压中心左右方向 60°～90°，色油班点分布均匀。其检查可以直接使用凸轮轴，也可以用假轴，如图 7－61 所示。假轴的外径尺寸应为凸轮轴轴颈直径加上装配间隙之和。

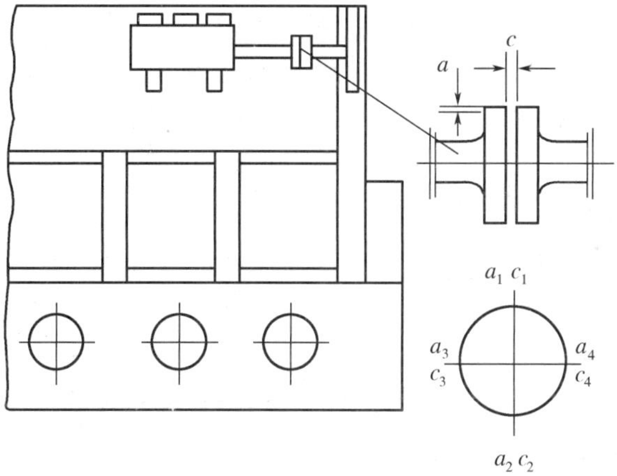

图 7－61　凸轮相位夹角检查

凸轮轴轴颈与轴承之间的间隙，是由千分尺分别量取轴承内孔与轴颈外圆的直径，经比较即可获得，其间隙值的大小绝不允许用松紧轴承螺栓来调整。

（3）燃油泵的定位测量

图 7－61 为某种低速柴油机机型燃油泵的装置部位，凸轮轴的转动是由换向伺服器所驱动，为了凸轮轴能平稳运转，凸轮轴中心线必须与换向伺服器中心线在同一根中心线上。为此在安装燃油泵过程中，一定要以换向伺服器的中心线为基准，进行对中定位。在实际操作时，通常的做法是测量凸轮轴法兰与换向伺服器法兰之间的位移和曲折，如图 7－62 所示，用刀口尺及塞尺检查法兰外圆和法兰端面，测量部位分上、下、左、右四个位置即图中 a_1，a_2，a_3，a_4，c_1，c_2，c_3，c_4，其法兰外圆读数的差值应不超过 0.05 mm；端面读数的差值应不

超过 0.02 mm。

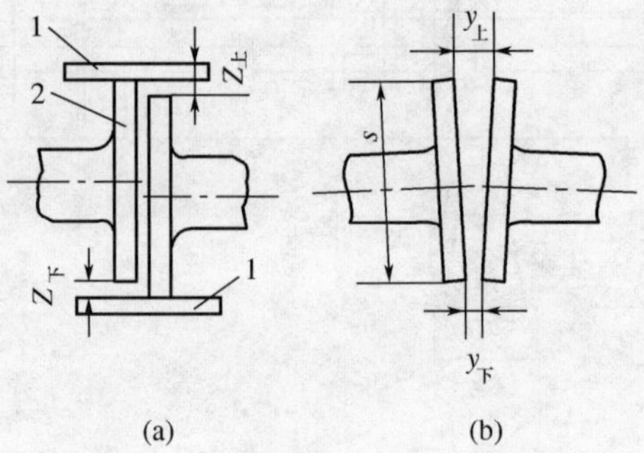

图 7-62 短轴与曲轴中心线校中

1—刀口直尺;2—法兰

第六节 完整性安装

一台柴油机除主要零部件及装置外,还包含大量的辅助零部件、装置、仪表等,辅助部分的安装质量对柴油机的工作同样有着重要影响,这一部分的安装工作即为总装阶段的完整性安装。它主要包括空气分配器安装、操纵系统总装、电子调速器布置、转速传感器布置与安装、注油器安装、仪表安装、水力测功器连接、串油、串水、扫尾工作等,现将其中的主要部分加以说明。

一、空气分配器安装

空气分配器工作时有严格的正时要求,安装时应注意正时的调整。以 MAN-B&W 的 MC 型柴油机为例,空气分配器由凸轮轴齿轮驱动,其正时由凸轮轴齿轮、分配器齿轮、分配器盘三者之间的相位决定,而相位由检查销和齿轮啮合位置保证。其安装过程如下:

(1)将分配器总成装在链箱上的盖组件上,检查分配器齿轮端面与衬套之间的间隙为 0.90~1.60 mm,将螺母上紧,上紧力矩为 150 N·m;

(2)盘车至第一缸活塞位于上止点;

(3)调整分配器盘与盖的位置,将检查销插入分配器盘的腰形孔内,以保证分配器齿轮与分配器盘的相位关系;

(4)将分配器和盖板组件对准凸轮轴齿轮的啮合位置,一并装入链箱,螺母暂不拧紧;

(5)调整分配器和链箱盖板组件的位置,使分配器齿轮与凸轮轴齿轮的啮合间隙为 0.15~0.20 mm,并涂色油检查齿轮的啮合状况;

(6)齿隙色油检查合格后,将凸轮轴齿轮螺拴用 90 N·m 力矩拧紧,并用钢丝锁紧保险;

(7)分别给分配器壳体与盖板组件、盖板组件与链箱配定位销;

(8)将盖板连同分配器一并拆下,清理干净,脱开分配器壳体与盖板组件的结合面,涂金属连接剂,盖板组件与链箱的结合面同样涂金属连接剂,装复并装好定位销,上紧所有螺母。

二、操纵系统总装

操纵系统总装包括应急操纵台安装、操纵机构安装、操纵机构调整、应急控制箱安装、气动元件板安装等内容。操纵机构调整是其中重要的一环，要求调速器刻度与燃油泵齿条刻度一致，即调速器刻度处于零位和最大位置时，所对应的燃油泵齿条刻度要分别处于零位和规定位置。此外，应急操纵台也要在应急状态下进行相应调整。以6S46MC－C型柴油机操纵系统调整为例，其调节方法与过程如下：

（1）转动调节轴，使各缸燃油泵齿条处于“0”位；

（2）调整夹紧杆，使杆中心线处于垂直方向，且与轴承座有0.1～0.2 mm的间隙；

（3）转动调速器的摇臂，使调速器刻度在“0”位，摇臂角度为25°；

（4）将调节杆调整到规定长度，然后用专用铰制螺栓和自锁螺母将调节杆一端与摇臂1相连，另一端与调速器摇臂相连，并用定位销将夹紧杆与调节杆定位锁紧；

（5）推动燃油摇臂，使调速器刻度处于最大位置，检查燃油泵刻度应处于规定位置，否则应查明原因，并进行调整；

（6）转动应急操纵台的手轮，指针处于“0”，将各缸燃油泵齿条拉回“0”，夹紧杆用锥体杆与摇臂2相连，即处于应急操纵状态；

（7）调整应急调节杆长度到规定值，用专用铰制螺栓和自锁螺母将应急调节杆的上端与摇臂2相连，另一端与应急操纵台摇臂相连。

三、水力测功器连接

每一台大型柴油机出厂前，都要在试车台进行各种试验，试验过程中柴油机发出的功率一般由水力测功器吸收和测量。水力测功器通过短轴与柴油机输出端相连，短轴法兰与曲轴法兰连接之前，应先调整和校中水力测功器中心线与曲轴中心线，其校中质量是运转良好的先决条件，应予以充分重视。

目前使用得最普遍的方法如图7－62所示，测量短轴法兰与曲轴法兰外圆的位移和中心线之间的曲折，其结果便代表水力测功器中心线与曲轴中心线的同轴度偏差。测量法兰位移可以用刀口直尺放在它们的外圆表面上，在刀口直尺背面放一个光源，观察有无光线可见，如有光线透过，则用塞尺检查缝隙数值，分上、下、左、右四个位置测量。中心线的曲折用塞尺直接插入两法兰端面之间，测量上、下、左、右四个位置缝隙的大小，经计算即可求出它们的偏差。要求中心线位移偏差不大于0.05 mm，且短轴高于曲轴；曲折偏差不大于0.10 mm。一般情况下，左、右的曲折偏差、位移偏差应为零，上、下的曲折偏差应使下部的缝隙大于上部的缝隙，即只允许有下叉口。具体连接过程如下：

（1）将水力测功器吊装到试车台，粗调其高度，使轴的中心线与曲轴中心线等高；

（2）将短轴用螺拴螺母与水力测功器相连，调整短轴，使其端面跳动小于0.05 mm，径向跳动小于0.10 mm，拧紧螺拴螺母。

（3）精调水力测功器位置，使短轴中心线与曲轴中心线同心，测量位移和曲折，应满足前述要求。调整好后，用铰制螺拴连接曲轴和短轴，拧紧螺母。

（4）测量曲轴输出端第一档臂距差，与连接之前的臂距差比较，两者相差不超过0.05 mm，且第一档臂距差应小于0.18 mm。

四、串油、串水

大型柴油机进入试运转前，对燃油系统、滑油系统、冷却系统应通入相应的工质循环一

定的时间,在此期间对系统管路及设备进行检查调整,这一过程即所谓的串油、串水。串油、串水的主要目的有:

(1)检查系统是否通畅;

(2)检查系统管路接头是否密封良好;

(3)检查系统中的设备、部件及仪表等是否工作正常良好;

(4)通过循环工质和滤器清除系统中的各种杂质。

串油、串水前应做好前期准备工作,对柴油机要进行全面清理、清洗,重点要清洗机架内表面、连杆、十字头、曲轴等部位,清洗后,可用面团将边角处杂质颗粒清理干净。

滑油系统串油分外循环串油、机内串油、注油点检查三个阶段,具体过程如下:

(1)封盖十字头上部窗口,用盲板封住滑块润滑支管;脱开主轴承盖上滑油管,装专用盲板;通往凸轮轴、燃排机构、齿轮箱、链传动的支管用盲板封堵。

(2)将主滑油总管及活塞冷却油管与泵房油泵接通;在促动泵总管一个接口上装过渡接头,用软管接至凸轮轴箱体内。

(3)关闭主滑油、活塞冷却油进口阀,打开旁通阀,开启泵房油泵,进行外循环串油,外循环串油一般连续循环72小时,其间每12小时清洗一次滤器,最终时间取决于滤器检查结果,如滤器检查杂质较多不合格,应增加串油时间。

(4)外循环串油完毕,开启主滑油、活塞冷却油进口阀,开启泵房油泵连续向机内串油,每6小时检查一次滤布,直至合格。

(5)拆除主滑油、活塞冷却油与泵房油泵连接管路,并装上盲板;拆除各支管盲板,重新连接各支管。

(6)开启滑油泵调至最低工作压力,检查滑油系统润滑油应充分到达各润滑点。若个别点流通不畅,可盘车进行检查。

(7)转动汽缸润滑泵,检查汽缸油各缸注油点应有油流出。滑油系统检查完毕,即可串水,对冷却水系统进行检查。封闭柴油机上各道门及有关敞口,将水压调至工作压力,向机上压水,检查各部位及管路是否有渗漏,开一下各支管上的放气阀,检查各支管应通畅有水。

关闭柴油机上各燃油泵进口的截止阀,打开燃油总管上的旁通阀,开启泵房燃油泵,连续12小时串油,检查并清洗滤器,直至合格。

柴油机总装完成后,机器各处加上相应的润滑油,如调速器、增压器、汽缸、盘车机等。按图安装机上各铭牌,最后对机器进行全面清理,为下面的各项运转试验做好准备。

思考与训练

1. 简述主机机座加工检验的检验内容和方法。
2. 主机机座有哪些主要方面作用?
3. 主机机座平面平面度的检验方法有哪些?
4. 简述汽缸轴线与曲轴轴线垂直度的检验方法。
5. 简述主轴承孔检查方法。
6. 简述曲轴安装的主要技术要求。

7. 简述大型低速柴油机推力轴承的安装过程。
8. 简述贯穿螺拴的安装方法。
9. 简述曲柄臂距差复测检查方法。
10. 简述连杆总成的安装方法。
11. 简述汽缸压缩余隙的测量方法。
12. 简述运动部件的校中方法。
13. 简述活塞在汽缸内的失中形式及其消除方法。
14. 简述缸盖总成安装方法。
15. 简述燃油泵凸轮轴的安装和定位测量方法。
16. 简述空气分配器安装方法。
17. 简述操纵系统总装方法。
18. 简述水力测功器连接方法。
19. 串油、串水的主要目的是什么?
20. 简述滑油系统串油的具体过程。

参 考 文 献

[1]谢荣. 船舶检修技术[M]. 北京:人民交通出版社,2013.
[2]王鸿斌. 船体修造工艺[M]. 北京:人民交通出版社,2006.
[3]陆俊岫. 船舶建造质量检验[M]. 哈尔滨:哈尔滨工程大学出版社,2010.
[4]金仲达. 中级船体装配工工艺学[M]. 哈尔滨:哈尔滨工程大学出版社,2007.
[5]杨国安. 机械设备故障诊断实用技术丛书[M]. 北京:中国石化出版社,2012.
[6]汉斯海因里希. 迈尔彼得. 船舶工程技术手册[K]. 上海:上海交通大学出版社,2009.
[7]夏虹. 设备故障诊断技术[M]. 上海:哈尔滨工业大学出版社,2010.
[8]詹玉龙. 轮机长业务[M]. 北京:人民交通出版社,2007.
[9]杨国平. 现代工程机械故障诊断与排除大全[M]. 北京:机械工业出版社,2007.
[10]曹龙汉. 柴油机智能化故障诊断技术[M]. 北京:国防工业出版社,2005.
[11]周卫杰. 轮机维护与修理[M]. 北京:人民交通出版社,2002.
[12]许安. 工程机械维修[M]. 北京:人民交通出版社,2004.
[13]盛兆顺. 设备状态监测与故障诊断技术及应用[M]. 北京:化学工业出版社,2003.